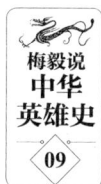

梅毅说
中华
英雄史
09

太平天国

理想的幻梦

梅毅 著

天地出版社 | TIANDI PRESS

图书在版编目（CIP）数据

太平天国：理想的幻梦 / 梅毅著 . — 成都：
天地出版社，2017.10
（梅毅说中华英雄史）
ISBN 978-7-5455-3172-5

Ⅰ . ① 太 … Ⅱ . ① 梅 … Ⅲ . ① 太平天国革命 — 通俗读
物 Ⅳ . ① K254.09

中国版本图书馆 CIP 数据核字（2017）第 235257 号

太平天国：理想的幻梦

出 品 人	杨 政
作 者	梅 毅
责任编辑	杨永龙　聂俊珍
封面设计	今亮后声 HOPESOUND pankouyugu@163.com
电脑制作	今亮后声 HOPESOUND pankouyugu@163.com
责任印制	葛红梅

出版发行	天地出版社
	（成都市槐树街 2 号　邮政编码：610014）
网 址	http://www.tiandiph.com
	http://www. 天地出版社 .com
电子邮箱	tiandicbs@vip.163.com
经 销	新华文轩出版传媒股份有限公司

印 刷	北京中科印刷有限公司
版 次	2018年1月第1版
印 次	2018年1月第1次印刷
成品尺寸	145mm×210mm 1/32
印 张	13.5
字 数	362千字
定 价	59.00元
书 号	ISBN 978-7-5455-3172-5

李国文（著名作家）

梅毅在评骘论定某段历史事实、审知识鉴某个历史人物时，与时下某些史学家、某些文学家，刻意要将历史写成某种样子，以达到取悦谁，讨好谁，达到获取更大利益的个人目的，是有着天壤之别的。……他宁愿坐冷板凳，啃硬骨头，溯本追源，寻出真情，回顾返视，以求真知。有什么说什么，秉持史学家的直笔；有多少说多少，体现文学家的良知，这是难能可贵的治学精神。

蒋子龙（著名作家）

梅毅英美文学专业出身，毕业后即入金融界工作，浸淫资本市场二十余载，风华正茂之年，信笔游缰，以"赫连勃勃大王"名头驰骋互联网，大哉壮哉！吾尝细谈其历史小说《南北英雄志》第一部《驺虞幡》，英伟雄健，如此笔力如此才，"茅盾文学奖"，不亦易乎！

高洪波（著名作家）

"梅毅说中华英雄史"的出现，让我们中国作家这个群体感到欣喜：因为，梅毅让我们看到了作为作家自我扩展的无限可能性，认识到，作家书写历史，其实是自司马迁以来的传统！而作家梅毅所撰写的历史著作，无论从文笔还是史实，都可以称之为"好的"。一部"好的"历史书与"坏的"历史书的区别，就在于好的历史学家能够运用他自己独特的判断力去解析历史。

阎连科（著名作家）

从文学的角度讲，梅毅的作品对我最大的印象和最主要的启发，就是他跨文体的写作。其实梅毅的作品既不是散文也不是随笔，它们包罗万象，什么都有。梅毅写作自由的程度超出我的想象。……21世纪的时候，我们说要以自己的形式发出自己的声音。其实，读了梅毅的作品，我有一个新想法，就是面对21世纪各种"主义"不断的产生，我们的文学最重要的一点应该把二者综合起来，就是以自己的形式发出自己的声音。

沈渭滨（复旦大学历史系教授）

要写活历史，除了扎实的史学功底和睿智的识见外，生动的文笔当不可少。我详读了"梅毅说中华英雄史"，感到梅毅的文笔确实生动，具有亦庄亦谐的感人魅力。他的一系列历史纪实体作品，似乎有着共同的写作风格：他力图继承太史公开创的历史文学余绪和评判史实的精神，努力效法历史演义家的结构布局和善于演绎的流风，倾心于散文、小说家捕捉细节、铺叙感受的技巧，试图熔于一炉。

王学泰（中国社会学科院文学研究所古代史研究员）

梅毅没有像过去历史学家那样，只要不利的资料，都否定。梅毅的书附的史料也很多，包括一些当时人的记载，包括内部文件，还包括一些外国人的记载，给我们开阔了眼界，为我们理解某一段历史提供了一个评价平台。

雷颐（中国社会科学院近代史研究所研究员）

"梅毅说中华英雄史"有很重要的意义，他把史学界的成果大众化了。从前教条主义的教育，对梅毅来说没有形成一个框架，没有形成一个偏见。他的书里面的很多东西，虽然是近代史学界已经研究过的，已经谈得很多了，但是他的突出意义在于把它大众化。

张 鸣 (中国人民大学国际关系学院教授)

梅毅虽然写得很通俗，有点像小说，但是一看就知道他是下狠工夫看过史料的，跟那些网络上完全演绎、完全口语化、变成现代化的历史叙述、根据一点东西进行演绎的东西，还是很不一样的。……梅毅很注意那种历史细微的细节，你一看就感觉挺有趣的，实际上史料都有，但是过去没有人揭示这个。

杨念群 (中国人民大学清史研究所教授)

梅毅的书比较可贵的地方在于，在整个的叙事过程中，历史人物的悲欢离合和成败得失，是在历史的叙述中一环环展现出来，没有马上就进入一种历史判断。……按照历史情景的本身来展现双方的对垒的过程，实事求是地，可以说是相对平实地去展示历史。这样出来的效果，相对来说是有一定的说服力的。

钱文忠 (复旦大学历史系教授)

像梅先生这一批具有金融背景的人，可能更了解现代人在想什么。……梅先生"一方面沉醉于纸醉金迷的生活，一方面留恋于历史的幽暗光线"，这种生活状态，这么一种冲突，在一个写作人身上体现出来，经过微妙的递嬗后，又去影响他们的文字，而这种文字，以其独特的韵味来影响现代人的心志。

雷 达 (著名评论家)

梅毅高产，又有见解，而且能辩证地看时代、文学的发展，这一点非常的棒。最近这些年，我们国内关于历史方面非常地"热"，电视热播、网络热聊、影院热映、图书热销。而他 2003 年底就已经开始写中国大历史，可见他极富预见性。

白 烨 (著名评论家)

梅毅的历史写作，基本上还是正史的写法，同时有天马行空的很多杂中、野史的感觉，所以让人印象深刻。梅毅的大手笔，是他能在写事件时突出人物，以点带面，这种写法是他的首创。梅毅与众不同的历史写作，还在于他能用现代意识回顾以前的历史，他从人性角度细腻观察历史。

肖复兴 （《人民文学》副主编）

梅毅讲述历史一点也不枯燥，正因为他是以人来贯穿的，并不是我们以从前传统的方式来进行断代史的研究。形象演绎是梅毅书写历史的专长，他写起历史来不仅好看，而且能活灵活现地把过去的历史再现于我们面前。

叶延滨 （《诗刊》主编）

梅毅的历史写作有两大优点，第一，他确实有见识，他的历史观察力非常奇特。如果讲历史史学的真实性，人们宁肯去相信枯燥的教科书，但是人们读梅毅的历史著作，主要是想读作者的见识。第二个优点，梅毅的历史写作以文笔取胜。

刘鸿儒 （中国证监会首任主席）

我看"梅毅说中华英雄史"的时候，符契相合，感到由衷的欣喜。在我们证券监管单位的梅毅，竟然打着一面"赫连勃勃大王"的大旗，成为声名显赫的历史学家，而且风生水起，已成"中国互联网历史写作先行者"。他不仅写出了几百万字的中国历史作品，可谓"著作等身"，而且坊内畅销，洛阳纸贵。从2010年开始，他又在中央电视台《百家讲坛》节目开讲《鲜为人知的杨家将》《隋唐英雄志》，好奇之余，我更多感到的还是欣喜。

朱伟一 （证监会研究员、社科院法学所兼职教授）

读了梅毅的历史书，我觉得历史比小说更深刻。……梅毅的视角独特，让人读之津津有味。

曹可凡 （著名电视节目主持人）

他（梅毅）发现了很多别人没有发现的材料，当然他更多是在现有平凡的材料当中可以找出历史的端倪，这些可能显而易见，但是有时对显而易见的东西不忽略，反而可以找出历史的真谛，这是梅先生的书突出的地方。……作为一个传媒从业者或者一个普通的读者，通过这个书，我可以获得很多知识。

英雄是民族
最闪亮的坐标

　　2016 年 11 月 30 日，我作为中国作协九大代表，在人民大会堂，亲耳聆听了习近平总书记的讲话："中华民族生生不息绵延发展、饱受挫折又不断浴火重生，都离不开中华文化的有力支撑。中华文化独一无二的理念、智慧、气度、神韵，增添了中国人民和中华民族内心深处的自信和自豪。"

　　话语入心，感受颇深！

　　联想到我本人的创作，从 2003 年到 2015 年，12 年时间，正是为了弘扬中华传统文化，为了找回中华民族那份沉甸甸的文化自信和历史自信，在中国最物质的南方城市深圳，我坐着冷板凳，独立完成了 10 卷本、500 多万字的《帝国真史》系列丛书。

　　抚今追昔，纵观历史，如今，我静下心来，俯首思之，得出这样的结论：我们这个民族之所以伟大，就在于我们是一个历史上有无数英雄的民族！

　　回望中国历史数千年进程，特别是朝代更迭的那些铁血岁月，英雄鹰扬，豪杰虎跳，确确实实让后人无限神往！在每一个令人目眩神迷的伟大时代中，各类英雄横空出世，他们之间的纠葛、交结、争斗，无不充满了动人心魄的感人故事，处处闪耀着人性的光辉，荡溢着历史的波谲云诡，迸发出惊人的感动力！即使在今天，无数中华历史英雄那些激动人心的时刻，肝肠寸断的瞬间，那些汗与泪倾泻而成的故事，依旧晶莹闪耀……

　　一个没有英雄的民族是不可想象的！物质时代，我们对中华民族的英雄崇拜，可以治疗拜金主义的"软骨症"，可以治愈蝇营狗苟的精神瘫痪，可以让我们在庸常生活中重新体味诗性的、崇高的人性大美与激情，可以一砖一瓦地重新建砌我们民族精神的巍峨华殿，可以让我们在对英雄人物的遭遇中感同身受的同时，细细咀嚼诗性而永恒的苦难、孤独与崇高——一切的一切，就是要进一步提升和重铸我们伟大民族的精神风骨！

　　我在"以人为本""以人带史"的独特历史讲述中，总会给大家展示历史洪流中那些血肉英雄的一生传奇。大哉英雄，他们离奇跌宕的命运和令人扼腕叹息的结局，他们之间的惺惺相惜和恩义散场，连我这样冷静的写作者都每每为之流泪动容。我希望能够以客观的、现场感的讲述，消除流水账式干巴巴教科书的平铺直叙，一改宫廷史书荒诞不经的星宿下凡式的神化，一改旧时代民间叙事中英雄故事天命巧合的际遇铺陈，泯除昔日怪力乱神的"超现实"力量冲突——最终的目的，就是要重力突破传统中国通史写作那种老旧的格套，从崭新的、完全的、人性义理的角度，去描写、描摹历史中的"人"在乱世之中生存挣扎所遇到的矛盾、痛苦，从而进一步展示出那些伟大时代伟大英雄的反省、发愤、坚忍，展现乱世之中人性的恢宏壮美和平凡生命力的顽强不屈。

　　在两千多年中华帝国历史的宏大画幅中，我们面对灿若群星的历史人物，有时候，确实不能以成败论英雄。波澜壮阔之间，我总会发现那些欢乐或悲伤英雄身上的熠熠闪光，他们高尚的友情、撼天动地的义气、深沉的亲情，以及奋不顾身的勇气——所有这些，无不具体而形象地展现出我们国人一直以来崇尚的价值观，体现出我们最原始、传统的道德。他们的英雄传奇，他们的侠义勇武，他们之间的惺惺相惜，无不与我们中华民族传统的道德观相契合，故而历久弥新！

　　以历史的逻辑和历史的纵轴、横轴构建传奇化的个人经历，确实非常不容易。为此，如同入群山寻宝，我只能对史料细细爬梳，从汗牛充栋的史料中仔细挖掘，以历史真实为基础，增添合理想象，还原历史，润饰附会，撷取那些细微、深刻而又不经意处的细节，继而细细雕琢，默默推想，最终来张扬我们心目中的历史英雄楷模，体现出那些英雄们平凡中自然而然的感人情怀，挖掘出埋藏于历史深处的复杂而伟大的人性！

正如习近平总书记所言："祖国是人民最坚实的依靠，英雄是民族最闪亮的坐标。歌唱祖国、礼赞英雄从来都是文艺创作的永恒主题，也是最动人的篇章。……对中华民族的英雄，要心怀崇敬，浓墨重彩记录英雄、塑造英雄，让英雄在文艺作品中得到传扬，引导人民树立正确的历史观、民族观、国家观、文化观，绝不做亵渎祖先、亵渎经典、亵渎英雄的事情。"

在十多年的写作过程中，我力避当下坊间最流行的群氓庸俗搞笑史观，扬沙弃砾，以历史守护者的角度，切入中华大历史活生生的血肉肌体之中，从中发现每个伟大时代各路英雄的英伟、自我突破，甚至是狂狷的人格状态，探究辉煌乱世大时代中作为个体的"英雄"的挣扎过程。

看啊，这些人，有血有泪，有悲伤有欢乐，有飞扬有落魄。看啊，这些历史长河中伟大英雄们短暂而辉煌、悲伤的人生历程，真实而丰沛的情感。今天的人们，肯定能够在谛听和仰视中，深刻感受我们伟大历史嬗变无常的命运，沉浸于历史戏剧性的快感中，体悟那些英雄在困境中的抉择和成长。

在我们为泪水所溅湿的笑声中，在惊回首的历史探望中，那些具有冰山大漠魂魄的英雄雕像，在中华民族雄浑壮美的历史背景映衬下，会越来越清晰而丰满！

2017 年 8 月 6 日于深圳

目录

刺痛帝国生命的夜晚

"金田起义"点燃的劫火

1853 年，当身在德意志的马克思博士得知大清帝国南方省份广西发生了革命时，他抑制不住内心的兴奋，在《国际述评》中写道："（中国这个）世界上最古老、最巩固的帝国，八年来在英国资产者大批印花布的影响下，已经处于社会变革的前夕，而这次变革，必将给这个国家的文明带来极其重要的结果。如果我们欧洲的反动分子不久的将来逃奔亚洲，最后到达万里长城，到达（这个）最反动、最保守的堡垒的大门，那么他们说不定就会看见这样的字样：中华共和国——自由、平等、博爱（这几个字原文为法语）。"

太平天国定都"天京"后，马克思博士从他所擅长的政治经济学角度先行楔入，剖析清朝因鸦片战争后内外交困而导致逐步解体的深层因素，并信心十足地预言道："中国革命，将把火星抛到现代工业体系的即将爆炸的地雷上，使酝酿已久的普遍危机爆发。这个危机一旦扩展到国外，直接随之而来的，将是欧洲大陆的政治革命。"

不久，受马克思影响，恩格斯也兴奋地写道："古老中国的末日正在迅速到来……过不了多少年，我们就会看到世界上最古老的帝国作垂死的挣扎。同时，我们也会看到整个亚洲新纪元的曙光。"

仅仅过了不到十年，在 1862 年夏（当时太平天国还没有灭亡），马克思博士在他的《中国纪事》一文中，笔锋一变，毫不留情地指出："（太平天国）除了改朝换代以外，没有给自己提出任何任务。他们没有任何口号，给予民众的惊惶比给予旧统治者们的惊惶还要厉害。他们的全部使命，好像仅仅是用丑恶万状的破坏来与停滞腐朽对立，这种破坏没有一点建设工作的苗头……太平军就是中国人的幻想所描绘的那个魔鬼的化身。但是，只有在中国才有这类魔鬼，这类魔鬼是停滞的社会生活的产物！"

从兴高采烈改为恶毒诅咒，展现出马克思博士对东方古老的国家中那个正在长大的邪恶怪胎具有超常的、透过现象看本质的洞察力。

中国民主革命的先行者孙中山先生对太平天国也经历了一个从推崇到批判的过程。1907 年，他在同盟会所办《民报》上发表《哀太平天国》一文，呼吁"有仁者起，仗太平（天国）之所志"。但是，思想渐趋成熟后的孙中山先生，认真研究了太平天国之后，又指出："洪秀全之所以失败……最大的原因，是他们那一班人到了南京之后，就互争做皇帝，闭起城来自相残杀。"最终，他得出结论说："洪氏之覆亡，知有民族而不知有民权，知有君主而不知有民主。"（《太平天国战史·序》）果然一针见血。

由"保皇"而"改良"的儒学大智者梁启超所言，最能戳破画皮："所谓太平天国，所谓四海兄弟，所谓平和博爱，所谓平等自由，皆不过外面之假名。至其真相，实与中国古来历代之流寇毫无所异。"

与梁启超同为康有为弟子的欧榘甲，一直力主反清，但他坚信："洪、杨与其徒党，起于草泽无赖……稍得土地，即以为安，封王数百，彼此争功。"他还明确指出："（洪、杨）一旦得意（成功），其骄横无礼，贻害众民，恐有甚于满清者。"

写《革命军》的激进派邹容，从来都是"反满复汉"，但他也认定："太平天国之立也，以汉杀汉，山尸血海，所保者满人……"

只有"难酬蹈海亦英雄"的陈天华对太平天国的消亡稍有遗憾："太平天国有天下三分之二，将要成功，又有湘军三十万人，替满洲死死把太平天国打灭……恨的是曾国藩，只晓得替满人杀同胞，不晓得替中国争权利……"

民智初发之后，大儒钱穆先生讲："……他们（太平天国）只知援用西方耶教（基督教）粗迹来牢笼愚民，却没有根据西方民主精神来创建新基。"此语，最为鞭辟入里。

坚信科学理念的共产主义者们对太平天国有更清醒的认识。中国共产党创始人之一李大钊表示："他们（太平天国）禁止了鸦片，却采用了宗教；（他们）不建设民国，而建设'天国'，这是他们失败的重要原因。"

共产主义理论家恽代英从两个方面论证了太平天国一定失败的原因：第一，"太平天国"是"领袖的结合，不是主义的结合，只是'感情'的结合，而'感情'是靠不住的……后来北王杀了东王，内部闹个不休"；第二，太平天国最大的弱点，就是反对文化，造成"知识分子不为所用"。二十世纪四五十年代，以邓力群、华岗、范文澜为主的马克思主义知识分子也非常客观地对太平天国加以评析，指出了导致他们败亡的狭隘性、保守性、自私性以及贯穿始终的宗派思想、享乐思想和低级趣味。

梁启超在痛诋太平天国和洪秀全的同时，仍旧大力推崇扶危定乱的李秀成，他满怀深情地写道："李秀成真豪杰哉！当存亡危急之顷，满城上下，命在旦夕，犹能驱使健儿千数百，突围决战，几歼敌师。五月十五日之役，曾军（湘军）之不亡，天也！及城已破，复能以爱马救幼主，而慷慨决死，有国亡与亡之志，虽古之大臣儒将，何以过之！……（倘）使以（李）秀成而处洪秀全之地位，则今日之域中，安知为谁家之天下耶！呜呼，刘（邦）兴骂项（羽），成败论人，今日谁复肯为李秀成扬伟业、发幽光者！百年而后，自有定评。后之良史，岂有所私。虽然，物竞天择，适者生存，曾（国藩）、左（宗棠）、李（鸿章），亦人杰矣！"

太平天国，于后世而言，它最大的"积极意义"早为梁启超一语道破：

道（光）、咸（丰）以后，官吏之庸劣不足惮既已显，而秕政稠叠，国耻纷来，热诚者欲扫氛雾以立新猷，桀黠者欲乘利便以觊非分，此殆势有必至、理有固然者耶！于是，一世之雄洪秀全、杨秀清、李秀成等，因之而起；于是，一世之雄曾国藩、左宗棠、李鸿章等，因之而起。

正是太平天国的冲击，使得腐朽的大清国内满蒙权贵派一步一步走向衰落，经世派（庶族汉人派）一步一步走向权力的巅峰，最终形成不可逆转之势。这些，恰恰为后来袁世凯和孙中山的崛起奠定了坚实的精神基础和民族基础。在这一点上，也仅仅在这一点上，怪胎终于有幸成为日后中华民国的一抔肥料。

洪秀全、杨秀清以及他们身后那些念着"天国"咒语的幽灵，在国人心中徘徊了一个多世纪。我们现在不需要武断肯定或简单否定地下结论，我们恰恰需要发自内心深处的冷静的审视，从昔日的破坏中寻找建设的起源，重新寻找逝去年代的精神体验。

柳亚子二诗，最能表达笔者此时的心境：

其一

已无遗老说洪王，志怪传奇说渺茫。

多少英雄兴废感，最怜鹬蚌斗韦杨。

其二

帝子雄图浑幻梦，中原文献已无征。

我来重读太平史，十丈银釭焰影沉。

"上帝"到广西

洪秀全的勃然而兴

道光二十三年（1843年），春天某日。

广州街道上，因昨宵一夜风雨，地上铺满了吹落的枯叶。岭南的气候正是如此。四季常青，深秋不见枯黄飞叶，春天却往往两三天内落叶满地，但枝梢之间，同时即有迅速冒出的嫩叶。它们的生长速度快得惊人。地面深绿发干的叶子还未腐烂，树木间已经燃烧般腾满了鲜绿。

一位在岭南人群中显得高大虚胖的男人（约一米七八，八十公斤重），蜡黄的脸上满是阴郁。他揪了揪自己已经多半花白的胡须，望着国子监外张贴的有中举弟子名字的榜文，狠狠地往地上吐了口唾沫，用广东（府）话骂了句："丢佢老母黑！"接着，他又急速地用旁人难解的客家话骂了几句什么，愤然转身离开了。

这位看上去样貌平平、再普通不过的广东男子，其实刚刚三十岁，正是日后大名鼎鼎的太平天国"天王"洪秀全。

自道光八年（1828年）开始，十六岁的洪秀全就开始应试，很想"朝为田舍郎，暮登天子堂"。但现实极其"残酷"，经历了道光十六年、道光十七年的连续失败，一直到道光二十三年，他前后应试了四次。十五年间，他终日苦读，屡败屡试，屡试屡败。一股无名怨毒之火，窜腾于这位岭南士子的胸中。

洪秀全生于嘉庆十八年十二月初十（1814年1月1日），出生地是广东花县一个名叫"福源水"的地方，后迁至官禄埗村。此地距广州几十公里，现在的花县称为"花都"，已经并入广州市。洪秀全原先的名字叫"洪火秀"，依排行又名"洪仁坤"，后来的"秀全"是他为自己起的"号"。

这位"洪秀全"，出身绝非贫雇农，而是富裕中农。其父洪镜杨，是本分的种田汉，客家人，其祖籍是广东梅州（清时称嘉应州）石坑镇。洪秀全有兄弟姐妹五人，其排行第四。由于儿时聪颖好学，小火秀深得父亲喜爱，七岁时即被送入私塾念书。十六岁时，洪秀全首次参加科举考试，失败。名落孙山之余，家境也中落，加上父亲年高力衰，生活每况愈下。

第四次落第后，洪秀全怒火攻心，咬牙切齿，似得狂疾。回到家里，他终日困兽般在院子里疾行狂走，口中念叨不停："再不考清朝试，再不穿清朝服，老子以后要自己开科取士！"怒狂之下，他手持锄头，把家中所供的孔圣人牌位砸得稀烂。

谁也没料到，这么一个花县落第青年，日后竟成为开挖清朝第一锹墓土的人。

潜"龙"在渊
落第穷酸的人生选择

四次落第，洪秀全怒火中烧，对清政府怨毒满胸，常常向族弟洪仁玕说："我们以五万万汉人受制于数百万鞑妖，天下哪有如此之大耻！（其实，当时汉人连五万万也没有）如今，中国每年几千万金银又化为烟土，汉人膏血，皆成为百万满人之花粉钱，年复一年，至今二百余年，中国之民，富者安能不贫，贫者安能规矩忍耐！思此虎狼之世，真真让人拍案愤叹！"（洪仁玕《英杰归真》）

科举对旧时代读书人的影响真是巨大！屡考不中，落第连连，最终竟促成一个人思想上发生"质"的转变，由自身的"不遇"上升为民族情感方面二百多年的积怨宣泄。

确实，历史上的许多大事，总是源于某个个人的一些"细节"和"小事"，冥冥之中，个人际遇有时候竟成为一个时代的临界点。

但一定要讲明的是，洪秀全第四次落第后，并非当时就变成了一个"革命者"。即使在"金田起义"打响第一枪后也不是，一直到永安建制后，这位落第举子的"革命"目标才明晰起来。先前的种种事情，都是走一步看一步，如果没有"来土之争"的大形势，根本就不会发生"金田起义"。所以，时势造英雄，时势非常重要。

洪秀全所处时代，决定了"太平天国"日后能以星星之火烧遍原野的"机遇"。当时清朝统治下的中国，内忧外患，满目疮痍，各种社会矛盾极其尖锐，无法调和。抛开1840年鸦片战争爆发的国际国内"大形势"不讲，仅就国内局势看，当时许多有识之士终日有岌岌可危之叹。

自嘉庆、道光以来，中国的土地兼并现象日趋严重，地租最高者甚至占佃农收成的80%。农民形同奴隶，富者愈富，贫者愈贫，两极分化严重。而且，随着人口过剩现象的出现，人多地少，道光十三年（1833年），每人平均土地只有一点八六亩（约合一千二百四十平方米），比例严重失调，进而造成米价飞涨。

中国老百姓老实，无田农民为了活命，不少人自平原举家迁入蛮荒山区，开山布种，烧野种田，垦山刨食。江南、福建一带称这些人为"棚民"，广东称其为"寮民"。他们贫寒到骨，糊口而已。"太平天国"大名鼎鼎的杨秀清、李秀成两人即是这种人出身。

同时，由于鸦片战争后两千多万户额赔款以及五大港口的"开放"，白银外泄，鸦片蜂拥入内，国内的银价高涨，钱价暴跌。清朝一直是银钱并行的双本位币制，但实际生活中都是以钱折银来计数，法定折率是一千文钱折一两银子。由于钱贱银贵，无形中使得乡村农民和小地主阶层的负担一下子加重了三倍多，更多的人破产破家。清政府不体恤民情，更加如狼似虎地催逼赋税，百姓与清政府的关系势同水火。

农民如此，东南一带许多市镇从业者也因"五口通商"丢掉饭碗，挑茶工、运输工、船工等"苦力"，人数达上百万人，纷纷失业。由于陆路交通都转为水港出口，原先的国内船商经受不住洋资本的冲击，纷纷歇业。加上英国、美国等"资本主义"国家向中国倾销棉布、棉纱，在棉布、棉纱成百倍的进口增长下，江南纺织业基本垮掉，无数从业工人及家庭作坊的生路断绝。

人祸有此，天灾并行。每个王朝发展到晚期，都会宿命般持续遭受天灾。从道光二十六年（1846年）开始的五年间，黄河、长江流域各省水灾、旱灾连年不断。特别是1849年，长江大水灾覆盖六省，为百年罕见特大洪水，无数人丢掉性命，造成的损失极其惨重。咸丰元年（1851年），黄河在江苏溃堤，千里汪洋。而在"金田起义"的发起地广西，更是旱、涝、蝗、雹不断，饥民遍野，僵尸满路。在这种情况下，清朝官府仍旧敲骨吸髓般进行压榨，"仇恨的怒火"到处燃烧。

洪秀全创制"拜上帝会"，并非第四次落第后才忽然"皈依"的举措。早在道光十六年（1836年）他第二次赴广州赶考时，一日闲逛，在龙藏街的贡院门前得到一份免费派发的小册子《劝世良言》，作者乃中国的基督教徒梁发。梁发乃苏格兰长老会会员马礼逊的信徒，他在道光十二年（1832年）出版了《劝世良言》九本小册子，每册有50页，内容皆是他引摘《圣经》章句后自己发挥的"释义"。洪秀全对其中奇特的"教名"深感兴趣，并当"奇门小说"猛读了一番。

当然，过瘾之后，"教义"当不得功名，洪秀全又努力钻入经、史、子、集之中，转年复来广州考试，但仍旧落第不果。大刺激之下，洪秀全回家后病倒，连续四天高烧四十多度，眼前出现了不少"幻象"。

高烧甫退，先前一向温文尔雅的洪秀全提笔濡墨，作诗一首：

手握乾坤杀伐权，斩邪留正解民悬。

眼通西北江山外，声震东南日月边。

展爪似嫌云路小，腾身何怕汉程偏。

风雷鼓舞三千浪，易象飞龙定在天。

此诗显示，洪秀全已"反意"森然。

第四次科场失意后，绝望归绝望，肚子最要紧，洪秀全只得到他继母李氏的娘家莲花塘村去当塾师，挣点粮食糊口。穷极无聊之中，郁闷寡欢之下，他拿出道光十六年在广州街上获派的《劝世良言》。洪秀全一个表兄名叫李敬芳，粗通文墨，对这本小册子非常痴迷，称赞不已。

苦闷至极的洪秀全听表兄这么一说，如濒死人抓住救命稻草一样，赶忙再次仔细"研读"。之后，他才萌发了"罢黜诸神，独尊上帝"的"进步"思想，开始了他的"宗教"造神历程，即以宗教异端的形式，开始有组织地进行反封建活动。

此后，他与儿时玩伴冯云山、族弟洪仁玕一起，开始发展徒众，宣扬"教义"，结会礼拜。1846 年前后，冯云山在紫荆山地区传教的效果明显，徒党日多，有了"拜上帝会"这个正式名称。手下有了几个信奉者，落魄的洪秀全胆气倍增，他用"教友"捐赠的银钱，立刻去找铁匠打制了一把"斩妖剑"，大吟歌诗以明志：

手持三尺定山河，四海为家共饮和。

擒尽妖邪归地网，收残奸宄落天罗。

东南西北效皇极，日月星辰奏凯歌。

虎啸龙吟光世界，太平一统乐如何！

忙活数日，洪秀全、冯云山几个人在花县老家官禄埗、五马岭以及莲花塘等地确实吸收了不少"教徒"。"宣教"之余，洪秀全四处敲砸孔

005   "上帝"到广西

圣人牌位。此举引起轩然大波,广州附近人民虽然接受"新鲜事物"较多,但传统上仍对孔圣人抱有十分尊崇的心理,因而对洪秀全的举动很反感。这使他最终失去了塾师的饭碗。

精神的力量是巨大的。丢了工作后,洪秀全没有灰心,受《圣经》上一句话"从未有先知受人尊敬于本乡及家中的"(也就是"外来和尚会念经"之意)鼓励,他与冯云山以及村中几个年轻人离开老家,数十天内遍游广州、顺德、南海、从化、清远、曲江、阳山、连山等地,在珠江三角洲地区开始了他们游走布道的征途。

理想是美好的,现实是冷酷的。他们奔走两个多月,沿路倒弄些笔砚挣点小钱填饱肚子,传教的成绩并不理想,总共只有五十多人入教门,其间多数还是因贪小便宜少给钱买纸砚,口头表示入教的。在连山(今广西瑶族自治区)待了十多天,只有一个汉人入会。失望之下,洪秀全、冯云山决定去广西"发展"。

于是,洪秀全、冯云山沿贺江河谷而下,先到封川,自浔江西上,在道光二十四年(1844年)夏天到了贵县赐谷村(今广西贵港长谷村)。之所以在此地落脚,是因为洪秀全有个表兄王盛均在这里居住。二人住下后,一面当塾师谋生,一面传教。由于教义"独尊上帝",排斥当地人祭祀的"土神",村人愤恨,仅仅待了几个月,洪、冯两个人就黯然离开赐谷村。

洪秀全恋家,回到花县。冯云山为人倔强,仍旧留在广西,在桂平一带边教书边传教。

洪秀全回到花县后,表面上"老实"许多,仍旧在当地以塾师身份挣饭吃,实际上他的头脑正处于"狂暴"期。他天天奋笔疾书,大半夜才睡,一清早就起,两年多时间写出了《原道救世歌》《原道醒世训》《原道觉世训》《百正歌》《改邪归正》五篇文章,但文章均非明确指导"革命行动"的"革命理论",而多是借基督教劝人"向善"的客家民歌体打油诗形式,以表明心迹。

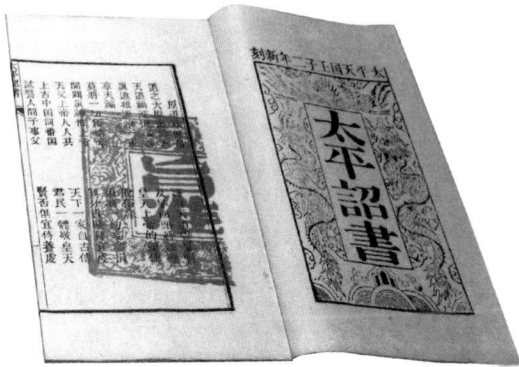

洪秀全所撰写的《原道救世歌》《原道醒世训》和《原道觉世训》

在这些"革命"著作中，洪秀全只斥佛、道为"邪教"，一改昔日破孔圣牌位的张狂，反而说了孔孟之道的不少"好话"。正所谓吃一堑长一智，洪秀全深悟孔孟在国人心目中的地位不可动摇，故而从"痛批"转为"利用"（定都天京后，洪秀全才故态复萌，重刻这些文章时删去了所有对孔孟之道的"歌颂"）。

有了"宗教"的外衣，打扮起自己来就很得心应手。但是，由于对基督教真正的教义并不通，连旧约、新约都没读过（到了1847年，他才在广州传教士罗孝全那里看到这两本著作），洪秀全只能走"捷径"，从儒家典籍中"钩沉"，并首先找出与"天"这个词相匹配的"上帝"一词。虽说《诗经》中有"上帝临汝"，《周易》中有"荐之上帝"，《尚书》中有"唯皇上帝"，但其中的"上帝"与基督教的"上帝"之意并无关系。

找到了"上帝"这个古词，洪秀全"创造性"地认为："历考中国史册，自盘古至三代，君臣一体，皆敬拜皇上帝。"同时，他大肆附会第三次赶考后发高烧、见幻象、说胡话的经历，声称自己那一次"死过去"，其实是上天见上帝，受命再次"下凡"，诛妖救世。这种伎俩，同历代农民起义的领导者们假造"符瑞""谶言"并无二致。他还编造出一个"上帝"的"对头"——阎罗妖，或东海龙妖——并随时把这个假想敌附会到任何反对者或反对派身上。

平心而论，"拜上帝教"的仪式一点也不复杂：众人集结于一室，男女分别列座，共唱赞美诗。然后，"主持人"宣扬上帝之仁或耶稣救赎之恩，劝诫信徒勿拜偶像，悔过改恶，一心崇服上帝。

只要有人愿意入会，马上施以"洗礼"——在一张"忏悔状"上写下自己的名字，面对神台跪下。"主持人"问："愿不拜邪神否？愿不行恶事否？愿恪守天条否？""申请人"随声答应，"主持人"从一大脸盆中取水一杯，浇于"受洗者"头上，语称："洗净从前罪恶，除旧生新！"礼毕，焚化写有申请人姓名的"忏悔状"，饮尽神台前所供清茶三杯，仪式结束。

洪秀全的"拜上帝教"，看似基督教，其实也就仿个皮毛，甚至只是个名号而已，与真正的基督教有天壤之别。所以，英国人富礼赐在其《天京游记》中说过："教皇如果有权惩治洪秀全，早就把他烧死了！"

当然，洪秀全所著"教义"，并非全部模仿基督教，也有很符合中国国情的说教，比如他劝世人戒鸦片戒饮酒，义正词严，在今天都具有"先进性"："他若自驱陷阱者，炼食洋烟最癫狂；如今多少英雄汉，多被烟枪自打伤。即如好酒亦非正，成家宜戒败家汤；请观桀纣君天下，铁统江山为酒亡。"

可见，洪秀全只是以"宗教"为外衣组织"革命"，并不是真正想"拜上帝"。

至此，很有必要讲讲给予洪秀全"上帝"启蒙的《劝世良言》的作者梁发。

梁发是广东高明县人，乾隆五十四年（1789 年）出生，本是一个很普通的雕版印刷工人，略识文字。1811 年左右，他收受了英国传教士马礼逊数两银子，冒险替他刻印中文版的《圣经》，这在当时是"杀头之罪"。在大清国非法宣传"邪异"之教，后果极其严重。

马礼逊曾在印度公司（英国人所开）工作二十多年，本是个有冒险家精神的基督教传教士。在他的劝诱和"启发"下，梁发于 1823 年成为中国第一个"华人牧师"。从那时起，梁发再不用挥汗如雨搬雕版印东西，开始穿上半洋半土的衣服，暗中秘密宣教，并每年从伦敦新教教会支领薪水。

1832 年，已经习教并上升了好几个层次的梁发写出《劝世良言》，由其恩师马礼逊亲自审核出版。当然，那时候的政治环境不利于梁发以真名出版这本宣传册子，当时他的署名是"学善者"（梁发还有"学善居士"之名）。

洪秀全所观的《劝世良言》，其实就是基督教新约、旧约的"编写本"，一半引原文，一半由梁发自己发挥。梁发所引原文只有《圣约》的九分之一左右，删掉了书中类似神话的故事情节，主要保留基督教的基本教义，可以说这个工厂学徒出身的中国人在中年以后确实深悟了许多基督教神学原理。

梁发的《劝世良言》没有丝毫"革命"的意思，主要是鼓励人们信仰上帝，顺从基督，安贫乐道，戒杀戒贪，并宣称"天国"在来世，死后能"永生"。梁发书中唯一稍显"激进"的，就是对佛教、道教大肆"批判"，对儒家学说稍有微词，其他方面没有什么"火药味"。

日后，洪秀全断章取义，逢佛灭佛，遇庙拆庙，焚烧经籍之余，甚至大声高叫要"杀妖杀有罪"，甚至丧心病狂到"读者斩！收者斩！买者卖者一同斩！"，这与梁发《劝世良言》的基本"精神"完全背道而驰。

革故鼎新
"金田起义"前后时机与运气

洪秀全在花县老家埋头搞"创作"，其"革命同志"冯云山一直踏踏实实在广西紫荆山地区做基础工作，时而打短工，时而做塾师，中心任务就是传播教义，拉信徒入伙。

这位洪秀全的"发小"冯云山，家乡距洪秀全的村子仅一公里，村名"禾落地"，出身也是殷实的小地主家庭。同洪秀全一样，冯云山也是屡试不第的秀才。科场失意，心肝冷却，热血却沸腾，加上又是实干家，他两年多忙个不停，而且他志向远大。这可从其当时的一首诗中窥见端倪：

穿天透地不辞劳，到底方知出处高。

溪涧焉能留得住，终须大海作波涛。

　　紫荆山地区是广西很落后的山区，距离最近的桂平县有近三十公里距离。岩壑深广，深山老林，近三百平方公里内，险山环列，从战略角度上讲确实是个打游击的好地方。

　　1847年秋，洪秀全第二次来到广西，发现老哥们冯云山已经发展了两千多徒众，十分欢喜。这些"拜上帝会"新入会者，包括石达开、杨秀清、萧朝贵等人，日后皆成为"太平天国"的开国功臣。

　　选择了易守难攻的高坑冲卢六（冯云山的表兄）家为栖身之所后，洪秀全和冯云山准备一试身手。

　　为了扩大影响，他们先选择象州当地有名的"甘王庙"下手。在广西东南部，"甘王"是非常有名的民间祭祀对象。"甘王"，历史上确有其人，本为五代时期象州人，从征南汉立下战功，死后为乡人祭为土神，建有"甘王庙"。其庙宇建筑宏伟壮丽，香火旺盛。

　　十月间，洪秀全、冯云山、卢六等人手持利器，冲入象州甘王庙，砸毁了内塑的偶像金身和香炉等祭器，并在庙内白壁上四处题诗，宣示"甘王"为邪神。

　　象州当地人正要聚众找洪秀全等人"算账"，街头忽然摔倒一位十二三岁的当地男孩，口吐白沫，自称"甘王"附体，大嚷道："这些打我的人是神圣不可侵犯的，你们不能伤害他们！"众人骇然，纷纷散去。事后，装神弄鬼的男孩得钱一大串，原来他早为洪秀全等人买通。

　　得意之余，几个人连连展开毁像活动，在紫荆山地区四处寻庙找像，予以捣毁拆除，破毁雷神庙和土地庙许多座。广西人好祀，特别崇信这些地方"神圣"，当他们发现捣庙者大肆破坏却没有任何"报应"时，心中逐渐信服起"上帝"来，不少人加入"拜上帝会"。

　　砸庙砸东西痛快，很快就砸出事来。

　　道光二十七年（1847年）年底，紫荆山地区石人村的士绅王作新

　　　　　　　　　"上帝"到广西

带领家丁、团练，以毁庙、宣扬妖书为罪名，捕捉了冯云山。这下，他捅了马蜂窝。拜上帝会会众心很齐，会员卢六很快找到一些会众，把冯云山抢了回去。为此，王作新将此事告官，向桂平县衙投状，指称冯云山以村民曾玉珍家为窝点，非法集会，毁捣社稷神明，结盟惑众，违反清朝法律。

其实，王作新作为主控方有理有据，非法集会和捣毁公有建筑在当时确为犯法行为。但是，当时的清政府，自鸦片战争失败后，上上下下畏洋如畏虎，清廷应外国传教士之请，已经有公文派发到各地，明令地方政府不要干涉洋教活动。因此，桂平县的官员息事宁人，在押解冯云山和卢六到官衙的同时，发传票要王作新到庭，并声言他有诬告和捏造事实的嫌疑。

冯云山方面，他在监狱中不停申诉，辩称自己只是相信基督教，并无不法行事，坚称自己完全清白。

由于察觉到风向不对，事主王作新又怕教徒报复，屡不到庭对质，而卢六又在狱中得病而死。

押了几个月后，新上任的桂平知县索性小事化了，以"查无实情"为名，把冯云山从牢狱中放了，只是认定他"无业游荡"，派两个差役押送他回广东花县原籍。

一路上，冯云山循循善诱，说服两位差人也皈依了"拜上帝会"，三个人一起转回了紫荆山地区。

当然，冯云山得释，关键在于会门兄弟用集资捐款的"科炭"钱（拜上帝会多烧炭矿徒，集资敛钱称为"科炭"），四下在衙门中走关系打点。从中也可看出这些抱成一团的"拜上帝会"势力越来越大。这吓得王作新一家人都不敢再在石人村家中居住，很怕招惹这些事儿头。

冯云山刚刚被逮时，洪秀全又怕又急，匆忙离开紫荆山，赶至广州，准备亲自鸣鼓喊冤，向两广总督耆英告状，以图救出冯云山。因为清政府在道光二十五年（1845年）经耆英上奏，已经明旨谕准对广东的礼拜堂弛禁。可巧耆英内调离开广东，冯云山得释，洪秀全就没有见到这位两广总督。

次年十月，洪、冯二人终于在花县老家会面，相拥久之，恍若隔世。

还有一件重要的事情要提。冯云山在桂平县被羁押期间，当年三月初三，拜上帝会会员中的骨干分子杨秀清自称"天父"附体，玩起降神把戏。他咣当一声当众晕倒，然后突然跃起，神情肃穆，自称代"天父上帝"来传言，把会中摇摆不定的黄姓家族成员驱逐出会。由于广西一带流行人神沟通与鬼神附体的风俗，会众们信以为真。杨秀清不仅获取了极高的威信，也稳定住了冯云山被捕后拜上帝会内部的恐慌情绪。

很快，杨秀清的烧炭同伴萧朝贵有样学样，咣当一声也倒地，鲤鱼打挺跃起后，自称"天兄"附体，与杨秀清演起了双簧。

所有这一切，洪秀全、冯云山两个人，当时一个在狱中，另一个在广州，皆不知情。事定之后，二人就此也产生过犹疑：如果承认杨秀清、萧朝贵的"天父""天兄"代言权，就意味着这两个人日后在宗教上有超越洪、冯二人权威的可能；但是，如果拒绝承认，则可能会使会员产生内讧。思来想去，发现杨秀清、萧朝贵二人当时并没有野心，洪、冯二人就决定接受这一事实。

洪秀全声称自己是上帝之子、耶稣之弟，如此一来，天父、天兄二人的"代言人"地位，自然超越不了"上帝"的亲儿子。日后太平天国的"爷降节""哥降节"，就是"纪念"杨秀清、萧朝贵这两个人的"下凡"。

杨秀清祖籍嘉应州（今广东梅州），其四世祖开始移居广西。他本人于1821年出生，五岁丧父，九岁丧母，孤苦出身，多亏伯父抚养成人。成人之后，杨秀清以烧炭为生，生活极其困苦。由于长期营养不良加上慢性疾病，杨秀清身材矮瘦，胡须稀疏，而且一只眼瞎，是个面有残疾而体格虚弱的人。但此人抱负远大，广结朋友，仗义施财，情商和智商都特别高。正因如此，他才能在"拜上帝会"危难之际脱颖而出，一装成名，取得了"代天父传言"的特权。

至于萧朝贵，则是杨秀清山中烧炭的老伙计，其人性情凶悍，相貌凶丑，但对会门与杨秀清等人忠心耿耿。

1850年左右，洪秀全在拜上帝会内的地位日益得到巩固，多次"预言"得验（无非是装神弄鬼说些某时某人要得病的"神言"），加之其本人知晓些治病偏方，他被会众渲染为"能令瞎者见物，能令哑者开口"的神人。同时，金田村的大财主韦昌辉家族也加入了会门，为拜上帝会的发展提供了强大的物质基础。

不少学者讲韦昌辉是壮族人，完全是以其"韦"姓揣测。韦昌辉也是明末从广东迁到广西的客家人后代。太平天国的高层头目，基本都是客家人。至此，笔者简述一下"拜上帝会"重要成员中的"客家人"构成情况。

笔者十多年前从天津初到岭南，对"客家人"这个概念十分模糊，以为其是广东的一个少数民族，其实不是。客家人是中原汉族南迁后形成的一个特殊支系。

秦始皇统一中国后，为了南定百越，始皇帝派几十万大军进军岭南，修灵渠，灭蛮族，由此把汉族的文明之花散播于五岭以南。其后，每逢中原战乱，朝代更迭，就有大批民众扶家携口南迁，由黄河流域到江淮流域，由江淮再迁至赣闽粤的广大山区，与当地畲、瑶等少数民族打打杀杀，来来往往，最终形成了一个"客家"群体。

"客家"，取自"客而家焉"之意，最早出自晋元帝诏书。而实意的"客"是从少数民族口中而来的，相对于当地土著，这些外来汉自然是"客家"。

客家人一直保留着浓郁的中原文化传统，今天的客家话，词汇中仍旧保留了许多古汉语，可称是古汉语的"活化石"。客家人传统守礼重义，好学讲理，耐劳耐苦，坚忍不拔，确实具有中国古代河洛精神的遗风。明末清初之际，由于清军入关后推行的民族压迫政策，大批广东、福建地区的客家人西迁至广西，在武宣、桂平、平南、贵县、陆川、藤县等地区居住，或垦山，或开矿，努力求食，艰辛生存。

不仅来自广东花县的洪秀全、洪仁玕、冯云山是客家人，死于狱中的卢六是客家人，杨秀清、萧朝贵、韦昌辉、石达开、秦日纲、赖文光、黄文金、曾天养、李秀成、陈玉成等，也都是客家人。特别让后人慨叹的是，派人把冯云山抓起来的王作新是客家人，镇压太平天国的曾国藩是湖南的客家人，一直作诗作文大骂太平天国的清末启蒙思想家黄遵宪也是客家人。

20世纪50年代，有学者"考证"说石达开、韦昌辉、林凤祥、李开芳（后两位是太平军"北伐"主将）皆是广西壮族人——此说完全是根据当代居村人员现状的"揣测"，如果石达开、韦昌辉是壮族人而非客家人，他们二人则不可能进入太平天国最高决策层。特别是韦昌辉，堂堂"六千岁"，仅居洪秀全、杨秀清、萧朝贵、冯云山之后，如果不是客家人，万万不能拥有这种地位。有学者总以他姓"韦"而误认其为壮族，实是犯了"经验性"错误。

即使在冯云山被逮前后，洪秀全也没有想过真的要起义，广西的"来土之争"，才是导致"金田起义"最直接的催化剂。

何谓"来土之争"呢？

金田起义前，在广西桂平、贵县、武宣、平南（浔州治内）等地，一直存在大规模的武装械斗。所谓"来人"，主要指从广东迁入广西的讲客家话和广府话（粤语、广东话）的人；所谓"土人"，主要指久居广西当地的土著居民（包括汉族和少数民族，主要是汉族）。由于广东客家话和广府话不同于广西当地的"土白话"，当地人也称"来人"为"讲客的"，称土著为"讲土的"。

"来土之争"绝非民族之争，因为广西本地的壮族、瑶族并无鲜明立场，有些人支持"来人"，有些人支持"土人"。广西这地方由于久在"化外"，民间械斗一直是流行的"民俗"现象。特别是道光末年土地兼并剧烈、内部矛盾激烈的情况下，大批广东、福建、湖南游民进入广西，造成了地少人多的局面，官府有时又暗中怂恿当地土著与游民争田，故而来土间的梁子越结越深。

为争一口井、一块田、一个媳妇，整村整村的人互相持械仇杀，有时一打便经年累月，你来我往：你杀光我半村人，我再拉人杀光你一村人；把成年人杀掉不说，还把对方的孩子抢走卖掉；把房屋付之一炬，整村烧成白地。成千上万的人死于这种大规模的仇杀之中。

道光二十四年（1844年），桂平县金田村黄谭两姓械斗；道光二十八年（1848年），贵县北岸来土械斗；道光三十年（1850年），贵县赐谷村农民因争水源械斗。

不久，"来人"打死土人多，贵县奇石寺村数百土人来寻仇，双方开始互相仇杀；再后，教子岭一带的"来人"想强娶壮族美女为妻，壮人和土人联手与"来人"械斗。"来人"打不过土人，便又四处联络"来人"来帮忙。愈演愈烈之下，整个贵县地区爆发了上万人大规模械斗，双方互杀四十余天，导致尸横遍野，瘟疫肆虐。"来土之争"已经到了水火不容的地步，不是你死，就是我亡。

正是在这样的背景下，"金田起义"爆发了。起事之初，根本不是洪秀全等人要打"江山"，完全是应大部分落难的、无家可归的客家人之请，准备武装迁徙。教科书和历史研究者基本都宣称洪秀全是一位深谋远虑的"革命者"，一直策划推翻腐朽的清政府，起事之初就反帝反封建，那有点刻意拔高。不必看别的资料，仅看太平天国被清军生俘的两个重要人物李秀成与石达开的自述就可知，"来土之争"才是"金田起义"之最直接的原因：

> 拜上帝人与拜上帝人一伙，团练与团练一伙，各争自气，各逞自强，因而逼起。（李秀成自述）

一个太平天国的礼拜堂

道光二十九年，因本县（贵县）土人赶逐客人，（客人）无家可归，同洪秀全、杨秀清、韦昌辉、萧朝贵、冯云山（和我）共六人聚众起事。（石达开自述）

而且，"来土之争"的结局，正应验了洪秀全早先的"预言"："有田无人耕，有屋无人住！"自得之余，洪秀全很精明，提前让人把自己的家属从花县接到广西，并通知各地教徒到金田村集中。确切日期，应该是道光三十年五月间。冯云山就没那么精明，他没有及时去接家属。"金田起义"后，冯云山一家三族均被官府抓住，因大逆之罪基本都丢了性命，而冯、洪两家的祖坟也被刨开铲平。

自道光三十年七月开始，各地的拜上帝会信徒，特别是那些在"来土之争"中失利的客家人群，携家而来，奔向金田村。人流络绎之中，清朝的地方政府不以为意，没有想到这些人要造反，以为他们只是逃难。加上大黄江巡检带了几十官兵入山敲诈会众，更使得群情激愤。

韦昌辉一家本身就是金田富户，他一大家子人昼夜忙活，雇了不少人在家铸造武器，磨刀擦枪，而韦府也成为洪秀全的指挥中心。贵县人石达开率一千多生力军到达；陆川的赖九自玉林率众来投；博白会众和象州会众来投……

只有广东信宜的凌十八所率拜上帝会徒众倒霉，他带了数百人自信宜出发，但中途贪攻城池，攻玉林、博白等县城不果，失败后想掉头回广东，最终在罗定被清军全歼（凌十八及其数百随从全是客家人）。

眼看会众愈聚愈多，不第举子洪秀全满心欢喜，手拈须胡，又赋诗一首明志：

近世烟氛大不同，知天有意启英雄。

神州被陷从难陷，上帝当崇毕竟崇。

明主敲诗曾咏菊，汉皇置酒尚歌风。

古来事业由人做，黑雾收残一鉴中。

显然，洪秀全诗中已经暗隐自己要与朱元璋和刘邦比肩的意思。但从此诗中可见，洪秀全的文化修养确实一般，不像人们所说的那样精通经史子集。"汉皇置酒尚歌风"，是指刘邦做《大风歌》，虽是瞎押韵，还算看得懂。而"明主敲诗曾咏菊"让人费解，黄巢杀人八百万，曾经大咏"我花开后百花杀"。明太祖朱元璋，正史上却没有关于他的咏菊诗的记载。很有可能洪秀全也精通民间演义，民间演义传朱元璋做过一首仿效黄巢的《咏菊诗》："百花发时我不发，我若发时都吓杀。要与西风战一场，遍身穿就黄金甲。"

实际上，"金田起义"不是一天的事情，而是指各地会众几个月来一路厮杀到金田聚集的过程。最终，冯云山等人选定道光三十年十二月初十（1851年1月11日），给洪秀全做寿过生日这天当作纪念日，称之为"万寿起义"，所以后人一般把这一天当成金田起义的"纪念日"来对待。其实，太平天国真正的起事要早几个月，他们内部也一直没有专门纪念"金田起义"的节日。

在金田村韦昌辉的家里，洪秀全已经称当日为"太平天国元年"的起始，但他仍旧以"教主"名义宣布，还未敢表露与清政府完全对抗之心。这从当时拜上帝会所发的一份檄文中，仍可见出痕迹：

忖思未拜上帝以前，未尝扰害良民，既拜上帝以后，何尝劫掠城乡。不过志甘泉石，自成世外之逍遥，性乐烟霞，别有无名之天地，于是托迹颍水、箕山，聊效巢（父）、（许）由之洗耳，潜踪西山、北海，暂比（伯）夷、（叔）齐之采薇。孔子云："天下有道则见，无道则隐。"何乃尔等愚官劣宰，捉我同帮，押死公堂，轻如鼠蚁，讹诈不为痛心哉！（此指拜上帝会会员卢六、黄为正二人病死狱中之事。）故不得不纠集英雄，结盟豪杰，以为报仇之举。

尔乃复起官兵，联络团练，与我颉颃，相争上下，岂不谓我营中无人乎？（此指政府团练等武装与拜上帝会会员在新塘、紫荆等地的打杀。）抑知我文官二百，人人有安邦定国之才，武将千员，个个有擎天跨海之勇。雄兵三万（人数有夸大，只有两万不到），势若天丁，战士数千，威如猛虎，恰似一天星斗，固若铜城，恍犹四海洪波，坚如铁柱。

以此制敌，何敌不摧？以此攻城，何城不克？谅尔小小蛇儿，安能与蛟龙斗胜？微微犬子，何敢与虎豹争能？大师一出，望风而逃阵，官心惊而胆裂，壮士窜走似狼忙，抛盈城之戈甲，弃满地之刀枪，尸填巨港之岸，血满长城之窝，无面目见关中父老，何颜入将府之厅堂。倘能各安本分，息战停征，免苍生之涂炭。

至若执迷不悟，兴兵动将，使庶民遭殃，军威所至，定扫浔江为平壤，踏间邑作丘荒。

从文笔上看，檄文应该出自冯云山或洪秀全之手。檄文《三国演义》味道极浓，可见他们的斗争目标是地方的"愚官劣宰"，他们的真实目的在于"息战停征，免苍生之涂炭"。即使面对地方政府的镇压，最大的威胁之语也仅仅是"扫浔江为平壤"，还未有什么大的"造反"野心。

这样做估计有两方面的考虑：一是明确反抗封建统治；二是尽量减少初创阶段的阻力。

但凡"造反"之事，开了头就不能收步。特别是广西平南县的拜上帝会信徒在向金田村进发的途中，与清政府地方武装发生了激烈冲突，双方死伤不少。在花洲和思旺的战斗中，仅团练和瑶兵就被杀五十多人。

道光三十年十一月二十四日，杨秀清派蒙得恩率数千人马猛攻在思旺墟驻扎的浔州副将李殿元部清军，旗开得胜，并杀掉了清军一个巡检。这可是他们第一次真正同清朝正规军开战。此役得胜，拜上帝会会众人心思奋。

由于当时洪秀全和冯云山在思旺指挥平南拜上帝会，杨秀清派来的这支得胜队伍与平南会众会师，迎洪秀全从思旺回金田，所以，思旺墟之战，被太平天国称为"迎主之战"。当时情况确实很危急，由于清军在思旺墟驻防，洪秀全被困于山人村内，倘若杨秀清不派人来救，事不成，洪秀全就会被官府捉住杀头。

可笑的是，尽管官军有多人被杀，清政府仍然以为这是广西的"天地会"（三合会）所为，不知道有新组织"拜上帝会"的存在，更不知有洪秀全这个人。洪秀全的"大名"，思旺墟之战半年多后才为清政府所知。

当然，李殿元当时率军在思旺墟驻扎，绝非想抓住贼头"洪秀全"。当时，李殿元根本不知道有洪秀全这个人物，他在那里驻军，只是因为当地是连控平南、桂平的交通隘口，一切仅仅出于军事常识。

日后，太平天国自己极力渲染的清军大部队围困以及"天王"智能双全、福大命大，皆是为了"造神"而用的宣传。广西僻地的一股"乱众"，当时还真人不了清政府的法眼。

思旺墟之战后，清朝地方政府确实着慌，贵州清江副将伊克坦布和松桃副将清长、浔州知府刘继祖、桂平知县李孟群等人纷纷汇聚，各带正规军和壮勇团练，分成两路向金田村进攻。恰在此时，博白县的会众、贵县龙山矿徒以及各地在"来土之争"中失败的客家人纷纷奔至金田。

特别是洪秀全的安然返归，使得拜上帝会会众信心大增，未等清军攻进金田，会众们蜂拥四出，头领们个个披发持剑，口中念咒，狂舞大旗，奋死杀向清军。

由于"壮勇"（当地"天地会"投靠清政府后被武装成的民兵组织）身上装束与拜上帝会人员的衣服相仿（均头缠红巾），这些人率先惊溃。清军正规军很少见过这么不要命的"贼"，个个腿软，争相奔跑，向后退却。清将伊克坦布提剑督阵，被自己手下溃退的士兵撞倒。拜上帝会会员冲上，一刀就结果了他的性命（也有说他是骑马逃跑时跌落蔡村江桥下后被杀的）。

这一战，清军损失三百多人，加上伊克坦布这样的一员副将，可谓是大败。

洪秀全信心更增，在庆祝自己生日的同时，发布五条军令：

第一，恪遵条命（树立绝对权威）。

第二，别男行女行（分男营女营）。

第三，秋毫莫犯（严肃纪律）。

第四，公心和摊，各遵头目约束（公库制度，"战时共产主义"）。

第五，同心合力，不得临阵退缩。

在冯云山帮助下，洪秀全依照《周礼》"五人为伍，五伍为两，四两为卒，五卒为旅，五旅为师，五师为军"的依据，自创军制，即一"伍长"管四人，一"司马"管五个"伍长"，一"卒长"管四个"司马"，"一旅帅"管五个"卒长"，一"师帅"管五个"旅帅"，一"军帅"管五个"师帅"。而"军帅"之上，又有"将军""总制""监军"加以节制。

在"将军"之上，有"检点"，也分殿左"检点"和殿右"检点"，共三十六人。"检点"之上有"丞相"，分为"天、地、春、夏、秋、冬"六种，共二十四人。"丞相"之上有"前、后、左、右、中"五军"主将"。此外还有"御林侍卫"，官名皆以天干和节气命名。金田一地，至此共集会众两万多人。

拜上帝会会众人心非常齐，不少人在参加金田起义前就把所有地产房屋和财宝变卖，全部换成银子后缴纳入"圣库"，所有会员上下平等，同吃同住，一切支出皆由"圣库"支出。同时，拜上帝会人员严格禁欲，女营、男营各分一处，夫妻亦不得见。这种"战时共产主义"和清教徒式的禁欲，对于拜上帝会起事初期保持旺盛的战斗力起到了极大的作用。

同时，为了独树一帜，拜上帝会会员遵洪秀全之命，开始蓄发，此后他们便被清政府及人们称为"长毛"。

对于广西山区的"大动静"，清政府很着急。早在当年（道光三十年）春正月，道光皇帝本人就已经"崩"了，庙号"宣宗"。其四子奕詝继位，第二年改元"咸丰"，是为清文宗。

道光帝在位三十年，恭俭宽仁，是一位勤快节约的苦心皇帝，但"有君无臣"，在其统治后期，鸦片战争失败，《南京条约》签订，大清王朝一天不如一天，这位仁德皇帝可称是愤懑而死。所以，道光帝当时并未知晓有"拜上帝会"的大患。

帝国广大，新君咸丰初立，内忧外患，摆在他眼前的是一个烂摊子。广西"贼"虽然在当时不是什么大事，但也得正视。

早在道光三十年七月，广西提督闵正凤已经因办事不力被革职，不久广西巡抚郑祖琛也丢官。湖南提督向荣和云南提督张必禄分别带领楚兵和黔兵被调至广西解决问题。在虎门销烟中倒大霉的林则徐也被起用，被任命为钦差大臣兼广西巡抚，但他刚走到潮州就病死。随后，云南提督张必禄也病死，镇远总兵周凤岐代领其军。

到咸丰元年（1851年）初，已有两广、云贵、湖北、福建六省正规军一万多人开至广西，接替林则徐的是前两江总督李星沅。

道光三十年十二月初十（1851年1月11日）这一天，清政府辖下广西浔州紫荆山地区金田村出现了"太平天国"，而"天王"早在1837年就已经"存在"。因为洪秀全称他生病发烧时上过"天堂"，"天父上主皇上帝"当时已经封他为"太平天王大道君王全"。

其实"太平"二字，早在东汉何休对《公羊传》作解诂时已经使用

"上帝"到广西

过；汉末的造反者张角也曾称他所组织的"宗教"为"太平道"；元末江南农民造反也称"杀尽不平方太平"；明末有几个农民军头目也自称"太平天"……"太平"一词相同，意义到了洪秀全时代却大有不同之处。

由于会众日多，已有三万多人，金田村再也盛不下这么多人，粮食也成问题，于是在建"天国"后的第三天，即1851年1月13日，会众们沿大湟江而上，直杀江口墟。此次行动并非多么有目的性，因为"大湟"二字的客家话和广府话读音类同"大王"，"出大湟"意即"出大王"，如同"拜金田"等同"拜金殿"音声一样，所以这群已经痴迷于"拜上帝教"的人，拥"大王"浩浩荡荡而出。

由于清政府正规军越来越多，拜上帝会会众顶不住，便于三月间撤出江口墟，奔向武宣。

力争上游

东乡称王与永安建制

咸丰元年二月二十一日（1851年3月23日），洪秀全在武宣的东乡正式对外称"天王"，并封杨秀清为左辅正军师，领中军主将；萧朝贵为右弼又正军师，领前军主将；冯云山为前导副军师，领后军主将；韦昌辉为后护又副军师，领右军主将；石达开为左军主将。由此，太平天国领袖机制初立，五军主将制度成型。

由于李星沅、周天爵、向荣等将帅不和，广西高层内部大乱，需要一位威望高的能臣来当地镇服诸人，统一指挥。故咸丰皇帝派赛尚阿为钦差大臣，前往广西督师。

赛尚阿是蒙古正蓝旗人，字鹤汀，嘉庆年间中举，道光时代做过军机大臣，官至理藩院尚书。此人人品不错，又是满蒙贵族血统，在道光末期以协办大学士兼九门提督，时人以"宰相"目之。

咸丰帝继统后，非常重视这位前朝贵臣，封他为文华殿大学士，委以首辅重任。见广西乱起，忧心之余，咸丰帝就想以赛尚阿领头，浇灭"太平天国"这把"邪火"。

出发之前，咸丰帝不仅赏赐赛尚阿"尚方宝刀"，又加军费白银二百万两，还派京兵京将随行，直奔广西。由于相爷带头，皇帝撑腰，朝中不少玩命想往上爬的中下级官吏纷纷随同赛尚阿前往广西"平贼"。他们心中小算盘打得好，自认为此行肯定马到成功，旅游一样跑一圈回来，得胜还朝，加官晋爵。

当然也有清醒的人，满族宗室遐龄在其笔记中记载，当时其外祖父、时任翰林院侍讲的铁林就说："（赛尚阿）此去必不成功，然天下之兵灾自此始矣！"

赛尚阿为人清慎廉洁，擅长审案办公，军事方面却是个庸才。而且，他出京时排场极大，时任礼部侍郎的曾国藩对此很是不屑，他在与给弟弟的信中说："赛中堂视事广西，带小钦差七十五人，京兵二百四十名，京炮八十八尊，抬枪四十杆，铅子万余斤，火药数千斤。沿途办差，实为不易。"

而赛尚阿本人，表面硬撑，内心却很惶惑，临行与武英殿大学士卓秉恬揖别流涕，深恐此去凶多吉少。

洪秀全东乡称"天王"后，杨秀清指挥前锋军占领县城东南三十里的三里圩。1851年4月2日，向荣、周天爵率六千多清军向太平军展开攻势，反被对方杀得大败，损失无数辎重，黔兵被杀几十人，掉头奔逃。

此战胜后，洪、杨等人并未被胜利冲昏头脑，深知清军会大集，眼前形势不容乐观。于是，4月15日夜徒众召开"总结会"时，杨秀清咣当一声又摔倒在地，开始"天父"下凡；4月19日，萧朝贵也咣当一声倒地，开始"天兄"下凡。装神弄鬼的主要目的，均是代"天父""天兄"传言，要众人共扶洪秀全这个"真主"，拼死战斗。

挨打受挫之后，向荣、周天爵不敢再主动进攻，开始采取"坐战法"，与太平军相抗。此种战法，即首先设立一个大营，下设炮眼两座，以守代攻。由此，"贼一无所见，一炮不能伤。我军更番迭打，一人不能走。其一人不能走者，四面皆厚墙深壕，死即同死，生则俱生，盖即淮阴（韩信）背水（之战）之遗意也"。后来，曾国藩、左宗棠、李鸿章等人发展其成为"长围坐战法"，取得显著成效。

延至 5 月 15 日，太平军由于缺衣少食，冒死从东乡突围，直趋象州，周天爵的"坐战法"最终未在广西成功。

清军很着急，乌兰泰和向荣两军闻讯即急行军赶至，准备围攻太平军。独鳌岭一战，清军本来已占先机，但太平军关键时刻选出七个敢死勇士，攀绝壁突入清军大营，高喊冲杀。正在附近山岭激战的清军以为大营被破，顿时泄气，四处狂逃，摔死的就有一百多人，最终被杀的三百多，最终散溃大败。

7 月，太平军从中坪奔往桂平的新墟，在双髻山又遇到向荣、周天爵等人的拦截。由于有赛尚阿派来的生力军到来，清军战斗力增强，打得太平军有些招架不住。交战十多天，杨秀清、萧朝贵不得不三次"咣当"下凡，鼓舞士气，向会众施以精神胜利法。由于众寡相差太大，太平军死伤无数，"天父""天兄"下凡也帮不上忙，只得集体败走双髻山。

洪秀全在茶地"下诏"，明确了杨秀清的第一军事指挥权。杨秀清有勇有谋，整顿纪律，严令太平军为"天国"死拼。连清朝的官员都曾说过："初洪逆（洪秀全）至金田传教，志在蓄财致富，无反乱之心；自杨秀清入党，怂恿洪逆聚众谋叛，教以战守之计，洪逆积财渐裕，结党亦多，且见土寇蜂起，官兵懦弱，遂从杨秀清之语，始怀异志，诸事听杨调度……"（半窝居士《粤寇起事纪实》）

所以，金田初起，杨秀清绝对是个关键性人物。

9 月 11 日，太平军趁夜从新墟遁走，在五峒山跋涉后，东出平南。

向荣、乌兰泰（当时周天爵奉谕至北京复命）闻讯，立刻率清军在官村扎营，准备消灭太平军。

结果，清军没料到这些先前被追得到处逃跑的太平军会反扑劫营，萧朝贵等人连夜劫营，杀死不少清军，其中包括一名千总，并夺得几乎所有军械物资。向荣此次输得极惨，率残军奔回平南县城，称病不敢再出。他在与友人的信函中承认："（我）生长兵间数十年，未尝见此贼；自办此贼，大小亦数十战，未尝有此败。"

官村之战得胜后，太平军乘锐水陆共进，直杀永安州（今广西蒙山县）。途中，太平军发展了许多新徒众，力量增强，其中包括时年十四岁的"娃娃兵"陈玉成。

1851 年 9 月 25 日，罗大纲率太平军前锋攻克永安。永安之战意义重大，这是太平军第一次占领"大城市"。此时的太平军，已有近四万之众。

乌兰泰率清军随后赶到，逡巡不进，在城南屯兵观望；向荣在距永安城二十里开外的古苏冲中了太平军某部的埋伏，被抢走大批军资，士兵死伤惨重。

赛尚阿方面，出京后走走停停，两个多月才到桂林。永安沦陷的消息传来，赛中堂心中惊惶，忙把军营移往阳朔，因为这里靠近山区，兵败后容易躲逃。太平军对赛尚阿本人没有丝毫惧意，他们在永安城张贴赏格，向荣脑袋值千两白银，赛尚阿脑袋才值五钱银子，完全是拿赛中堂开涮。此外，赛尚阿文官出身，对驾驭武将之道根本不通。乌兰泰百战猛将，达洪阿有功名将（曾在台湾平"贼"），向荣依违称病，这位赛中堂均无可奈何。

清军将领手下士兵有不少来自平原地区，他们只习陆战，穿靴持矛在平原上打仗是好手，而在广西跋涉崇山峻岭，个个累得虚脱，未战已经软成一摊泥。

而太平军中多炸山凿矿的矿徒，擅长使用火药，对枪炮等热兵器得

　　　　　　"上帝"到广西

心应手，接战即开火，轰毙不少清军。双方对阵，清军楚豫籍兵士持矛抡刀奋勇冲杀，往往被太平军抬炮一轰，死伤一大片。

至于赛尚阿所带的那些京兵京将更不用提，这些人一直住于高堂广厦之中，出入奴仆相随，根本吃不了任何苦。风吹雨淋数日，他们不是拉肚子就是感冒，根本没有战斗力可言。

所以，太平军占据永安城后，跟随赛中堂出来的那些本想博个封妻荫子的众官员个个后悔，纷纷想从前线溜回京城。

太平军盘踞永安城，清军各部严重受挫，只能深壕高垒，在城外隔山结营，双方进行了数月的相持。

咸丰元年十月二十五日（1851年12月17日），洪秀全酬功，下诏封五王：杨秀清为东王，萧朝贵为西王，冯云山为南王，韦昌辉为北王，石达开为翼王，四王"俱受东王节制"。同时，秦日纲（原名秦日昌，因为他要避北王韦昌辉的"讳"，改名秦日纲）受封为天官丞相，胡以晄为春官丞相，众将士均加官晋级，上下欢心。

过了一个多月，太平天国自颁"天历"，即冯云山1848年于狱中琢磨出来的"历法"。天历规定每年实日为366天，单月31日，双月30日，用干支纪年纪月纪日，但"天历"以干支纪日相比当时农历干支纪日要早一天，所以太平天国的"礼拜日"比当时阳历礼拜日要早一天。

洪秀全等人把金田起义那年定为太平天国"辛开元年"，而颁历的当年就顺推为"壬子二年"。

占领永安后，太平天国大打宣传攻势，刻印了《天父下凡诏书》《天命诏旨书》《太平诏书》《天条书》《太平礼制》等多种宣传品，广为散发。同时，太平军将儒教、道教、佛教一概放入打倒之列，不管什么孔庙、关圣庙、道观，一概砸烂摧毁，原先的场地统统当作兵营来使用。

为加强纪律，他们发布《太平条规》，其中包含有《行营规矩》与《定营规条十要》，明令太平军军士早晚礼拜、恪守"天条"、男女别营，

太平军作战图

严禁私藏财物，并着重申明内外官卒见天王及各王要"避道呼万岁、万福、千岁"，从人"不得杂入御舆宫妃马轿之间"。

由于客家人有讲卫生的习惯，《行营规矩》中还有"不得出恭在路并民房"的规定。为确保后勤供给，太平军在永安周围严格查田，在打击地主的同时，下令收获的粮食一半归农民，另一半归太平军。这种"土改"政策很有成效，佃农们立刻行动起来，秋收大忙，把财主们的庄稼割个干净，留下"自己"的一半后，将另一半送给太平军。如此，太平军粮食充足。

在进行各路"建设"的同时，太平军不忘"肃反"工作，诛杀了内部与清军有联系的周锡能等。杀人也不是直接杀，杨秀清佯装"天父"下凡，自称有"天眼"，辨识二奸。这对会众的心理产生了更大的震慑作用。

自 1851 年 9 月至 1852 年 4 月，太平军在永安城内封王建制，整肃队伍，一待就是大半年。太平军此时军纪严明，声势日大。

赛尚阿又惊又慌，硬着头皮前往"前线"督战，严令乌兰泰与向荣两军发动进攻。由于清军使用长围战术，太平军饷道被断，再窝在永安只能坐以待毙。于是，洪秀全与五王仔细商议后，抓住贵县银矿矿工数千人来援的机会，在 1852 年 4 月 5 日，趁夜间大雨之际突围。

太平军杀出永安城，奔向古苏冲。清军乌兰泰部勇悍，挥军尾追，杀掉两千多太平军，并俘获了"洪大全"（此人乃湖南人焦亮，"三合会"成员，本来为洪秀全软禁，赛尚阿谎称此人是与洪秀全地位相当的"一字并肩王"）。

太平军虽受挫败，并不慌乱，逃跑中设下伏兵，在龙寮口大洞山把乘锐而进的乌兰泰部打得大败，杀掉清军四个总兵级高级将领（郧阳总兵邵鹤龄、凉州总兵长寿、河北总兵董兴甲、天津总兵长瑞），一千多清军或伤或亡，一片混乱。由此，太平军主力得以突围。

从此之后，对清政府来讲，太平军从广西地方之乱变成了全国范围的大乱。

自永安突围后，太平军向北进发，直扑桂林。杨秀清有勇有谋，派一股太平军穿上在大洞山缴获的清军号衣，化装成向荣部清军，想骗开桂林城。幸亏向荣本人早几个时辰已经在桂林城内，闻讯大惊，立刻下令封门，这才避免了桂林的失陷。

太平军攻城不成，就在文昌门外象鼻山下扎营，准备攻克桂林。由于桂林城坚，清军各路援军赶至，太平军打了一个多月，难以攻入，于是，他们撤围杀向兴安。

在桂林攻城战中，清朝大将乌兰泰中炮，伤重身死。

赛尚阿依旧躲在阳朔不敢出战。清廷闻之震怒，先把他削官四级，然后派两广总督徐广缙代替他为钦差大臣。很快，清廷以"调度无方，劳师费饷"的罪名把赛尚阿逮回京城治罪，并抄其家。仅仅一年多时间，赛尚阿便从"中堂"沦为"有罪犯官"。

回京之后，清廷会审，论成"大辟"，但咸丰帝念赛尚阿在先朝有功绩，定为"斩监候"。咸丰三年（1853年），太平军的北伐部队攻开封时，赛尚阿被放出来，与僧格林沁一起协防京师。赛尚阿与僧格林沁同为蒙古人，互相"照顾"回护，先前的失败罪责，咸丰帝不再追问。

日后太平天国败亡，同治"中兴"时，赛尚阿之子崇绮得中同治四年（1865年）乙丑科状元。依理，满蒙贵族一般不会点状元，因为清朝有"汉不选妃，满（蒙）不点元"之说。如此"破天荒"之举，实是安慰赛尚阿这位老臣之心。同治十一年（1872年），同治帝大婚，皇后正是崇绮之女，即赛尚阿的孙女。夫妇二人感情不错，但慈禧不喜欢这个儿媳。同治帝逝后，这位皇后吞毒殉夫。赛中堂本人身子骨硬朗，光绪元年（1875年）病逝。

"太平天国"之所以能崛起于广西，从更远的历史因素考虑，还可溯源如下：

其一，明末清初之际，南明的永历帝最终在云南被杀，广西仍旧有散落于乡间山林的李定国等南明将领的不少手下，也有于此避难的南明湖广籍旧部。他们被当地人称为"山湖广"。他们与壮族、瑶族山民杂居，势必把反清复明的思想播植于其间。

其二，对历朝历代封建朝廷来讲，广西一直是"穷山恶水""烟瘴之地"，属于流放犯人的特别区域之一，军流杂配，遍布全区。这些人本性犯上，又遭流放，自然对政府怨毒满胸，蠢蠢欲动，自清初就不断有人造反，经久不息。连著名的"黑旗军"（以刘永福为首），原先也是造反的人犯队伍，日后才被招安，成为在越南等处抗击法国入侵的军事武装。

其三，乾隆末年，清政府为了帮安南（越南）国王打仗，派大军自广西等处进攻，结果损失惨重。清朝的军事行动不仅造成广西当地人民巨大的人力、财力消耗，清政府还把米谷、银饷等开支算在当地人身上，加上地方官员贪黩，虚报增垦数字，巧取豪夺，致使广西农民不断被开科加赋，民不聊生，埋下无数动荡的种子。

洪秀全的"拜上帝会"已经成为"太平天国"。

当太平军在永安封王建制大施拳脚时，东躲西逃的王作新忧心忡忡，作诗曰：

> 治乱循环古有言，多因执事惮其烦。
> 积薪厝火终为患，蝼蚁穿堤久不论。
> 破贼如期为众一，争功时见久徒繁。
> 连年巨寇于何靖，坐使英雄手击樽。

作为大清王朝的顺民和知识分子，王作新做了他应该做的一切，其一家子侄辈四人均在与太平军作战中阵亡。可称幸的是，王作新在有生之年终于看到了太平天国的覆亡，他本人逝于同治庚午年（1870年）。光绪年间，清朝政府只按照"积劳病故"的惯例准许王作新的牌位进入桂平县的祠坊，并未特别褒奖他当初"料事如神"的预见性。

特别需要强调的是，本书虽多处使用"太平军"这个概念，但是，拜上帝会和后来的太平天国从来没有自称"太平军"，他们自称"天军""天兵"，当时的老百姓叫他们"长毛"，清政府则称其为"粤匪""粤寇""发逆""粤贼"。

一直到 20 世纪初，清朝灭亡，中华民国乍兴，在各种著作中才逐渐有"太平军"之称。1929 年，南京国民政府当局正式下文，要求日后记述太平天国历史的作品不能再用"粤贼"等"诬蔑"称呼。这是因为国民党好多主力干将都来自广东，对于"粤寇""粤贼"这样的词汇十分敏感。

附件·《太平天国起义记》（节选）

说明：此书原名《洪秀全之异梦及广西乱事之始源》（英文版），1854 年香港出版。此书关于洪秀全早年生涯的叙述，是驻香港的瑞典传教士韩山文有关洪秀全"异梦"的早期记述，是根据洪仁玕讲述所写，对洪秀全多有渲染和美化。

洪秀全本乡的全部人口仅约四百人，大部分系洪姓族人。村落的前面仅有六间房屋，其后则有另两排房屋，有一条小径将此相接，第三排房屋的西边便是洪秀全父母的简陋住宅。在该村房屋的前面，有一个满是泥水的大水塘，全村所有的污秽物和垃圾均被雨水冲到此处，成为灌溉施肥的丰富的水利资源。

尽管对于不熟悉中国农村经济的人而言，它所散发的气味实在难闻。但在该村左边紧挨着水塘处有一书塾，这是村童们念书的地方。他们和全国各地的书童一样攻读中国的古典著作，期待着有朝一日能够从目前卑微的地位一跃而为帝国的高官显爵。

洪秀全于 1813 年降生在这个村庄，取名"火秀"；成年时又得一名，以表明他在洪氏家族中的辈分；后来，他自行给自己取了一个学名，叫"秀全"。秀全的两个哥哥帮助其父耕耘稻田和种植一些常见的蔬菜，他们的食物主要赖此供给。其家境较为贫寒，除了一些猪、狗和家禽外，仅有一两头耕牛，这些都是中国农户通常所拥有的东西。

儿时的秀全很快就表现出非凡的学习能力，七岁时被送去上学。在五六年间，他已能熟诵"四书""五经"和《古文观止》《孝经》等书，后又自行阅读了中国历史以及中国文学中一些较为奇异的书籍。所有这些书，他在初次细读后都能很轻易地领会其含义。

于是，他很快便赢得了他的塾师和族人的称道，人们为他非凡的才华而感到骄傲，对他的前程抱有很大的信心，认为他有朝一日会高中进士，甚或会进入皇帝遴选最高级官员的翰林院，从而因其身居高位而光宗耀祖。有几个塾师自愿不收任何酬金而教他念书。

尽管他就读的有些私塾离家很远，他的家境也不很宽裕，但为了他能够继续求学，他的家人仍然乐于供其所需，有几位族人也为此而送给他衣服。他的老父亲在同朋友们聊天时，特别喜欢谈论其幼子才华非凡的话题。每当听别人夸他的儿子，他便会眉飞色舞，并因此而邀请此人来家中饮茶或吃饭，继续悠然自得地谈论他最喜欢的话题。

秀全约十六岁时，他的家庭已贫困到无法继续供他念书的地步。于是，和村中辍学的其他少年一样，他在家帮着干些农活，或到山野放牛。在中国，这是那些因年龄太小无法干重体力活的人通常做的事。但人人都为秀全在家务农不能继续求学而感到惋惜。

次年，和他同岁的一个朋友邀他伴读一年，希望通过和天分如此之高的人同窗共读而能够从中受益。

伴读期满后，他的族人和朋友不忍其天资白白荒废在田间农活上，便聘请他担任本村的塾师，他因此有机会继续安然地研读古书和修身养性。

中国塾师的收入取决于入学学童的人数。通常的人数介于 10 ~ 20 人之间。少于十人，塾师的束修将不足以维持生计；多于二十人，塾师授课时就较显吃力，因为他必须对每个学童单独施教，在书童牢记课文后一一听其背诵。每一名学生每年必须向塾师缴纳以下物品：五十磅（约二十三公斤）米，充抵额外食物的三百文现金，灯油、猪油、盐、茶各一斤；此外，按照学童的年龄和智能，每人尚需交纳 1.5～4 元的修金。

在花县地区，私塾授课全年从不间断，仅在过年时间歇约一个月的时间。在此期间，塾师聘期已满，必须订立新的聘约，而改聘塾师一事时有发生……

县考时，秀全总是名列前茅，但他一直未能考中秀才。1836 年，23 岁的秀全再度赴广州应试。就在布政司衙门前，他见有一人身穿明朝服装，长袍宽袖，结髻于顶。此人不会讲中国话，所以请了一个本地人当翻译。这名外国人的周围聚集了许多人，他声称可以满足众人的愿望。他说话时滔滔不绝，甚至不等别人发问。

秀全挨到此人身边，打算询问自己是否能博取功名，但此人不等他开口就说道："你将会赢得最高的功名，但不要悲伤，因为悲伤会使你生病。我给你德行高尚的父亲道喜了。"

第二天，秀全在龙藏街又遇见了两个人。其中一人手持一部共分九册的小书，书名为《劝世良言》，他将全书赠给了秀全。秀全在考完试后将此书带回家，稍稍浏览其目录后便放到书架上，当时并不认为它有什么不同寻常的重要之处。

次年，即 1837 年，他又赴广东省城应试。初考时他的名字高列榜上，但最终依旧名落孙山。他陷入深深的悲伤和不满之中，被迫再次带着无限的失意返乡。就在这时，他觉得身体极为不适，便雇了一顶轿子，由两个健壮的轿夫抬送回家。

他于阴历三月初一回到家中，身体非常虚弱，只好暂时卧床不起。在此期间，他产生了一连串的梦幻或异象。他最初梦见一大群人——向他表示欢迎，便以为这预示着他行将死去，将去见阎罗王。于是，他就将他的父母亲和其他亲属喊到自己的床边，告诉他们说："我的余日已经不多了，我的生命很快就会结束了。父母啊，我羞于未能报答你们对我的恩泽！我再也不能赢得功名来光宗耀祖了。"他的两个兄长在他说话间已将他扶坐在床上。

秀全说过这些话后便闭上了眼睛，全身气力全无，不能动弹。所有在场的人都以为他将不久于人世，他的两个兄长静静地将他放卧在床上。秀全一时失去了知觉，全然不知周围所发生的一切，他的五官失去了作用，他的身体看上去同死人一样躺在床上。

但是，他的灵魂被一种奇特的力量所驱使着，因此，他不仅能感受到一种性质迥异的经历，而且事后还能回忆起所发生的一切。

一开始，当闭上双眼后，他看见一龙、一虎、一雄鸡进了他的屋，随即又看到许多人奏着音乐抬着一顶美丽的轿子走上前来，邀请他坐进轿中，然后肩舆而去。秀全对自己所受到的荣宠极为惊讶，不知如何是好。他们很快就来到一个美丽而又熠熠生辉的地方，许多容貌悦人的男女聚集在两旁向秀全敬礼，表现出极大的欣喜。

当秀全离轿后，一位老姬将他领到河边，对他说道："你这污秽的人啊，为什么和那边的人们为友，以致弄脏你自己呢？现在我必须替你洗干净。"

洗毕，秀全和一群年高德劭的人一起走进一座大的建筑，他注意到这群人当中有许多是古代的圣贤。在该建筑中，他们用刀剖开秀全的身体，取出了他的心肝五脏，另以殷红的新器官放入。随后，伤口顷刻间愈合，切口处没有留下任何疤痕。

秀全注意到这座建筑四周的墙壁上有许多刻有劝善诫恶之言的木牌，遂一一阅读。后来，他们进入了一个其富丽堂皇难以描绘的大厅。一位令人肃然起敬的老人留着金髯，身穿黑色长袍，正仪表堂堂地坐在最高的位置上。他一看见秀全就开始流泪，并说道："世间的人无一不是我所生所养，他们吃我的饭，穿我的衣，但没有一个人有心记住我和尊敬我；更有甚者，他们居然拿我所赠的东西来敬奉魔鬼；他们有意识地背叛我，惹我发怒。你千万不要效仿他们。"

随后，他授予秀全一柄剑，命令他斩除魔鬼，但慎勿伤害兄弟姐妹；另授一块印，用以降服邪神；又赐一枚黄色的果品，秀全吃后觉得其味甚甘。

当秀全从这位老人手中接过这些皇室的徽志后，他便随即开始劝诫聚集在大厅里的那些人重新对坐在高位的令人尊敬的老人恪尽义务。有些人就此回答说："我们的确已忘却了对这位长老的义务。"另一些人则说："我们为什么要尊敬他呢？我们还是只管与朋友们饮酒作乐吧。"秀全见人们如此铁石心肠，便继续声泪俱下地进行劝诫。老人又对他说："放胆去干这件事，每当你遇到困难，我会出手相助。"

说完，他转过身对在场的年高德劭者说："秀全堪当此任。"随后将秀全领了出去，令他从上往下看，说道："看那世上的人啊！尽是些怙恶不悛之人。"秀全鸟瞰世间，见到如此堕落和邪恶的情景，不禁觉得目不忍睹，口不忍言。

接着，他便从昏迷状态中醒来，但精神状态仍未摆脱其梦境的影响，只感到怒发冲冠，骤然间义愤填膺，竟忘记了自己的身体还很虚弱，径自穿上衣服走出寝室，走到他父亲的面前鞠躬长揖，然后说道："天上令人尊敬的老人已经下令，世间之人尽归我统辖，世间之财宝尽归我所有。"其父见他出了屋，并且听到他如此说话，感到既喜又忧，一时不知如何是好。

秀全的病状和异象持续了约四十天，在这些异象中，他经常遇见一位他称之为长兄的中年人，此人教他如何行动，不辞鞍马之劳地陪伴他四处搜寻邪神，并且帮助他杀死和消灭他们。秀全还听见那位身穿黑袍的老人斥责孔子，因为孔子在其书中明显地疏于阐明真理。孔子似乎深感羞愧，自认有罪。

在秀全患病期间，每当神志处于漫游状态时，他常常在屋内四处跑动，像战场上的士兵那样做跳跃搏杀状，并不断地大声喊道："斩妖！斩妖！斩呀！斩呀！""杀死这些魔鬼！杀死这些魔鬼！斩！斩！这里有一个，那里有一个。再多的魔鬼也不能抵挡我宝剑的一斩！"

其父对他的神志状态大为忧虑，认为眼下的这些不幸都是风水先生误择了不吉利的地点作为其先人的坟地而引起的。于是，他便请来了借巫术驱逐妖魔鬼怪的术士。但秀全说道："这些妖魔怎么敢与我作对呢？我一定要杀死它们！我一定要杀死它们！再多的魔鬼也抵挡不了我。"

当他在迷幻中追逐魔鬼时，这些魔鬼似乎变化多端，一会儿化作飞鸟，一会儿又变为狮子。假如他不能制服它们，他就拿出那块印玺与之交手，魔鬼一看见它便立刻逃遁。他幻觉自己追杀群魔到天涯海角，每到一地，必与它们交战，直到将其消灭。

每当获胜，他总是开怀大笑地说道："它们抵挡不了我。"他还常常吟唱旧歌中的一段歌词："有德青年云游河海，拯救群友杀其敌人。"当他劝诫时，他经常涕泪纵横地说道："你们无心敬奉年老的父亲，却同妖魔沆瀣一气；你们实在没好心肠，一点良心也没有。"

秀全的两个哥哥常常关上他卧室的门，在一旁看守他，以防止他跑出屋子。

当秀全因四处跳跃搏杀、唱歌和劝诫而精疲力竭后，他就重新躺到自己的床上。在他入睡时，许多人不时地来看他，不久，全村人都知道他是一个疯子。

他经常告诉别人自己已被敕封为中国皇帝，每当有人如此称呼他时，他便非常高兴；但是，若有人称他为疯子，他就常常反唇相讥道："你自己才是真正的疯子，你还叫我疯子？"每当品性恶劣的人来看他时，他往往斥责他们，称其为魔鬼。

他整天都极为虔诚地反复唱歌、哭泣和劝善惩恶。在患病期间，他写了下面这首诗：

玉璽印文

太平天国玉玺

手握乾坤杀伐权，斩邪留正解民悬。

眼通西北江山外，声震东南日月边。

展爪似嫌云路小，腾身何怕汉程偏。

风雷鼓舞三千浪，易象飞龙定在天。

有一天清晨，秀全正打算起身下床，忽然听见春鸟在村边的树上鸣唱，遂吟诗一首：

鸟向飞兮必如我，我今为王事事可。

身照金鸟灾尽灭，龙虎将军都辅佐。

秀全的亲属曾求救于几位医生，这些医生试图借助药物来治疗他的病，但都未能奏效。有一天，其父发现门柱的缝隙中塞有一张纸条，上面用朱笔写着"天王大道君王全"数字。他便将此纸条拿给家中的其他人看，但谁也不明白这七个字的含义。

从此以后，秀全逐渐恢复了健康。他的许多朋友和亲戚便来看望他，希望听他亲口讲述卧病期间所经历的事情。秀全毫不隐讳地讲述了他能记忆起来的所有异象。众亲友只是说这一切的确很奇异，当时并不认为其中有什么真实的成分。

好男好女坏下场

"洪大全"夫妇的严肃笑话

太平军永安突围时，乌兰泰率清军随后撵追，除杀掉两千多人以外，还生俘一位衣衫鲜亮、谈吐不俗的"大人物"——洪大全。此人身材魁梧，面容壮伟，侃侃能言，一看就非两广地带土生土长的一般穷酸农民或悍武矿徒。

起初，清军以为是俘获了太平天国"二号人物"杨秀清，立刻将其送至钦差大臣赛尚阿的大本营中细审。结果，那人高声朗朗，言道："杨秀清只是我臣崽而已，我是'天德王'。我也不是洪秀全，洪秀全是我兄弟，我叫洪大全。我好饮酒，我弟（洪秀全）好女色。如果赛中堂您让我前去招我弟前来投顺，想必他一定听从！"

钦差大臣赛尚阿闻听此言，非常高兴。劳师费饷这么多天，未见成效，如今太平军又窜向省城桂林，自己的罪过不小。现在，抓到了与洪秀全并肩的"天德王"，多少能遮掩败绩与无能。于是，他一面命手下官吏丁守存、士魁二人仔细审问，一面驰报北京这一"天大"喜讯，准备玩"献俘"的排场给自己与大清脸面涂金。

赛尚阿文人出身，很懂斯文一脉，自然不搞严刑逼供那套硬的，派人好酒好肉好菜天天供养着这位"洪大全"，闲聊一样套口供。

有关洪大全的研究资料，原始的文本仅有他自己的供述——《上咸丰表》与赛尚阿手下记录的自述。同时代一位文人"明心道人"所撰的笔记《发逆初记》中详细地描画过此人。

在供述中,洪大全自称多次应试,屡屡不第。他是湖南兴宁(民国后改为资兴)人,地主出身,家资丰饶,道光二十九年(1849年)参加过己酉科乡试。也就是说,"太平天国"起事前一年,他仍在湖南,想通过中举得功名。当时湖南主考是车顺轨,没有看中洪大全,不予录取。

与洪秀全相类,洪大全屡试不第,胸中郁郁,又自诩多才,每每饮酒乘醉大谈国事,说清朝承平日久,文恬武嬉,百事荒废,万一天下有豪杰趁机而起,国事便不可收拾。当然,他口中的"豪杰"是指他自己,当时他还不知道有拜上帝会与洪秀全。

由于有才气、有文名,湖南郴州的许佐昌非常器重洪大全兄弟二人,把自己两个女儿许月桂、许香桂分别许以洪氏兄弟为妻。这位许佐昌,乃郴州天地会的一位头目。

乡试落第后,洪大全携重资前往广西,准备做买卖挣大钱。恰恰赶上广西"会匪"、土匪乱多,他就自告奋勇前往当时代替林则徐到广西任钦差大臣的李星沅处,说自己可以帮助官军平贼。李总督特别不喜欢洪大全这种读了几本书,就以为自己是诸葛亮的秀才,辱骂一顿后把他赶了出去。恼怒之下,洪大全便转投了洪秀全。

在自述中,洪大全自己说,道光三十年(1850年)十二月间,等他们(洪秀全)的势力已大,他才来广西会洪秀全的。他来广西,洪秀全就叫他为贤弟,尊他为"天德王",一切用兵之法,均请教他。同时,他夸称自己在太平军中被称为"赛诸葛",正是自己指挥太平军攻下永安城的。

在赛尚阿安排下,洪大全本人被关押于河中大巨船雕梁画栋的内舱之中,巨烛高列,美酒无限量供应,一切都为了让他写好供述。他还向赛尚阿索要《通鉴纲目》一书,边举巨觥痛饮,边奋笔疾书。不知道的人,乍看他那派头,还以为这位爷是在搞文学创作。

洪大全的供述和自述，有不吻合之处，且水分都不少。首先，洪秀全不可能封他为"天德王"，他根本没有军事指挥权。其次，他隐瞒了特别重要的一点，即他是湖南当地天地会的香堂小头目。

在《上咸丰表》中，他供述说："至十九日引见赛中堂，中堂以礼相待，臣为（他）写书（信）离间贼党（太平军）。奈何送书之人，（只能）将箭（绑信）送去。二十日，赛中堂复以礼送臣入京。臣视死如归，并无惧怯。"荒谬的是，洪大全已经犯了"大逆"之罪，供述中对咸丰帝却一口一个"臣"，俨然以清朝治下的顺民、官员自居，又称自己"视死如归"，确实荒悖。

无可否认，洪大全确实有才气，"（清军）问其贼中情形，诱以许令投降，（他）颇肯直陈，并手书数纸，千言立就。与之酒食，毫无畏惮"。显然，他是个不畏大场面的满腹经纶的读书人。所以，当时就有人作诗讽刺赛尚阿："相公新自永安回，十万精兵拥上台。但说先生能下士，谁知小丑竟多才。"

为了讳败为胜，赛尚阿大张旗鼓把洪大全解送入京。刑部审讯后，洪大全很快被送往菜市口凌迟。北京方面根本不似赛尚阿想的那样兴奋，因为大臣们都知道太平军首犯中根本没有"洪大全"这个人。

给事中陈坛就上表说："洪大全不过供贼驱策，并非著名渠魁。从前查奏逆首姓名，亦并无此人。嗣因贼众窜出永安，于无可如何之时，不得不张皇装点，以稍掩已过。"此奏，狠狠参了赛尚阿一把。

洪大全被杀的时况，据《平定粤匪纪略》的眉批记载："洪大全性极狠忍，被磔时，开目自视脔割，至刃刺心头，一呼痛而已。"

当时围观的闲人众多，众指谩骂。洪大全忍刑叹息，还赋诗两句："汉儿尽作胡儿语，争向城头骂汉人。"

杀洪大全，时为咸丰三年（1853年）间。赛尚阿本人很快被贬官抄家，没人再注意他送入京城被杀的俘囚到底是什么人。咸丰六年，湖南地方官奏报当地平"贼"事宜，又提到了先前的这位"洪大全"。

湖南地方官的奏折讲，洪大全原名焦亮，兴宁县人，与其弟焦三同为廪生，颇有文名。他早年就加入天地会（"添弟会"）。"天地会"又称"三合会""三点会"（现在香港还有），日后上海的"小刀会"也是天地会的支系。自康熙以来，清朝各地一直闹天地会，时大时小，从未止歇。天地会原本的政治纲领是："红旗飘飘，英雄尽招。海外天子，来复明朝。"

帮派人员入会后一般均有化名，焦亮化名"洪大泉"，入广西见了洪秀全后，他就改成了"洪大全"。

湖南地方政府文件言及洪大全，并非想上交洪大全的"外调"报告，乃因当地天地会造反案牵涉此人。太平军起事后，自广西入湖南，占领道州，湖南各地天地会支派纷纷群起响应。郴州和桂阳暴乱规模最大，而焦亮之弟焦玉晶（焦三）、焦亮之妻许月桂及妻妹许香桂三人，分别在兴宁和郴州揭竿而起，配合天地会等会党成员及太平军猛攻郴州、兴宁等地，还一度占领过上述地区。

咸丰六年（1856年），清朝官军在宁远围堵天地会人员，杀得他们大败。走投无路之时，焦玉晶与嫂子许月桂在嘉禾县自首。

湖南巡抚骆秉章很兴奋，查实身份后，上报北京说已经擒获广西"首逆"洪大全之兄弟与妻子，还报告说，许月桂自称"大元帅"，焦玉晶充当三省"贼营军师"，他们"攻城掠野，罪大恶极。因官兵迭次痛剿，力穷势蹙，始来身归命，希图免死"，并奏称已经依法把二人在当地凌迟处死。

许月桂的妹妹许香桂，不久也在路亭被人抓住，审讯后被凌迟。可叹的是，焦玉晶、许月桂造反后向政府"投诚"，仍旧不免被杀。但焦玉晶的口供，倒是解开了"洪大全"身份的历史疑团。

遥想许月桂、许香桂姐妹也曾是巾帼英雄，"穿红袍，执长矛，跃马如飞，率其党拼死鏖战"，此段描写出自清朝官员笔下（王鑫《王壮武公遗集》），绝非天地会会众的自我渲染。

赛尚阿当时为伪造"功绩"，让手下加工了一个《天德王洪大全供状》，把洪大全描述为一个拥有强大武装力量，并与洪秀全联合造反的"一字并肩王"。不少中外学者不顾此口供水分极大，纷纷把洪大全附会成湖南天地会首领朱九涛。其实朱九涛根本没去过广西，他本人于咸丰五年在湖南战败后遭碟杀。

还有研究者添油加醋，认为天地会（洪门）提倡反清复明的"民族思想"，洪秀全提倡"宗教改革"，双方格格不入，所以洪秀全排斥"洪大全"。这些"研究"均是被赛尚阿伪造的洪大全口供所误导。

最接近历史真实的是，洪大全（焦亮）在广西加入太平军，自称湖南天地会的大头目，夸下海口，引起洪秀全等人疑忌，把他好酒好肉软禁起来。永安突围时，洪秀全害怕自己跑不了，就把他当累赘扔给清军。同时，洪秀全给洪大全一身好衣服穿，派人把他锁起，安排一个妇人向清军"告密"，说此人是杨秀清。这大大拖慢了清军对拜上帝会徒众的追击速度。

以拜上帝会为主的太平军金田起义，根本不是太平军与天地会的联合起义，洪大全也不可能与洪秀全"并肩称万岁"。当时广西各地就有天地会会党的多处造反，清政府称之为"土匪"，称太平军为"会匪"（拜上帝会），明确划分了两者的不同。

此外，广西天地会的"山堂"特别多，根本没有统一指挥。他们的造反，几乎可看作流氓黑势力的趁乱抢劫。因为他们"散则为民，聚则为寇"，并非清政府的心腹大患。

起事之初，洪秀全本人曾经明确表示对三合会（天地会）的态度："我虽未尝加入三合会，但常听说三合会宗旨在于反清复明……如今自康熙时已过近二百年，反清尚可，复明何谈！三合会又有几种恶习为我所憎，例如新入会者必须拜魔鬼邪神，发三十六誓，又以刀加于人颈迫献家财为入会之用，皆无道理。我们拜上帝教乃讲真理，有上帝真神助佑，与我们相比，三合会卑污不足道也！"

　　　　　　　好男好女坏下场

特别值得一提的是，随着太平军在广西的壮大，不少原先三合会成员纷纷受政府招安，被编为"壮勇"，作为"民兵"武装打击太平军。这些"壮勇"并不是壮族乡勇，他们都是三合会（天地会）成员，而且他们的装束与太平军的相类似，都是头戴红巾。

太平军占领永安后，见"壮勇"日益增多，洪秀全还很不高兴。故杨秀清和萧朝贵联名发布的《奉天诛妖救世安民谕》说："况查尔（客家话一直以"尔"为"你"）们壮丁，多是三合会党，盍思歃血洪门，实为同心同力以灭清，未闻结义拜盟，而反兆面于仇敌也！"至此，洪秀全他们才想到要争取天地会成员。

所以，日后太平军入湖南道州、郴州时，就积极招募天地会成员加入。湖南的天地会，又称"添弟会""哥老会"。接着，长沙、武昌一带的天地会也纷纷响应。太平天国"定都"南京后，湖南、湖北、福建、广东、江西天地会纷纷表示"受编"，天地会加入之势四处开花。

可惜的是，石达开于太平天国乙荣五年（1855年）在江西招募了一帮广东天地会"花旗贼"，让他们保留原先的称号，原将统原军，最终导致严重后果。

这些广东天地会成员多属流氓土匪出身，旗帜多用花色，故称"花旗"，而太平军本身用黄旗。"花旗军"犷悍难制，又独树一帜，石达开本来的目的是想让这些人牵制官军。但这帮贼军四处扰民，到处杀人放火，极大败坏了太平军的名誉。

特别是太平天国晚期，这群广东本地人出身的"花旗贼"纷纷投降政府军，充当向导，熟门熟路引官军入粤，在嘉应州（今广东梅州）等地连端太平军老巢，终使太平天国死灰不能复燃。

洪大全这位"雄心勃勃"的读书人被押解入京途中，在信阳曾慷慨悲歌，作《西江月》词：

寄身虎口运筹工，恨贼徒不识英雄。谩将金锁绾冰鸿，几时生羽翼，万里御长风。

　　一事无成人渐老，壮怀待要问天公。六韬三略总成空，哥哥行不得，泪洒杜鹃红。

词意壮烈，水平不俗。

所有上述事情，如果哪位读者看过在清朝广西巡抚郑祖琛手下当过幕僚的、笔名"半窝居士"所写的《粤寇起事纪实》（郑鹤声藏本），则会完全改变印象。因为据他讲，所有洪大全之事，全是赛尚阿手下捏造的。他认为："所有擒获（洪大全）递解情形，皆比部某君粉饰。此贼途中所作诗词，亦系比部代撰，斯事凭空结构，粤中人人嗤笑。"他说的"比部某君"，是指赛尚阿手下的机要幕僚、军机章京丁守存。

如此一来，似乎我上面写的数千字有关洪大全的事情都无用了。但观其书中所记张国梁投降的事情，完全不是真事，都属于市井传言，所以，只能也把这位"半窝居士"的记述当成参考书了，不能尽信。

附件一：洪大全自述

我是湖南衡州府衡山县人，年三十岁。父母俱故，并无弟兄妻子。自幼读书作文，屡次应试，考官不识我文字，屈我的才，就当和尚，还俗后，又考过一次，仍未取进。

我心中愤恨，遂饱看兵书，欲图大事，天下地图，都在我掌中。当和尚时，在原籍隐居，兵书看得不少，古来战阵兵法，也都留心。三代以下，唯佩服诸葛孔明用兵之法。就想一朝得志，趋步孔明用兵，自谓得天下如反掌。

数月前游方到广东，遂与花县人洪秀全、冯云山认识。洪秀全与我不是同宗，他与冯云山皆知文墨，屡试不售，也有大志，先曾来往广东广西，结拜无赖等辈，设立天地会名目。冯云山在广西拜会，也有好几年。凡拜会的人，总诱他同心合力，誓共生死。

后来愈聚愈多，恐怕人心不固，洪秀全学有妖术，能与鬼说话，遂同冯云山编出天父天兄及耶稣等项名目，称为天兄降凡，诸事问天父就知趋向，生时就是坐小天堂，就被人杀死，也是坐大天堂，借此煽惑会内之人，故此入会者，固结不解。这是数年前的作用，我尽知的。

我是道光三十年十二月间，等他们势力已大，才来广西会洪秀全的。那时他们又勾结了平南县监生韦正（韦政）即韦昌辉，广东人萧朝贵、杨秀清等，到处造反，抢掠财物，抗官打仗。拜会的人，有身家田产，妻室儿女，都许多从他，遂得钱财用度，招兵买马，胆智越大，又将会名改为上帝会。

我来到广西，洪秀全就为贤弟，我为天德王，一切用兵之法，均请教于我。我自称为太平王，杨秀清为左辅正军师东王，萧朝贵为右弼又正军师西王，冯云山为前导副军师南王，韦正（韦政）即韦昌辉为后护又副军师北王。

又设立丞相名目，如石达开称为天官丞相右翼王，秦日纲称为地官丞相左翼公。

又封胡以晄、赖汉英、曾四为侍卫将军，朱锡琨为监军。又有曾玉秀为前部正先锋，罗大刚即罗亚旺为前部副先锋。

此外又有旅帅卒长等名目，姓名记忆不清。旅帅每人管五百人，卒长每人管百人或数十人不等。打仗退后即斩，旅帅卒长都要重责。打胜的升赏。历次被官兵打死者亦不少。

我叫洪秀全为大哥，其余所有手下的人，皆称我同洪秀全为万岁。我叫冯云山等皆呼名字。去年闰八月初一日攻破永安州城，先是韦正（韦政、韦昌辉）同各将军、先锋、旅帅带人去打仗，杀死官兵。我同洪秀全于初七日才坐轿进城的。只有我两人住在州衙门正屋，称为朝门，其余的人皆不得在里头住的。

历次打仗，有时洪秀全出主意，多有请教我的。我心内不以洪秀全为是，常说这区区一点地方，不算什么。哪有许多称王的？且他仗妖术惑人，哪能成得大事？我暗地存心借他猖獗势力，将来地方得多了，我

克复江平图

就成我的大事。

他眼前不疑心我，因我不以王位自居，都叫人不必称我万岁，我自先生之位。其实我的志愿，安帮定土，比他高多了。他的妖术行为，古来从无成事的。且洪秀全贪于女色，有三十六个女人，我要听其自败，那时就是我的天下了。

那东王杨秀清统掌兵权，一切调遣是交给他管。那韦正（韦政、韦昌辉）督军打仗，善能苦战，是他最勇。常说他带一千人就有一万官兵也不怕。

在永安州这几个月，城内就称为天朝，诸臣随时奏事。编有历书，是杨秀清造的，不用闰法，我甚不以为然。近因四路接济不通，米粮火药也不足用。官兵围攻，天天大炮打进城内，衙门房屋及外间各处都被炮子打烂，不能安居。因想起从前广东会内的人不少，梧州会内人也不少，就起心窜逃。

二月十六日，是我们的历书三月初一的日子，发令逃走。是分三起走的，头起于二更时韦正带两千多人先行；二起是三更时候，杨秀清、冯云山等共五六千人拥护洪秀全带同他的妇女三十多人，轿马都有；第三起就是我同萧朝贵带有一千多人，五更时走的。

我离洪秀全相去十里路远，就被官兵追上。萧朝贵不听我令，致被打败，（官兵）杀死千余人，将我拿住了。

我们原想由古束去昭平梧州，逃上广东的。出城时各人带有几天的干粮，如今想是各处抢掠，总有用的吃的了。那晚走的时候，东炮台火起，是烧住屋的，都是众兄弟的主意，在城外着火，城内便好冲出。

至我本姓，实不是姓洪，因与洪秀全认为兄弟，就改为洪大全的。洪秀全穿的是黄绸衣黄风帽，那东西南北王戴的是黄镶边红风帽，其余丞相、将军、军帅、军长等每逢打仗，都穿的黄战裙，执的黄旗。我在州衙门也有黄袍黄风帽，因我不自居王位，又不坐朝，故不穿戴的。

所供是实。

（原件藏于故宫）

附件二：军机大臣刑部会奏

从这个会奏的记载中可以看出，当时清廷还不知道洪大全（原文写为洪大泉）的底细。

咸丰二年（1852年）壬子四月二十六日丙午，军机大臣刑部会奏言：

逆犯洪大全押解到部，奉旨着军机大臣会同刑部严审定拟具奏。臣等遵旨将该犯提讯，据供认从逆踞城抗杀官兵等情属实。

缘洪大全籍隶广东南海县，自幼跟随胞叔洪云秀在湖南衡阳县读书。旋披发为僧，阅看兵书，潜蓄异志。

咸丰元年（1851年）二月间，洪大全前往广东一带地方闯荡，与洪秀全伙党胡以晄会遇，胡以晄引至贼营与洪秀全见面，彼此投契，结拜弟兄。

维时洪秀全伙党有冯云山、韦改（韦正）即韦昌辉、萧朝贵、杨秀清、石达开、秦门㭎、赖汉英、曾四、朱锡琨、曾玉秀、罗大刚（罗亚旺）、胡以晄等，借添弟会（天地会）名目，裹胁贼匪，到处抢掠财物，屡与官兵打仗，俱系洪大全主谋。洪大全又自领贼匪与官兵打仗三次。洪秀全僭称为伪太平王，封洪大全为伪添德王，冯云山等俱受伪封。

闰八月初一日，逆伙韦政等攻破永安州城与官兵抗拒，后因四路接济不通，官兵围攻甚急，起意窜逃。本年二月十六日烧毁民房，乘便冲出。韦政（韦正、韦昌辉）等拥护洪秀全带领贼匪五千余人，与洪大全一并逃窜。十八日走至郁树丛山地方，被官兵追击，经守备全玉贵将洪大全拿获。

查洪大全投入洪秀全贼营，代为主谋，抗拒官兵，攻破永安州城，复受伪封，实属罪大恶极。合依谋反大逆，不分首从，凌迟处死律凌迟处死，枭首示众。

好男好女坏下场

红龙狂展豪情

长沙之战：挫折与机遇

太平军围打桂林不成，就转攻兴安，破城后焚毁衙署，然后直杀全州，时为1852年6月3日。如果当时太平军攻下桂林省城，估计洪秀全就把这里当"首都"了。可是，桂林难克，太平军只得走一步算一步，暂时没有什么明确的战略意图。

由于水陆并进，又有矿工会员在城下填埋炸药，太平军炸垮全州城墙，杀清政府军数百人，连知州曹燮培等十多个文武将吏也被杀，可谓出师顺利。

可惜全州战略价值不大，城内金银粮食不多，于是太平军向湖南永州（今湖南零陵）进发。刚出全州没多远，清朝官员江忠源（知州）在一个叫蓑衣渡的地方集军。此人有军事指挥才能，他派军士伐木造堰，在水边两岸结营，迎头截击太平军。

由于事出仓促，兴致勃勃的太平军没有思想准备，会众们不少被杀，被堵在了当地。枪来弹往互攻之下，一块弹片嵌入冯云山的肚子，他的肠子都流了出来。迁延数日，6月10日，冯云山咽气。

洪秀全抚尸大哭道："天妒英才，为何夺我良辅性命！"

冯云山，原名冯涣，又名冯逵，饱读经史子集。科考蹭蹬下，近水楼台先得月，他一下子痴迷于洪秀全的"拜上帝教"，第一个受其"洗礼"。

想当初在广西，洪秀全吃不了苦回到老家广东花县，只有冯云山一人苦苦坚持，可谓对教门用心良苦，不辞险阻。正是他两年时间的不懈努力，才得以在紫荆山地区吸收数千拜上帝教会众。

虽然出身地主家庭，又是读书人，冯云山却丝毫没有架子，天天挑泥、挑粪、打谷当苦力，目的就是要和当地人打成一片。杨秀清、萧朝贵二人，本为山中烧炭苦力，一日，二人挑炭到大冲市场去卖，遇见冯云山。

冯云山把二人唤入自己住处，循循善诱道："你们兄弟如此穷苦，烧炭一辈子，何有出头之日？如今官绅鱼肉百姓，我们要趁此机会起事，要有大志，做大事！"二人感悟，立刻成为拜上帝教的信徒，并很快在炭工中为太平军招来许多精壮汉子入会，还成为日后金田起义的中坚骨干。

金田村的财主韦昌辉，原先住在王谟村，虽有银子田地，但韦家无功名，与当地有功名的刘姓地主争斗，很是吃亏，被逼迁移到金田村。到金田后，韦氏家族又受当地兰、冼两姓地主欺侮，为了给父亲祝寿时挂一个捐来的"功名"，被同村财主威胁说是僭越，要把韦家告官。

知道此情后，冯云山劝诱韦昌辉入拜上帝会，说入教后能帮他干大事。韦昌辉思前想后下决心，倾尽家财帮助拜上帝会。

可见，太平天国最有名的东王、西王、北王，皆是冯云山这位"南王"拉入伙。

在他的鼓舞下，陆川、博白、玉林、东乡、中平等地村民纷纷信教，形势一片大好，会员范围迅速波及象州、浔州、郁州等广大地区，入拜上帝会成为当地民众的"时尚"。

冯云山志向不凡，他在黄泥冲曾玉珍家当塾师时，书房的对联正可明其心迹："暂借荆山栖彩凤，聊将紫水活蛟龙。"被当地土绅王作新抓捕弄入官衙后，冯云山也能自写申诉，有情有理，加上会员使钱活动，最终得脱囹圄。此外，冯云山深谙说服之道。本来桂平县判他押回原

　　　　　　　　红龙狂展豪情

籍，途中他以利舌说服两个押解他的衙役加入拜上帝会，最终三人一起重返紫荆山。

由于熟通文义，太平军初时的军制，皆由冯云山主创（还有一个文人卢贤拔也参与其中）。此外，太平军的《天条书》《三字经》等规章制度和宣传手册，大多出于冯云山之手。太平天国重要的"天历"，也由冯云山所创。虽然"天历"从科学角度上讲荒唐，但它突破了清朝的正朔历法，在政治方面意义巨大。

可是，从实际上讲，冯云山的军事领导能力很一般。在金田蓉江村之战、武宣三里圩之战、平南官村之战中，冯云山都参与指挥，却皆是协助杨秀清、萧朝贵等人，实际临战指挥的并不是他。

但由于他去世太早，没有卷入太平天国后期内讧，众人对他的评价倒都很不错："（冯云山）前随天王遨游天下，宣传真道，援救天下兄弟姐妹，日侍天王左右，历山河之险阻，尝风雨之艰难，去国离乡，抛妻弃子，数年之间，仆仆风尘，几经劳瘵，历尽艰辛，艰耐到底！"（《天情道理书》）可见，太平天国内部对他有绝佳的"盖棺定论"。

如果仔细推究，冯云山在桂平获释后没做任何交代，就回花县找洪秀全，致原先的拜上帝会众失去主心骨，杨秀清得以借"上帝附体"坐大，已经为日后"天京"的太平天国上层仇杀埋下伏笔。如果他能多活几年，可能太平天国不会内讧得那么厉害。可悲的是，历史不能假设！

蓑衣渡一战，冯云山中弹而亡。太平军被杀多人，由永安突围时的五万多人（包括老弱妇孺）减员至"不满万人"，损失极其惨重。

如此，洪秀全、杨秀清等人只得改变先前直攻长沙的行军计划，在湖南南部逗留，一面恢复军力，一面伺机而动。

咸丰二年四月二十五日（1852年6月12日），太平军进入湖南后，因湘江潇水阻隔，未能破永州，就南折攻占道州。在此地，杨秀清与萧朝贵二人联名发檄三篇：《奉天诛妖救世安民谕》《奉天讨胡檄布四方谕》《救一切天生天养中国人民谕》。由此，太平军明指清朝统治者为胡为妖，正式宣布起义。选文如下：

真天命太平天国禾乃师赎病主左辅正军师东王杨、右弼
又正军师西王萧，为奉天讨胡，檄布四方。

若曰：嗟尔有众，明听予言，予唯天下者，上帝之天下，
非胡虏之天下也；衣食者，上帝之衣食，非胡虏之衣食也；
子女民人者，上帝之子女民人，非胡虏之子女民人也。

慨自满洲肆虐，而中国以六合之大，九州之众，一任其
胡行，而恬不为怪，中国尚得为有人乎！妖胡虐焰燔苍穹，
淫毒秽宸极，腥风播于四海，妖气惨于五胡，而中国之人，
反低首下心，甘为臣仆。甚矣哉，中国之无人也！

夫中国首也，胡虏足也。中国神州也，胡虏妖人也。中
国名为神州者何？天父皇上帝真神也，天地山海是其造成，
故从前以神州名中国也。胡虏目为妖人者何？蛇魔阎罗妖邪
鬼也，鞑靼妖胡，唯此敬拜，故当今以妖人目胡虏也。

奈何足反加首，妖人反盗神州，驱我中国悉变妖魔。罄
南山之竹简，写不尽满地淫污；决东海之波涛，洗不净弥天
罪孽。

予谨按其彰著人间者约略言之：

夫中国有中国之形象，今满洲悉令削发，拖一长尾于后，
是使中国之人变为禽兽也。

中国有中国之衣冠，今满洲另置顶戴，胡衣猴冠，坏先
代之服冕，是使中国之人忘其根本也。

中国有中国之人伦，前伪妖康熙暗令鞑子一人管十家，
淫乱中国之女子，是欲中国之人尽为胡种也。

中国有中国之配偶，今满洲妖魔悉收中国之美姬，为奴
为妾，三千粉黛，皆为羯狗所污，百万红颜，竟与骚狐同寝，

言之恧心，谈之污舌，是尽中国之女子而玷辱之也。

中国有中国之制度，今满洲造为妖魔条律，使我中国之人无能脱其纲网，无所措其手足，是尽中国之男儿而胁制之也。

中国有中国之言语，今满洲造为京腔，更中国音，是欲以胡言胡语惑中国也。

凡有水旱，（清）略不怜恤，坐视其饿莩（殍）流离，暴露如莽，是欲我中国之人稀少也。

满洲又纵贪官污吏，布满天下，使剥民脂膏，士女皆哭泣道路，是欲我中国之人贫穷也。

官以贿得，刑以钱免，富儿当权，豪杰绝望，是使我中国之英俊抑郁而死也。

凡有起义兴复中国者，动诬以谋反大逆，夷其九族，是欲绝我中国英雄之谋也。

满洲之所以愚弄中国，欺侮中国者，无所不用其极，巧矣哉！

昔姚弋仲，胡种也，犹戒其子襄，使归义中国。符融亦胡种也，每劝其兄（符）坚，使不攻中国。今满洲乃忘其根源之丑贱，乘吴三桂之招引，霸占中国，恶极穷凶。

予细查满鞑子之始末，其祖宗乃一白狐一赤狗交媾成精，遂产妖人。种类日滋，自相配合，并无人伦风化，乘中国之无人，盗踞华夏。妖座之设，野狐升踞，蛇窝之内，沐猴而冠。我中国不能铲其廷而犁其窟，反中其诡谋，受其凌辱，听其吓诈，甚至庸恶陋劣，贪图绳头，拜跪于狐群狗党之中。

今有三尺童子，至无知也，指犬豕而使之拜，则弗然怒。今胡虏犹犬豕也，公等读书知古，毫不知羞。昔文天祥、谢枋得誓死不事元，史可法、瞿式耜誓死不事清，此皆诸公之所熟闻也。予总料满洲之众，不过十数万，而我中国之众，不下五千余万，以五千余万之众受制于十万，亦孔之丑矣！

今幸天道好还，中国有复兴之理，人心思治，胡虏有必灭之徵。三七之妖运告终，而九五之真人已出，胡罪贯盈，皇天震怒，命我天王肃将天威，创建义旗，扫除妖孽，廓清中夏，恭行天罚。

言乎远，言乎迩，孰无左祖之心；或为官，或为民，当急扬徽之志。甲胄干戈，载义声而生色，夫妇男女，挟公愤以前驱。誓屠八旗，以安九有。

特诏四方英俊，速拜上帝，以奖天衷。执守绪于蔡州，擒妥欢（指元帝）于应昌，兴复久沦之境土，顶起上帝之纲常。其有能擒狗鞑子咸丰来献者，或有能斩其首级来投者，或又有能擒斩一切满洲胡人头目者，奏封大官，决不食言。

盖皇上帝当初六日造成天下，今既蒙皇上帝开大恩命我主天王治之，岂胡虏所得而久乱哉！

公等世居中国，谁非上帝子民，倘能奉天诛妖，执蛮弧以先登，戒防风之后至，在世英雄无比，在天荣辉无疆。如或执迷不悟，保伪拒真，生为胡人，死为胡鬼，顺逆有大体，夏夷有定名，各宜顺天，脱鬼成人。

公等苦满洲之祸久矣，至今而犹不知变计，同心戮力，扫荡胡尘，其何以封上帝于高天乎！予兴义兵，上为上帝报瞒天之仇，下为中国解下首之苦，务期肃清胡氛，同享太平之乐。顺天有厚赏，逆天有显戮，布告天下，咸使闻知。

道州休整五十多天，太平军得到了自蓑衣渡惨败以来的喘息机会。由于湖南、广东等地天地会会众纷纷来投，军队人数又恢复到五万余人（根据张德坚的《贼情汇纂》记述，人数是包括老弱妇孺共五万，能战者不满万人）。输进新鲜血液后，太平军重鼓雄风，一路东向，连下宁远、嘉禾、蓝山等地。8月17日，攻克湘东南的战略要地郴州。

郴州在今天仍旧是交通枢纽，不仅物产丰富，土地肥饶，且北面水陆两路都可达长沙，南经宜章可下广东。

初入湖南的太平军，军纪属于最严的时期，他们只杀衙门胥吏和官员，号令严肃。违犯军令抢劫、强奸者一律处死，故而士民少怨。相比之下，清朝的潮州兵勇最为淫毒，杀人强奸，无恶不作，并与湖南当地的乡军和政府军相互仇杀，无法无天。

太平军之所以在湖南恋恋不去，是因为不少广西籍军将士兵想回老家。幸亏杨秀清在危急时刻的决断："已骑虎背，岂容复有顾恋乡土之心。今日上策，应直前冲击，循江而东，略城堡，攻要害，直杀金陵（南京），据为根本。然后遣将四出，分扰南北，即不成事，黄河以南，可为我有！"

清廷闻报十分着急，立刻抽调川、贵、赣、陕、豫、闽等地官军来援。但各地官兵行动缓慢，湖南省内的驻军兵员极其有限，省城长沙的防御兵力连两千人都不到。如此关键时刻，人在衡州（今湖南衡阳）督师的湖广总督本人手下也仅有两千多士兵。

太平军本来可以自郴州经耒水、湘江走水路直抵衡州、长沙，但由于清朝地方政府早已防备，沿江烧毁船只，太平军没有足够多的水上运输工具。在此情况下，他们只能由陆路走耒水、湘江以南，途经安仁、永兴、攸县等地向长沙发动进攻。

依理，攻取长沙大镇这么艰巨的任务，太平军应该倾巢而出，自郴州直扑长沙。但不知出于何种考虑，洪秀全、杨秀清仅仅派萧朝贵统李开芳、吉文元两将，带一千多人去完成这个任务。这一举动，显然失策。在道州休整后，太平军军械、粮秣精足，根本不需长驻郴州休整。

笔者认为，贪图享受，意志松懈，或许是洪、杨二人没有倾全力进攻长沙的最重要原因。

萧朝贵虽只率领一队偏师进攻，但锐气十足。加上后来洪、杨亲临前线，血战 81 天，太平军还真的差点攻克这座湖南巨镇。

8 月 26 日，萧朝贵率千余太平军自郴州出发，一路势如破竹，安仁、攸县、茶陵、醴陵等地的守官守兵早已逃得无影无踪。

太平军可称兵不血刃，行军 16 天，已经杀至离长沙城南仅 10 里地的石马铺。在此地，他们正好赶上刚刚从陕西调来的两千多绿营军，这些清军猝不及防，被萧朝贵打得四散溃逃，总兵福诚和副将尹培立两位将军皆被砍杀。清军刚刚在当地招募了几百名浏阳的乡勇，还未及进行训练就全部跑光。

此时，在三里地之外，还驻扎有沅州副将朱瀚，他手里有大批火药军械。闻知福诚的绿营兵被太平军进攻，他不仅不来救援，也不坚守自己在金盘岭的军营，反而率众逃跑，为太平军留下大量精良的军械。

由此，长沙城外的"防线"立时崩溃，太平军迅速占领长沙南门之外的妙高峰以及城外的坚固民房，并以这些地方为依托，开始进攻长沙城。

当时的长沙城内，仅有正规军四千多人，练勇三千多人，总共也就不到八千号人马守城。他们对于太平军的到来，起初一无所知。城外溃兵涌入，太平军大炮轰响，长沙城内的官吏将卒才知道大祸降临。

不仅兵少，城内还无将。提督鲍起豹以前并没有打过什么正式的仗，只得下令关闭城门，然后立刻四处发书求救。此时，萧朝贵手下仅有士兵两千多人，如果再增加一倍，很可能就会趁乱一举攻破长沙城。由于人少，太平军只能集中兵力火力猛攻南城。

城上架排炮，城下发火炮，双方展开激战。

西王萧朝贵作战很勇敢，身先士卒，亲率牌刀手进攻。南城之上，清军在魁星楼上发炮，轰然一声，一粒弹片正入萧朝贵胸部，这位西王一下子"口眼俱呆"，当时就"归西"了。

南王刚死，西王又去，太平军上下震动，暗中怀疑：上帝去哪了？

杨秀清本来就恼怒近期萧朝贵在会议上多有抗言不尊的举动，所以迟迟不发兵援长沙。但听说西王在长沙城外战死，他也心惊。悲痛之下，杨秀清立刻与洪秀全一起率大军主力来攻长沙。此时，已经距离萧朝贵出发有一个月之久。

太平军主力行军路线与萧朝贵相同。10月5日，前锋军到达长沙附近。10月11日，杨秀清、洪秀全大部队抵至长沙南门，与萧朝贵死后留下的军队会师。

洪、杨二人在郴州时，清将和春部队确实在城外与太平军相持，这也是他们留在郴州的一个借口。长沙被围，和春已经率主力自郴州赶往长沙救援，留近万名清军守郴州，洪、杨二人却是听到萧朝贵的死讯后才集军出发，丧失了攻陷长沙的绝佳机会。

所以，当太平军主力在洪、杨二人统领下抵长沙时，城内城外的清军力量已经大有改观：长沙发出紧急求援后，已经卸任的湖南巡抚骆秉章、前湖北巡抚罗绕典等人立刻派人与钦差大臣赛尚阿和正赶往湖南会剿太平军的两广总督徐广缙联系，又告知驻岳州的湖北提督以及各省援湘部队全部前来长沙增援。赛尚阿当然不敢怠慢，严命各部齐集长沙。

在洪、杨二人抵至长沙时，清朝官军已有三万多人。同时，还有两万多官军正赶往长沙。

新任湖南巡抚张亮基和新任湖南布政使潘铎都很卖力。他们冲破太平军的封锁入城后，加紧城防布置，并带去了两万多斤火药和两万多发弹丸，提高了长沙守军的防御实力。

在桂林称病不出的向荣（时为广西提督，但遭免职）此时也以大局为重，于10月2日十万火急赶至长沙。赛尚阿如获至宝，忙让这位有与太平军作战经验的向荣统领川、豫、陕等部来援清军。

此时，长沙城内高官云集，一群办事大臣中，共有两巡抚、两提督，总兵以下数十位，如临大敌（是真的"大敌"）。

清朝援军，如江忠源部，非常有实战经验。他们到长沙后即抢据城东南的蔡公坟高地，占据了有利地形，广设营盘，深掘壕堑，使得太平军不能围城围攻，只能在南城一隅屯结。而且，被围清军在援军抵达后，逐渐反守为攻，多次主动出击，烧毁了南门外不少太平军以为屏蔽的民房，给予对方极大杀伤。

向荣本人入城后，登上城东南最高的天心阁瞭望，然后指挥手下点放五十门大炮向城下太平军轰击，轰死成百成百的头裹红巾的太平军。此炮其实一直就有，但长沙当地兵将不知如何使用，也怕巨炮炸膛，还因为从未用过，没人敢放。向荣手下兵将有经验，填药后连连施放，炮声震耳欲聋……

洪、杨二人及主力军的到来，确实在短时间内使长沙战局出现某些改观。士气大振之下，太平军生力军立刻攻城，首要目标直抵城外战略据点蔡公坟。清将和春、江忠源等人率军力战，受到兵锋正锐的太平军的沉重打击，被杀数百人，江忠源本人被飞矛刺穿脚踝落马，几乎丧命。太平军虽小胜，但蔡公坟高地仍牢牢掌握在清军手中。

见南城不易攻入，杨秀清指挥七八千精兵绕路直扑东门。这些太平军绕道妙高峰，直扑浏阳门外校场，分三路进攻。和春、江忠源等人拦击，向荣从城内又发援兵，施枪放箭，迎面痛杀太平军。

见不能敌，太平军就由校场东首败去，清军紧追。

此时，太平军其实是佯败，他们有一种"伏地阵"战术，即："但遇官军追剿，至山穷水阻之地，忽一旗偃，千旗齐偃，瞬息间万人数千人皆贴伏于地，寂不闻声。我军（清军）急追，忽见前面渺无一贼，无不诧异徘徊，疑神疑鬼。贼贴伏约半炊之顷，忽一旗立，千旗齐立。万人数千人，风涌潮奔，呼声雷吼，转面急趋以扑我兵，一疑不释，又增一疑，而益以一惊，其不转胜为败者鲜矣！"（张德坚《贼情汇纂》）

但太平军此次"伏地阵"用错了地方，他们只知身后有追兵，不知前面还有迎面而来的清军援军。几千太平军刚刚趴下不动，正好让自外而来的清军当成不动的靶子。一阵枪炮猛轰，立时打死大片，近千人的太平军登时成为鬼魂，余众逃归大营。

丧败之余，洪秀全、杨秀清等人发现硬攻长沙不能成功，在挖地道坚持攻城的同时，派石达开统两千多人渡湘水西进，以分散清军兵势。

此时，太平军腹背受敌，给养渐失，即使想突破反包围，也要扯开一个口子。湘水两岸物产丰饶，北可至常德，南可达宝庆，自可有迂回的余地。

清将也深知太平军企图，湖南巡抚张亮基与江忠源等人一直忧心忡忡。但时任统帅的赛尚阿本人在衡州，无人挑头，张亮基与向荣等人关系不睦，不能统一调动各军实现战略意图。

石达开不愧为天才干将。10月17日，他率兵渡至湘水西岸，连筑数垒，并收掠了阳湖晚稻为军粮，太平军军心稍固。同时，石达开命人在战略要地回龙潭筑堡垒，在水面多置木排、炮船，搭起浮桥，把粮食源源不断地送至长沙城下的太平军大营内。

控制了湘水西岸，其实预示着太平军可从"反包围"中逃出。即使长沙攻不下，他们也可安然而走。

咸丰帝闻讯震惊，连下数道谕旨，指示当地的官将必须先严剿西岸的太平军士兵。各处大员闻讯，立刻赶来会剿，连人在湘潭已被革职的"赛中堂"赛尚阿竟然也亲自出马，带领三千当地团练来进攻石达开。身任钦差大臣一年多，赛中堂第一次真正临敌。

由于太平军已经高筑堡垒，所以清军各部受挫。

清将向荣急红眼，在10月31日亲自统三千精兵，直攻湘江中间的水陆洲。此地如果被攻克，清军等于在太平军东西两岸打入一个楔子，使其首尾不能相顾，而湘水两岸的要地回龙潭等处就失去了战略意义。

对此，石达开早有准备。他初渡两岸时，已经留伏兵隐藏在水陆洲洲尾，藏于树林深处。向荣军队上洲后，时有零散的太平军出现诱敌。清军放枪施箭，太平军就躲入林中。向荣以为是敌人散兵，不以为意。

清军主力半渡之时，满树林的太平军忽然树立旗帜，大声呐喊，一齐杀出。清军惊溃，被杀近两万人，向荣和清朝的河北总兵王家栋幸亏马好，逃得性命。

　　值得一提的是，用奇计杀败清朝老将向荣的石达开当时年仅二十一岁！

　　长沙城上清朝守军望见己军惨败，为之气短。由此，清军再无人敢真正渡湘水向西岸进攻。

　　进攻长沙的太平军仍旧大造声势攻城，但主要是进行"地道战"。由于太平军中有不少人是广西、湖南矿徒出身，所以太平军在战斗中擅长挖地道接近城根，然后装填火药炸城。十多次"地道战"中，有四次炸坍城墙，长沙城几陷。清军多层防守，最终才守住长沙。

　　为了鼓励士气，11月初，洪秀全制造"玉玺"，正式称"万岁"。他设立四人一组的史官，"主记洪秀全每日言动"，开始修《起居注》。同时，洪、杨二人提拔了不少"干部"，李开芳、林凤祥、黄再兴、曾水源等人均在长沙攻城战中得到升迁。太平天国的组织进一步完善。

　　11月30日，趁夜黑雨大之际（太平军多次突围均是选取这种天气和时辰），太平军主力撤围，渡湘水西走，与石达开会合。

　　在撤围前，太平军使出疑军计，派人假装奸细，向长沙城内的清军"告密"，说太平军正要掘大地道，入天心阁下炸城。城内清军官将十分紧张，注意力皆集中于城内地下挖壕、埋缸、防地道，根本没注意城外太平军已经全军逃走，从而失去追击的大好机会。

　　安全渡湘水之后，杨秀清计多，派出小股部队南行湘潭，迷惑清军，而主力则直趋宁乡、益阳、岳州方向，准备攻取武昌。

　　转天一大早，清军见城外太平军营垒一空，怅然之间又感庆幸：坚城终得不失。于是，大家各上奏表，夸大战功，并说已经"奸毙"了贼头"翼干石大剀"。

　　几十天后，见向荣奏折上又出现"石达开"之名，咸丰皇帝气急败坏，朱笔写了一个问句："何又有石达开，是否即系石大凯？"天子这么一问，让向荣等人都下不了台。

长沙之战，太平军虽不胜，却锻炼了队伍，最终成功遁走；清军虽不败，但损失不小，失去了聚歼太平军的绝好机会。

有一点值得言及的是，原贵州巡抚张亮基代替骆秉章为湖南巡抚，他的随员中有个道员，即日后大名鼎鼎的胡林翼。正是这位胡林翼向张亮基推荐了一位人才——左宗棠——做幕僚。胡、左二人，日后均成为剿灭太平军的最得力之人，长沙之战也成为他们崭露头角的绝佳舞台。

更值得注意的是，日后剪灭太平天国最大的"功臣"曾国藩，当时也在长沙城内，他是因丁忧回籍，其时还未受帝命兴办团练。

为此，许瑶光曾在《谈浙》一书中感慨："咸丰二年（1852年），粤逆（太平军）扑长沙不破，天留以为恢复东南之本也！"

12月3日，太平军杀进益阳城后，又劫掠了水上数千只民船，水陆并进，出洞庭，克岳州（今湖南岳阳），再得六七艘大船。

岳州正处于湖南湖北交界处，地理位置特别重要。清廷的湖北巡抚常大淳在太平军进攻前，还专门到此地"考察"过，拍板实行两个措施：第一，派自己的心腹博勒恭武（时为湖北提督）亲自带精兵驻防；第二，雇用民夫倒腾几十天，用巨石沉船，把洞庭湖的土星港堵死，以防止太平军水军进入。两项措施已毕，常巡抚施施然而去，自以为运筹帷幄。

殊不料，太平军很会搞人海战术。他们行至土星港后，四处拉夫抓人，弄出大于常巡抚几倍的"工程队"，竟然在一天之内，把常大淳花一个月工夫派人填塞的土星港水下沉船大石全部搬走清净。如此一来，太平军水军直逼岳州。

而常巡抚派在岳州当地的"煞星"博勒恭武将军，骑马技术很有八旗先人的遗传，竟自顾自离岗逃走。所以，太平军一枪未发，占领重镇岳州。更离奇的是，这位满大人日后再无踪影，咸丰帝本人想找他算账，国内遍寻却不得。

常大淳用大石沉船塞土星港，没有阻止住太平军，水上行船运物为生的数千只民船，却一直被滞留在此地。太平军一到，这些人、这些船便全被征为军用。此时，大多数船民心中对清政府断他们生计不给补偿抱有怨恨，索性全体参军，加入太平军，致使太平军"水军"一时间声势浩大，遮天蔽江，蔚然壮观。

由于岳州城内还留有昔日吴三桂军存留的大量军械和火药，太平军进攻实力大增。

占取岳州仅仅十天后，12月22日，太平军乘水顺风，连克汉阳、汉口，武昌城隔江在望。二十天后，武昌文昌门在太平军的"地雷"巨响中轰然飞进，城墙崩塌二十余丈（约七十米），头裹红巾的太平军高声喊杀，抢刀持枪冲入武昌重镇。入城之后，洪秀全一边四处搜掠美女"选妃"，享受生活，一边着意军事行动，两不耽误。

太平军的下一个目标，就是中国政治、历史的标志之一：南京！

南京！南京！新耶路撒冷！

太平天国"都城"的困惑

太平军在武昌待了一个月，即 1853 年 1 月至 2 月（准确时间是 1 月 12 日至 2 月 9 日）。此时的太平军，威势赫赫，已经有五十万人（包括老弱妇孺）的规模，不仅军械精良，更有数千艘船只。

眼看着清朝在江苏、安徽、江西的统治呈现土崩瓦解之态。清廷震怒之下，把时任钦差大臣署湖广总督的徐广缙逮治入狱；以湖南巡抚张亮基署理湖广总督；提升湖北提督向荣为"钦差大臣"，专责两湖军务；以两江总督陆建瀛为"钦差大臣"，率军入防江苏、安徽；以河南巡抚琦善为"钦差大臣"，驻守湖北、河南；以云贵总督罗绕典专守荆襄之地。

可见，派三个"钦差大臣"来防太平军，不可谓不重视。火上房的关键时刻，这些举措其实效用不大。何者？从前合力拒守尚抵抗不住，如今分兵四出，结果自不待言。

太平军占领武昌后，城内的满人、汉军旗人以及官吏、士人阖家自杀的不少。在"镇压反革命"方面，太平军毫不留情，特别是对抓到的河南、山西、安徽、四川、云南、贵州等地来援官军，基本全部杀掉，投降的也杀。只有对在武昌迎降的守将，太平军才稍显仁慈，留下几个当"参谋"。

太平军还把武昌城内各处监狱犯人尽数放出，无问情由。不少当

克复武昌省城图

地地痞流氓趁机与犯人一起，红帕裹首，冒充太平军，日夜四出，恣意搜抢民财，连穷巷陋室也不放过，皆抢个空净，丝毫没有朴素的"阶级情感"。由于当地居民害怕太平军，见面就下跪呼为"王爷"，所以对这些老乡贼人，就背地叫他们"本地王爷"。

文化宣传工作自不可少。太平军在武昌城大规模刻印宣传品，号召居民入拜上帝会，每25人为一馆，青壮年（包括妇女）均着短衣，持"圣兵"牌号，入城外军营参加训练。

同时，太平军严命民间向上缴纳一切财物，除金银珠宝外，钱米、鸡鸭、茶叶，甚至连咸菜也要上缴，称为"进贡"。得物后，太平军发给缴纳者一张"凭证"，上书"进贡"二字，下钤一印。如果有人匿物不交，被查出后就会被按住打屁股数十下，打得鲜血淋漓，以示警告。由于太平军逼索严苛，所以民众逃亡不少。

纪律方面，太平军对强奸处罚最严。只要被查出有奸淫妇女行为者，会立刻被斩首。数天内，悬于汉阳门外的血淋淋的人头，大多为犯奸污妇女罪的士兵。

武昌居民对"贼"的印象，一是皆长发，红帕包头；二是均"短装"，即使穿紫貂海龙外套，也中间一剪断之；三是广西客家的"女贼"皆"大脚高髻"，气力非凡，不少人能背二百斤货物。她们身穿绫罗绸缎，背扛粗包兵仗，让人印象深刻。

至太平军从武昌撤走时，这些"女贼"开始强抢当地妇女的首饰，见有鲜亮衣衫，也夺之而去。武昌妇女当然打不过这些人，只能忍气吞声，任其抢走自己身上的心爱之物。

在武昌的阅马场，太平军天天派人去那里"讲道理"。"讲道理"场面宏大，每次均敲锣呼唤地方居民以及新入会的人员临听，宣讲"天父"的"功德""天王"的"勤苦""东王"的"操劳"，让大家一心一意跟随"天王"打江山。

据身临其事的文人陈徽言在《武昌纪事》中讲，太平军在阅马场建一高台，每日临讲的是一个"戴红毡大帽贼，年四十许，面瘦削，系玻璃眼镜，手持白麈，俨然踞上座。另一童子，执乃传贼，挥麈招人近台下，若相亲状。所言荒渺无稽，皆煽惑愚民之语"。

据他推测，这位宣讲"大师"应该不属于"广西老贼"，他能用"官话"宣讲，可能是湖广一带入拜上帝会的儒师或乡间冬烘塾师。此人也不可能是太平天国高层，因为除洪秀全、黄文金、曾天养外，大多数人都很年轻，四十岁以上的人很少。

"讲道理"大会期间，也有不和谐之音。陈徽言讲，他曾看见一位身材魁梧的人推开众人，高声抗辩，驳斥太平军宣传"大师"所讲的内容是摧毁儒学道统。恼羞成怒之下，"大师"立派太平士兵把此人四肢分绑，准备五马分尸。见对方这么没"风度"，抗辩人笑言："我死得其所，不忘儒宗，终于于地下见祖宗！"

怒极的太平军首领把"讲道理"变成"不讲道理"，命令士兵甩鞭打马。可这五匹马从来没进行过这种"专业"训练，不知分头跑，拖拉半天也没把人分成五块。最后，宣讲"大师"亲自下台，抽刀砍死了这位挺身抗言者。

太平军并不想在武昌久留。咸丰三年正月初二（1853年2月9日），由于向荣、张国梁率兵在东部大举进攻，太平军把夺取的官银和物资捆载至船上，逼使几乎所有的武昌男性居民上船，然后自武昌直下江南。

太平军2月9日开拔，仅仅四周后，已经兵临南京城下。武昌距南京有一千多里（五百八十九公里），可见太平军行军之神速。其间，这支水陆大军经武穴（今湖北广济），克巢湖，下九江，破安庆，占池州（今安徽贵池），连下铜陵、英湖、和州，神兵天将一样，于3月8日出现在南京西南的善桥。

太平军自武昌蔽江而下的情景实在骇人，帆幔蔽空，衔尾数十里，炮声遥震，喊杀冲天，声势炫赫，似乘风破浪而来。清兵望风遁逃。

清军之中，只有向荣一部远远蹑随，这时候他们再不敢追上硬拼。更可笑的是，当时清朝内部军事高层根本不知道太平军的目的地，有人猜是自上游走荆州，有人猜太平军是分股窜长沙。

2月15日，太平军在下巢湖（距鄂东咽喉要地武穴镇很近）设计，大破清朝钦差大臣陆建瀛的江防军，俘获无数枪炮弹药，杀掉清军两千多。陆建瀛本人从九江逃回南京。

接着，石达开率水军自下巢湖顺流而下，2月18日就攻占了九江，一举掌握这个控扼皖、赣、鄂三省门户的重镇。待向荣尾随的清军赶至九江，已经是三天后的事情，当时太平军主力已经杀入安徽。

2月24日，安庆虽然有狼山总兵王鹏飞所统一万多人的山东兵，可这帮花拳绣腿的绿营兵不战自溃。藩库饷银五十余万两及城上二十门重炮皆为太平军所得，王总兵本人"单骑奔桐城"。

2月26日至3月7日，池州、铜陵、芜湖、太平府（今安徽当涂）、和州相继为太平军攻克。

3月8日，南京城被困，太平军"自城外至江东门，一望无际，横广十余里；直望无际，皆红头人（太平军头戴红巾）也"。（江士铎《乙丙日记》）

围城后，太平军扎大营，立垒二十四座，开始昼夜攻城。3月19日，太平军在仪凤门外挖掘地道，往里面填塞装满火药的棺材。一声巨响，城墙崩垮数丈，太平军将士蚁登而上。可能弄错了引线，红巾士兵登城喊杀之际，"地雷"又震，一千多太平军士兵被崩上天空。守城的清朝官兵反败为胜，提刀猛杀，争割死人首级、耳朵，掉头去府衙"报功"。

由于争功抢首级引起混乱，南京城防转弱。所以，太平军主力忽然蜂拥而至，清军来堵缺口时，另外一支太平军已经从水西门（三山门）越城而入。

南京失陷。

钦差大臣陆建瀛从将军署往外跑，在一个叫十庙的地方被太平军捉住，未及求饶，就被当街砍头。前广西巡抚邹鸣鹤、署布政使巡道涂文均、粮道陈克让、上元县知县刘同缨等人，均被太平军处决。

江宁将军祥厚、副都统霍隆武有血性，率少数清兵死守内城，危难时，尽驱兵士家属（多半是妇人）登陴相守，与太平军相持两昼夜，最终寡不敌众，均被杀。有老弱未死者数百人，都被太平军中的娃娃兵驱赶到城外河中淹死。

陆建瀛死讯传至北京，清廷认为他属于"死节"，想大加赠恤。有御史上言，直斥他在恩长之役中见死不救，并说他遁还金陵后，又与将军祥厚不和睦，致使南京如此坚城十二天即被陷。"其被杀于十庙地方，是已逃而终不能逃，非阵亡自尽者，不可同城亡与亡者（祥厚等）比。"清廷认为有理，只赏还其总督一衔，算是对这个庸官的恩恤。

对于陆建瀛的贻误大局，当时就有人作诗讥评："疆帅控上游，初议岂不壮。舳舻亘千里，江皖赖保障。前矛甫遇贼，一战总戎丧。翩然乃退飞，踉跄弃兵仗。匿迹归白门，吾民复何望。城中十万户，湍决各奔放。大府方闭阁，精嫌仍未忘。"

陆建瀛此人，实无大略，乃当时"巧宦"的典型，只知曲投时好，俯仰浮沉，遭逢有事之秋，肯定没有好下场。太平军靠"上帝"，陆建瀛自己信各种"神"。

初迎战时，他每每对士兵大言己军上方有裸身女神在督兵，骗人骗己，谁都不信。回奔南京后，他又声称"观音大士"帮助守城，下令南京士民天天焚香礼拜，敬崇观音。最后几天，他实在无计可施，派兵士扛无数神道纸人上城，吓唬城下太平军说有"众神天助"，使得城下的太平军笑声一片……

所以，如此一个钦差大臣，只能以八字相赠：荒诞骗民，粉饰欺君。

南京陷落，不仅北京的清政府中枢震惊，全国震惊，连全世界都感震惊。时任英国驻华全权代表兼香港总督的文翰，就立刻向伦敦发去报告，分析南京被太平军攻陷之事对清政府的影响：

> 如南京陷落一成事实，中国政府将受到自变乱发动以来所未曾有之严重打击。所以者何？中国故都之地位，以及其在历史上之关系，在中国人心中如何重要，姑置不论；即以地势言，南京城在扬子江岸，大而且要，居帝国之中央，接近运河，实足以阻碍一切交通，切断米粮运往北京之路；今竟被强有力的大队武装叛徒所占据，此事诚未可忽视，尤不应随意加以掩饰。

福祸相依。南京，这个中国极具政治意味的大城市一朝得手，于太平军而言，虽然号称奇胜、大胜，最终在此为"首都"，却丧失了千载一时的大好历史机会，也为太平天国日后的丧亡埋下伏笔。

想当初，洪、杨等人起事时，这些戴红头巾、拖家带口的队伍一直在广西境内桂平、武宣、象州、平南等地，悠悠转绕，直到1851年9月25日攻占永安（今广西蒙山县）。

如此巴掌大的一块城池，对当时没见过世面的众多太平军将士来说，已经是"大城市"了。他们在此地一待就是半年多，洪秀全本人还弄了三十六个美妃天天"言传身教"。他们在小小永安城，偏于一隅，拜上帝会头头们封王建制，制礼作乐。

自永安突围后，太平军直扑桂林，猛攻三十二天，目的就是想拿下省城。但桂林城非常坚牢，太平军未能攻下，洪、杨二人只能率众经兴安、全州入湖南，在湘桂边境打转。

当其时也，不少太平军将士皆思恋老家，想由灌阳而归，仍窜回广西。幸亏杨秀清有远略，决意北攻长沙。虽然那时的太平军主力驻于郴州，仅萧朝贵率一两千人进攻长沙，但这种决策最终打消了军将南归广西的念头。

长沙未能攻下，萧朝贵又战死，太平军最终凭借石达开取得水陆洲大胜，顺利撤围。

那个时候，洪秀全产生了"以河南为家"的念头，同时杨秀清想从益阳攻常德。当时太平军无船，想打到南京的领导人几乎没有。到达益阳时，太平军意外地获取船只数千艘，于是他们弃常德陆路不走，自湘阴临资口漂入洞庭湖。下岳州后，在1853年1月12日攻陷武昌大镇。

依理讲，湖北西连秦蜀，东控吴会，南达湘粤，北连中原，应该可以稳定一下政权。但当时太平军内部议论纷纷，有入川之议，北进襄樊取中原之议，以及南下取金陵之议。选来选去，杨秀清本人决定以南京为目的地。

太平军内部争论非常激烈，杨秀清便搬出看家"法宝"，咣当一声摔倒——天父下凡！"天父"命令大伙去南京，说那是"小天堂"，是"新耶路撒冷"。由此，再无人敢有异议。

由于军中船只日益增多，太平军顺流而下，连战连捷，自武昌28天就打到南京，又用十二天时间攻取了这座中国南方最具政治象征意义的城市。这，不能不说是一个军事史上的奇迹。

即使在南京初破之际，洪秀全仍旧持有入河南问鼎中原之意，但他最终为杨秀清说服，移驾入南京，并改南京为"天京"，作为首都。

据说催使杨秀清下这一终极决定的，乃是一名年老湖南水手，他"大声扬言，亲禀东王（杨秀清），不可往河南。（他）云河南河水小而无粮，敌困不能救解。今得江南，有长江天险，又有船只万千，又何必往河南！"（李秀成自述）所以，日后洪、杨仅派林凤祥、李开芳率一支偏师北伐。

为了稳定军心、人心，并替自己主张定都南京大造舆论，杨秀清授意太平天国出版了一本小册子《建天京于金陵论》。小册子上共有四十一名高级领导者的表态。他们语气近乎一致，都盛赞南京"虎踞龙盘""形险地胜"，从地理、经济等角度大称南京之好，集体为杨秀清抬轿子。

一直颇具前瞻性和进取心的杨秀清此时忽然变保守，没有果断地指挥军民直接北伐扑向帝国的心脏——北京。

形随势起，势随形生。以当时太平军昂扬的斗志和生猛的战斗力，直落而下攻取北京，并非是不切实际的想法，完全有成功的可能。而且，偏师北伐在初期取得的连连胜利事实也表明，当时什么水土不服、官军众多的顾虑完全是多余的，假设太平军全军尽力在攻落南京后立刻扫北，胜算极大。

机不可失，时不再来。太平军主力至其灭亡也没能真正踏上北中国大地，只能借豫王（胡以晄）、燕王（秦日纲）两个王号，来想象一下中原土地了。

太平军自上而下最没想到的是，他们自己入了南京这个"小天堂"后，腐化堕落得异常之快，很快就沉湎于温柔乡中。日后的内讧残杀，更使得"天京"本身成为孤城一座。

当然，杨秀清决意定都南京，也有其可称之处。当时，太平军号称"百万"，那是算上家属和沿路裹胁的民众，真正有战斗力的士兵仅十万左右。而太平军一路"攻下"的城市，其实多为清军自己弃守，诸如长沙、桂林等战略要地一直就没能拿下。

虽然江南大块地方被占，但清政府并没有到达崩溃地步，一直能组织起有效的军事抵抗力量。太平军入城仅十天，向荣就在城外孝陵卫扎立"江南大营"；未几，琦善也在扬州建"江北大营"。

建都南京，经济上有了保障，假如领导层军事调动有方，立刻平定南方九省，集中兵力占领苏南和浙江，即使不打垮清朝，占领南中国应该没有问题。但是保守的思想和贪图安逸的作为，最终让杨秀清等人定都南京后不思大的进取。

胜利之鼓轰天作响之际，其实已经隐约传来了丧钟之声。

将领之中，时任"殿左一指挥"的罗大纲明确反对建都南京和分军北伐，他抗言说："欲图北必先定河南，大驾（洪秀全）驻河南，军乃渡河。否则，先定南九省，无内顾忧，然后三路出师，一出汉中，疾趋咸阳；一出湘楚，以至皖豫；一出徐扬，席卷山左。咸阳既定，再出山右，会猎燕都（北京），虽诸葛（亮）不能御也。"

为太平天国效过力的英国人吟唎也有类似看法：

南京的占守对于太平军的今后成功是不利的。无论哪一种革命，要获得成功就绝不能放弃攻势；如果要采取守势，就必须具有某种惊人的组织，否则就会挫折自己的锐气。革命成功的主要因素在于行动迅速，一旦抛弃这个原则，既存的政治机构就可以巩固自己的力量来对付革命了。

天王在南京停留下来，开始防守自己的阵地，实在是犯了一个致命的错误，而且是一个使他失去帝国的致命的错误。如果他不让敌人有时间喘息，从惊慌失措之中恢复过来挽回颓势，而集中兵力直捣北京，那么毫无疑问，他的光辉灿烂的胜利进军就会使他几乎不遇抵抗地占领清朝京城，而清王朝的崩溃就会使他一举得到整个的帝国了。以后数年之中，太平军虽然处于这种不利的影响之下，不仅仍旧能够坚强抵御清军，并且要是没有英国加以干涉的话，还能够彻底击溃清军，这证明他们如果利用最初的有利时机继续进军，他们的成功将是轻而易举的。

太平军可采取两条路线。照他们的情况看来，任何一条路线都可以推翻专横的清朝统治。其一是不要停留，一鼓作气向北京进军，攻克一城即弃一城，以缴获的物资财富来充实自己，沿途招收不满现状的群众来增强兵力，不分兵防守孤城使军队分散削弱。

其二就是放弃南京而集中所有兵力于南方各省——广东、广西、贵州和福建。这几省人民较之其他各省人民更激烈地反满；而更重要的是，这几省是太平军主要领袖的故乡。在这种情况下，可以迅速从满洲人手里夺下扬子江以南的全部地区，这时，纵使不能取得整个帝国，至少也可以在南方建立一个完整的王国；这条行动路线较之他们所采取的不适当的路线具有何等的优越性！

天王不实行上述两条路线中的任何一条，而首先在南京建都，创立新的朝代，这不但是严重的错误，而且也是完全不合理的。

无论正确也好，失误也罢，太平天国自此定都"天京"。至同治二年（1864年）天京被攻陷，太平天国定都天京十一年。不可否认的是，之所以说太平天国农民起义达到了旧式农民战争的最高峰，其在天京建立与清王朝对峙的太平天国农民政权，并以此为中心指挥北伐、西征，进行政治、经济、军事、教育建设，颁布施政纲领《天朝田亩制度》和《资政新篇》等功不可没。

总之，无论太平天国犯过多少错误，有过多少空想，就从1851年金田起义算起，至1864年天京陷落，对于十四年的起义斗争来讲，"天京"的作用显而易见，而太平天国余部直至1872年的抗争，则更是"天京"的余威。

太平天国迈出了反抗的至关重要又极其艰难的第一步，历史意义重大。这是谁也不能否认的。虽然太平天国反抗封建统治剥削，追求自由平等的观念是进步的，但在实践的过程中，并没有行之有效的措施，

太平天國後護又副軍師北王韋

太平天國殿右八丞相西王蕭

偽北王黃綢旗
紅字黑邊無闊
九尺

偽西王黃綢旗
紅字泊錦長
闊九尺五寸

偽太平軍目內旗圖

偽正職官旗圖

太平天國豫王胡

太平天國前營前旅帥唐

太平軍兩南上上黃旗
前營前爵壹卒長
兩司馬

太平天國前營前營前營壹
前營前營前營壹
束兩司馬

偽豫王黃綢旗
紅字紅邊長
闊八尺

偽旅帥黃旗無邊
長闊三尺五寸

正音
副汪

偽兩司馬黃
旗無邊長闊
二尺五寸

太平天国旗帜

有时，甚至走向了进步的反面。

有关太平天国入南京后一段时间的见闻，以江宁李圭著的《金陵兵事汇略》以及无名氏著的《金陵纪事》所记较为翔实。两位作者都亲身经历过太平军攻占南京后的实际生活。他们虽然处处以"贼"称呼太平军，但其笔下所记皆为耳闻目睹，大都属实。

笔者现从这两个读书人当时的记述中摘取数段"亲历"，一一释义，以观太平军之各方建制。

先举《金陵兵事汇略》：

> 贼既入城，诡言不杀人，（南京）有以土物入献者，给以贡单，无相扰。人多信之，争馈银、米、牲畜、菜蔬，取伪贡单榜于门。讵贼见单益搜索，以其不为备，私藏必多也。
>
> 初犹未排户入搜，惧有官兵伏匿，唯遇人于路必镣。至十二日，见人则逼使异尸弃诸河，不从杀之，如是者数日。
>
> 忽出伪示逼民如常贸易，其时店铺百货掠几空，无有应者。
>
> 忽又以查人为名，比室搜括，令壮男子听驱使，胸背以黄布写贼衔，谓之"招衣"。携幼童使为小仪，俾持旗伴随其行。男子毋许归家，归则谓与妇女私，干天条，罪应诛。于是立"男馆"，搜其家有私藏金银者，立置重典。
>
> 驱妇女出于外，不使家居，襁幼稚，负行李，仓皇道路，惨不可言。（这些妇女）或得间自投江河，或投子女于河。既驱而之东，又复驱而之西，有啼哭者目为"妖"，（被）鞭棰交下，夜则露宿檐下。越日乃立"女馆"。是时夫妇虽觌面而不敢交言，否则谓不遵天令。

（评曰：20世纪有文人声言，太平天国入南京受到"人民群众"的热烈欢迎，完全是乌有之事。献银献物，当属居民惊吓后的无奈之举。

太平天国立"男馆""女馆"，全城居民组织军事化，使本来生活正常的南京人，忽然夫妻家人分离，男入"男馆"，女入"女馆"，形同劳改，夫妻不得聚，父母子女不能见。此措施短时尚可实行，长时谁也受不了。）

赋将分股窜镇江、扬州，逼壮者数万登舟，欲使为前锋，城中知之鼎沸，或自尽，或窃逃。贼惧一时不能制，有伪丞相钟芳礼、伪巡查周才太者，性稍平和，乃请逆酋设机匠馆、牌尾馆。机匠馆处工役织纫人，牌尾馆处残废老弱人，二者皆不调战阵。

入馆之家，凡遇贼搜括，告伪丞相瓶杖责追达，残废者得安食室中，老病者使扫街道，于是入馆伏处者几十万人。旋又设杂行菜圃，杂行亦工匠之流，菜圃者于隙地种植蔬菜，两处亦不下二万数千人。

（评曰：这些举措，稍安众心，使老弱残废免死于沟壑战垒之中。）

无何，贼传伪命，凡读书识字者，悉赴伪诏书馆，否则斩，匿不报者同罪，因得数百人使为伪造文檄示。合贼式者，分入各酋馆为伪书吏。又捏造天主书教人，不能背读者杖之。

出伪示，谓人死为升天，不许哭，不用棺木，不设香火，违则为妖邪。黄烟之禁与洋烟同严，有犯辄斩。

（评曰：强制性宣传"拜上帝教"，坚决"移风易俗"，其心切切，但其行存过。）

六月，计贼中裹胁人数：男馆，广西约千五百人，广东约二千五百人，湖南约万人，湖北约三万人，安徽约三千人，（其他）各省总约二千人，金陵约五万人，镇江、扬州约五千人；女馆，广东约一千人，湖南约四百人，湖北约二万五千人，安徽约三千人，镇江、扬州约万人，金陵约十万人。贼逐一设门牌，凡男子十六岁至五十岁谓之牌面，余为牌尾，立馆长分统之。

（评曰：说"裹胁"，并非完全都是，确有一些"自愿"加入者。太平天国的力量在增加。）

各馆按月送册核其数，男馆远调及逸出均注明。贼初入发粮无限，来取即与。自名籍可稽，每馆发米有定额，于是米价陡贵，百斤需六金，尚无购处。又用北贼（韦昌辉）伪印票，交贼官及馆长出城者，以此为信。

将与官军角拒，发伪令必先吹角以集人，至北贼（韦昌辉）伪府听令，以贼目执尖角令旗，率众立俟指挥。战必驱被胁者在前，积贼随其后，败则跪祈天父，官军或谓其有妖术，往往竟疑惧不进。

（评曰：由此可见韦昌辉当时在南京的重要作用。此外，太平军跪祈上帝的仪式，竟能使政府军疑其在施法搞"妖术"，可见清朝官军对太平军太不"知己知彼"。）

十一月，贼船由芜湖进泊相近高淳县之白湖，图犯东坝以解镇江之围。向大臣（向荣）遣邓提督绍良等守东坝迎击之，斩获甚众。

时城贼待被掳之众若犬马，少壮者纷纷逃亡，不足于用，乃取老而健者，使登陴击柝，犹不足，则虽老病者亦予役，伺便逃逸者甚众。妇女亦日供奔走操作，惫不得息。

　　贼于湖北、安徽掠得盐米各船皆泊仪凤门、旱西门外，令伪女官执旗悉驱出城，首戴肩负，运入仓中，尚途命童子持鞭驱策，行稍缓，则鞭扑交下。并使女馆削竹签置城外濠沟，跋涉委顿，泥涂颠仆，自寻死与受矢石鞭棰死者无算。

（评曰：太平天国初立未稳，此举可能是不得已而为之，但其惨令人痛之。）

　　洪逆（洪秀全）更善掉弄文字，不可以意测，如"圣"改"胜"，"上"改"尚"，"耶"改"耳"，"国"改"郭"，"火"改"亮"，"清"改"菁"，"秀"改"莠"，"亥"改"开"，"卯"改"荣"，"丑"改"好"。

　　辛亥之岁，为洪逆在大黄江僭号之始，癸丑洪逆踞金陵，则称"辛开元年"，"癸好三年"。又称历代帝王均为"相"，有所谓改定四书曰："孟子见梁惠相，相曰：'不远千里而来，亦将有以利吾郭乎？'"诸如此类，不胜枚举。

（评曰：太平军在南京开"删书局"，专门删改历代儒家经书。可笑的是他们并非"去芜存精"，而是玩笑一样大搞荒唐的变字游戏，让人啼笑皆非。）

　　又有隐语，火药曰"红粉"，炮弹曰"元马"，巨炮曰"洋庄"，掘地道曰"开垄口"，敛费曰"科炭"，百姓曰"外小"，遗矢曰"调化"，溺曰"润泉"，社稷宗庙寺观俱曰"妖"，悉令毁除，书籍字纸亦曰"妖"，必残践而后快，官兵曰"妖兵"，官曰"妖头"，自贼中逸出者曰"变妖"。妻俱称土娘，子称嗣君，伪官丞相以下俱称大人，妻称贞人，子称公子。陷永安以前附贼者，称功勋加一等。伪王昆弟叔侄，俱称王宗。亦设女官，其在伪府者，有女丞相、女检点，在外统带女馆者，有女军帅、女百长。其服色尚黄，次红紫，次青蓝黑白。伪王绣龙，余各有等差。

伪撰之书，则有《天理要论》《天情道理书》《千字诏》《原道救世歌》《旧遗诏》《新遗诏》《天父天兄下凡诏书》《行军总要》《士阶条例》《制度则例》《天道诏书》《真圣主诏》《武略》《醒世文》《三国史》《三字经》《天朝田亩制度》《太平军书》《太平营规》《天条书》《改定四书》等类，逼人诵读。

（评曰：太平天国兴起时间不长，但政教合一的"理论体系"比较庞大。虽有些方面思想比较进步，可惜实际效用不在，难成太平天国的指路明灯。）

除《金陵兵事纪略》之外，另有无名氏所撰《金陵纪事》，也从细节方面勾勒出太平军在南京的活动，以及当时一般百姓对他们的"看法"，尤其是文中多涉太平军某些奇特的习俗、称呼和战法，尤补其他史料之不足：

贼皆黑瘦，相貌多犯杀，断不能成也。初出示皆魔障语，专以天父哄人，以天条杀人。

伪官以司马为最小，不用红头，换黄绸扎头，自旅帅以上皆戴风帽，六月不除，以黄边宽窄验官之大小。自夸十日破城，不是人做事，乃天做事。

贼多赤足，其胆皆泼，心多入魔，目直视若痰迷者。其逐日给米，遇节及贼首生诞散肉，皆苗人土司法，衣服亦多为苗装，髻蟠于额上，上服齐腰，下敞裤脚。

以天为父，以狗肉敬之，以耶稣为天兄，即其祖师。以二三十字为讳，改丑为好、亥为利，凡姓王者皆改姓汪或姓黄。以神庙为妖庙，毁神佛抛于水。

午餐吃粥，唯早晚赞美拜上，掳来人皆使拜上，又曰"拜祖"，能拜者即为天父之子，虽洪秀全亦以为弟兄，故外虽仆役，食则同起同居，明明强盗用伙计也。

（评曰：太平军的领导人多为客家人。客家人相貌与中原汉族无甚分别，大多数人相貌端正，并无凸颧凹腮的面相。他们之所以多"黑瘦"，乃多年在岭南炎热气候下生活所致。加之几年的栉风沐雨征战，当然不可能白胖。

至于有苗装苗俗者，皆因客家人长久以来与少数民族混合杂居而成，且两广炎热，人们习惯赤足。笔者十年前初到广东，就对当地人光脚穿皮鞋很纳闷，日久则见怪不怪矣。

至于以狗肉敬耶稣，实为具有洪秀全等人特色的基督教。）

木瓦匠皆有总制，称"大人"。碾米为"白人"。各伪官之女儿皆欲称"金玉"与"雪"，名其书曰《礼仪》。

库为"圣库"，兵为"圣兵"，粮为"圣粮"，其狂妄殊甚。七月间，要织五色锦缎被三百床，闻有大配之意在八月间，是贼思淫逸，以为享大福矣。

贼之东西贵亲以杨、萧而分，国丈又有陈姓者，国伯皆洪、冯、杨、萧、韦、石之尊属，黄、赖、蒋、魏皆贼首旧姻，事皆从刻。又有吉、侬两姓，侬当是侬智高之种裔，皆苗倮。钟、周两人略为和平顺理，然亦非善类。贼之杀人打人，皆听小崽之唆，故欲剃为斋，不足惜也。

伪官之司马亦曰"牌长"，曰"卒长"，管二十五人，以上有百长管百人，旅帅管五百人，军帅则管千人，用风帽黄边矣。再则（以）典金、典妆、典竹、典炮、典硝、典铅码、参护、监军等名。又有巡查、检点、指挥、侍卫、总制、内医、国伯、国丈、东西贵亲、丞相。天官以下（设）六官，官皆有协理，皆稍知文理识字者。其余掌仪、春人，名目甚多，忽增忽改，并无定见。

最重牌刀手，错杀皆不问，封伪职则为"参护"。亦最重书手，敬如宾客，即识字与知文理者封升伪职则为"监军"，余多为总制。今忽南京数十人皆封为总制，分各行铺，牢笼之术也。事事求异于人，伪官不曰"加级"而曰"加等"，亦自以为独得。

尤可笑者，自造历书不用闰与大小进，月有三十一日，是全无知识也，积久必有夏冬倒置之时。其语屡变不可信。

（评曰：太平天国在南京所制组织架构，政治、经济、军事制度等各类名目异于寻常，且变化多端。"异端"之反抗在名目上无以复加。）

每逢夜战，贼在城隅只点一灯极明亮，又用人在城上擂大鼓、打锣鼓以助军威。有夜战则更鼓尤众盛，平时将神香遍收，每晚在城垛洞内焚烧，烟雾迷离，伪若守城人众，其实城上并无多人。

……

而杨秀清忽闹龙灯，且多用灯彩在鼓楼一带山上盘旋，以惑外人之耳目，以壮城里之声威。有兵攻城，亦带往在各城呼喝喧嚣，明是虚者实之，因城空，伪为多人之意。

（评曰：城中人尽晓"太平军"虚实，城外清军全然不知，可反证杨秀清的多勇多智。）

贼善为奸细，多办（扮）医卜星相小买卖者，且杂入官所募之乡勇中。贼性桀骜，与软语乞怜，多见杀，直与硬语，竟置之。

贼亦有毒烟药，战稍却，即放毒烟，使人昏闷致溃败，贼或转败为胜。初到立营，亦遍烧毒火于长围外。此方以黑矾石、黄漆叶、人粪为最毒，如无解药，预于出战前以醋洗面则不受毒，或以某草泡醋薰棉絮塞鼻亦能解。

（评曰：太平军平时侦察工作做得极好，粗中有细，又能搞"化学战"，战术运用灵活。）

贼之可异者，持竹竿而战，插竿首以长钉，以此为战具。掳不知战之良民以与官兵战，明用以当官兵之头刀，贼心洵不可问。

而广西距南京数千余里，破数十府州县，以及镇江、扬州，复远扰河南、直隶，数年来人多空城自逃，不与相战斗者何也？

长毛贼但恃其胆之泼，逢危急时，恒骗呼其众曰："放胆，有天父看顾！有天父保佑！"以此愚弄人。湖南、广西人心蠢笨，往往堕其术中。江南人力本软弱，心尚明白，皆不信其言也。

又曰："越吃苦，越威风。"又曰："代打江山打先锋，要汗如珠。"又激怒官兵曰："尔有十分命，只有一分胆，我只一分命，却有十分胆。"其被围时云云，而兵不怒也。

然则兵之雅量为何如。以战死为能人，以人死为可贺，谓死者魂已升于天堂，其语不近人情，皆非人类语。其意不过煽惑人心，欲人帮助伊相叛逆而已。问伊魂何不即升天，乃若是扰乱滋闹耶？

（评曰：无论正邪与否，信仰的力量，在太平天国前期起到支撑士气的极大作用。正是有"天父保佑"的精神胜利法，才让众多徒众有战斗勇气和大无畏的斗志。但没有科学理论武装和指导的农民起义，根基终究不牢，难以长久。）

除此之外，撰写《金陵纪事》的作者还写如下诗歌讥嘲太平军。其中语句虽偏激，但可从中看出太平军这些南京新主人们具有反抗精神，追求平等，在"移风易俗"嫁寡妇、强迫妇人放脚方面做出了"激进"的努力：

登塔凭高作望楼，雨花营垒又坚筹。
一旬竟把南京破，千里来从西粤流。
白胖无人皆黑瘦，红头封职换黄绸。
自矜十日天行事，昼夜排搜匿满洲。

胆泼心魔跣足忙，本来巨盗又苗装。
长毛连须盘前髻，短服齐腰敞下裳。
神庙毁来原木偶，贼魂疾望入天堂。
无情忌讳尤堪笑，不许人家说姓王。

妄称天父与天兄，拜上相交若有情。
穷困求粮需掳掠，豪华屠狗供粢盛。
岁时朝贡无些差，朝暮饔飧有诵声。
济众博施良不易，百般勉强盗虚名。

弟兄姊妹逼相呼，视十天条自犯无？
道理听来皆蛊惑，尘凡谁降莫疾愚！
书藏孔孟皆须杀，令出杨韦不足虞。

邪法弗灵兵法少，不知何物是耶稣。

牌刀手果有何能，手执藤条面似冰。
上帝弗劳伊赞美，下民尽受尔欺凌。
家家搜括都无物，处处伤残转自怨。
还说入城怜百姓，者番蹂躏已难胜。

伪官风帽看黄边，小大绸衣暑尚棉。
洋伞非关遮赤日，严刑先戒食黄烟。
红鞋倒蹬常骑马，白浪空舱亦放船。
如此太平诳天命，火神六合聚奸妡。

魂得升天骗法新，将来成谶白先陈。
盗言甘美徒调舌，叛语支离惯弄唇。
贺死信为真悖逆，开科那解用儒珍。
想伊欲补冬官制，木匠居然做大人。

寡妇频言与丈夫，柏舟节义笑为迂。
挖沟驼米朝朝苦，削竹担砖事事粗。
一日万家缠足放，四更百长竭情驱。
蛮婆大脚鸣锣过，女伪高官意气殊。

　　虽然太平天国以异端的形式觉醒起家，但它取得的成就及坚持时间之久，却证明它的各项章法或说建制还是有效的，还是有进步意义的。

　　太平天国的失败，有多方原因，也包括它的建制失措。

　　如在"天国"大家庭中，人人平等皆以兄弟姐妹相呼，但当哥、当弟以官大官小来界定。所以二十一岁的石达开在信中和"红头文件"中称六十多岁的曾天养为"弟"，年轻的陈玉成称其族叔陈得才为"弟"。

后世好事者把太平天国"龙凤合挥"当成彰显"男女平等"的结婚证，其实是类似粮票、布票一样的"人票"，妇女只是有功将士的"奖品"。

而大多出身贫民的太平天国高官，只对下严格要求禁欲、禁酒、禁烟，上层什么都不禁，且都是最高级的"供应"。平日里出门，这些人又最爱几十人抬的大轿，比清朝官员还要摆威风显阔。太平天国的奢靡、专制是其失败的原因之一。

当然，从宣传方面讲，太平天国早就"天下为公"了。无论是工商业还是个人财产，太平天国全部施行"公有化"，大家都在"供给制"下生活，按级别领取吃穿用物。

表面上看，洪秀全本人十分朴素，每日领十斤牛肉票而已。但想想他后宫中的数千女官和佳丽，想想他穷奢极欲的堂皇宫殿，十斤肉票只是某种符号而已。太平军将士尤喜穿金戴银，大金镯子常常在臂上挂戴，官大的甚至套满两胳膊，一举一动叮当乱响。

在砸烂一切"腐朽事物"的同时，高层们大搞个人崇拜。所以洪秀全和杨秀清、萧朝贵假造"天兄"之言，宣称金龙大龙是"宝"，不是"妖"，各自以"真龙"自居；把基督教各神的"名字"、宗教用语以及各王爷的名字都强行避讳，违者处死，一般人不得在名字中有"龙""天""主""王""德"等字，姓王的一律改姓"黄"（广府话中二字同音），连天王表兄王盛均一家人也要改。所以，翻开太平天国文件和名册，没有一个姓"王"的……

天王府的对联更牛气：余一人乃圣乃神乃文乃武，众诸侯自南自北自西自东。对此，有看不过眼的当地书生冒死在对联旁另贴纸联：一统山河四十二里半，满朝文武三十六行全；讥笑了太平天国局促于南京一地的窘况和其内部高层的低俗气息。

英国历史学家埃利亚德在《神话、梦想与神秘事物》中说："任何

冒领、龙袍样式

一种宗教，即使是最原始的宗教，都是一种本体论：它揭示神圣事物和神圣形象的存在，并进而表明那种存在实际上是什么，从而建立了一个不再如睡梦一般的、飘忽不定的、无法理解的世界。"

不得不慨叹的是，太平天国迷狂的革命者们处于一种尴尬的境地，随着胜利果实愈长愈大、愈长愈多，他们既不可能对不可认知的事物做出更加准确的猜测，又不能与不可控制的环境达成妥协。地上的"天国"，是奇异纷扰而不能摆脱的诱惑。

特别是洪秀全和杨秀清等"万岁"与"九千岁"这样的宗教兼世俗头领，实际上已经改变了他们头脑中所崇拜的对象的性质，一步一步陷入傲慢与自大。如此一来，日复一日，太平天国走向灾难。

无论如何，熙攘之间，洪、杨在南京定都，看上去前途无限。

一水涓涓看不绝，滔天已是满洪流！

附件一：《避难记略》（节选）

说明：此书的作者曾含章是江苏常熟人。他生于清道光二十三年（1843年），卒于民国二年（1913年）。清同治二年（太平天国癸开十三年），他是常熟县秀才。

《避难记略》记载了他在常熟对太平军的耳闻目见。此书对于太平军的爵职称谓、避讳、衣冠、考试、路凭、设关收税、砸毁孔庙和神庙的行为等多有翔实记述。从节选中可见，对孔夫子加以"孔老二"（孔阿二）之蔑称，还有"发洋财"一说，实源于太平军。

……

贼之暴殄特甚，煮饭盛器即秽溺其中，甚有以字纸作草纸用者。

夜间以大木炽火，睡于其侧，曰"烤火"，虽暑天亦然。或谓身上有疮，烘之以代搔痒也。

贼中有讳用之字，或添写，或改用，最为可笑。如秀字添草头写"莠"字，全字添草头写"荃"字，青字添草头写"菁"字，皆因伪天王洪秀全、伪东王杨秀清之名也。山字改用"珊"字，伪南王冯云山之名也。贵字改用"桂"字，伪西王萧朝贵之名也。又顺字缺偏旁中一竖，国字中"或"字改写"王"字，亥字改用"开"字，丑字改用"好"字，皆不知其何意也（客家话和白话中，这两个字谐音很不好）。又上字改用"尚"字，华字改用"伍"字。

贼中伪考试，常熟取者曰"秀士"，苏州取者文曰"博士""约士"，武曰"猛士""勇士"，金陵取者曰"俊士""杰士"。可笑者伪报条上写秀士为"莠士"，可谓名称其实矣。

应伪考试之人，初犹令伪乡官胁从之，皆无耻之辈，稍识数字者应之，亦无有不取者，取后皆与洋钱三四元，此贼之以利诱人也。

后通文墨者亦应之，甚有生员、廪生亦应之，如钱竹（筑）溪名敦钧，住南门外关帝庙丌弄，咸丰元年青宗师科试案首，后应贼试取伪秀士、伪博士辈，竟以得取莠士、博士为荣，真狗彘之不若矣。

贼中禁吃鸦片烟，钱竹溪适被贼查出，捉去杖责，荷校鸣锣示众，秀士、博士，如是如是。

伪干王为伪天王下第一人，自命不凡，贼中称为"圣人"。有伪诗集示考试者，诗中皆不脱东、西、南、北四字。又将四子书涂改，称孔圣人为"孔阿二"，侮圣毁贤，罪不容于死。

伪考试之题有曰："四海之内皆东王。"又曰："天父原来有主张，磨来磨去试心肠。"尚有数题目，不能悉记。

……

贼于圣贤像、神像、佛像及专祠中之有像者，若范公祠、杨公祠、于公祠，皆毁坏无遗，若东周市普善庵内之佛像深藏而完好如故者，不多得矣。

……

贼犯上海，掳得夷人之物，曰"发洋财"。

贼之掳人，以麻绳穿辫根牵之以走，掳至贼馆，不得外出，夜间以麻绳缚住手足，数日方免。

城中修造改作，用水作、木作及杂作者，俱令伪乡官雇之。城门上进出，皆于面上打一图记，以为识认，或向贼馆中取一伪凭，曰"飞纸"。

土人携家眷什物而避难者，恐途中被扰，向伪乡官取一伪凭，曰"路凭"。

土人中不得剃发，而商贾有往上海、通州、海门去者，不能不剃。至从上海、通州、海门归者，短发又不便，因有向贼中说明缘故，而取伪凭为据者，曰"剃头凭"。

贼中铸炮，将在城与各乡庙宇中之铁香炉、铁烛签（签）及钟、磬等物，搜括无遗。

……

城上俱拆民房遍盖之，以蔽风雨，曰"走马台"。

城中民房，小者皆作柴料，大屋为贼馆者尚可，然伤于投诚后者亦不少，其余皆墙倾壁坏，门窗板壁拆毁无遗，甚至拆去楼板，而搁栅亦皆截去。

贼将房屋改作及拆彼造此者甚多，如钱贼之馆在陈家巷杨砚芬家，将对面民房拆去，改造照墙；又将后面民房拆去，改造花园，将常熟城隍神庙花园中之亭台楼阁移去。又陈家巷庆顺典当厅场上添造房屋一所，诸如此类，不可胜记。

衙门官舍，若常熟县衙仅存头门及大堂，昭文县衙仅存头门，道辕及游文书院唯瓦砾而已。文、武庙及两邑城隍庙尚可。忠孝祠、杨公祠、范公祠、安济堂俱毁。节孝祠、于公祠尚可。文庙大成殿拆为平地，今圣位（孔夫子牌位）暂供明伦堂上。文庙大成殿、崇圣祠两庑俱无，唯存明伦堂、尊经阁及斋房。

庵观寺院，若城中之致道观、致和观、慧日寺、方塔寺、白衣庵，及城外之破山寺、三峰寺、维摩寺、拂水寺、龙殿、小云栖寺、普福寺、普仁寺、资福寺、接待寺、新塔寺，毁坏甚多，间有存者，唯破屋数间而已。在各乡镇者亦有毁坏，然较之在城附郭，则大相悬矣。

……

附件二：《贼情汇纂》（节选）

说明：这是清朝张德坚《贼情汇纂》记太平天国的印章、朝仪、服饰、仪卫、称呼、饮食等内容。

观太平天国的这些作为，大可发现这个政权的性质是翻版的封建等级制度。他们的礼仪繁琐森然，贵贱尊卑比清朝官府还严，世袭特权远远超过中国古代历朝历代封建王朝。其中对太平军的一些细节描述，有助于我们深刻思考这个政权最终失败的原因。

笔者仅节选印章、服饰等部分内容以说明之。

伪印

贼众皆乡愚市侩，多不识字，安知篆文，故所刻伪印皆宋字正书，四面刻阳文云龙边，留正中一行另镌一线边，刻伪官衔于其中，并无印信关防字样。

伪王皆金印。伪天王印八寸（1寸≈3.3厘米）见方，四面云龙，中空一行刻"太平天王大道君王全"九字。左首角上镌一金字，右首角上镌一玺字。左首边上刻"奉天诛妖"四字，右首边上刻"斩邪留正"四字，然非紧要诏旨，不用此印。另有三寸六分见方一印，四面龙文，中刻"旨准"二字，凡批答伪奏章及各伪书皆铃之。

伪东王伪西王印，长六寸六分，阔三寸三分，亦云龙边。如杨秀清印，中一行刻"太平天国"四字，下忽双行以"劝慰师圣神风禾乃师"为一行，"赎病主左辅正军师东王"为一行，下接"杨秀清"三字居中。萧逆印伪衔亦双行并列。

伪南王、伪北王印，字则单行居中。伪燕王、豫王印，伪侯印字，字皆单行，然必系以姓名，如"太平天国燕王秦日（日）纲""太平天国真忠报国佐天侯陈承瑢"之类。伪东王对伪燕王印，长各递减二分，阔递减一分，伪侯印长减四分，阔减二分。

伪王侯印凡笔画粗肥之处，皆中空如飞白体。伪侯、伪天官正丞相银印，以下皆木印。伪丞相印长五寸，阔二寸五分，以次至两司马，每降一等减长二分半，其阔皆对折，如伪指挥印长四寸五分，阔二寸二分半，是也。

凡金银印其质皆极薄，金印则金匣、金匙钥，银印则银匣、银匙钥。自丞相至两司马印，中一行但刻伪衔，不系姓名。伪衔甚多，各举一以概其余：如伪丞相则刻"太平天国天官正丞相"。各伪衔皆首缀"太平天国"四字。凡伪印皆同，后不复述。

伪检点则刻殿左殿右几检点，指挥则刻殿左殿右几指挥，将军则刻炎（以五行命名，炎为避讳之后的"火"）一正将军，总制则刻金一总制，监军则刻木正木一甲一监军，军帅则刻中一军军帅，师帅刻中一军中营师帅，旅帅则刻前一军前营前旅帅，卒长则刻前一军前营前前一卒长，两司马则刻前一军前营前前一车两司马。

其余杂职及各典官，职同何官，印之长阔即同何官。伪典官极多……伪官卑者多有正副，正副亦皆有印。

……

贼中制度标新立异，朝更夕改，繁冗太甚，故群下亦不甚遵……

伪服饰

贼由粤西至长沙，尚皆布衣褴褛，缝数寸黄布于衣襟，以为记号，囚首垢面，鹑衣百结者，比比皆是。即首逆洪秀全、杨秀清等，亦止红袍红风帽而已。打仗前则短衣赤足，取其登涉轻便，故掳来之人，无论士农工商，必先脱其衣冠履袜，唯以包巾分别新旧与尊卑。

兵及新房之人皆扎红巾，伪官与老长须则包黄巾，旅帅以下黄布巾，

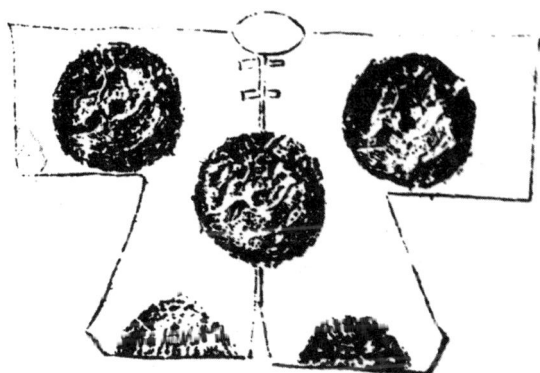

太平天国马褂和马褂上职衔图

以上黄绸巾。拖长一寸，官大一级。百姓男女概令包蓝布巾。

掳得幼童貌者，伪官得之，谓之"公子"，众贼得之，谓之"老弟"，周身皆着花绣，以抄得香珠玉佩手镯指环及荷囊扇袋之类，悬带于腰项襟袖之间，行动则金玉撞击，铿锵有声，且使之癫狂跳掷，以为笑乐。

……

由武昌下窜，船只多载妇女，群贼皆各揣刀械陆行。始爱衣饰华美，尽数背负，既而力不能胜，则沿途抛掷，久之身着重裘过煖，汗出力绵，举前截改之短衣一并撩弃。贼之后，衣衫被褥狼藉原野，如此暴殄，实旷古所无。

迨至江宁，乃锦绣缎疋出产之区，其繁华更胜于湖北。贼于是又变易其服饰，更张其伪制，平时戴风帽者谓之功勋加一等。又自金田起至永安州止，相从之贼不拘有官无官，俱谓之功勋，准着黄马褂，朝帽额中写"功勋"二字，职同伪总制。永安州至岳州相从者，自将军以下至师帅，皆红袍红马褂，以上则红袍黄马褂，有功小官亦有赏黄马褂者。

……

其伪王等角帽，又名金冠，伪官角帽又名朝帽。自洪逆以下金冠皆以纸骨为之，雕镂龙凤，粘贴金箔，即戏班盔头也。

……

至伪服，仅黄龙袍、红袍、黄红马褂而已，其袍式如无袖盖窄袖一裹圆袍，洪逆黄缎袍，绣龙九条，杨逆绣龙八条，韦逆绣龙七条，石逆绣龙六条，秦、胡二逆绣龙五条，伪国宗绣龙从各伪王制，伪侯伪丞相绣龙四条，伪检点素黄袍，伪指挥至两司马皆素红袍。其等差则于黄红马褂内分别。

洪逆黄马褂绣八团龙，正中一团绣双龙，合九龙之数，杨逆绣八团龙，韦石秦胡四贼皆绣四团龙，自伪侯至伪指挥皆绣两团龙。

自洪逆至指挥皆于前面正中一团绣伪衔于其中，伪将军至伪监军黄马褂前后绣牡丹二团，俱绣伪衔于前面团内，伪卒长两司马红马褂，不绣花，前后刷印二团，书伪衔于团内。其伪衔之字亦分金字红字黑字，如帽之制，皆由各典袍衔绣绵衔制造，此伪服之制也。

贼初呼靴为妖服，只准着鞋。近立典金靴衔，制红黄缎靴，亦有定制：靴皆方头，洪、杨、韦三逆皆黄缎靴，绣金龙，洪逆每只绣九条，杨逆每只绣七条，韦逆每只绣五条，石、秦、胡三逆素黄靴，伪侯至指挥素红靴，伪将军以下皆皂靴。其女官冠服如男制，然未见有戴角帽凉帽者。冬月则戴风帽，夏月则戴绣花纱罗围帽，如草帽形，空其顶，露发髻于外，或亦有定制未考。女官尊者，则金玉条脱两臂多至十数副，头上珠翠堆集；官渐卑，则金玉珠翠亦渐少矣。

大抵伪冠服攫自戏班，既则任意造作，前次攻克岳州，获绣龙黄袍、黄马褂，绣"承宣"二字，团龙黄马褂及织金团龙黄马褂，整金为字，蟠龙金冠多件，制尤侈僭……

（注：广西情形方靖、罗凤池说，湖北情形张玉琴等说，江宁情形程奉璜说，一应伪制及式样或曾见俘物，或考自伪文告。又伪书中角带字样，难民迄未见过，故不叙。）

伪称呼

王世子臣下呼称幼主万岁

第三子臣下称呼王三殿下千岁

第四子臣下称呼王四殿下千岁

第五子臣下称呼王五殿下千岁

以下第六子至百子千子皆依此类推

王长女臣下称呼天长金

第二女臣下称呼天二金

第三女臣下称呼天三金

第四女臣下称呼天四金

以下第五女至百女千女皆依此类推

东世子臣下称呼东嗣君千岁

第二子臣下呼称东二殿下万福

第三子臣下呼称东三殿下万福

以下第四子至百子千子皆依此类推

东长女臣下称呼东长金

第二女臣下称呼东二金

第三女臣下称呼东三金

以下第四女至百女千女皆依此类推

……

空幻的帝京之旅

太平军偏师冒进的北伐

1855 年（咸丰五年）5 月 31 日，山东荏平县冯官屯。

清军大营，气氛肃穆。主帐内，王爷僧格林沁正襟危坐在中央的大马扎上。他身穿灰布棉袍，外套青布马褂，脚着青布靴，看上去非常寒素的打扮。唯一显示他王爷身份的，只有青呢帽上的三眼花翎和宝石顶戴。这位蒙古王爷，平日在阵上骑一匹黄鬃马，持一柄大刀，面色枣红、长髯飘飘，像极了传说中的关圣帝君。

僧格林沁饮了口刚烫的热酒，大声用汉语说了一句："押逆贼李开芳来见！"

帐内帐外一阵忙乱。

一会儿，帐帘撩起。随着一阵凛冽寒风的吹入，一人大摇大摆地进入营帐。此人三十出头年纪，身材健硕，相貌英俊，头戴黄绸绣花帽，上身穿月白绸短袄，下身着大红灯笼裤，脚蹬一双扎眼的大红鞋。

最令人侧目的是，这位已成阶下囚的太平军北伐主帅李开芳，身后仍跟随两个十六七岁的娈童执扇，二人均着大红绣花缎子衣裤，脚蹬红绣鞋，粉面朱唇，貌似美貌女子，俨然在太平军帅营一样的排场，伺候着李开芳。

与这三位鲜衣粉面的太平军相比，清军营帐中几十名提刀而立的将官和正中而坐的僧格林沁王爷及他身后侍立的贝子（僧格林沁儿子），被李开芳和他身后的两个娈童显衬得朴素至极，近乎寒酸。

李开芳，这位大名鼎鼎的太平军大将，见了僧格林沁，仅一膝屈，象征性地行了一下礼，根本不跪拜。然后，他盘腿席地，大大咧咧地坐了下来。

帐内清军中有不少是总兵级的高级将官，皆持刀环立，怒目而视。

李开芳与其身边侍立的两个美貌男童无丝毫惧色，左右扭头观顾，扬扬自得。

未等僧格林沁问话，李开芳首先开言："如果僧王能使朝廷恕我反叛之罪，我愿意前往金陵说降同党——呵呵，肚中饥饿，王爷可否先赏我一碗饭食？"

僧格林沁阴沉着脸，挥了挥手示意。须臾，几名清兵抬上一大盘热酒热菜，置于盘腿坐在地上的李开芳面前。

这位俘囚身份的美男子眼前一亮，立刻开怀畅饮。其间谈笑自若，食得饮得，胃口奇佳，在僧王及帐内数十名清军高级将校恶意炯炯的注视下从容进食……

渡河！渡河！
"北伐军"的初试锋芒

太平军北伐的时间，自咸丰三年四月一日（1853年5月8日）出发，到咸丰五年四月十六日（1855年5月31日）李开芳被捕，两年多。总观"北伐军"的北上进程，大致可分为如下三个阶段：长驱北上，静海、独流鏖战以及坚守待援不果而败。

北伐的正副统帅，分别是天官副丞相林凤祥和地官正丞相李开芳，此外还有春官正丞相吉文元。他们所带部队，大概有二十一个"军"，两万多人。

怀庆保卫战

林凤祥和李开芳二人本来在太平军攻破南京后奉命镇守扬州。接到洪秀全、杨秀清的命令后，他们随即令曾立昌、陈仕保二人留守，然后率两万多精兵走水路，乘船沿长江西行，准备到达浦口后，与接应的朱锡锟一部会合，合众北伐。

五天之后，北伐军即在浦口登岸，驻防此地的清军将领西凌阿虽有数千来自东北的骑兵部队，但无胆交战。听闻太平军上岸，清军枪炮也不放几响，大队人马慌忙向滁州逃去。太平军尾追不放，紧随而往。

太平军负责接应的朱锡锟一部在浦口迷路，误走至东北方向的六合城。与当地乡勇的小规模武装接触交火后，朱锡锟准备攻下六合城。结果，半夜宿营时，太平军军营的弹药库被清军派人纵火，发生剧烈爆炸，伤亡几千人。朱锡锟只得在拂晓时分带残兵赶往滁州。

为此，清军上下士气高涨，大力宣传"纸糊金陵，铁铸六合"，军心稍稳。

5月16日，太平军攻占滁州城，杀清朝知州。而先前自浦口来逃的清朝都统西凌阿再次发挥他迅捷的"机动性能"，狂奔定远。

北伐军一路顺利，5月28日已经抵达凤阳。

北伐军虽然一路克捷，但每占一地，总是掳掠后弃之不顾，继续前行。如此行事，也是不得已，如果打下每座城池后都遣人留守，根本就没有足够的兵力打到北京。所以，北伐军看上去步步深入，连战连胜，但他们身后与南京的联系基本被清军切断。

其后，蒙城、雉河（今安徽涡阳）、亳州相继被北伐军攻下，不少清朝地方政府的官吏将校或被杀或自杀。值得注意的是，由于北伐军势盛，涡河、沘河一带的"捻党"也在清政府焦头烂额之际，乘机壮大，由"捻党"而成"捻军"，实际上开始了清朝与捻军战争的序幕。

随着零星"捻党"的加入，这些人熟门熟路，带着太平军的北伐部队自安徽亳州进入河南，立刻击溃了由清朝河南巡抚陆应谷率领的前来迎战的数千清军。太平军不仅杀掉大部分清军，还俘获了火药数万斤与大炮数门，挟锐气直下归德。至此，太平军的当务之急就是立即从刘家渡渡过黄河。

于是，留下吉文元、朱锡锟率部分人马留驻归德，林凤祥、李开芳自率前锋军直扑距归德四十里开外的渡口。

清军方面，河南巡抚陆应谷不甘心，重新纠集数千清军来攻归德，却再次被太平军的留守部队打得大败。

由于后续部队完全到达，吉文元等人率军放弃归德，前往刘家渡渡口与前锋军会合。

万事俱备，只欠渡船。清朝的曹县知县姚景崇有先见之明，早已把北岸船只尽数收集后付之一炬，几万太平军只得呆呆望着黄河浊流发叹。

太平军从曹河上游费尽心力搜找了两只船，载上一白多士兵准备慢慢渡过去。行至河中央，被对岸早已有所准备的清军大炮猛轰，两船及上面的太平军登时被炸成碎片。无奈之余，太平军只得绕道西上，经开封、朱仙镇、中牟、郑州、荥阳、氾水、巩县，历经二十二天，才得以在氾水和巩县之间找到民船渡河。

由于船只太少，北伐军仅渡河就花去七天时间。

由于身后有清军托明阿、西凌阿等部蹑踪而至，北伐军吉文元所率一千多人未及渡河即遭截击，只得与主力部队分离，掉头往南回奔。这些人边打边撤，虽然有一支捻军雷六部对他们予以援手，但他们仍旧连遭失败，最终在八月间被清军消灭于安徽境内。

北伐军主力渡河后，立刻在7月7日对怀庆府（今河南沁阳）展开猛攻，拉开了怀庆战役的序幕。

怀庆一带的清军，有胜保、托明阿、善禄以及察哈尔军共六万人集结，直隶总督纳尔经额以"钦差大臣"身份全权指挥。攻打近两个多月，由于怀庆城坚，清军顽强，北伐军只得弃攻怀庆，向西挺进。北伐军占领济源后，越王屋山进入山西。

　　　　　　　空幻的帝京之旅

在笔者看来，攻怀庆是北伐的一招臭棋。贪攻城池，反而浪费大好时间。假如当初太平军渡黄河之初趁清军在河南北部未集结时，由温县、新乡北上，可以走捷径杀向北京。而且山东、河南交界地区，捻军、白莲教、盐贩子势力活跃，肯定会应声而起。这样的话，太平军或可直破北京城。

由于放跑了北伐军，清政府大怒，下诏逮问直隶总督纳尔经额。但因怀庆坚守有功，胜保等人得以加官晋爵，胜保本人还被授予"钦差大臣"，节制各路清军。

听到太平军进入自己的辖境，清朝山西巡抚哈芬立马率几个随从外逃。清廷震怒，下旨逮问，捕快差人遍寻不着。后来才知道这个兔子一样脚快的巡抚躲在了潞安。

太平军在山西境内如入无人之境，连下垣曲、绛县、曲活、平阳（今山西临汾）、赵城、霍县等地。在平阳，由于守城清军开炮打死一个北伐军的执旗手，此人乃林凤祥同村乡亲，惹得林凤祥大怒。城破之后，他下令屠城，搜杀三日，把全城百姓无论男女老幼尽数杀死。此致平阳城内尸体叠压狼藉。

正要继续北上之时，太平军忽闻清朝胜保一军已经绕过太平军，在霍州以北的韩侯岭布下重兵准备截击。至此，北伐军只能再次绕道，从洪洞折向东行，在屯留打败清将托明阿部队，克潞城、黎城，又回河南。

过清漳河后，北伐军打下涉县、武安，直达直隶（河北）辖境。恰恰在同一时间，在南方的上海，又有刘丽川的小刀会起事，清政府雪上加霜。

北伐军出手很快，袭取邯郸的临洺关后，十余天连克沙河、任县、隆平、柏乡、赵州、栾城、晋州、深州，飞速逼近张登，这里距保定仅六十里的距离。

消息传至北京，京城大恐，城内居民（特别是大户人家）纷纷出逃，短时间内有三万多户十几万人携家带口拖着家财逃出城去。据说连咸丰帝本人也做好了外逃热河的准备。

惊怒归惊怒，咸丰帝还是强打精神，派惠亲王绵愉为奉命大将军，以科尔沁郡王僧格林沁为参赞大臣，总督四将军及察哈尔兵马，与胜保等人协力，倾全力以保北京。同时，北京全城戒严，人心惶惶，物价飞涨，米珠薪桂，一片混乱。

于太平军北伐部队而言，形势看上去似乎大好，其实也有不少困难。他们进入华北腹地之后，缺兵缺粮。两万多步兵，在大平原上面对十数万清政府自东北和内蒙古调来的骁勇骑兵，显然凶多吉少。而且，以两万对十四万，又无后援，北伐军实际上到达保定后已成强弩之末。

由于前方有大批清军阻截，北伐军不得不又绕道，弃深州后向东北方向疾行，陷献县、交河，占沧州后，直向天津杀去。

10月29日，静海已经落入太平军手中，不久，独流（镇）、杨柳青皆被克，天津城被攻陷在即。

僧格林沁、胜保二人不敢怠慢，分别率军由涿州和保定向东阻截太平军。太平军想在清军汇集前攻克天津，但遭到城内义勇与守军的顽强抵抗。清军扒开南运河堤岸，有效阻止了太平军的进攻。

由于天气转寒，缺粮少草，遭受挫败，太平军只得往静海方面回撤。林凤祥守独流镇，李开芳守静海，以为犄角互援之势。

事情发展到这一步，说明北伐军已经由攻势变为守势，原先的两万多精兵，也已经被打得不满万人。

寒风相持之中，双方都不好受。

坚守！坚守！
静海、独流的鏖战待援

　　据当时被太平军掳去的读书人陈思伯在《复生录》书中记载，由于天寒地冻，太平军狼狈驰突，缺衣短粮之间，夜间行军中，冻死的就有数千人之多，军队减员情况极其严重，形势危急。待至1854年2月，受清朝大军压迫，林凤祥、李开芳二人不支，只能从静海、独流向南撤退，边撤边打，其间冻饿受伤，又伤亡了近三千人。阜城一战，北伐军第三号人物吉文元被打死，军中士气极为低落。

　　清军把阜城团团包围，穴地为重壕，欲图就地歼灭太平军。

　　情急之下，林、李二人不断派人化装成难民、乞丐和艺人，乔装打扮出城，奔向南京求救。

　　南京的杨秀清很重视此事，派出一支八千人左右的队伍，由曾立昌（夏官又副丞相）、陈仕保（夏官副丞相）、许宗扬（冬官副丞相）数将带领，在1854年2月4日前去救援北伐军。他们疾行而进，仅四天就经桐城到达舒城。由于六安的"捻党"积极响应，援军很快拿下六安，连破正阳关、颍上，在3月初由亳州杀入河南。

　　由于亳州、雉河集地区捻军张乐行部很有号召力，不少"捻子"加入太平军，二部声大势大，永城、夏邑等地被攻陷。

　　3月10日，北伐援军已经杀至江苏。攻下萧县后，四处伐木结筏，准备在丰县渡河。捻党、天理教、白莲教、盐贩子纠集附近地区的灾民和饥民（咸丰元年丰北地区黄河决口，附近有大量饥民和灾民），纷纷加入太平军，北伐援军的人数一下子由八千多变成了数万人。

　　3月13日，以太平军和捻军为主力的反清大军自丰县蟠龙集、包家楼等数个渡口抢渡黄河，突入山东辖境。

　　乱哄哄之际，反清大军竟有一万多人未渡河，反而折向南方，经正阳关回到属于太平军活动范围的庐州。一部分捻军也未随大部队向前，几千人返回皖北。

渡河后的太平军援军滚雪球一样发展。江苏、山东交界的地方以及山东西南等地的零散捻军奋起响应。北伐援军主力从3月17日开始，连下丰县、金乡、单县、巨野，直杀济宁。

受太平军援军的牵制，清军不得不腾出一只手来堵截，派山东巡抚张亮基、将军善禄等人率数千人自德州等地南下，向济宁方向拦堵。但是，原先的八千北伐军援军如今变成了四五万，气势汹汹扑来。张亮基、善禄深知自己不敌，不敢试其锋锐，只得让开路使这支大军过去，小心翼翼地蹑随。

大军乘势展威，破郓城，下阳谷，夺冠县，于3月底进围临清。短短五十多天时间，太平军北伐援军奋战千里，一路狂搅，并使安徽、河南、江苏、山东等地捻军乘势而起，四省骚然。

此时，北伐援军距离林凤祥、李开芳被围的阜城，只有两三天的距离。倘若大军继续乘势而进，对阜城的围城清军形成反包围，最起码可以实现最低的战略目标：救出阜城被围的老北伐军，双方合军合师。如果斗志坚，运气好，说不定他们还能对胜保或僧格林沁部队予以重创。

不知怎么回事，北伐援军没有继续前进，反而停下脚步，奋力攻打临清这座坚城。

在阜城围城的胜保以及山东巡抚张亮基等人迅速向临清方向集结。如此一来，清军不仅阻止了北伐援军的继续北上，又对攻打临清的太平军形成反包围。

清军大好局面下，却发生内讧。由于张亮基杀掉了胜保手下几个抢掠的士兵，被胜保参劾，诬张亮基捏造战功，清廷下旨逮问张巡抚。临清城内数百川勇兵变，与太平军里应外合，临清落入北伐援军之手。

事情发展得颇有些波谲云诡。数万太平军援军进入临清城后，才发现城内粮食早已被临危有胆的清朝地方官员下令烧毁，几万张嘴的吃饭顿成问题。而且，援军大军入城后，锐气顿失，且被清军四面围困，

空幻的帝京之旅

成为瓮中之鳖。

特别要命的是，主将曾立昌只知喊打喊杀，根本没有远谋。而陈仕保、许宗扬心中发慌，暗中动摇，想突围逃回南京。陈、许二人之所以没有底气，除了心中怯懦，也是因为新入伙的捻子、盐贩子、流民等人各自三心二意，不听调遣，纪律极差。这些人在大军得胜时可以造势，稍遇困难就心中打鼓，个个把鞋带绑紧想趁机窜逃。

由于缺吃少穿，太平军中冻饿而死的人不少，还有少数人绝望之余自刎、上吊、投水，以免自己被俘后多受痛苦。毕竟手中还有数千太平军老兵，曾立昌在夜间组织了一次有秩序的撤退，最终安然撤出临清，南退至清水镇，并于夜间对追击的清朝胜保部队进行突袭，打了一个漂亮仗。胜保本人跑得快，遁走馆陶。

许宗扬非常担心回不去南京，撺掇曾立昌全军南返。结果，撤退途中，被清军正规军与地方乡勇四处截杀，太平军边打边减员。行至冠县三里庄时，胜保追兵杀至，混战中杀掉了北伐援军主将之一——陈仕保。由此，北伐援军大溃，四处散逃。

5月5日，曾立昌率残卒千人自江苏丰县突围，准备由黄河北岸渡河。结果，由于岸边河泥淤住马足，太平军残兵成为清军枪炮和掷枪的靶子，基本全部被消灭掉。

北伐援军主将曾立昌虽然没有谋略，但很有血性，知事不可为，纵马跃入黄河中自杀。

最终，只有许宗扬一人在8月率少量残卒遁回南京。震怒之下，杨秀清把他下狱治罪。此人出狱后，划拨为韦昌辉手下。"天京事变"时，替北王韦昌辉攻入东王府杀杨秀清的，许宗扬算是一个得力干将。

当时，杨秀清还想派北王韦昌辉再次提军北上援救，但由于二人嫌隙日深，杨秀清怕韦昌辉北去后自立山头，便封秦日纲为"燕王"，鼓动他前往"燕"地北伐。

秦日纲非常勉强，率军行至凤阳、庐州（今安徽合肥）一带，就以兵少为由再不北行，而留在安徽磨蹭。二次北伐援军未能成行。

突围！突围！
太平军残部的垂死挣扎

由于消息不通，5月5日，被困于阜城的林凤祥、李开芳冒死突围，玩命南奔，遁至东光的连镇。连镇跨运河，分为东西两镇。林、李二人各守一镇，在运河上搭架浮桥，互相接应之余，与僧格林沁部清军相持。

僧格林沁王爷是个经验老到的武将，他将自己军队扎于河东，命托明阿部屯于河西。

胜保一部在击败太平军援军后，整齐人马回返，与两部清军会合，紧围连镇。

这个时候，林凤祥、李开芳仍然不知援军已败亡殆尽。在拼死突围与援军合军的精神鼓舞下，5月28日，李开芳率数千北伐军突围南驰，想到临清与南来援军接上头。林凤祥余部坚守连镇。

李开芳确实能战，他自吴桥奔入山东，经德州、平原后，攻下恩县和高唐州。进入高唐州后，李开芳才得知北伐援军已经失败。无奈之下，他只得率军据高唐死守，与前来攻打的胜保展开较量。

从此以后，林、李二人军分势单，只得各自为战，能拖一天是一天。

西连镇方面，僧格林沁清军日夜炮轰枪击，太平军死伤惨重。危急之时，忽然冒出一位姓李的伙夫，声称自己乃耶稣附体，受天命来保护林凤祥突围。这位伙夫肯定见过杨秀清"表演"，如今也要过把瘾。

林凤祥大喜，忙为李伙夫设"军师府"，还为他派选一个副手，调拨数百人归其统管，天天操演"龙门""八卦"等阵法，像模像样，短期内很是鼓舞了一把士气。

李伙夫常常立于高台之上高谈阔论，以带客家口音的官话"讲道理"，林凤祥等大小将卒皆在下跪听。迁延一个月，李伙夫指挥乖张，多次败绩，林凤祥忽悟其伪，一朝大怒，亲手把李师傅脑袋砍下，送他上了"天堂"。

延至1855年1月初，被围于西连镇的林凤祥一军粮食吃光，骡马吃光，皮箱刀鞘吃光，野菜榆树皮吃光，最后，只得把抓获的清军和己方逃兵杀掉当"干粮"。

清军展开"攻心战"，日日让太平军逃兵高举"投诚免死"牌在营垒外转悠，招降了数百太平军。

1月7日，清军猛攻西连镇，几乎杀尽坚守的太平军。

清军搜查俘虏的北伐军，见人人身上都揣有作为口粮的一方人肉，审问才知，这些肉皆是从他们本已掩埋的同伴尸体上割下的。由于实在饥饿难耐，林凤祥只得下令翻掘尸体当军粮。

彻搜连镇三昼夜，又在运河中下网捞寻，清军就是找不到林凤祥本人。

一直搜到第四天，清军终于在连镇内一处帐篷下查到一个地道入口。这个地道上盖石板，石板上又堆了大量砖瓦。僧格林沁闻报，立即亲自率人来看。

掘开洞口后，清军喊话，地洞中悄然无应。于是，昔日在北伐军中当过大厨的一位施姓降兵自告奋勇，只身一人入洞查看。

入洞之后，施大厨吓了一大跳。洞里面异常宽阔，其中有灯，有床帐，有桌椅，生活设施一应俱全。再仔细看，他发现林凤祥与检点、指挥、总制等三十多名北伐军将领躲藏其中，壁间堆满粮食，看上去可供这些人消费月余有足。

众人见施大厨入洞，纷纷提刀要杀，被林凤祥喝止："洞口已破，天意可知，杀他无益。"

由于林凤祥右臂左腿均受重伤，只得率众出洞。

僧格林沁粗略审讯后，立刻派人把林凤祥押上囚车送往北京。不久，这位北伐主将被凌迟于市。林凤祥受剐刑期间一直注视刽子手的刀

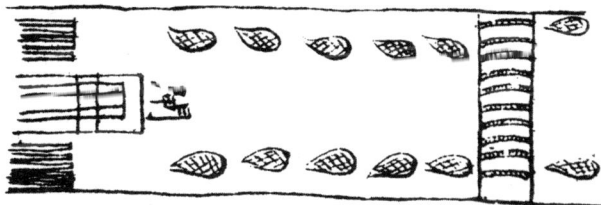

太平军阵法夹河为营图

法，临死不吭一声。他与李开芳是老乡，皆是广西武鸣的客家人，是最早加入拜上帝会的徒众。

见僧格林沁大有战功，清廷怪罪围高唐久无战功的胜保，把他逮治入京，治罪后发往新疆。

于是，僧格林沁并胜保军，合力围攻高唐，并派人先携巨炮轰击。

听闻僧格林沁本人将来，又知林凤祥被擒，李开芳知道高唐守不住，连夜开城逃走。一行人奔至茌平县冯官屯后，凭借堡寨死守。

僧格林沁快马赶到，立刻指挥清军包围冯官屯，筑城于四周，围攻李开芳。

艰难困苦之中，李开芳仍然不气馁。僧格林沁有一门名曰"黑虎"的千斤巨炮，每次装药数十斤，开炮前必祭之以酒，轰隆声中，每次都打死不少太平军。仔细观察了巨炮炮台位置后，李开芳命人掘地道，直达炮台正下方，然后堆满炸药，牵长引信而出，点燃。一声巨响，炮台上的"黑虎"以及百十号炮兵全部被炸飞。

先前在连镇自告奋勇下地道察看情势的施大厨此时又来精神，他上献一计，劝僧格林沁向冯官屯内灌水。

僧王大喜，立刻找来地方官四处寻来民夫挖沟，一天给这些人发三百文工钱，昼夜不停干活，决运河水连夜灌营。

转天一大早，就有营中难民凫水逃出，报告说由于大水突涌，不仅把太平军在营内的地道灌塌、淹死多人，营中炸药也被水浸湿，成为废物。再仔细询问，僧王得知太平军已经挖通二十多条地道通往清营之中，正运送火药。如果没有运河水灌入，火药齐发之下，不知又会炸死多少清军士兵。僧王思及此，冷汗直冒。

过了十来天，穷愁之下的李开芳想出一计。他派人往营外送降书，表示投降。

僧格林沁深知李开芳有诈降之意，就派人牵两条巨绳，绳头放在冯官屯中，绳尾系于清营大树上，命令"投降"的太平军脚踏一绳，手牵一绳，一个一个过来。清军将士在营内严防，对过来的每个人登记造册后，皆一一捆缚，押往营后集中。

刚刚出来一百三十多人，冯官屯内的太平军在李开芳指挥下忽然以残存炸药点燃大炮，向外猛轰。僧格林沁早有防备，射程内根本无密集清兵，仅仅砂弹溅伤数人而已，太平军诈降突围失败。

最倒霉的是那一百多号诈降士兵，依次被清军斩首处决。其间，清军一个施刑的马兵见一名太平军手上有巨大金镯，见财起意，上前掠取。太平军士兵说："这镯子戴得紧，反正我要死了，留此何用？你给我松绑，我自己取下，你再斩我，咱们两方便。"马兵很高兴，忙替太平军士兵松绑。说时迟那时快，太平军士兵忽然抽拔清军马兵的腰刀，挥手把对方砍成两段，夺马狂逃，沿途砍伤十多个清兵。由于天黑不辨方向，这位太平军最终不能逃出，为清军包围后杀掉。

一直坚持到 5 月 30 日，李开芳营内弹尽粮绝，只得亲笔写降表投降。

由于冯官屯内外水深数尺，僧格林沁命军士乘船而入，二十人一批，分批押送降兵出外；把这些生俘的太平军士兵一一绑缚后，分送各营处决，共处决两千多人。

至于太平军高级军将以及跟随李开芳的两名美貌娈童，均被清兵捆绑结实，齐跪于供案之前。僧格林沁下令把这些人生剖挖心，祭奠数日来在高唐州、连镇、冯官屯被太平军打死的八千多清军将士。

李开芳本人终于到达了北京，不过不是以胜利者姿态，而是以一个俘囚身份坐槛车而入，且在西市受剐刑而死。

太平军的"北伐"，至此画上句号。

南京方面，由于在北伐的同时又有更重要的"西征"，怕顾此失彼，所以洪、杨二人根本不敢分军对北伐施以更具实质性的援助。

由于石达开能干，太平军 1855 年初在湖口和九江取得两次大胜，扭转了西征危局。

附件一：清政府"厘金"等经济政策与太平天国

由于太平军占领南京，全国形势危急，浙江长兴一个名叫钱江的士人献计给政府生财，时在扬州帮办军务的刑部侍郎雷以諴加以采纳，于1853年深秋在扬州附近地区试行"厘金"制度。而后，这种制度推广至湖南、湖北、江西、四川，乃至全国。

"厘金"是指对商人售卖的商品按1%抽税，按月征之。由于当时兵荒马乱，盐引停运，关税难征，地丁钱粮也因战乱中的蠲免措施收不上来。所以，"厘金"的抽取，保证了清政府短时期内的银两收入，可称是雪中送炭。

打仗其实就是打消耗。从1840年开始，帝国主义列强步步紧逼，国内矛盾也不可调和，清政府用于军事的款项，仅1851年一年，就近一千万两白银，占全国财政总支出的五分之一以上。到了1852年，用于军事行动的费用已达两千多万两白银。

清政府库银几空，开捐收入一年不如一年，各省之间东挪西凑，勉强应付。南京陷落之后，清政府更是元气大伤，全国的财政制度体系面临崩垮的境地。

病急乱投医。自1853年起，清政府想出各种各样的"新奇"方法增加收入。大臣们主意不少。以左副都御史花沙纳为代表，要求进行"币制改革"——发行银票，其实就是多印钞票"救国"。反对者认为此议是"恃此空虚之钞，为酌盈剂虚之术"，不仅"病民"，最终"病国"。

辩论许久，钱还是主要的，于是清政府只能用滥发通货的手段来"救急"。这种没有现货准备的"印钱"和滥铸新的铜钱、铁钱，只能使经济更加混乱，"通货"最后变成"壅滞"之货，造成"大钱出而旧钱稀，铁钱出而铜钱隐"，也就不可避免地发生"劣币驱逐良币"的现象。

更可笑者，清朝各地地方官员为救急，四处查矿，真所谓"临渴而掘井"。有人主张对鸦片开禁，征收高税以敛钱，实为荒唐短视至极。有人上书要求停发朝中官员的"养廉银"，开源节流，结果是碰个没趣。

更有翰林院的"文豪"上书，要求政府在四川锦江打捞明末张献忠埋藏的千万两金银。甭说，在清廷谕令下，四川总督裕瑞果真带人辛苦捞了几个月。江底寻宝，茫茫无功。

想钱想到疯。清政府便把从前临时性"捐纳"，改为长久性的政策。捐纳，说明白一点，就是花钱买官做。捐纳，本为"捐输"，是士大夫出钱向国家"做贡献"，政府发个奖状委任状一类的名誉鼓励。后来，"捐输"买官不好听，就都叫"捐纳"了。

由于急需钱用，清政府准许官爵"卖价"打折。1854 年与 1826 年相比，卖价实际上已经打了六折。自 1857 年起，一改从前"捐纳""捐输"都用现银的规定，政府表示可以"半银半票"。"票"是指清政府发行的不值钱的"新钞"和"大钱"。想买官的人到投机钞贩手里低价购买银票和大钱，再去买官，自然便宜不少（千两银票，只花二百两多一点白银即可买到）。

后来，为了收取更多的钱，清政府又明示，除了可以花钱为本人买官爵外，限度再次放宽放阔，有钱人可以给自己亲戚"捐取"官爵。而且，政府简化办事程序，一手交钱一手交"官"（荣衔委任状），各省各军营粮台有北京发下的大叠大叠空白"部照"，收钱立填，顷刻而待，"当官"或让自己死去的老爹老妈姥爷姥姥"当官"，立等可取。

为了"竞争"，各省、各粮台竞相削价"处理"官职，卖货一样"招待"前来买官的"顾客"。好事者多，中国人又爱过"官瘾"，政府确实捞了不少钱。

政府官职一般明码标价，童叟无欺：二十千钱，九品；四十千钱，八品；六十千钱，七品；八十千钱，六品。想当时二千文换折一两银子，就是说花四十两银子就可当个"知州"（六品）这类"地市级"大员了，不可谓不便宜。如果"捐"银上万上十万的，"顾客"对政府的举人头衔、盐运使头衔，可以"自由"选择。州县上交捐银多的，清廷也加以鼓励，增加文学、武学定额以及中试名额。

此外，在太平天国活跃的江苏、浙江等地，清政府还想出新的名目："罚捐"。也就是说，那些被迫为太平军服务、做过"伪官"的人，依"官职"大小，捐银当罚，可免"从逆"之罪。

到太平天国后期，清政府为扩大财源，规定"捐输"不再局限于"银两"，银钱米面、豆草粮食、驼马驴骡、鸡鸭鱼肉，统统可以收纳，折银给官。也就是说，卖豆腐的石老二，只要天天给衙门送一车豆腐，连送一年下来，最后很有可能让他儿子石跃、石高兴弄个九品官当当，名义上也是政府的"公务员"啦。

也甭说，积少成多，几年下来，"捐输"收入占每年财政收入的五分之一以上。

至于"厘金"这种商业税，本来从米开始抽税，日后越来越"普及"，又有盐厘、茶厘、洋药厘、土药厘（洋药是进口鸦片，土药是国产鸦片）等，最终形成了百货厘金。只要是货物，肯定要被抽"厘金"，政府还设有专门机构收取，名为"厘局"。所有厘金收入，悉充兵饷。

总之，内忧外患之下的清政府出台了各种苛捐杂税，除了增加田赋、借取外债和开放东北、内蒙古以及热河等"禁地"外，各地方滥行抽税和派捐，借捐、当捐、炮捐、油坊捐、饷捐、堤工捐、船捐、花捐（妓女捐），捐种混淆，名目诡奇，真是"大清国万税"！其情其景，极似明朝末期。

而在大搜刮年代中，从中自肥渔利的，多是地方胥吏、军中武将以及各种各样的投机商人。老百姓的身家元气，凋耗于无形之中。特别是那些"一线"稽征人员，巧取豪夺，未充公府，先饷私囊，最终造成了社会财富的更大不平均，引致更深的矛盾。

附件二：《天津剿寇纪略》

说明：《天津剿寇纪略》乃吴惠元著，载于张焘《津门杂记》卷上。

此文记载了太平天国北伐军抵天津，因夏历八月初一半夜大风雨，天津城西北芥园河堤决口。天津军民再筑再决。结果，由于芥园堤高与天津城齐，天津地势东凹于西，水不东流，反灌西南。所以，静海、沧州一带汪洋一片，诸路道都为水没，仅余大道。天津城西南一带，也为水没。

北伐军因水淹道路，迷途误至天津，而天津西南又为水没，一时间进不得天津。所以，此文可作为北伐军进攻天津的参考记述。

咸丰三年（1853年），粤逆（太平军）北犯，运使杨公需以防御计，捐廉倡率制造抬枪五百杆，招募壮勇，逐日在署教演，名曰"芦团"。嗣奉旨："前任浙江巡抚梁宝常、前任湖南郴州知州吴士俊、前任良乡县教谕汪澎，协同天津地方官办理团练。"

宝常等公约禀生王镛与阖邑绅民铺户立义民局二十八处，每局募勇五六十名，按期训练，自春徂秋，屡奉廷寄，佥知寇氛渐近，防守愈严。

八月朔日，风雨大作，城西北芥园河堤决口。天津道张公督率官弁堵筑，河神恍现，再筑再决。芥园堤高与城齐，津邑地势东凹于西，乃水不东趋，反灌西南，夜间红灯隐约，奔流随之。于是静海、沧州一带弥望汪洋，歧途皆为水没，仅余大道，津城西南亦然，众皆惊异。

九月二十六日戌刻，督见城东闸口迤西之南洼中，隐隐似木筏停泊，谛视若有人潜伏，急报义民局，洪然鸣锣，立聚千余人，而筏倏不见。

时探报寇已窜至静海县属之谭官屯，盐政文公谦传令："二十七日黎明阖郡文武齐赴教场。"

届期官绅兵勇咸集，将出探，众曰："谁带队者？"邑侯谢公子澄奋然曰："我何如？"

众勇跃曰："听命。"

公即去长袍持枪上马，民要遮之，曰："公民之父母，不可轻身，我等愿为前趋。"

行至城西小园，前途无耗，遂暂休息。

先是邑人贾庆堂献策，恐贼于水浅处凫渡，城北八里宜兴堡弋凫之雁户善于水中用佛郎机，技艺精熟，百发百中，宜扼要设伏，以备不虞。

　　　　　　空幻的帝京之旅

梁君宝常等皆以为然，乃招集之。是日甫募齐，即令庆堂率往伏于得胜口之东南，而炮台浮桥濠沟亦均于是日毕工。

适邑绅张锦文、前湖北都司倪虎榜各募勇三千，不期而合，赴小园操演，维时寇已麇聚于距城五十里之良王庄各村，而我众不知也。

二十八日巳刻，突有老人报信云："寇已在城西黄家坟造饭矣。"言讫不知所往。随登炮台瞭望，寇果蜂拥而来。

邑侯谢公率众迎剿，运使杨公亲率芦团堵截，邑人数万持械相助，即童稚亦制挺以随。

贼首名"小秃子"者矫健绝伦，贼中呼为开山王，手握黄旗，左右指挥，奋迅剽疾，锋锐甚。我军以火枪击之，击上则鼠伏，击下则翻空，枪甫住则随烟而进。有大沽老卒诧曰："是贼狡猾，非巧取不可。"乃以两枪上下交击之，立毙。

贼气夺犹豕突而前，至伏处呼渡，且诱以利，号锣一鸣，雁户枪排轰发，贼纷纷倒地，惊以为水雷，遂大溃。

是役也，毙贼五百余，而我兵勇无一伤者。自逆匪犯顺以来，纵横数省，至此而凶锋始大挫焉。

时援军未到，贼众我寡，不敢跟追。贼先遁于杨柳青，旋踞静海之独流镇，闻贼败后愈甚，沿路枕藉僵卧，识者云倘有追兵一鼓而歼矣，惜哉。

十月七日，督兵大臣胜保始由深州至津，旋赴独流剿贼，邑侯谢公随之。

十一月二十三日，公闻副都统佟公鉴被围，带勇驰救，身受重伤，赴水而亡。越日有阵亡役余鹏龙者负公尸而出，面如生。

次年正月十日，贼乘大雪回窜山东茌平县属之冯官屯，钦差参赞大臣亲王僧格林沁筑长围困之，生擒伪丞相林凤祥等解京伏诛焉。

"个人英雄主义"的绝佳表演

西征战役中的石达开

太平天国的"西征",开始时间与"北伐"差不多,大概是在咸丰三年四月十二日(1853年5月19日)。在杨秀清派遣下,胡以晄(春官正丞相)、赖汉英(夏官副丞相)作为主将,率曾天养、白晖怀、林启容等八千人左右,以水军为主,拥千余艘大小船只,直朝西向,开始西征。

西征军初战告捷,6月10日,安庆重镇被太平军掌握。

开头就碰硬钉子

南昌城下多踟蹰

从太平军的军事过程推断,他们西征的战略目标是要尽快拿下安庆、南昌、武昌这三个地方。如果进行顺利,太平军自可乘胜入湖南,橄定两广,如此,中国南方即可全部划入太平天国版图之内。

初见大股部队从南京出发西向,城外的清军将领以为是太平军想抛弃南京外窜,钦差大臣向荣尤觉高兴,以为自己可以乘机"克复"南京。

等到太平军水军出现在湖口,清朝官员才觉察到事情的危险。 他们知道南昌危急，急忙碰头商量对策。而湖北按察使江忠源正率千余"楚勇"（皆是湖南人，当时"湘军"刚刚由曾国藩兴办）前往"江南大营"报到。他途经九江时，收到江西巡抚张芾的告急文书，立刻星夜兼程赶往南昌，并在6月23日进入城里，仅比太平军早到一天。

有了江忠源这位经验老到的人坐镇，南昌城内人心稍安。

江忠源是湖南人，举人出身，熟悉兵法，能干大事。金田事起，当时在广西的"钦差大臣"赛尚阿就写信调他入援，江忠源立刻率几百个湖南子弟前往参战，可以说这些子弟是最早与太平军交手的湖南籍士兵。冯云山之死，长沙城之全，都与江忠源有关，可以说他是清政府的鼎鼎功臣。

刚入南昌，江忠源审时度势，即命军士烧毁一切接近南昌城墙的民居，以免太平军借此为巢穴，盘踞登城。

大火盛燎之下，滕王阁也成为一片灰烬。由于各地兵马纷纷被急调入南昌，加上原有的一万人，至八月间，清军在南昌已有近两万人的守卫力量。

江忠源虽为文人出身，但魄力非常。他严刑峻法，约束军队，只要军士不卖力，说杀就杀，使得南昌城内守军的军纪为之一变。

6月24日，太平军甫至南昌，除了派小股部队四出抢粮外，主力部队立刻开始攻城。

多亏江忠源有先见之明，烧毁与城墙相邻的房屋，使太平军一来无所栖身，二来没了挖地道所用的掩体。

但是，章江（今江西南昌赣江）门外的文孝庙还是为太平军所据，他们凭墙为垒，向城内清军猛烈开火，打死不少士兵，甚至差点把清朝巡抚张芾打死。

攻城不果，太平军仍旧只能依靠挖地道炸城墙的老办法。但由于邻城的地方没有遮蔽，太平军只能多费气力，在更远处挖掘，一点一点逼近城墙根儿。

清兵在湖口溃败

江忠源读过不少明朝大将戚继光的兵书，此刻派上大用场。他教会清军用"瓮听法"鉴查，即在城内紧靠城墙处埋设大瓮，派人静坐其中，伺听地下的动静。如果听见掘土之声，立刻由内往下挖。挖通后，清军把热桐油灌入，烫死不少太平军的"工兵"。

同时，清军在南昌城外挖掘不少明壕，内灌入水，如此一来，太平军许多地道刚挖至城外处就被水冲淹垮掉。

由于基础工作做得好，南昌城外居民偏向清军。所以，太平军多次偷埋炸药，均被人偷偷告知清军，被一一起获。

楚勇胆量过人。在江忠源激励下，稳守南昌之余，百长李光宽率数百人从永和门出城，主动进攻太平军。双方血战，你争我杀，面对这些湘南来的清军，数千太平军都感吃力。但李光宽立功心切，太过深入，被太平军乱枪轰毙。虽然清军失去一勇将，但楚勇以几百当数千的战绩，极大鼓舞了守城军民的信心。

恶战之中，你来我往，太平军三次用炸药炸塌过德胜门城垣。双方拼死争斗，尸如山积，但最终守方获胜，太平军无法克城。

江忠源终日立于第一线指挥作战，并手刃过数十太平军攻城战士，因此守军勇气百倍。

围攻三个月，伤亡数千人，太平军仍旧无法攻克南昌坚城。气怒之下，由于实现不了攻下南昌后由赣西直插入湘的军事计划，杨秀清只得下令于9月24日撤军，并把主将赖汉英革职问罪，贬入删书局去做"编辑"工作。赖汉英是洪秀全的妻弟，"国舅"身份，所以一开始未遭严惩。后来杨秀清仍旧要杀他，赖国舅想不开，自己在安庆途中投江自杀。

太平军在南昌唯一的彩头，就是在丰城、瑞州、饶州、浮梁、彭泽等地弄到许多粮食运回天京。

相对于清朝整体国运来讲，南昌之役也是险过剃头。假如南昌城溃，太平军一定会从容杀向湖南。这样一来，刚刚成立的湘军肯定不是太平军的对手，曾国藩本人也肯定逃不出被杀和被活捉两条路。

由于江忠源守南昌有大功，清廷下诏加其"二品顶戴"。

太平军撤围南昌后，攻占九江。然后，西征部队一分为二，胡以晄、曾天养率一军由安庆在皖北发展，石祥祯、韦志俊率一军溯江而上。

胡以晄、曾天养接连攻下集贤关、桐城、野城，直扑庐州（今安徽合肥）。

庐州四战之地，扼要江淮，是实实在在的战略要地。由于田家镇失陷，江忠源在湖北急趋未及求援，他上书自劾，请"降四级留任"。没隔几天，清廷即有新诏，任其为安徽巡抚，立命他赶往庐州救急。但由于太平军连陷黄州、汉阳等地，江忠源不能抽调大军去庐州，最终只携两千多士兵冒雨疾行。士兵中道多病，他本人也染上重病。

经六安时，留下千余人助守，江忠源只带千余人，被人用担架抬着赶往庐州。

庐州守军不到两千人，双方合军仅仅三千挂零。未及喘息，太平军就杀到，开始攻城。

挖地道，埋炸药，太平军故伎重施，连连炸毁庐州城墙。江忠源纵马回击，率守军拼死抵抗，击退太平军的多次进攻。

当时，清朝的陕甘总督舒兴阿拥兵万余人，号称来援，但畏于太平军兵威，逡巡不敢出击；江忠源之弟江忠浚与清将刘长佑统数千兵来救，被拦截于城外五里墩不得进。

被包围一个多月，庐州知府胡元炜暗中与太平军约降。

得知庐州城内粮食、弹药已空，太平军加紧进攻。1854 年 1 月 14 日，太平军首先由水西门突入，冲杀入城。

江忠源知事不可为，挥刀自刎。其手下人急忙夺刀，其中一名老仆人背上脖子已经出血的江忠源就往城外跑。江忠源奋力挣脱，不顾脖子上的伤口，提刀迎杀太平军。转斗至水闸桥，这位巡抚大人已经身受重伤，怕被敌人活捉受辱，他奋身跃入水潭自杀。

闻事，清廷震悼，赠总督，谥"忠烈"。

由此，安徽二十二个州县，尽在太平军掌握之中，成为南京以西有力的保卫屏障。

中途又遇新障碍
长沙城下遭败绩

石祥祯与韦志俊所率的另外一支西征军，在西上湖北的途中进展顺利。特别是田家镇一战，他们大败清军，后他们又接连攻占黄州、汉口、汉阳，此乃1853年10月底的事情。

不久，由于扬州方面吃紧，杨秀清立召这支西征军回援。石祥祯协助秦日纲，韦志俊帮助赖汉英，分军在扬州、庐州等地作战。事毕后，这一支西征军重新配备人马，集军四万，重又掉头西征。

1854年2月12日，西征太平军在黄州城外的堵城，以人海战术拼命冲击清军大营。寡不敌众之下，清军大溃，湖广总督吴文镕投湖自杀。

吴文镕是江苏仪征人，嘉庆二十四年（1819年）进士出身。道光十九年（1839年），他被清廷任命为福建巡抚，曾与总督邓廷桢在沿海抗击英国入侵，劳苦功高。此后，他历任湖北、江西、浙江、云贵大员，为官清廉，勤政爱民。由于吴文镕有"剿贼"经验，清廷调他为湖广总督，坐镇武昌。

当时，西征太平军正围攻武昌。巡抚崇纶想以驻营城外为借口，带部队护送他遁走，吴文镕不同意，誓以死守。不久，西征军被杨秀清召回，武昌围解。

巡抚崇纶很恨吴文镕，上书劾奏他"闭城坐守"，逼他出武昌驻军黄州。当时，吴文镕已经发信约人夹攻太平军。胡林翼率黔勇、曾国藩率湘军水军正在路上。如果二军毕至，武昌一带清军大出，会剿之下，肯定能打败太平军。

崇纶不听，严逼吴文镕出城往黄州与太平军交战。愤懑之下，吴文镕高言："我受国厚恩，岂惜死之辈！今湘军、黔军未至，孤掌难鸣，死国可耳！"于是，他率数千清军进至黄州，屯军堵城。

当时，大雪纷飞，天气严寒，武昌又不按时运送粮草，清军士气极其低落。困窘之时，数万太平军分路杀至，一拨接一拨，清军不敌惊溃，吴文镕投塘自杀。

可恨的是，崇纶上奏，报称吴文镕"失踪"，意即寓示吴总督可能逃跑或投降。后来，还是曾国藩在黄州从当地人口中得知吴文镕奋勇拒敌死节之事，据实上奏。咸丰帝见奏震恐，下诏逮崇纶入京治罪。身在陕西的崇纶闻讯，慌忙服毒自杀，清廷就没再追究。

清廷赠吴文镕家骑都尉世职，谥"文节"。曾国藩当时为吴文镕出头，也有私人感情在其中，因为吴文镕是他的"座师"。道光十八年（1838 年），曾国藩入京赶考，时为侍郎的吴文镕为主考官之一。当年中举的人，皆认当时的考试"总裁官"为"座师"。

攻破吴文镕军之后，西征太平军克汉口、汉阳，继续西上，进入湖南境内。2 月 27 日，克岳州；3 月 4 日，下湘阴；3 月 7 日，占靖港。如此一来，西征军大有占取整个湖南，兜裹两广之势。

但是，没高兴多久，太平军遇到了从前没怎么听说，也没打过什么交道的武装——湘军。虽然这些湖南士勇衣装配备都很差，战斗力却强，打得太平军在靖港、宁乡一带节节败退，不得不重回湖北休整后，再重新入湖南攻掠。

结果，在优势兵力下，曾国藩在岳州不敌太平军，遁回长沙。太平军乘胜追击，又回到靖港一带。另一支太平军由林绍璋率领，在 4 月 24 日直下湘潭，准备合击省城长沙。

4月28日至30日，三天之内，太平军与曾国藩湘军大战十次，均未取胜，最终由攻变守，在湘军水军大炮的轰击下，仓皇逃出了湘潭城。而太平军水军两千多艘战船也在交战中被烧毁，损失惨重。

此战，曾国藩属于拼死一搏，他本人在4月28日自率水陆两军进攻靖港，大败亏输。曾国藩三次在铜官渚想投水自杀，均为左右从人拦阻。回省城后，受到当地官绅鄙夷，曾国藩更感无脸见人，他自己在妙高峰连夜写好遗书，交代后事，并向皇帝写了"遗折"，准备自杀。恰巧，湘潭捷报传来，一下子让曾国藩欣喜若狂。

得胜有精神。曾国藩稍事休整后，于7月率水陆湘军猛攻岳州，打跑了太平军骁将曾天养。曾天养在逃跑途中，于城陵矶遭湘军将领塔齐布迎击，乱中被杀。

湘军越战越勇，水陆大进，在汉阳、汉口大败太平军水军，直逼武昌。武昌在1854年6月26日被太平军陈玉成（时年十八岁）等人率众攻克，成为太平天国"天京"上游的重要屏障。在湘军强大压力下，武昌太平军不敌，于10月14日自武昌败走。仅仅占领武昌三个多月，此城易手。

由此，太平军只能退守田家镇。太平军与湘军水陆大战十天，最终湘军得胜。太平军大败，数千艘船被焚，伤亡万余人。秦日纲、韦志俊等人节节败退，一直逃到宿松、太湖才得喘息。

1855年1月2日，湘军大举进围九江。

至此，笔者需简要表一表曾国藩的湘军，分析一下这支地方民兵类武装为什么有这么强的战斗力。有关曾国藩这位"中兴之臣"以及湘军的著作，坊间极多，精芜相杂，水分不少。笔者试图客观地简述一下曾国藩的湘军发迹因由和成功端倪。

太平天国起事之时，昔日纵横天下的"八旗"兵，早已是明日黄花。甫说过了二百多年，早在吴三桂等人"三藩之乱"时，"八旗"兵的战斗力就已经退化得厉害。

除"八旗"外,清政府最倚重的还有一支"绿营"军,"绿营"军以步兵为主,基本上都是汉人,为大清立国后国家军队的主要构成部分。到清朝后期,"绿营"这支生力军也已经腐败变质,平乱不足,扰民有余。士兵将官们终日吃喝嫖赌抽大烟,械斗争气,"见贼则望风奔溃,贼去则杀民以邀功",是十足的无赖兵痞。

而且,世界潮流已经进入热兵器时代,绿营军的装备还是刀矛弓箭等冷兵器,即使有一些鸟铳、抬枪、"火箭"等,也只能叫"火器",而不能称为"热兵器"。

清朝依袭这种募兵制度,征兵愈多,"贼势愈炽"。

汲取嘉庆年间平灭"白莲教"的经验,咸丰二年(1852年)开始,清廷正式下诏在各省组织"团练",并以大臣专责主持。开始时,"团练"这种民兵式的半军事组织没什么效用,参加者多为失业农民或市井无赖。他们为钱受雇,唯利是图,临危不受命,打仗先讲价。他们不仅奸懒馋猾刁,不少地方的"坏分子"们还以组织团练为名,各自结寨称雄,藐视地方长官,聚众仇杀械斗,更严重的甚至抗粮拒税。

但是,有了曾国藩,就有了"湘军",这些湖南的团练,气象全新。

自1852年曾国藩在家守制时,即受命于湖南组织团练。在地方和中央磨砺多年,曾国藩办事老到,经验丰富。

湖南本省,其实是个会道门组织众多的地方,"天地会"不必讲,什么"大乘会""捆柴会""串子会""红黑会""一股香会""半边钱会",名目奇异,千奇百怪,皆为邪教歪门,往往勾结成乱。

自太平天国事起,湖南各地如鼎沸一般,有数万数十万人应声而起,或乘机劫掠,或结众杀人,无法无天。在大乱之时,人心思定,各地乡绅和本分农民特别支持曾国藩训练"湘军"来保乡卫民。

曾国藩办团练,先从人员抓起。首先,他要求新招兵勇一定要是那些老实巴交的忠勇之人。他特别喜欢山间僻乡的老实农民子弟。他认定近城市的青年最难选用,所以凡是"油头滑面有市井气者,有衙门气者"，他皆不收用。

至于各级中小军官，绝大部分都是知识分子出身。曾国藩懂得思想工作的重要性，这就不似绿营和八旗那样由粗鲁的职业军人在军中为将为校。文官代替武夫为将的好处在于，这些人饱读诗书，无官气，有血性，忠君爱国，所以一直能保持勃勃朝气和锐进之心。

除步军外，曾国藩深知水上作战的重要性，在衡州一直加紧训练水师。所以，在1854年太平军西征时，曾国藩才能水陆并用，让太平军在湖南止步。

此时的湘军，已经在湖南境内小试牛刀，先后平灭了浏阳征义堂、常宁何六吴、衡山刘积厚等小股造反者，有兵一万七千余人。而后，其势越来越大，至最后平灭太平天国时，各地作战的湘军几近二十万人，而清政府原先的全国绿营兵数也就六十万。当时能与湘军抗衡并论的军队，只有僧格林沁所领的数万旗兵与李鸿章的数万"淮军"。

湘军的特别，概括而言，无外乎以下几点：乡土性、私人性、理学性。

先说乡土性。湘军湘军，自然90%以上的将卒是湖南人。"总以一方一会之人同在一营为宜，取其性情孚而言语通，则心力易齐也。"（胡林翼语）所以，江忠源是新宁人，其部下自然全是新宁子弟；李元度是平江人，手下皆平江人；曾国荃、罗泽南是湘乡人，手下皆为湘乡乡党，甚至"曾国荃不独尽用湘乡人，且尽用屋门口周围十余里内之人"。老乡观念，用到极致。

因此，如果不是湖南人，在"湘军"中就很吃亏。勇将鲍超立功无数，由于他是四川人，一直受到排挤压抑；金国琛是江西人，多才有智，在湘军中打滚近十年，顶多混个道台的虚衔顶戴……

而且，湘军将校之间盘根错节，同学、同乡、同年、同宗，或师生，或姻亲，上下固牢，枝攀藤缠。曾国藩兄弟五人有四人在军，江忠源兄弟五人在军，刘坤一、刘培一两兄弟，李续宾三兄弟，王鑫、王勋

濠溝

墙土

以村庄为营图

等，都是真正的父子兄弟兵，整族亲属相率入伍，亲故众多。

另外，"师承"也是一大特点：胡林翼、左宗棠、罗泽南为同学，老师是贺熙龄；江忠源、曾国藩的"座师"，乃湖广总督吴文镕；李续宾兄弟以及王鑫，又都是罗泽南的学生……

仅以曾国藩一人为例，他与罗泽南、李元度、李续宾、郭嵩焘、左宗棠、胡林翼等人，皆有"姻亲"关系。打仗亲兄弟，上阵父子兵，乡里乡亲，血缘相通，自然会在关键时刻施以援手，相互忘死救护。而清朝正规军往往胜不相让，败不相救。

再说私人性。私人性是湘军最大特点之一。湘军在清朝为最独特的组织系统，这也拜太平天国所赐。如无战乱，清政府不可能容忍如此"私人化"的汉人武装出现。

最高首长方面，自然是曾国藩、胡林翼、左宗棠等人，他们这几个大魁目下辖"统领"。"统领"皆是在清政府有官职的人，他们在政府的级别差异甚大，但在湘军的地位一律相等，各领一军。每军置若干营，营下有哨，哨下有百长，百长下有什长。

而募兵之法，自上而下，先择将，"而后有营官，有营官而后有百长，有百长而后有什长，有什长而后有散勇，逐加遴选，递相钤制"。（《毛鸿宾奏稿》）如此一来，下级只对自己上级负责，私人性极强。

在私恩愚忠观念指引下，将士打仗很卖力，但恪守这样的"准则"：勇丁只听从自家统领。如浙江战役中，胡林翼调唐训方（他升任粮台长官）手下归萧翰庆指挥，但唐训方的士兵不愿为"新主人"卖力，接阵即逃，害得萧翰庆本人也在阵中为太平军所杀。

即使是原有主将战死，兵士也只认主将的亲戚来当主将，否则只能把原军遣散，重新再行募选。

刘坤一升任江西巡抚，必须受命赴任，他手下二十营湘勇无人敢接。清廷只得根据刘坤一的要求，让他弟弟刘培一来当这二十营的主将。而刘培一当时的身份，仅仅是一小小县丞，其兄手下将官中，文有臬司、道台，武有提督、总兵，却都对刘培一俯首听命。如此"奇迹"，在湘军中被视为寻常之事。

即使是曾国藩这样的魁首，调用老弟曾国荃手下的程学启率部归淮军李鸿章指挥时，程学启也明言相拒："无九帅（曾国荃）之命，我不敢改任。"最后，只能由曾国荃发话，这才算数。

好在咸丰帝知人善任，对湘军这种"私人性"加以尊重，才最终倚恃这支军队挽狂澜于既倒。

最后说理学性。湘军能抱团苦拼的精神原因，在于它本身高层长官集团的"理学性"。

曾国藩、左宗棠、胡林翼、罗泽南等人，自身都是理学大儒，特别强调"伦理纲常"，常常在演兵场亲自演讲君臣父子之理，要求士兵背诵《爱民歌》《得胜歌》等歌谣。

而王鑫的"老湘军"军营，几乎就是"军校"，寻常小兵也要在打仗之余背诵四书五经和《小学集注》这样的"大书"。他们诵声琅琅，终日不倦。

有信仰、有理想的新式"湘军"，自然不同于腐朽的不堪一击的清朝政府军。

当然，在勇猛之外，凶残也是湘军的一大特点。曾国藩本人都有"曾屠夫"之号，其手下自不必说。攻城陷地之后，他们对被俘的太平军施以凌迟、剜眼酷刑不说，常常以"从逆"为名滥杀百姓，并乘机抢掠奸淫，作恶不少。对此，同样官僚出身的谭嗣同就曾指责湘军的掳掠滥杀。

无论如何，曾国藩在1854年正月所发的《讨粤匪檄》，确实可作为湘军的"宣言书"：

......

本部堂奉天子命，统师二万，水陆并进，誓将卧薪尝胆，殄此凶逆,救我被掳之船只,拨出被胁之民人。不特纾君父宵旰之勤劳,而且慰孔孟人伦之隐痛;不特为百万生灵报枉杀之仇,而且为上下神祇雪被辱之憾。

是用传檄远近,咸使闻知。

倘有血性男子,号召义旅,助我征剿者,本部堂引为心腹,酌给口粮。倘有抱道君子,痛天主教之横行中原,赫然愤怒以卫吾道者,本部堂礼之幕府,待以宾师。倘有仗义仁人,捐银助饷者,千金以内,给予实收部照;千金以上,专折奏请优叙。

倘有久陷贼中,自找来归,杀其头目,以城来降者,本部堂收之帐下,奏受官爵。倘有被胁经年,发长数寸,临阵弃械,徒手归诚者,一概免死,资遣回籍。

在昔汉唐元明之末,群盗如毛,皆由主昏政乱,莫能削平。今天子忧勤惕厉,敬天恤民,田不加赋,户不抽丁,以列圣深厚之仁,讨暴虐无赖之贼,无论迟速,(贼)终归灭亡,不待智者而明矣。

若尔被胁之人,甘心从逆,抗拒天诛,大兵一压,玉石俱焚,亦不能更为分别也。

本部堂德薄能鲜,独仗忠、信二字为行军之本。上有日月,下有鬼神,明有浩浩长江之水,幽有前此殉难各忠臣烈士之魂,实鉴吾心,咸听吾言。檄到如律令,无忽!

此慷慨激昂的檄文,也给日后曾国藩的仕途留下后遗症:卫道的意味太浓,勤王的忠贞不够,以致清廷对他产生疑忌。

山重水复疑无路

石达开的转败为胜

西征太平军节节败退之时，石达开指挥的湖口战役和九江战役，大胜克捷，一下子扭转了整个战局。

取得湘潭和田家镇两次大胜，曾国藩大受鼓舞，萌发出一股"灭此朝食"的精神头，立刻率水陆湘军杀向九江。湘军为南路，北路方面还有清朝湖广总督杨霖的一支军队，率先入屯广济。

屡战屡败之际，杨秀清派出石达开和罗大纲率援军前来接应。

经过一番分析，石达开深知湘军厉害，特别是湘军水师，乃当前大敌。敌人乘胜之下，和湘军正面硬拼肯定不行。于是，他派林启容死守九江，罗大纲带人守卫湖口西岸的梅子镇，他本人率军固守江水东岸的湖口县城。

石达开严肃军纪，命令士兵深壕高垒，切勿轻易出营与湘军争锋。同时，太平军除白天扰敌之外，夜间也不闲着，在江面散置三五成群的小船，上面堆满柴草，杂以硝药膏油，点燃后顺江而放。接着，士兵在岸边鼓噪惊呼，大量发射火箭，使得船上湘军彻夜无眠。

一天没事，两天没事，三天没事，到第四天湘军头领和士兵就有些熬不住了。人不睡觉，肯定没胃口；没胃口，身体肯定要垮；身体一垮，精神烦躁，日久成疲，战斗力急剧下降。

如此一个月的相持，石达开的"疲敌计"取得重大成效。

深知湘军有急切求战之心，石达开故意命令湖口太平军佯装全线撤退。湘军见状，立刻派出水上制胜的"法宝"——一种轻捷性类似舢板的快船，几百艘轻舸齐发，狂追太平军。

见引蛇出洞计成，湘军主力军外出不及归，石达开下令埋伏的太平军乘小筏子满携引火之物，突入湘军水营，向那些笨重的大船上扔火把和引爆物。同时，岸上太平军狂射火箭，呼声震天，烧毁大船九艘及其

"个人英雄主义"的绝佳表演

他运兵船三十多艘，两千多湘军葬身鄱阳内河。

仓皇之下，曾国藩退守九江。

仅隔十二天，即 1855 年 2 月 11 日，在石达开指挥下，太平军自九江城内派出几十只轻舟，月黑风高之夜，偷入散泊于九江城外的湘军水师营内放火，四处投掷浸油燃烧的柴捆。

湘军各哨惊乱，齐齐扬帆遁逃。由于摸清了曾国藩座船，一支太平军突击队很快攀援而上，尽杀船上之人，缴获了大批重要文件。太平军清点首级，却不见有曾国藩。原来，火攻猝发之时，卫兵立刻扶持曾国藩登上小船逃命。

湖口、九江两次大胜，太平军西征转败为胜，基本消灭了曾国藩辛辛苦苦建立的"王牌"水师。

狼狈之余，曾国藩逃到南昌喘息。

当时的曾国藩，乃四十五岁盛壮，官场上的老经验。而予他致命打击的对手石达开，时年二十四岁，风华正茂，恰似周瑜重生。

乘胜之下，秦日纲、陈玉成、韦志俊等人率太平军从宿松、太湖等地跃击，直扑湖北，并于咸丰五年（1855 年）4 月 3 日第三次攻克武昌。如此一来，南京上游的三大战略城市安庆、九江、武昌，全归太平军掌握，确保了"天京"的安然无虞。

武昌争夺战在清朝与太平军作战中也算一奇。早在咸丰二年，太平军首次攻下武昌，湖北巡抚常大淳举家自尽。但太平军很快就主动弃城攻向南京。咸丰四年，西征军二下武昌，湖广总督吴文镕战败，在黄州自杀。不久，湘军夺回武昌。至此，西征军三下武昌，湖北巡抚陶恩培自杀。直到转年年底，此重镇才复为清朝湖北巡抚胡林翼夺回。

三次血战，反复争夺，可见武昌城的重要性。

虽经大败，曾国藩仍旧坚忍，赶忙指挥塔齐布率湘军水师猛攻九江，准备攻下此坚城以雪前耻。但太平军守将林启容贯彻石达开指示，坚守不出，一次又一次击退湘军进攻。愤懑羞恼之下，塔齐布呕血

太平军阵法夹江为营图

而亡。

在武昌方面，曾国藩指派罗泽南提军，配合湖广巡抚胡林翼攻城，也日久未克。

由于清朝的和春统三四万清军围攻庐州，石达开便于1855年秋率军赶往援救。毕竟清军势众，石达开也心忧武昌、九江战局，很快率军回返。庐州在1855年年底为清军夺回。

石达开率胡以晄等人乘船从安庆西上，往赴武昌。途中，湘军罗泽南率军来阻，双方在崇阳、通城一带交战，互有胜负。

审时度势下，青年统帅石达开想出一条妙计：在湘军拼死进军武昌之际，江西的大后方肯定空虚。于是，他下令西征军自湖北通城一带，越过幕阜山，杀入江西境内。这一来不得了，曾国藩立即命令围攻九江的周凤山（他接替塔齐布）率军回援，九江围解。

太平军连克新昌（今江西宜丰）、临江（今江西清江）、吉安等城，并攻克湘军水陆大军重要的战略要地——樟树镇。如此江西咽喉要地落入太平军手中，又见溃退的湘军奔窜回城，南昌军民人心大骇。曾国藩心中也惊，忙率众回南昌城内，闭门自固。

由此，江西五十余县（占三分之二）的地方全部被太平军占领，曾国藩困守愁城。为求保南昌，他飞书罗泽南要他回援南昌。

但身在武昌城外的罗泽南出于大局考虑，没有按照曾国藩的指示去做。他认为武昌乃南北枢纽之地，如果湘军骤撤，胡林翼一军不足以挡太平军兵锋。而且，据报武昌城内太平军的粮食已经接近吃尽，湘军再坚持一下，可以克复这一坚城。

在曾国藩书信发出后的第十天，武昌城外又有太平军援军赶到。形势危急，还好罗泽南事先安排了后备队。后备队自洪山驰下，奋击太平军。交战之间，有弹片正中罗泽南左额，他脸上顿时血流如注。坚持许久，卫兵最终不得不护送罗泽南回归洪山大营，但他仍旧危坐营外，指挥战斗。

由于弹片嵌得太深，血流不止，罗泽南转天亡于军营之中。这位罗泽南，是曾国藩的湘乡老乡，非一般军将，乃清朝后期一代大儒，著有《小学韵语》《西铭讲义》《周易附说》《人极衍义》《方舆要览》等著作，是诠释程朱理学的大家，时称"罗山先生"。其弟子也多为湘军名将，如李续宾、李续宜、王鑫、刘滕鸿、蒋益澧等人，这些人皆在《清史稿》中有传。

听闻罗泽南死讯，南昌城中的曾国藩悲从中来，绝望至极，只得听天由命，坐以待毙。

这时候，只要石达开等人在南昌加紧攻势，或迟或早，此城肯定不守。

路到绝处开生面。南京方面，洪、杨二人力命石达开东援，以齐力共破清军的"江南大营"。上命不得不听，石达开只得从南昌撤围。曾国藩咸鱼翻身。

至此，太平军"西征"告一段落。

附件:《虏在目中》（节选）

说明:《虏在目中》，著者不详。抄本原藏于北京图书馆，此文应该是一个曾经被太平军俘虏的读书人所写。《虏在目中》对于太平军的军营制度、仪节、纪律、习惯、作战技术、文书格式等，多有详细的第一手描述。尤其对于研究太平军作战方式，很有参考价值。

贼营出阵，皆以大率小，如伪丞相当头，次伪检点，左、右伪指挥，次伪将军，次九军伪总制，率各属下伪典官、监军、军帅、师帅、旅帅、卒长、司马等。以三军居中，六军分左、右翼。伪总制，进则视伪指挥之旗，退则视伪丞相之旗。众贼目进退，皆随伪总制之旗。

贼临阵遇官兵时，伪丞相之旗居中，分开门户，滚牌手数十面，隐住大炮。侯伪指挥、将军由左右抄出，则滚牌一散，大炮打出，左右继以抬枪、鸟枪，众贼兵呐喊，遂就势冲出。官兵为贼所惑，每在此时，

137　　　　　　　　"个人英雄主义"的绝佳表演

人声、炮声，其势甚大，不知黔驴止此一技耳。伪检点之旗居后，视贼有不按队伍者，收兵时斩。如前军败，后军零星先走者，即斩。

贼与官兵交战时，十余合之后，故退二三十步，复一拥而进，谓之"回马枪"。贼每战皆施此计。视官兵稍败，则左右之军追上，两军一合，后军随后一围，如连环之式，用长矛混战。大约贼之阵势，皆不出一分一合之法。倘左右有接应之兵，由中一击，其围自溃。

贼视官兵远走，前军已成围者不动，后军抄出追之。

贼屯兵之所，四方皆筑土城，约高八尺（约265厘米），厚二尺（约67厘米），用木柱埋在土内，相去约四尺（约133厘米）远，两两对埋，里外卡以木板，中实以土，如江南筑土墙者然。但筑墙者，墙成即将板木撤去。兹则筑一层，加一层。墙上开两小方洞，一大洞，两两相间。小洞内安置抬枪，大洞置铁炮。外面看之，全不见枪炮形迹。贼每从洞内窥伺官兵，城上亦可登望。

土城外，有濠沟，即筑城取土之处，城完而沟亦成矣。内插竹钉，以防官兵冲突。

贼印以松木为之，约长三寸（约10厘米），宽寸半（约5厘米），旁刻二龙，中刻贼伪衔，皆是真字，无篆书。

贼谓枪头为"札嘴"。用竹竿长一丈二尺（约4米），逐节用火炙过，将札嘴安于竿首。自伪总制以上用大刀，余皆用此。

贼营竹帽，谓之"胜盔"，用竹编三层，可以搪刀斧，唯广西起首之贼有之。贼便帽，用绸缝一长筒，将线缩成花纹，下用飘带，扎于额上。

贼营各条

贼出阵，每队皆以大旗当先。执旗者谓之"大旗手"，取熟习贼阵勇敢有力者为之，大约湖南人居多。

贼出兵时，井井有条。至退时，众视伪丞相之旗过去，遂四散掳掠，或于被戕之官兵身上搜寻财物，彼此抢压马匹，其气骄甚。此时能返兵击之，似可转败为功。

贼得官兵之物，唯炎药、铅子，送交各营典粉、典铅码处，余皆自取。故有抢夺财物，彼此打骂者。

贼屯兵之所，四方要路皆有兵把守，谓之"把卡"，贼营伪旅帅司之。一以防官兵，一以防贼兵逃走。

贼见官兵来时，即吹海螺为号，谓之"胜壳"。此处一吹，彼此响应，众贼目遂各执军器，听令于伪丞相所。

贼有东门迎敌，南、北二门分兵，抄在官兵后者，合成连环之式。在归德即用此计。

贼为官兵所杀者，随即掩埋，多则聚火烧之，从不令人看见。

贼营每日晚间，九军伪总制悉听令于伪丞相处，众贼目亦听令于各军伪总制处。其时，贼目相聚一处，众贼兵偷赌、偷饮，全无防备，亦可乘之隙也。

贼前队有伪先锋，相去贼大队，约有七八十里，相隔一日。大队驻扎之处，即视前日先锋所止之处为定程。此长行时如此。至驻扎数日，则又合兵一处。

伪先锋所过之处，倘官兵已走，即杀百姓十余人，将官兵所遗衣帽，置于尸侧，以示威于后队。

贼遣人在江南报信，皆用桃花纸写文书，藏在鞋底内或发内。

贼屯扎之处，乡民有进贡者，必厚赏细访官兵消息，或给以银两，叫他探听向大人（清军领队）消息。

……

贼营逆书

有名《天条书》者……

有名《三字经》，首数句云："皇上帝，造天地，造山海。六日间，尽造成。人共物，得光明。"

有名《幼学诗》者，其词如小说中之劝世文。

有名《太平诏书》者，内载伪檄文三篇。

有名《天父下凡诏书》者，其词皆是惑人之说。

有名《太平新历》者，无干支，有二十八宿营，单月三十日，双月三十一日，至节令亦与宪书等。

论贼势

贼惑人以天命，诱人以功名，胁人以刀斧，故愚民之从之者众也。所过之处，田野荒芜，室家离散，名不杀人，实更甚于杀人。杀人者，焉得人人而杀之，且人知畏避。不杀人，尽人而用之，人不知畏避，亦未有不终归于杀者。

村野之民，有盛称贼之义气，其故在得贼之小惠，遂以为德，而不以为仇。究之，贼何义之有？凡被贼掳去之民，始为贼饵，继亦思逃，第头发已长，欲走而不敢走，防闲甚密，欲走而不能走；且贼所掳掠之物，任人取携，愚民无知，亦将贪目前之快乐，而又不决于走也。

今日之丑类，昨日之良民，为贼所陷溺，莫痛于此。

至贼营中头目，文不识字，武不能兵，其所以敢拒官兵者，在众能用命。亦非众甘效命于贼，因贼军令甚严，退缩者即斩，众进亦死，退亦死，遂不顾性命，而为贼赴汤蹈火也。

自贼猖獗之后，所施之计，无非暗挖地道，假扮官兵，广置奸细，此计已用过数次矣。

今值贼逐北之余，群情慌乱，倘能招良民以散贼势，书奇策以疑贼心；贼需粮米，则阴谋有可乘之机；贼待救兵，则诡计有可欺之理；破地道，有请君入瓮之方；识奸细，有如愿以偿之妙；为贼掎角之处者，先击之；为贼要害之地者，先踞之；因地势之宜，用水用火；观贼兵之衅，或实或虚；似河北不足平，江南亦不足平也。贼纵有惑人、诱人、胁人之术，虽谲无所用之。

贼奸细入城，皆于要路墙上，用石灰画圈为暗记。彼此认圈有多少，即知人有多少。

卧榻之侧难容鼾睡

清军江北大营、江南大营的首次崩溃

早在 1853 年 3 月 27 日,即太平军占领南京的第八天,时任湖北提督的"钦差大臣"向荣已经在朝阳门(今南京中山门)外的孝陵卫建营筑垒,此即"江南大营"。4 月 16 日,钦差大臣琦善在扬州外围建立"江北大营"。

1854 年下半年,由于琦善病死,江宁将军托明阿继任江北大营统帅。病死的琦善,不是别人,正是 1840 年接替林则徐的"钦差大臣",到广州与英国人议和割让香港的即为此人。他曾被道光帝逮治,不久获释,后任四川总督。1853 年,他奉命镇压太平军,仅一年多,便"出师未捷身先死"了。

太平军在 1853 年 3 月 19 日占领南京,3 月 31 日攻克镇江,4 月 21 日攻占扬州。这三处地方,构成了"大天京"的概念。扬州在 1853 年底即被清军夺回,太平军在江北只能以瓜洲为军事据点坚守。

江南、江北两个大营,尤以向荣的江南大营为重。向荣老将,扎立大营后,即派军东攻镇江,南守东坝,堵死了太平军攻取苏州、常州的去路。同时,他又派兵西守宁国,北击芜湖,由此也守住了由皖南入浙江的宣城(时称宁国府)门户,保证了自浙江运送的饷粮能及时运至。

向荣这个人,是太平军的死对头。1952 年中国史学会主编的厚厚八大卷《太平天国史料》中，仅《向荣奏稿》就占了整整一大卷。

向荣，四川大宁人，字欣然。此人非士人、非贵族，最早在甘肃固原当兵，为当时的提督杨遇春识拔，常年征战于青海、新疆等地，积功至甘肃镇羌营游击。

道光十三年（1833 年），时任直隶总督的琦善很赏识向荣，调他回京城训练京营，累迁开州协副将。道光二十七年（1847 年），擢为四川提督。道光三十年（1850 年），向荣又参与平湖南李沅发之乱。

拜上帝会初起，时任巡抚的郑祖琛无能。咸丰帝亲自下旨，调当时在军中颇有威望的向荣为广西提督，专门主剿广西刚刚崛起的太平军。早期的大黄江、牛排岭等战，向荣力战，屡屡成功，得清廷"霍钦巴图鲁"赐号。

不久，由于新任巡抚周天爵与向荣不睦，致使上下不能协同，被包围的太平军乘机窜去象州，向荣本人因此遭降三级的处分。

大学士赛尚阿来广西督师，向荣与乌兰泰二人合剿太平军，开始还算顺利，但未几就大败于官村。太平军陷永安州，向荣遭削职处分。

隔了数月，永安得复，向荣复官。但是，他与同为大将的乌兰泰又不和，清军屡屡贻误战机。

太平军攻桂林不成，由兴安、全州窜入湖南。朝廷盛怒之下，准备把向荣削职发配新疆。好在赛尚阿保他，让他率兵追击太平军。在湖南，向荣于浏阳门、岳麓山等处屡次得胜，解长沙之围，立下大功。

太平军北走，陷岳州，入湖北，直击武昌，诸部官军仅敢遥遥尾随，赛尚阿等人因此均遭罢黜。

由于向荣多次使危城得保，清廷不仅没处罚他，反而复任他为广西提督，命其提军援武昌。武昌被太平军攻克，向荣仍然被授湖北提督一衔，不久被升为"钦差大臣"，专办军务。太平军主动放弃武昌沿江东犯，向荣上奏"克复"武昌，蹑追太平军。

太平军攻克南京后，向荣总算在通济门及七桥瓮等地打了几场胜仗，进屯孝陵卫。清廷为了鼓励他，赏"黄马褂"，让他与琦善分掌江南、江北军事。如此老将，与太平军自广西而湖南，自湖南而湖北，自湖北而江苏，转战几年，向荣可谓没功劳也有苦劳。

向荣建江南大营后，不时进攻南京城，在东南各门楼与太平军交战，还打死过石祯祥等很有名的"贼将"。但是，在周长96里的坚城面前，清军根本不可能攻入南京。向荣绞尽心机，又调集水军，积极控制南京附近的长江水面。

咸丰五年（1855年），在上海刚刚平定"小刀会"的江苏巡抚吉尔杭阿率军攻镇江，南京的杨秀清大恐。因为向荣已扼长江水路，如果镇江、瓜洲等地再失，清军合军于江南大营，南京压力将非常大。于是，杨秀清发军东援镇江。

年底，听闻太平军出援镇江，向荣迅速抽兵驻扎于东阳镇。吉尔杭阿派总兵虎嵩林率二千多人马在镇江以西的高资镇布防。

由于向荣布兵有方，其手下德安、张国梁两总兵能战，三支准备由南京出援的太平军均被阻挡回去。无奈之余，杨秀清只得下令从长江上游的芜湖、三河、和州等地调兵回援，以秦日纲为主帅，统领冬官丞相陈玉成、地官副丞相李秀成等人，各自提兵东援镇江、瓜洲。

秦日纲很有头脑，他先派出一军在仙鹤门与向荣主力张国梁等部交战，吸引注意力。东王杨秀清也派人从南京龙脖子一带出兵，以分清军兵势。如此，赴援镇江的太平军沿江而进，以泰山压顶之势直扑清军。

1856年2月1日，清军不敌，由龙潭退至下蜀街。双方交战几日，最终血战之后，太平军攻占下蜀街。一直坚守镇江的太平军守将吴如孝执行杨秀清命令，数次从镇江开城突出，准备与下蜀街一带援军会合，合攻战略要地高资镇。

双方相持，互有伤亡。

相持一月有余，清军与太平军在汤头僵持。清军严把水上、陆路各要路，切断南京太平军援军与镇江守军的联系。

卧榻之侧难容鼾睡

关键时刻，冬官丞相陈玉成神勇过人，乘小船冒死冲过清军封锁线，进入镇江与守将吴如孝见面，敲定了合攻清军的计策。

清军沉不住气，率先进攻汤水山边上的李秀成部太平军。得知镇江守军已经开门出城后，李秀成立刻率三千精兵奇袭位于汤头岔河的清军营垒，使之进退失据。

3月18日，湘军、太平军相杀整整一上午，不分胜负。忽然，清军内有人高叫"营垒已失"，军心顿时大乱。镇江的太平军援军恰巧突至，夹击之下，清军不敌，大溃而去。

此时，太平军仍旧面临很大困难：一是瓜洲守军广受层围，二是镇江严重缺粮。权衡之下，秦日纲下令大军攻扬州，如此不仅可解瓜洲之围，还可得粮入镇江劳军。议定之后，秦日纲率陈玉成、李秀成、吴如孝等人于4月2日乘夜从金山渡河，直杀江北大营。

当天，清军诸将皆为雷以诚过生日，根本不以太平军为意。松懈之军，必有灭顶之灾。在太平军突然攻击下，清军纷纷败退，两天之内，虹桥、朴树湾、三汊河一带一百二十多座大小清军营垒全部失掉，"江北大营"报销。

4月5日，太平军二克扬州。

咸丰帝闻讯大怒，下诏逮治托明阿、雷以诚，升任德兴阿为都统，授为江北大营钦差大臣。

太平军目的不在于占领扬州。见瓜洲围解，镇江得粮，秦日纲就想率军自南岸北渡回南京。

清军张国梁、吉尔杭阿合军猛攻下蜀街，当地太平军败走，纷纷撤回镇江。吉尔杭阿率所部用大炮猛轰镇江城，下决心要拿下该城。攻打几日，不果。

秦日纲本人率一支几千人的部队先行而西。

由于南岸已为清军占据，江上清军船只密集，太平军只得准备由浦口渡江。天京方面，杨秀清派数千人来接应。

天京江面太平军炮击清军

太平军在4月14日占领江浦,几天后占领浦口,为大军由此渡江创造了有利条件。4月17日,留守扬州的小部分太平军也撤出。

听闻太平军攻占江浦,吉尔杭阿与向荣都很焦急,分别派出共几千人的部队各自从下蜀街和石埠桥出发,一举夺回了浦口和江浦。

紧急关头,杨秀清飞檄调正在江西连连克捷的石达开回援。石达开闻命即拔军,从江西经安徽南部东归,扑向宁国府。向荣闻讯,马上派骁将张国梁回江南待命,又派出近两千人驰援宁国府。

4月28日,秦日纲那支先行西上的部队占领仪征,准备由此地渡江往南。由于清军纷纷在六合增派人马,太平军只得弃仪征,抵至三汊河扎营。

石达开方面,攻克宁国府(宣城),气势汹汹。向荣心慌,抽出军马守黄池之余,四处调兵。吉尔杭阿也手忙脚乱,遣兵布将重新布置兵力。

石达开拥三四万大军,开至苏南的小丹阳、陶吴地区。向荣心更慌,忙令张国梁统军往溧水县急奔。

向荣的江南大营,也可称为"石埠桥—东坝防御带",它以孝陵卫的江南大营主营为中心,自北由长江南岸的石埠桥开始,顺栖霞、尧化门、黄马群、孝陵卫、高桥门、秣陵关、溧水等地,一直南到东坝,自北而南,形成了一道沿南京东山以及城南秦淮河、石臼湖、固城湖的有力防线。溧水连接溧阳,距离东坝极近,是出入苏州、常州的战略要地。

石达开抓住向荣心理,声东击西。他诱引向荣把主力都集中抽调前去抢占溧水这一战略要地。如此一来,江南大营反而变得空虚。

秦日纲方面,在5月26日弃三汊河,突然至瓜洲,并自瓜洲渡江,攻打黄泥洲。

吉尔杭阿率军来救,反被太平军包围于烟磴山。鏖战五天五夜,仍不得脱。窘急之下,吉尔杭阿以洋枪抵胸自杀(《清史稿》等称他是中炮而死）。

吉尔杭阿乃满洲镶黄旗人，工部笔帖式出身，能文能武，仍不免身死，最终连尸体也未寻到。清廷震悼，赠其总督，谥"勇烈"。他这一死，清军在镇江周围的军队群龙无首，七八十座大营溃决。

秦日纲乘胜，又击败向荣派来的援军，于6月14日回到南京，扎营于燕子矶、观音门一带。

与此同时，石达开所分一军已经攻占溧水县。

在杨秀清指挥下，秦日纲分军屯于太平门、神策门等处。很快，太平军由龙脚子出兵，前往仙鹤门扎营。向荣忙遣人去仙鹤门堵御。

石达开主力已经赶抵南京姚坊门、仙鹤门一带，与秦日纲一起完成了对向荣江南大营的包抄之势。

向荣急得跳脚，忙派人让张国梁自溧水回援，同时严令总兵虎嵩林自丹阳、秣陵关等地抽调水陆兵丁往大营来援。

6月19日，天刚刚亮，石达开、秦日纲二部人马即猛攻仙鹤门的清军营盘，激战竟日。至晚，清将张国梁驰至，在青马群连夜筑垒。

6月20日，石达开自统大军猛攻青马群的清军。同时，太平军又从紫金山杀出两路兵，猛扑山脚的清军兵营。混战之中，秦日纲又有一支四千多人的别动队从灵谷寺翻山进攻清军马队大营。合力进攻之下，杨秀清大开洪武、朝阳诸门，把门外清军营垒数十个一一攻毁。

太平军数军合力，直杀孝陵卫向荣本营，清军骁将张国梁被击伤，参将陈明志等人被打死，清军溃散。向荣见势不妙，拍马窜向淳化镇方向，江南大营第一次被太平军攻破。

屹立三年多的江南大营，一朝即为太平军破毁，时为1856年6月20日。

向荣毕竟有经验，他以句容为前哨阵地，沿运河退守丹阳、溧阳。杨秀清命秦日纲率军继续追杀清军，攻拔句容。

7月31日，清军虎嵩林部猛攻黄庄桥，终于克陷太平军数座营垒，好歹稳住阵脚喘口气。

兵败之后,气病交加的向荣想不开,于8月9日在丹阳营帐中,搭上一根白绫,自缢身死。清廷闻之震悼,以"病卒"报闻,依例赠恤,谥"忠武"。

向荣死后,清廷派和春(时为江南提督)为钦差大臣,接办江南军务。

秦日纲攻丹阳不成,转而南攻金坛,准备由此东下苏常地区。清军张国梁等部驰援金坛,双方相持二十多天。9月3日,太平军撤围,连夜退至句容丁角村一带。

在此前一天,9月2日,天京城内发生了洪秀全、韦昌辉杀杨秀清的"天京事变",所以秦日纲本人折返天京。太平军余部驻队于句容,反攻为守,不再进攻。

如此大胜之际,太平军因内讧停止了军事行动,没能乘胜进击占领苏南富庶地区,可谓失去了一次天赐良机。

妇女解放，一个冬天的童话

"天王"眼中的女人们

说起太平天国的"积极意义"，之前广为渲染的就是《天朝田亩制度》中所规定的男女一样可以均分土地；还从演义传说中"钩沉"出"洪宣娇""苏三娘"以及女状元"傅善祥"等男女平等、妇女解放之范例；并在各种文章中广泛引述洪秀全早期话语："天下多男人，尽是兄弟之辈；天下多女子，尽是姊妹之群。何得存此疆彼界之私。"

虽然《天朝田亩制度》这一出自中国古代文献《尚书·禹贡》和"大同"思想的不切实际的文件，完全是美丽的梦呓，没有任何实际可操作性。但其制定的土地制度，是几千年来农民反封建的思想结晶，全面否定了封建地主土地所有制度，反映了广大贫苦农民强烈反对封建剥削的要求，为中国资本主义的发展起到了推动作用。

《天朝田亩制度》及洪秀全所提倡的男女平等、妇女解放亦具有巨大的历史进步意义。虽然这在当时不可能实现，甚至在天京也未尝实现。

那么，"天国"的妇女，真的很幸福吗？时代，真的在"天国"中进步了吗？回答是否定的。

确确实实，太平天国中，有女营、女官、女试，这在一定时期内，在一定程度上改善了部分妇女的处境。但除了洪秀全利用客家大脚妇女守卫宫殿和迫使被占领城市的良家妇女从事像男子一样沉重的劳役外，其实并没有太多真正男女平等、"妇女解放"的迹象。

在洪秀全天王府中，他个人霸占的嫔妃侍女，达一千多人，而同时代的"封建"帝王咸丰，宫中有名有分的仅仅是十八个嫔妃，两个人美女拥有量的比例是100：1。

而且，太平军早期占领大城市后严厉施行的"女馆"制度，以及强行劳动制度，这在提高女性地位的同时，却使得昔日不必从事高强度体力劳动的广大城镇乡村的妇女，个个变成了挖沟、砌墙、搬运的"劳改犯"，严重摧残了太平军占领区妇女的身心健康。在婚恋方面，女子也无自由。

> 女馆则有"元女""妖女"之别，"元女"即处女，"妖女"谓妇人及被污之女子，统以伪女军帅等官，禁贼众不得犯。伪令甚严，唯洪逆及东、西、南、北、翼五贼，得不时选逼元女充媵妾。（李圭《金陵兵事汇略》）

口号很进步，实际效果有限，而且男尊女卑、男主外女主内的男女地位格局，并无实质改变。细细思之，反而令人发指。

先讲"洪宣娇""苏三娘"的神话。

太平天国还是"拜上帝会"时，花洲冲尾有女信徒胡九妹。她特别虔诚，天天帮助会众打扫屋子，奉献全部财物入会。为此，当时拜上帝教会门中有"男学冯云山，女学胡九妹"一说。

拜上帝会初发难时，由于营中客家妇女不少，在男女别营制度下，这些人确实勇敢能战。而且，女性如果在精神上受到控制，对"组织"和"教门"的忠贞度远远高于男性。一路杀下来，直到南京，太平军中皆有广西大脚妇女的身影。

至于众口相传的"洪宣娇"，是否真有其人，确实很难说。清朝人在笔记中讲，洪宣娇又称为"萧王娘"，是西王萧朝贵的老婆。有人称其是洪秀全之妹，也有人说其是洪秀全认的"干妹"。但据瑞典人韩山文在《太平天国起义记》（1854年）中所记，他称萧朝贵之妻为杨云娇，此人是杨秀清的妹妹或者堂妹。

拜上帝会初起时，这个女人自称在道光十七年（1837年）灵魂升天，一金发长老对她说："十年后，有人自东方来，教汝等拜上帝。"所以，当时会众中也有"男有冯云山，女有杨云娇"之说。

在当时穷乡僻壤的广西，人们最信灵魂附体等邪说，所以，杨云娇特别受洪秀全器重，把她与自己并列为受过"上帝"接见的人。

韩山文的著作，是根据"真人"的口述写成，叙述者不是旁人，正是洪秀全的族弟，日后的"干王"洪仁玕。所以，这一资料应该可靠。

那么，洪宣娇是不是杨云娇呢？

后人查寻洪秀全家族的族谱，并未见有"洪宣娇"之名。而在讲过洪秀全早期活动的《太平天日》中，也只有其姐洪辛英之名。最有可能的是，由于杨云娇见过"上帝"，自然与自己是"兄妹"，洪秀全便认其为"干妹"。杨云娇即成了洪宣娇，经后人渲染，就成为一位叱咤风云的巾帼英雄。

其实，太平天国的"巾帼英雄"们最出彩的时候，当属"天京事变"之时。洪秀全唆使韦昌辉杀掉杨秀清。借刀杀人后，他又要杀韦昌辉给石达开消气。这位"北王"气急，领部下欲攻入"天王府"，负责守卫的千余客家妇女舍生忘死，抢刀捉枪冲杀，誓死保卫洪秀全，最终迫使韦昌辉及其手下遁走。

有人可能会问，天王宫中没有太监吗？没有！洪秀全曾经让手下在南京精挑细选了八十个十岁以下的俊俏男童，想用于后宫内充当宦者役使。但是，他们不知道，阉割是件高难度的技术活儿，太平军阉牲口一样残割男童，八十个孩子死了七十七个，剩下三个活的还成了废人，下半身严重溃残。

至于传说中的太平天国"女英雄"苏三娘（或萧三娘），基本就是个演义人物，正史中根本找不见此人踪影。据当时的清朝士人笔记记载，最有可能的是太平军装神弄鬼吓唬人，以一个男戏子男扮女装，常常率数百大脚女兵招摇，一为厌胜（一种巫术），二来惑人眼目。太平军将官中有不少人好男风，"苏三娘"的存在也不足为奇。

最能反映太平天国不尊重妇女的文字，当属洪秀全洋洋洒洒的五百首《天父诗》。

这部厚厚的宣传册子，完整本藏于英国伦敦不列颠博物馆（大英博物馆）。但据《天朝田亩制度》印制本所附诏书的"总目"看，《天父诗》又称《天父圣旨》，恰似《原道救世歌》改为《原道救世诏》《太平救世歌》改为《太平救世诏》一样，都是日后为尊显洪秀全的进一步造神运动的一部分。

《天父诗》在小封面上虽题为"天父在茶地题"，其实只有约十首是冒充天父之名在茶地所作，其余均为日后洪秀全在南京宫中"创作"。

最开始的十首诗，很可能是杨秀清假托天父下凡所做的政治恐吓诗。当时茶地、永安遭受围攻，部分拜上帝会会众动摇，所以"天父"才显灵："天父下凡事因谁，耶稣舍命代何为。天降尔王为真主，何用烦愁胆心飞！"（天父诗·三）其余皆如此类，一是"恐吓"，二是鼓气。

除此以外，其余的四百九十首诗，皆是"洪天王"在宫中管理，如"吓唬"教诲鼓励嫔妃的"诗"，十足浅白。这可能是为了通俗易懂，毕竟太平军或太平军中的妇女大多文化水平不高。即使这样，其间还是有不少客家土语和解释不通的修辞，着实让人费解。

《天父诗》中的这些类似民俗歌谣的"诗"，洪秀全严格命令嫔妃们背诵，以作为她们宫中的"行动指南"。

在诗中，洪秀全总把自己比拟成"太阳""日光"，把他所有的嫔妃比拟成"月亮"。由于洪秀全诡称他"上天"时曾娶天帝之女为妻，所以就把梦遗的那个对象称为"正月宫"——正后皇娘。而他的原配妻子赖氏，反而成为"又正月宫"，排行第二了。

洪秀全本人后宫有正式名号的嫔妃为八十八人（他离不开吉利数字），统称为"副月宫"。同时，内廷设有女官，有"统教""提教""通御"，下面有众多"理文""理靴""理袍""理事"等称谓，皆由嫔妃们"兼职"。所以，洪秀全的私生活，比起"封建天子"咸丰帝要"丰富"许多许多。他对嫔妃的残忍、暴虐也有过之而无不及。

《天父诗》举例如下：

十四

天兄耶稣曰：

右眼惑尔，则挖尔右眼。

左眼惑你，则挖尔左眼。

宁双眼上天堂，好过双眼落地狱千万倍也。

十七

服侍不虔诚，一该打。

硬颈不听教，二该打。

起眼看丈夫，三该打。

问王不虔诚，四该打。

躁气不纯静，五该打。

十八

讲话有大声，六该打。

有喙不应声，七该打。

面情不欢喜，八打该。

眼左望右望，九该打。

十九

不得大胆，不得瞒天。

不得逆旨，不得歪心。

三十二

耳莫乱听，喙莫乱讲。

眼莫乱望，心莫乱思。

四十六

悠然定叠莫慌忙，细气妖声配太阳。

月亮不同星宿样，各练长久做娘娘。

七十七

心有些恶害死尔，心有些邪上帝知。

心有些假天难瞒，今时不醒到何时。

七十八

朕弟朕妹，莫被鬼害。

身宁受刀，莫犯天条。

九十

行条路一步一步，出句言谨静悠然。

举下眼要正要善，起下心莫奸莫淫。

一坐装正直端方，一立起正身正仪。

手一动看天从容，脚一踏天情要合。

洪秀全像

九十三

眼邪变妖眼该挖，不挖妖眼受永罚。

挖去妖眼得升天，上帝怜尔眼无瞎。

九十四

喙邪变妖喙该割，不割妖喙凡不脱。

割去妖喙得升天，永居高天无饥渴。

九十五

心邪变妖心该刳，不刳妖心发大麻。

刳去妖心得升天，心净有福见爷妈。

九十六

手邪变妖手该断，不断妖手祸多端。

断去妖手得升天，尔手仍在无苦酸。

九十七

脚邪变妖脚该斩，不斩妖脚鬼且阚。

斩去妖脚得升天，永随上帝脱危险。

一百零七

虔诚欢喜又悠然，娇声细气福齐天。

有这锁匙开这锁，何至门外咁冤牵。

一百一十

奉天诏命尽势打，乱言听者不留情。

一百十一

乱言讲者六十起，敢者亦杖六十尔。
已醒即道要尔好，不醒反说天父忤。

一百十九

敬我天父要好心，敬我天兄要好心。
敬我天王要好心，为尔丈夫要好心。

一百二十三

几多因为一句话，五马分尸罪不赦。
一言既出马难追，天法不饶怕不怕。

一百五十一

每夜内殿正朝门，出入闹锁旨当遵。
一出一入有不锁，不晓提防有处分。

二百三十四

一些恶样看不得，一些恶声听不得。
一些鬼心容不得，一些诡计宽不得。

二百八十四

颈额额角共眉毛，永远不准扯一条。
不准扎脚讲妖话，不准同姑话言交。

三百零三

嫂在洗宫姑莫进，姑理洗水嫂莫进。
嫂还为嫂姑还姑，见有混杂奏秉正。

　　　　妇女解放，一个冬天的童话

三百三十六

旧果放盘到明日，新果来时平匀食。

新果未来有乱食，同从奏出有重责。

三百三十七

着袍离颈转面前，穿开袍袖乃雨边。

自今一个不遵旨，重责不准带金钱。

三百四十四

面情善好是人面，面情不好是鬼面。

声气善好是人声，声气不好是鬼声。

三百五十一

爷圣旨万样节俭，一饭一丝当悭廉。

今日悭廉积上天，积福多多万方沾。

三百五十八

天情道理莫嫉妒，嫉妒最惹爷义怒。

天情道理要敬主，毁谤骨渎真可恶。

三百七十八

只有媳错无爷错，只有婶错无哥错。

只有人错无天错，只有臣错无主错。

四百零一

别样或留邪无留，天条犯七定斩头。

爷爷圣旨单留正，想上高天落力修。

太平天国官吏夫人服饰

四百八十二

问尔怕打不怕打，怕打莫练曲恶假。

问尔怕斩不怕斩，怕斩心莫邪半点。

四百九十

跟主不上永不上，永远不得见太阳。

面突鸟骚身腥臭，喽饿臭化烧硫黄。

（评曰：这不是作诗的比喻和修辞需要。"烧硫黄"是太平天国的一种刑罚，如同"煲糯米"把人活活闷煮一样。也就是说，"烧硫黄"是以硫黄火药等物洒在犯事女子身上，点火燃之，类似"点天灯"。）

四百九十五

尔想爷哥夫主惜，好心遵旨就会惜。

今朝遵旨今朝惜，永远遵旨永远惜。

多以"恫吓"威胁管理之余，洪秀全还有一本正经、婆婆妈妈、不厌其烦地说教，仔仔细细告诉嫔妃们如何侍候好他这位宫中"太阳"：

三十三

练好尔条性，顾稳尔条命。

若不练好性，怕会害了命。

三十七

狗子一条肠，就是真娘娘。

若是多诡计，何能配太阳。

一百四十

尔们不晓主悠然，那得夫主甚悠然。

尔们个个真悠然，何愁夫主不悠然。

一百五十三

醒来洁眼理泉茶，须嚏周时洁无差。

千年万载同半刻，不开过口记清些。

一百六十六

拨扇虔诚莫已由，当轻当重心对夫。

亮红举手须虔洁，水凉敨好亮方乌。

一百七十

日夜琴声总莫停，停声逆旨处分明。

天堂快乐琴音好，太平天下永太平。

一百七十一

理文洗身后洗帕，笔墨金帽理莫差。

颈钏扇插虔理好，好坐殿游苑敬爷。

一百七十七

帕拨飞虫离五寸，一些挨着不殷勤。

榨底飞虫来则扑，乱挨风大有处分。

（评曰：观上述诚嘱，洪秀全真是"魔鬼在细节"，完全给嫔妃制订服务手册。）

一百七十九

新帕换二共八条，四洗四洁莫差毫。

黄帕三十白绉十，扇各七烂换夜朝。

一百八十一

洗身茶后朝摄裳，文袍行先理朝堂。

见有草涩除净净，放正灯草对太阳。

一百八十八

礼毕统锁宫巷门，化奏看响鼓声匀。

朝夜理文奉帕扇，三十白十扇七分。

一百九十二

无事莫到洗身宫，晏后凑徒遵玲珑。

去不遵旨有责罚，文袍靴茶一样同。

二百二十四

帕匙换教带玲珑，须面手汗帕不同。

须面用新洁手旧，汗帕换开立锁对。

二百二十八

为得越多越大分，各为尔主要殷勤。

今日积福后来享，锁匙带紧得入门。

二百三十七

看主单准看到肩，最好道理看胸前。

一个大胆看眼上，怠慢尔王怠慢天。

二百八十二

早朝统看袍靴茶，加先整容插好花。

头回锣响出前殿，灯草对夫即对爷。

二百九十四

因何当睡又不睡，因何不当睡又睡。

因何不顾主顾睡，因何到今还敢睡。

二百九十六

捧茶不正难企高，拿涎不正难轻饶。

万样都是正为贵，速练正正福滔滔。

三百三十八

左边左领右牵袖，右边右领定肩头。

左袖转前轻放颈，起前向后两边悠。

三百六十九

当食就要像食样，当睡就要像睡样。

万样遵旨要像样，天父专诛带歪样。

四百十二

三分人才四分扮，成人仪容要好看。

爷哥不恤陋容人，从今好醒好打算。

四百五十八

后宫各字莫出外，出外母鸡来学啼。

后宫职分服侍夫，不闻外事是天排。

除这些之外，洪天王自然也要发挥他的甜言蜜语，给后宫的女人们指出把"爷"侍候好的美妙前景：

二十

遵旨得救逆旨难，天王旨令最紧关。
想做娘娘急放醒，各为丈夫坐江山。

二十六

练好道理做娘娘，天下万国尽传扬。
金砖金屋有尔住，永远威风配天王。

二十七

心虔口虔头面虔，手虔身虔衣服鲜。
六虔一鲜事夫主，威风快活万千年。

四十九

一个遵旨得上天，一个逆旨有免牵。
成人头要遵旨令，方可享福万千年。

七十九

为人千祈想长远，切莫鬼迷顾眼前。
眼前极好后难过，长远威风万万年。

一百四十一

悠然悠然得上天，悠然悠然福万千。
悠然悠然无免牵，悠然悠然万万年。

二百

洗身穿袍统理发，疏通扎好解主烦。

主发尊严高正贵，永远威风坐江山。

三百八十五

朕妻朕儿行真道，真道出自爷教导。

遵爷圣旨得常生，好心定然有好报。

四百九十六

子女幼细不用扇，宁可热些要遵夫。

自古成人不自在，遵守天条万万年。

　　读洪秀全的诗，可能不少读者会发现"咁""千祈""几""乜"等奇怪的字词，这些皆是客家话。我到深圳十余年，听得懂全部广府话，一半客家话（深圳从前是客家人聚集地），但潮汕话完全听不懂。广府话与客家话的许多词一样，但发音有天壤之别。

　　清朝的张德坚在编辑《贼情汇纂》时，以为太平军文告和文件中的许多语言是"隐语"和"暗号"，其实是他不懂客家话之故。客家话中，除本身特点外，留有不少古汉语痕迹，再加上变音，所以会让人觉得如堕云雾。

　　现摘些太平军文告和宣传品中常用的词汇：

　　几（多么、多少），千祈（千万），乜（什么），人侪（别人），过刀（被刀杀），咁（这、这样），肚肠嫩（经验不多），硬颈（不服从、倔强），起（站立），炼速速（快快修炼），悠然悠然（闲适自得）等。

　　天干地支方面，客家话中"丁"与"癫"相同，改为"天"，所以"丁酉年"为"天酉年"；"丑"同"媿"，改为"开"；"卯"同"没有"，改为"荣";"亥"同"害"(也是广府话中女阴的意思),改为"开"。

由于客家人好"山歌",所以太平天国上至洪秀全谕旨,下至一般宣传单,常常打油诗一样的内容多多,以致当时各省的读书人及官员,都觉得这些宣传类的东西特别不可思议。甚至在《天情道理书》这样的"圣谕"中都出现下面的词句:"打鼓求得雨,高山好开田……食烟食得饱,放屁好肥田。"鄙俗词句,琳琅满目。入南京后,由于军中裹胁的读书人日多,太平军对外正式谕令和文告才逐渐"文学化"和"书面化"。

洪秀全在金碧辉煌、穷奢极欲的天王府,干出的最大一件"正"事就是杀杨秀清(连锁而发的是杀韦昌辉以及逼石达开出走)。而后,洪秀全一边写诗,一边又胡乱批注《圣经》,弄出本亲自"批解"的《旧遗诏》。

在批解中,他神化他本人和"太平天国",批判基督教的"三位一体",完全陷入唯心主义深渊。

总之,洪秀全深宫无聊之余所作"批解",满纸荒唐言,一把离奇意。与其说是国之"新政",神学"新解",不如说是政治作秀,是高举宗教的幌子麻痹属下,愚弄百姓而已。

下面,仅从清朝当时人所写笔记中,摘取太平天国三个有关妇女的记述,可以想到"太平天国"妇女的地位和当时的状况:

其一,赵碧娘。赵碧娘,良家好女子,年仅十五六岁,神姿秀美。太平军攻略江南时掳入军中。她被掳时,三日不食,有同被掳之妇女相劝:"我辈忍死,或可日后与家人相见。不要自苦如此,待贼人疏忽可伺机逃脱。"赵碧娘始进食。

之后,她被选入女匠绣馆,为太平军首领做精制冠帽两个,暗中衬以污秽之布(可能是月经布),希望以厌胜之法咒死对方。

不久,同馆女工向东王杨秀清告发。杨秀清裂冠见到污秽的布条,大怒，立刻派兵士逮捕赵碧娘，并准备转天"点天灯"示众，以儆效尤。赵碧娘半夜苏醒，趁人不备，自缢于树，以免惨遭焚刑。东王大怒，遂杀其同馆女工数十人以泄愤。

其二，傅善祥。傅善祥，金陵人，自幼习学文史。太平军陷江宁，掳入军中，见其习书善写，用为女书记，一直在东王宫中掌文书。傅善祥貌美得东王宠，恃宠而骄，批阅文牍，屡骂诸首领猪狗不如。

东王杨秀清侦知傅善祥语侵及己，大怒。即以傅善祥吸食黄烟为罪，逮之枷于女馆示众。情急之下，傅善祥亲笔作书于东王，备极哀怜。东王怜之，遂释其罪。傅善祥得间逃去。东王派人大索，不得。

其三，朱九妹。自傅善祥逃去，东王府中无人合意主掌文书。有湖北女朱九妹，年十九，慧艳能文，为太平军一女百长所庇。东王多次公告选人入宫，百长怜朱九妹柔弱，不以之应选。

东王常佯作天父下凡言某事，以神其说。知有朱九妹此人后，东王遂作天父下凡状，指出九妹藏身之所。于是，兵卒搜得，逮朱九妹及女百长齐入东王府问讯。

东王问九妹："汝识字否？"

对曰："不识。"

又问："百长藏汝否？"

九妹曰："女馆中人众多，何得藏我！"

东王怒，命兵士杖之。

大杖数折，朱九妹浑身鲜血，昏绝于地。于是，东王下令，将女百长挖目割乳，剖心枭首，称是天父降罚，以儆余众。

朱九妹被拘于东王府月余，创伤稍平，暗中结纳一王娘，将以砒霜毒杀东王。谋泄，朱九妹惨遭"点天灯"之刑，同时被杀者九人。

洪秀全在议事殿内，铸有一巨大的白银鸟笼，内中有一个大绿鹦鹉，会讲话。只要有人，它就用客家话叫嚷："亚父山河，永永崀坐，永永阔阔扶崽坐!"（上帝的江山，天天来坐，永永远远天王坐！）相比这只大鹦鹉，即使锦衣玉食的后宫嫔妃，也远不如它快乐。

附件:《贼情汇纂》(节选)

自古叛逆，从无妇女并掳者，亦未闻行军以千万妇女随行而可制胜者，贼之初意，不过欲以众胜寡耳。况广西妇女赤足强有力，尽可用为伍卒。逮陷湖北、江南，所得妇女何止数十万，要皆膏粱脆弱，即属村妇亦不敌广西贼婆之凶悍，择美丽者充妾媵，余者无用，故役使工作，磨折以死者不可胜计。

……

各伪王盛置姬妾，而使群下绝人伦之源，且始之曰：天下一日平定，方许完聚，未娶者方准婚配，功高者始准置妾。往往杨贼（杨秀清）议奏某官功高，应先准娶妻，其实并未见准。其犯天条得用之贼之又恒贷之，罚以将来大家娶妻之日迟娶三年及不准多娶一妻，其意谓男女人之大欲，以此诱之，实以此迫之也。

现无淫欲之事，既可保人人精壮，许以事定得妻，庶诸恶少舍死战斗，以冀一朝遂愿耳。然稍有知识者未始不知事不可成，妻不可得，甚至己妻转为所得，安得不痛恨而深衔之，特徒恨无益，且因无益灰心，亦渐忘其恨已。（采程奉璜说）

……

及其死也却有数等：上等烈妇闺秀不待入馆，先即自裁；其次或勉强入馆，知事不可为，乘间就死；又其次则忍辱偷生，因不耐折磨，不服粗犷，挫折而毙；至下则苟延一息，甘为役使，甘受捶楚。甚至有背盐美妇行烈日中，卤汗交流，肩背无皮，如着红衫者。嗟乎，天地间至惨安有此耶？然亦以见人之一死，实非易事，罪孽未尽，真求死不能也。（据王福兴、李丕基等说）

江宁城内又有一妇背负婴儿，被贼驱策入馆。此妇迟回不行，贼骂之，妇亦回詈（骂），贼遂挺矛戮杀。此妇压儿于肩下，（儿）呼娘不绝，呱呱乱啼，而不知其母已死……（据周宽说）

上帝死了！天王万岁！

血雨腥风天京城

咸丰六年八月初三（1856 年 9 月 1 日，太平天国丙辰六年七月二十六），深夜，南京城，东王杨秀清府邸。

北王韦昌辉率属下三千余人奉洪秀全密诏，星夜兼驰，在陈承瑢（日后的英王陈玉成之叔）接应下，自"天京"南门而入。一行人快马加鞭行至距东王杨秀清住处几百米远的地方，韦昌辉令从人皆下马，数百人分成几队，他自率一百余人率先趋向东王府。

守卫门人见是北王来谒，韦昌辉手中又有天王府出颁的令牌，以为是有紧急军情，立刻大开府门。

韦昌辉率手下人即刻涌入，咔嚓数刀，东王府数十门卫片刻被砍掉了脑袋。

隐约听见大门处喧嚣，东王杨秀清忙命从人掌灯，很不情愿地从床上坐起。数日之内，捷报频传，太平军老对手向荣被气得自杀，杨秀清为此颇为自负。

晚间多饮了几杯西洋葡萄酒，吸食了几口上好洋膏（鸦片），十分舒坦之余，忽然被惊醒，东王十分不快。他思忖："军情再急，怎敢扰本王九千岁的清梦啊。"

杨秀清的卧室十分宽绰，有二百平方米左右，可称是大寝殿了。室内精美的楠木摆架上，遍置异宝奇珍。最为奇异的，一是东王床上笼

洪秀全与天王府图

围的、用数斗珍珠串成的珠帐（天王洪秀全也有一帘，形制相同，唯独顶上多一颗大夜明珠），二是巨大香木床四周晶莹剔透的玻璃水围——这在当时是十分稀罕之物，数片巨幅白晶玻璃围砌成墙，内中注水，放养数百尾珍稀品种的金鱼。巨烛照耀下，水围屏、珠帐上的异钻奇石炫人眼目，光华四射。

东王平日极讲排场，有十二个绝色女子充当"传宣"，侍奉左右。闻听北王来谒，这些值班的女子们以最快速度更衣着靴，赶往寝殿面前迎候。孰料，北王与从人杀气腾腾，浑身血迹，上来二话不说，钢刀猛挥，十二个美女立刻身首异处，鲜血浸透了殿内外充当地衣的明黄锦缎。

东王杨秀清听到门外声音有异，赶紧从床上跳起，欲细作观瞧。双脚刚刚着地，映入眼帘的是平日对自己低眉顺眼的北王韦昌辉一张愤怒的脸。

未及杨秀清喊出声，数把钢刀齐搠于他的胸前。韦昌辉上前一步，揪住东王发髻，手中刀一使劲，把其血淋淋的首级拎于手中。

"太平天国"奠基人

如果把洪秀全、冯云山比拟为"太平天国"的理论指导者，那么，真正在关键时刻力挽狂澜并使"理论"最终变成"现实"的，非杨秀清莫属。

从金田村到武昌，从武昌到南京，一直到太平军第一次击垮清朝的江南、江北大营，这位东王绝对是太平天国实际意义上的全局指挥者。

自1848年到1856年，八年之中，杨秀清假借"天父"下凡，共代天"传言"近三十次，绝大多数是危急时刻"挺身而出"，稳定了军心、民心。"传言"内容庞杂，有宗教的，有军事的，有政治的，有文化的，甚至有假借"天父"名义"识奸""杀奸"的。特别是太平军定都"天京"前，杨秀清的"传言"对于"太平天国"的事业大多具有积极的意义。

杨秀清第一次"天父"附体进行"传言"，是 1848 年 4 月 6 日。当时，为了团结紫荆山一带会众和壮大组织，杨秀清首次搞这种神秘把戏。如果这是在经济发达的江南地区和直隶地区附近，可能不会有太多人相信。但在经济、文化落后的广西，特别是浔州地区，这套东西大有人迷崇。

要知道，浔州一带长久以来一直有一种类似跳大神的"降僮"迷信，即常有人自称为鬼魂附体，能沟通阴阳两界。而客家人的精神故乡嘉应（今广东梅州），本来也有类似仪式，客家话称为"落童"或"落娘"。

浔州多神盛行，不同人群崇拜信仰不同的神佛仙道，有信佛的，有信道的，有信孔圣人的，有信关圣帝君的，有信当地城隍的，有信乡野法神的。所以，洪秀全、冯云山当初四处破坏庙宇和神像，就惹起当地人的极大反感，一时间拜上帝会有"人人喊打"之危。

杨秀清聪明，想出"降僮"的形式，以更简单、更原始并便于当地人接受的迷信方式，把"天父""上帝"带到了人间。

由于"拜上帝会"本身根本不是正统基督教，所以没人出来揭穿或驳斥杨秀清的把戏。如此一来，杨秀清就创造性地在多神论的外套下，塞进了一神论的基督教观念，最终目的在于使他们独创的"拜上帝会"成事。

而且，"降僮"在广西等地是一般巫师、游医等谁都可以做的事情，杨秀清对于自己的"代天传言"资格，却绞尽脑汁加以垄断，使得即使洪秀全本人也要敬崇他这种"权威"。

而他"代天传言"的那一天，日后也成为太平天国的法定节日——爷降节。

上帝死了！天王万岁！

杨秀清"传言"效力首次大显神威，是冯云山被桂平县政府关押的那段时间。彼时人心涣散，洪秀全本人又不在广西，拜上帝会大有消亡之势。关键时刻，杨秀清拉萧朝贵演双簧，"天父""天兄"齐下凡，愚众不信却也难。

杨秀清不仅在危急时刻稳住了会众的心，又宣扬了独一真神"上帝"的不可怀疑性，继而突出了洪秀全不能替代的"教主"地位。那时的杨秀清，绝对甘当洪秀全的人梯，他咣当一倒，摇身变成"天父"，对信众谆谆教导："各为尔主行真道，信实天父莫狐疑。"

同时，随着不同时期的政治需要，杨秀清的"传言"也各具特色。该批孔击孟的时候，他讲"爷哥下凡，斩邪留正，收麦焚稗"；该利用孔孟思想团结会众时，他又讲"君使臣以礼，臣事君以忠"。即使是自己因早年营养不良导致一只眼失明，杨秀清也能大做文章，以"天父"身份来表示他自己是代人赎病。

随着太平军的不断壮大，杨秀清"天父下凡"日益具有权威性和强制性，往往以"天父"的名义审人、杀人，或斩人首级，或五马分尸，或点天灯，使得拜上帝教会众对他又畏又敬。甚至1851年年底在永安斩杀"叛徒"周锡能，杨秀清也是借"天父"附体来对周锡能进行审讯和审判。

凡此种种，让太平军将士觉得"上帝"无所不在，无所不能。所以，有了如此巨大的精神力量支撑，太平军早期真是一不怕死，二不怕苦，跟定上帝去杀"妖魔"，几乎所向无敌。

对天王洪秀全来说，杨秀清的"天父传言"是不可或缺的重要精神支柱。1851年初他在东乡称王，正是杨秀清代"天"传言："我差尔主下凡做天王，他出一言是天命，尔等要遵。尔等要真心扶主顾王，不得大胆放肆，不得怠慢！"

最使拜上帝会会众（包括当时的洪秀全）信服杨秀清的案例，当属1851年年底的一件事：

天京诸王府官衙分布图

当时，清朝将官乌兰泰由于在广州做副都统，吸收了不少先进的洋东西，就派人假装向太平军投降，携书信及"礼物"到太平军军营。

杨秀清拆信观瞧，又掂了掂"礼物"，觉得其中有诈，知道乌兰泰送的这东西不是什么好货，便立刻一翻白眼倒地，复翻白眼起身，以"天父"口吻说："此内有炸药，众人小心！"

军士们忙把乌兰泰的"礼物"移出营帐，掷于深沟。果然，轰隆一声，炸弹爆炸，就这样，一块铁皮还把冯云山的肩膀削去一大块肉。除此以外，洪秀全等人毫发未伤。

自此以后，连洪秀全也把杨秀清当真"天父"对待，并下诏道："爷降凡间悉圣旨，朕尽读过记清清。故此认爷能不错，爷哥带朕宰太平。"

见这种"附体"把戏作用大，杨秀清心中得意，认定自己"金口"有神，凡立法创制，无不借助"传言"来实现。渐渐地，杨秀清开始以"传言"一步一步神化他本人："凡东王打我们一班弟妹，亦是要（我们）好；枷我们一班弟妹，亦是要（我们）好；杀我们一班弟妹，亦是要（我们）好！"

"天爷"这张嘴真是太厉害，杀谁都是为谁好，反正天法至公，天父无过，严刑峻法，打击异己，均是上帝的"天意"。

到南京后，杨秀清的代天"传言"完全成了他搞特权最有效的手段。即使对于洪秀全的二哥洪仁达，他也敢借"天父"的名义把这位"皇兄"捆上打一顿。至于北王韦昌辉、翼王石达开等人，更是畏惧有加，每当有杨秀清"表演"时，皆跪伏屏息，汗流满面，唯恐东王以"天父"的名义把自己杀掉。

在1855年颁布的《行军总要·序》中，杨秀清忘乎所以，基本把他自己就当成"天父"了：

今东王亲受天父天兄默中指授神妙机宜，左辅天王主宰天下，统驭寰宇。自金田起义以来，由湖南、湖北、安徽诸省直抵金陵，战胜攻克，马到成功。且间阎安堵，若忘锋镝之惊；士女归心，共效壶浆之献，非由东王智虑精锐，防维周密，训练有素，赏罚至公，断不及此。

盖东王具生知安行之资，展经文纬武之略，拨乱反治，除暴安良，功烈迈乎前人，恩威超乎后世，盖其时在运筹帷幄之中，所设规条号令，尽善尽美，诚为亘古未见未闻者也。

所有这些谀辞，大部分是事实，但把自己比拟为"生而知之"的神人，杨秀清确实忘了他是二把手了。

也想尝试当"万岁"

早在 1853 年底，洪秀全就在宫内开始虐打并任意以酷刑处死后宫"嫔妃"和宫女。大雪酷寒下，因天王宫内的女官、宫女凿挖池塘时干活慢，急于赏景的洪秀全便大怒。他大发淫威，又点天灯又蒸活人，不少无辜的女孩身亡。

洪天王后宫的作为，杨秀清看不过眼，就佯装"天父"附体，指责洪秀全随意杀人和在宫内以"靴尖击踢"宫女，并"传言"道："为君者常多恃其气性，不纳臣谏，往往以得力之忠臣，一旦怒而误杀之，致使国政多坏。"他表示了对洪秀全的不满。

洪天王知道自己要赖杨秀清扶持，只好当众允诺："自今以后，凡事定与兄弟相商而行之。"

此前不久，军中有被掳百姓好奇，偷溜入洪秀全营帐，夜间窥看他与妃子们欢好。洪秀全发现后，立刻把老乡绑了，在自己帐前杀头。

杨秀清又不高兴，咣当变成"天父"，责斥洪秀全："尔与兄弟打江

上帝死了！天王万岁！

山，杀人大事，何不与四弟商议！此须重罚！"

也就是说，"天父"借杨秀清之手，要打洪秀全屁股。洪教主无奈，只得跪下认错，表示愿打愿挨。北王、翼王等人也跪求，表示愿意代替天王受杖责。见自己目的达到，杨秀清满意之余罢手。

为此，清朝官吏深感不解："夫古之叛逆，末路受制于臣下，篡夺者有之，缚献者有之，袭杀者有之，未闻跪而受杖仍尊为王者，荒唐儿戏，真蜂衙蚁队之不如！"（张德坚《贼情汇纂》）

到达南京定都以后，太平天国一切军国大权，皆握于杨秀清一人之手，只有东殿尚书侯谦芳、李寿春等人参与谋划，凡纤芥之事，必禀东王府后才能得行。

穷人乍富，最喜排场。杨秀清不仅本人高高在上，出行时也大讲排场，每出均有扈从千余人，盛陈仪卫，有大锣数十对，龙凤虎鹤旗数十对，绒彩鸟兽数十对，还让人举舞洋绸缝制的数十丈五色彩龙，鼓乐齐奏，上面大书"东龙"两个巨字，在前面开道。

杨秀清本人坐一个五十人抬杠的大轿，身边童子侍立，啜茶端然，煞有介事。可能平时看的戏不少，对他大有启发。

杨秀清的大轿，大到在南京街道不少转弯处都转不过去，为此，他的卫队拆了不少房屋，以供杨秀清大轿通过。

特别是夏天，杨秀清府中的手下人又为他创制"水轿"——宽约三尺余，深约五尺，下围用夹板，两面镂云龙，嵌玻璃，承以锡底，注水养金鱼。围上两旁窗六扇，后四扇制如围轿，顶四方制如窗，其陂如瓦檐，正顶一方，上下皆玻璃，不用板，灌水养鱼，表里愈加莹彻。轿中置雕龙黄椅一具，轿窗用黄缎，镂云龙，贴玻璃，与帘围无异——如此招摇，只能显示其低级趣味。

至于杨秀清的宗教头衔，也精灵古怪：劝慰师、圣神风。

指挥太平军攻破清军"江北大营""江南大营"之后，杨秀清完全陶醉于自己的"丰功伟绩"之中，觉得自己的"九千岁"不满足，便又咣当一声，伪称"天父"下凡，唤天王洪秀全，当着一大帮高级官员训斥道："尔与东王，均为我子，东王有咁大功劳，何止称九千岁？"（"上帝"讲客家话？）

洪秀全在下面跪着，心中也烦，但不敢硬顶，因为戳穿杨秀清就等于戳穿自己，只得回答说："东王打江山，亦当万岁。"

"天父"得寸进尺，又问："东世子（杨秀清儿子）岂止是千岁？"

洪秀全答："东王既万岁，世子亦便是万岁，且世代皆万岁。"

"天父"哈哈大笑，作手舞足蹈状："如此大好，我回天堂矣。"

洪秀全留个心眼，没有当即封杨秀清"万岁"，假装为隆重其事，表示要等下个月，即9月23日（太平天国丙辰六年八月十七日，咸丰六年八月二十五日）杨秀清生日时，当众正式大小宴会封东王为"万岁"。

杨秀清欢喜，又感心中过意不去，就对洪秀全说："我当万岁，尊你为万万岁。"

洪秀全故作大喜状，二人尽欢而别。

从"太平天国"体制上看，杨秀清当"万岁"是大逆不道吗？回答是否定的。

"太平天国"在当时是洪、杨整出来的"新事物"，与一直以来中国社会的"伦理"大相径庭。各个王朝，"万岁"自然只有一个人敢称，但在"太平天国"中，"主"有五位，"万岁"有八位。

由于他们公认只有"天父上帝"可以称"帝"，所以首义的六个人，包括洪秀全自己，都只称"王"。当然，六王之中，洪秀全"天王"排第一，杨秀清虽然排第二，但"节制诸王"，其余四王均属他统管。

依照拜上帝会的规矩，"天王"与其余五王之间是兄弟关系（只有西王萧朝贵是"帝婿"身份），所以五王称洪秀全为"二兄"（大兄是耶稣），并非称他为"圣上"或"主上"，洪秀全称杨秀清为"清胞"，称石达开为"达胞"，称韦昌辉为"正胞"。几个人吃饭，也是一起

"坐宴"。

至于"太平天国"的"五主"，即天父"上主皇上帝"、耶稣"救世主"、洪秀全"真圣主"、洪秀全儿子洪天贵福"幼主"、杨秀清"赎病主"。洪秀全本人也承认："朕是禾王，东王禾乃，禾是比天国良民。禾王、禾乃俱是天国良民之主也。"

依据这种理论，杨秀清称"万岁"，并非僭越。所谓太平天国"八位"万岁，见于"太平玉玺"之上，上有"八位万岁、真五富贵、永定乾坤、永锡天禄"等字。这八个"万岁"，除了上帝、基督、洪秀全、洪秀全儿子洪天贵福以外，应该还包括洪秀全另外两个儿子洪天光、洪天明，这两个小孩都是"龙"子，连同杨秀清、萧朝贵，加起来就是"八位万岁"。

而且，早在1852年的《天条书》中，有这样的句子："赞美上帝为天圣父，赞美耶稣为救世主，赞美圣神风为圣灵，赞美三位为合一真神。""圣神风"和"圣灵"，都是杨秀清，可见他在教门地位之高。况且，洪秀全本人也曾写道："东王是上帝爱子，与天兄及朕同一老妈所生，在未有天地之先，三位同是一脉亲。"

由于劳苦功高，杨秀清在被杀前又有宗教上"三师一主"的封号，即禾乃师、劝慰师、左辅正军师、赎病主。由此可见，即使杨秀清真的获封"万岁"，也不一定会杀死"万万岁"洪二哥。如果有这种野心，杨秀清大可借手中权力或假托"下凡"，直接把洪秀全杀掉，那样最省力省事。依据当时"天京"的现实状况，手握军权的东王杀天王很容易，身居深宫的天王杀东王很困难。

但是，细究起来，在基督教中，甭说天王和东王，连"皇上帝"也不应该称为"万岁"，因为"上帝"是超越时空的神，是永恒的象征，是永远不休的，"万岁"何能显示其神圣？

当然，当时的《金陵省难纪略》等笔记，也有一些道听途说，都讲杨秀清想刺杀洪秀全，连爱尔兰人肯能也以"目击者"身份如此说——

杨秀清"篡弑未成"。清人笔记《金陵省难纪略》对于洪杨关系也妄自揣测。

杨秀清如果真要杀洪秀全，极容易不过，借口"天父"下凡，洪秀全就不敢不来。所以，杨秀清个人膨胀是真，篡弑在当时还未在考虑之内。因为洪秀全毕竟是"太平天国"的象征和符号，把他杀死，整个"太平天国"的存在基础就消失。杨秀清不可能不明白这一点。所以，他很难下决心果断动手。

"替罪羊"韦昌辉

说起韦昌辉，我们依据贫乏的想象，总觉得此人是个相貌猥琐的坏人。其实，单从相貌而论，韦昌辉身高一米八多，相貌堂堂。而"副统帅"杨秀清身高一米六几、一只眼瞎。

韦昌辉是个真正的悲剧。他破家倾财加入"革命"，先被领袖洪秀全利用杀杨秀清，又被领袖出卖，被人杀掉。他本人又在历史上一直被后人泼污水。

韦昌辉，又名韦政、韦正，广西桂平县金田村人。《天情道理书》记载："至于（韦）昌辉、翼王（石达开），亦是富厚之家。后因认定天父天兄，不惜家产，恭膺革命，同扶真主。"如此一个"背叛"了自己阶级、弃财不惜身加入起义队伍的人，后来竟被说成是"混入革命队伍的异己分子"，确实悲哀。

当然，韦昌辉加入拜上帝会，并不能说明他"觉悟"有多么高。只是因为同乡有功名的生员梁嘉与大黄江巡检黄基数次勒索欺侮，韦昌辉悻悻之余欲报仇，才愤而加入"革命"。

韦昌辉家在当地，家境虽富，却因为没有功名，常常遭受同村刘姓等大姓地主的欺侮。韦昌辉之父韦源玠望子成龙，不时催儿子辈去桂平赶考，希望有朝一日光大门楣，弄个功名当个官儿，以泄昔往受人欺压之气。但韦氏兄弟考试无运，与洪秀全一样，连年名落孙山。

无可奈何之余，韦源玠只得花钱为儿子韦昌辉捐了个"监生"，这样，儿子总算有了个"功名"。

不久后，恰逢韦源玠七十大寿，韦昌辉以孝子名义，大请四周村邻。为了慰老父之怀，他还特意让人做了块"成均进士"的金匾，高挂府门。

所谓"监生"，原指在国子监肄业的学生，而国子监在中国古代被称为"成均"（"大学"的意思）。所以，韦家挂一块"成均进士"之匾，依礼制，并非僭越得过头，因为他们家确实有一个买来的"监生"身份。

但是，大酒大肉大摆谱，让旁人眼红嫉妒。邻村一位大烟鬼秀才蓝如鉴和乡内的催粮官吏骆某人，在韦家大口吃喝之余，想合谋敲诈韦家。于是，夜半无人时分，骆某人带几个伙计，铲除了大匾上的"成均"二字，等到早晨就带差人闯入韦家，指称韦昌辉假冒"进士"，违越礼制。

韦家老小当然不干，立即争辩。出门一看，却见匾上只剩"进士"二字，韦昌辉一家顿时哑口无言，如遭棒喝，这种"罪名"原本可大可小。

但正在一起吃酒的同乡有功名的生员梁嘉和大黄江巡检黄基得报后，拍掌大笑，他们正好缺钱用，觉得可拿韦家当银号来使。于是乎，小事做大，把韦源玠抓入新圩的团局，又打又逼。实在扛不过大板子，韦源玠只能忍痛交出数百两雪花银，暂得归家。

如此，事情还不算完，蓝、骆二人撺掇巡检黄基，要再敲韦家几千两白银，韦昌辉不得不四处借银。

此时，洪秀全、冯云山正在附近"传教"，韦昌辉向二人借钱、问计。洪秀全对韦昌辉说："银子如水，滚进官府没个完，不如开炉打制刀枪，共除这些妖魔鬼怪害人虫！"

韦氏父子怨气满胸，闻言立刻拍腿应允，从此加入"革命"队伍，在家中大院开架 12 座炉炼铁，以打制农具为名，打制起事用的武器。

武器很多，打制完毕后，韦昌辉悄悄投入犀牛潭中。金田起义时，洪秀全对教友们说："上帝阿爸已经赐给我无数刀枪钉耙武器，要我们灭除清妖，现在，犀牛潭中已有不少天降武器。"

农民教友们将信将疑，入潭寻摸，果然发现大批武器，大家一下子欢呼雀跃，更加迷信洪秀全。

所以，韦家对洪秀全起事之初的帮助，无人能比。

倘若没有韦昌辉家族的倾力相助，"金田起义"便是不可能之事。而且，在"金田起义"爆发后近一年的时间里，清政府的许多官方文件均把韦昌辉列为"逆首"，可见他在当时的影响力。直到咸丰元年（1851 年）九月初八，咸丰帝在给赛尚阿的一份谕令中，才称洪秀全为"逆首"。

"逼封万岁"事件发生后，事后据天王府中一位姓王的老妈子回忆，洪秀全连夜召集一些人紧急密议，准备诛杀杨秀清。韦昌辉、秦日纲受密诏，先后回城参加诛杨活动。如果是韦昌辉假称奉旨杀杨秀清，那么秦日纲也不可能有这么大胆参与军事行动。所以洪秀全的密诏是杨秀清的催命符。

后来的不少研究者，总以石达开被俘后写下的自述中一段话引申，证明并非洪秀全授意韦昌辉杀杨秀清："杨秀清平日性情高傲，韦昌辉屡受其辱……韦昌辉请洪秀全诛杨秀清，洪秀全不许，特加杨秀清伪号。韦昌辉不服，便将杨秀清杀死。"

这段话中，似乎证明韦昌辉是主要责任人。但大家可能忘了，石达开本人也是"天京事变"的关系人之一。韦昌辉杀了他全家，而他日后跑出城，挟众而来，更是迫使洪秀全转舵杀了韦昌辉。正因如此，石达开的供词肯定有倾向性，大说韦昌辉的不是。

上帝死了！天王万岁！

相较之下，李秀成的自述比较公允，但出于为尊者讳（或者他也不十分明白实情）的考虑，他只作如下表示："东王自己威风张扬，不知自忌……北（王）、翼（王）二人同心，一怒于东（王），后北王将东王杀害……"可以明确地讲，参与杀害杨秀清一事，石达开本来也有份，只是当时路远，他没有及时赶回南京而已。

杨秀清在世时，非常猜忌石达开。他曾怕石达开在安徽独大，屡次调人以分其权。石达开日后所写的自述中，其实有三大问题与"天京事变"真实情况不符：

其一，他把"天京事变"的时间提前了一年（也可能是误写）。

其二，本来是他石达开兴兵以大军逼洪秀全杀韦昌辉，他在自述中却说是洪秀全主动杀韦昌辉。

其三，杨秀清是在"逼封万岁"后被杀，而自述中讲洪秀全故意加封杨秀清，韦昌辉不服气，杀杨秀清。

所有这些，都是石达开故意编造，以证明他本人完全没有参加"洪杨内讧"。其实，种种史料证明，在洪秀全诛杀杨秀清的行动早期，石达开本人也是密谋者之一。

杨秀清有勇有智，自不必说，但他为人也是"阴忍而残刻"，严刑峻法，果于杀戮，威风跋扈，不知自抑。他对洪秀全本人假装"天父"下凡予以折辱不说，对天王的二哥、族弟，皆敢责辱呵斥。英明神武如石达开，每见杨秀清也要跪禀听命，还特别怕他"下凡"时杀掉自己。

杨秀清本人和韦昌辉、秦日纲等人最大的直接冲突，源于1854年夏初的一件小事：燕王秦日纲手下有个牧马人，路遇杨秀清一个族叔，没认出来，所以没有立即下跪行礼。杨大叔大怒，立即让从人把这个牧马人揪下马，鞭打二百后，送往刑部黄玉琨处要求"严加惩处"。

黄玉琨也是个侯爷（卫国侯），觉得杨秀清族叔太过嚣张，不买他的账。杨大叔更怒，一脚蹬翻黄玉琨桌案，转身跑去族侄杨秀清处告状。

杨秀清闻言大怒——不给叔叔面子，就是看不起自己，于是他立刻下令当时主管刑部的石达开逮捕黄玉琨。相关部门的负责人秦日纲和陈承瑢很生气，上书辞职，杨秀清雷霆大发，下令韦昌辉杖责秦日纲和陈承瑢。最后，他把那位牧马人五马分尸，以息族叔怒火。

杨秀清和杨大叔气平了，但其余诸人胸中的怒火却勃勃燃烧。杨秀清为如此小事得罪那么多人，可见他当时是多么猖狂。

作为北王的韦昌辉，日受挫辱，却也不敢发作，只能对东王跪迎跪送，常常脸带笑容低三下四地讲："非王兄教导，小弟肚肠嫩（客家话，指自己见识短），几不知此。"

杨秀清不傻，一直暗防这位北王，所以，北伐关键时刻派援军，他就没有让韦昌辉前去，生怕他出外"另立山头"。后来，他屡夺韦昌辉兵权，并因水营之败杖责过北王。

怨恨门深的情况下，身在江西前线的韦昌辉接到洪秀全密诏，自然把此事当作头等大事，即刻率三千军马火速赶回"天京"。当时，虽然清军江南、江北大营被太平军击溃，但局势仍处于高度紧张状态。

"天京"城防守森然，各个城门皆由杨秀清嫡系把守，如果韦昌辉手中没有洪秀全的令牌，他那三千人马根本没有入城的可能。而且，"东贼（杨秀清）军令，凡伪官率众出而败回者，不准入城，必待寇他处获利乃许入（城）"，韦昌辉本人恰恰在江西连吃败仗，如果不受洪天王密诏，有八个脑袋，他也不敢在不知南京城内虚实的情况下回来。

9月2日上午，洪秀全亲眼看见了韦昌辉送来的杨秀清首级后，仍不放心，佯称韦昌辉擅杀有罪，下诏说要当众鞭打北王四百，诱使东王杨秀清属下数千人临观。

慌乱之际，听说天王有诏旨，东王手下的人皆放松警惕。这些人大多是广西出来的太平军骨干分子，哀痛之余，响应号召入天王府观看杀掉自己首领的韦昌辉受刑。

进入天王府之前，肯定要去掉兵器。结果，这些人就乖乖被缴了

上帝死了！天王万岁！

械，进去后皆被赶入几间大库房内，库房大门紧闭。大概来讲，这些人都是东王属下的中下级军官，有五六千人之多。大伙正纳闷，窗户忽然被打开，炸药包一个又一个地扔进来，轰隆巨响之下，东王属下血肉狼藉，不少人当场被炸死。

大门复大开后，趁硝烟未尽，北王韦昌辉手下冲入，对这些手无寸铁的老战友加以集体屠杀。

杀掉这些人，洪秀全、韦昌辉仍旧不放心，两个月内在"天京"城内四处搜杀杨秀清族人、部下及他们的所有亲属，共计两万多人，可谓斩尽杀绝。

韦昌辉虽然作为执行命令者，但是仅仅他手下这三千人也干不了这件事。当时"天京"城内共有军士近三万人，这些人在洪秀全的命令下，也配合韦昌辉杀人，所以洪、韦才有这么大的"成果"。

杨秀清被杀后，尸体仍被洪秀全下诏分尸，然后投入大铁锅煮成肉糜，集合众将士来啖此"大奸贼"。

9月中旬，同样受密诏诛杀杨秀清的石达开赶回"天京"，见天王、北王滥杀这么多人，又有自己的属下在乱中被杀，石达开很生气，责斥韦昌辉。

韦昌辉告之洪秀全，深宫中的天王又大动杀心。幸亏石达开并非愚忠之人，见形势不妙，入城仅仅数小时，便率手下由小南门斩门而逃。

在洪天王授意下，韦昌辉残杀了石达开全家。同时，为了不留后患，燕王秦日纲受诏，率一万多人出城追杀石达开。

石达开在军中威望很高，武昌的洪山军闻调而动，约四万人齐集石达开手下，自安庆渡江至泾县，声言要回城杀讨韦昌辉。

老奸巨猾的洪秀全接报，心中着实害怕石达开手下的精兵良将。他忙派人当众谴责韦昌辉："尔我非东王不至此，我本无杀他之意，而今已拿戮之（东王），其下属何辜，又尽杀之，应念天父好生之心，以宽纵为宜。"这样一来，洪天王把自己伪装成不知情的大好人。

韦昌辉此时气得头发昏，深知自己被洪秀全利用，怒言道："我为渠除大害，今反责我，欲沽名耶！"

洪秀全忽然变脸，下诏诛杀韦昌辉。从前被人当枪使，现在又要被杀，气急败坏的韦昌辉两眼冒火，率手下三千人扑向天王府。天王府的府墙比当时南京城墙还要厚坚，即使手中有火炮，韦昌辉一时也攻不下来。

关键时刻，天王府中的客家女兵突显神威，这些被洗过脑的妇女们为了誓死捍卫伟大的天王，在被围攻的第二天，突然大开天王府，持枪举刀，主动冲杀。如此出其不意地遭到一群不要命的女兵攻击，韦昌辉及其手下不知所措，惊溃而去。其中，有一部分北土士兵趋朝阳门，斩关而去。

韦昌辉本人带着一些残兵，返回北王府抵拒，这样一来，北王成了瓮中之鳖。

洪秀全亲自布置，严令在城内各街设栅，派军围攻北王府。见势不妙，韦昌辉仅率两三从人偷溜出来，想从内桥栅口逃往城外。其间，恰好遇上巡逻队，北王答不出口令，被人当场抓获，押送至天王府。

洪秀全并不见他，立刻下令把北王"五马分尸"，算是对大众有个交代。然后，他又派人逮捕了率兵追击石达开的燕王秦日纲，斩首示众。再后，洪秀全把二人首级装匣，派人送至率大军自泾县到宁国的石达开军中。于是，石达开便于11月28日回到了天京。

洪秀全见石达开，放声大哭，泣诉自己被韦昌辉"挟持"的委屈，显得特别无辜。石达开信以为真，泪如雨下。

但是，对于这种内讧残杀，太平天国上层十分讳忌，并不敢对外宣布杨秀清是篡权被诛，声称东王是"赎罪期至，被世人陷害"，和耶稣一样"升天"了。所以，日后太平天国就把杨秀清被杀的那一天定为"东王升天节"。即使对韦昌辉，也不敢"显诛"，称其"死"为"丧"。

"天京事变"之后，对太平军最大的影响，就是"太平天国"从精神上丧失了昔日的"神灵性"和"正统性"。所以，百姓们私下传说："天父杀东王，江山打不通。长毛非正主，依旧让咸丰。"

太平军士兵很迷惘，"上帝"怎么会容许这种事情发生？"天父杀天兄，总归一场空。打包回家转，还是做长工。"

再笃信"拜上帝教"的人，也会产生疑问：代"天父"传言的东王，怎会被"天父"另一个儿子北王杀掉？而"真主"天王，又怎能把北王五马分尸？

信仰出现了裂痕，对于太平天国来讲，是最致命的一件事情。

船到江心补漏迟

为了挽救信仰危机，洪秀全对东王杨秀清作了一系列"追封"工作，不仅把北王韦昌辉的"雷帅""后师"爵位转给东王，还封东王为"传天父上主皇上帝真神真圣旨"，并作诗"深情"呼唤：

> 七月念七东升节，天国代代莫相忘！

由于杨秀清的两个儿子均被杀掉，洪秀全把自己的第五个儿子洪天佑过继给东王当嗣子，封为"幼东王"。日后好多人不明就里，以为洪天王对东王有多好，还替他留一支血脉，其实，这个"幼东王"，根本就是洪天王自己的儿子。

随着日后太平天国在各地的节节失利，洪秀全本人倒是真心怀念帮他打江山的杨秀清。1858 年，洪天王作诗："九重天上一东王，辅佐江山耐久长。"1859 年，他下诏称："天历三重识东王，降托东王是父皇。"

1861 年，"天京"上游的关键门户安庆将要失陷时，洪秀全连睡梦中都想得东王之力，写诗道："东王奏兵交妹夫，杀妖灭鬼有伊当。"真是临时抱佛脚，假使杨秀清还活着，洪天王自可以在深宫中作诗纵欲拜耶稣，根本用不着忧心忡忡亲问军国大事。

"天京事变"，自己人杀自己人，对于"太平天国"来讲，贻祸无穷。

第一，洪秀全、韦昌辉对东王及其属下的大屠杀，加上后来洪秀全对韦昌辉及其属下的杀戮，除了老弱妇孺不算，也有两万人左右的太平军中坚被杀。这些人，绝大多数是一路从广西走来的，劳苦功高，久经考验，是那种三千顶十万的人才。杀了这些人，太平军绝对是自毁长城。

第二，如果"天京事变"没有发生，太平军挟破"江南大营"之胜势，大可攻下苏锡常富庶地区，还很可能一举击溃正在成长中的湘军。当时的湘军被切分在湖北武昌和江西南昌两个地方，岌岌可危。

第三，"天京事变"直接导致了军事重镇武昌的失守。因为当时武昌的太平军守将是韦昌辉之弟韦志俊，石达开本人也在距武昌城十里以外的洪山督师。洪山大军应石达开之命回师南京杀韦昌辉，武昌的敌我均势被打破，迫使太平军不得不放弃武昌。

武昌扼金陵上游，可固荆襄门户，可通两广、四川饷道，如此坚城一失，造成太平军日后被动挨打的局面。

话又说回来，"太平天国"定都南京后，腐化堕落速度之快，令人瞠目结舌。从太平天国大修府第的情况，可见出一斑：

> 伪天王洪秀全改两江总督署为伪天朝宫殿，毁行宫及寺观，取其砖石木植，自督署直至西华门一带，所坏官廨民居不可胜记。以广基址，日驱男妇万人，并力兴筑，半载方成，穷极壮丽。以金陵文弱之人逼令挑砖运土，稍不遂意，则鞭箠立下，妇孺惨遭凌虐，亘古罕闻，茹苦含冤，天地惨变，

上帝死了！天王万岁！

是以工甫成即毁于火。诅虫蝎之心，冥顽不灵。

四年正月，复兴土木，于原址重建伪宫，曰"官禁"，城周围十余里，墙高数丈，内外两重，外曰"太阳城"，内曰"金龙城"，殿曰"金龙殿"，苑曰"后林苑"，雕琢精巧，金碧辉煌，如大兰若状。

唯外面纯用黄色涂饰，向南开门，曰"天朝门"，门扇以黄缎裱糊，绘双龙双凤，金沤兽环，五色缤纷，侈丽无匹。其宫殿堂庑，下及厢橑庖焗，无不如是。且以黄绸十余丈挂诸门外，朱书大字，字径五尺，其文曰："大小众臣工，到此止行踪，有诏方准进，否则雪云中。"贼中呼刀曰"云中雪"，忽作歇后隐语，言外必杀也。

门之两旁设东西朝房二所，内外各三层，亦皆宽敞高广。门外用红黄绸绉扎成彩棚，风雨任其淋漓，月余即更换一次。

门前丈余开河一道，宽深二丈，谓之御沟，上横三桥以通往来。过桥一里，砌大照壁，高数丈，宽十余丈，照壁适中搭造高台，名曰"天台"，为洪逆十二月初十日生日登台谢天之所。台傍数丈，外建木牌楼二，左书"天子万年"，右书"太平一统"。牌楼外有下马牌，东西各一。此洪逆伪宫之大概也。

伪东王杨秀清至江宁，初踞藩署，因金甲神到处呵斥，不获安居。三日后移至内城将军署，又以逼近东门，唯城外炮子飞入，复移至旱西门黄泥冈，改前山东盐运使何其兴住宅为伪府，尽毁附近民居阓阛开拓地基。

以窃夺之物料，威胁之人力，何所顾惜，穷极工巧，骋心悦目，以耀同侪。百姓震惊，以为尊严无比，虽逊于洪逆伪宫，然已回环数里，垣高数仞矣。

更以碎磁锋密布墙顶，拥以油灰，防人攀越以谋己。大

太平天国官邸一角

门亦糊黄缎，并用铜环彩画，则止一龙一凤，彩棚仍以红黄绸绉为之。东西设伪官厅各一，东曰承宣厅，西曰参护厅，并有东殿尚书挂号所。此杨逆伪府之规模也。

其伪西王萧朝贵、伪南王冯云山，久经殄灭，今仍列其伪衔，逆属亦有伪府，奢侈暴殄，大略相同。伪北王韦昌辉初至江宁，踞富室李姓家，嗣移中正街前湖北巡抚伍长华新宅。伪翼王石达开先踞故明张侯第，嗣踞上江考棚。伪燕王秦日纲踞中正街升平桥前湖北宜昌府程家督宅。

除洪逆外，所居皆谓之伪府。伪西王府门画一龙一凤，与东王同。他如南、北、翼、燕及豫五伪王，则画一龙一虎。国伯国宗及各伪侯亦画龙虎，而所踞之第则又谓之衙。丞相画像，检点、指挥至总制俱画鹿，监军下至两司马则画豹，但监军军帅画豹踏云，师帅至两司马虽亦画豹，则踏山冈，丞相至军帅公堂画龙，师帅至两司马公堂一概画虎。

其伪侯、丞相以下分踞文武衙署并缙绅富室房屋殆尽，无不大张旗鼓，粘贴伪衔，互相夸胜。而穷奢极欲，唯洪杨两逆首为最，余皆不逮矣。

（张德坚《贼情汇纂》）

早在这一年年初，就有不少太平军将士公开抱怨："从前在金田、永安时，天父曾答应我们到金陵小天堂后，令男女团聚，得成家室，今忽忽三年过去，大家仍无女人，是不是天父诳骗我们？"

杨秀清听众人如此说，心中也惊，便讲道："汝辈怎能测天父之高深！时间愈久，天父许赐你们的女人越多，现在你们大家想速配，高职者一人仅得十余妇人，依次递减，到时候可不要又嫌少！"

于是，隔了几个时辰，杨秀清就晃当"天父下凡"，"指示"军中速配：丞相可得十二个女人，国宗可得八个女人，依次递减，士兵也可得配一个女人，原有夫妇可以团聚。

太平军在南京城中封闭"女馆"，自十五至五十岁，一个不免，即开列名貌分档注册，然后抽签匹配。仓促之间，有老夫得少妻的，有十四五岁的娃娃兵配五十岁老妇人的，都不准更换原配。

女馆中的百姓不少人不愿意嫁与这些人，杨秀清命人挑出几个，当众砍去手足示众，"于是饮泣含冤者不可殚述"。自此以后，女馆为之一空。"在外之贼亦得掠配或竟逼妻，从此，诸贼无不昵少妇，拥多资，为贼酋尽死力，然凶悍之气，亦以此而渐杀焉。"（李圭《金陵兵事汇略》）

生活腐化，自相残杀，坐失重镇，"太平天国"一下子由盛而衰。这还不算完，紧接下来的石达开"出走"，又给了太平军一次致命的打击。

"东王"生前身后事

清同治四年（1865年），湖广总督官文主修、汉官杜文澜主编的《平定粤匪纪略》中，有这样一段记载："……杨逆（杨秀清）本名嗣龙，湖南衡州人，其父杨大鹏因传教伏法。杨逆流徙广东，遂为嘉应州（今广东梅州）人。"

不仅如此，早些时还有湖南常德一个士绅杨彝珍，他看见太平军在常德附近所贴布告的杨秀清衔名中有"禾乃"二字，便认定"禾乃"二字相合为"秀"，就把被左宗棠压下来的一桩案子重新"翻案"。那么，左宗棠压下的是什么样的"案子"呢？

咸丰四年（1854年），胜保在山东高唐州俘获一名太平军北伐军中的军官，那人供称东王杨秀清是湖南耒阳人，家住耒阳城外西乡三角坪，并说杨秀清之父杨大鹏本来就是朝廷要犯，因抗粮被杀头。

　　　　　上帝死了！天王万岁！

胜保不敢怠慢，立刻飞奏朝廷。咸丰帝很上心，送折批于军机处，让人急谕时为湖南巡抚的骆秉章彻查。骆秉章便命令属下一名叫张丞实的道员往当地查访。

张丞实查了几天，查到确实有杨大鹏，但此人被杀，根本没有儿子。张道员办事认真，还查出另外一件事情：

杨大鹏所居三角坪不远处，有个老头名叫梁人泰，其妻姓杨。此人于嘉庆十八年（1813年）生子名梁宗清，小名"禾乃"，生性顽劣，于道光十九年（1839年）出逃在外，不知所踪。

梁人泰听说清政府彻查杨大鹏案件与太平军"东王"的事情后，心里不踏实，怕自己的儿子梁宗清逃出老家后加入"长毛"，遂让其姓母姓，改名"杨秀清"，立刻自首。梁人泰此举，也是害怕事发受累，因为根据清律，大逆乃是"族诛"重罪。

张丞实报告上交后，时任骆秉章"师爷"的左宗棠为人慎重精细，经过审慎验正和推敲后，以骆秉章名义向清廷秉奏此事原委，并奏：

……经确切密查该逆杨大鹏并无子侄亲属在外数年未归之人。

往勘该县西乡哑子山系欧阳族人勘居之所，检查谱系，该逆杨大鹏自其本身上三代均系独子单传，该逆始有同胞兄弟，均经查办，并无余孽。差传族长里邻查讯核实谱载相符。又查三角坪在该县北门城外，仅止杨平龙一户在彼居住，父子四人，其子均幼，现在家耕读生理，调核宗谱，并无杨秀清之名，是逆首杨秀清实非杨大鹏之子，确有可信。

……

当询署耒阳县知县张济远，据云该民素称良善，现据该地方保充团长，其子宗清逃去在外，为匪与否实无确据。

臣于接到张丞实禀后，复密饬衡阳县教谕吴宏焘就近改装易服潜往该处详细查访。

> 唯逆首杨秀清前据逆犯洪大全供系广东人，湖南屡次生擒匪党有供称该首逆系广西壮人者，亦有供称广东人者。该逆党坚交秘，不但其真实姓名不可得详，即籍贯亦无从指实，要之非杨大鹏之子则断无可疑。

> 至该民人梁人泰之子梁宗清是否流入匪党，尚未可知，安可以影响疑似之谈，遽行提省质问，致无辜枉受株连。拟俟吴宏焘确切查询明白后，再行分别办理。事关重大，臣自当详慎酌办，断不敢掉以轻心……

也就是说，左宗棠认定，杨秀清不是杨大鹏儿子，也不是梁人泰早年在家惹事后逃跑的儿子梁宗清。这件事，从政府层面，在当时已经被压了下来。

但是，常德士绅杨彝珍深觉左宗棠是故意隐瞒事实，由于他本人有功名在身，是"翰林院庶吉士"，就上书清廷，认定杨秀清就是梁人泰之子。清廷中有人信以为真，下令当地政府毁掘梁人泰家族的祖坟。

挖坟就是"毁风水"，几千年的中国历史中，政府常用这招来断绝造反者的"龙脉"。可巧的是，梁人泰祖坟被刨只过了几个月，"天京事变"发生，东王杨秀清被杀。

闻知信息后，杨彝珍认定自己为大清建奇勋一件，深信他一纸奏文毁掘了贼头家祖坟，才使杨秀清断头。扬扬自得之余，杨彝珍写诗道："冢遁金蛇孽运终，连天烽燧遂销红。不矜一纸神通力，恐掩熊罴百万功。"

为了详细说明此诗的背景和功劳，杨彝珍详细引摘了张丞实的报告内容，认定梁人泰之子梁宗清出走后改姓母姓，并把乳名"禾乃"合为"秀"字，起名"杨秀清"。

这位杨彝珍根本不知道杨秀清衔名"禾乃师赎病主左辅正军师东王

杨"中的"禾乃"，其实是太平天国教义中的一种宗教称呼："今当禾熟之时，即得救之候。朕是禾王，东王禾乃。禾是比天国良民，禾王、禾乃俱是天国良民之主也。"（洪秀全《钦定前遣诏圣书》）

杨彝珍的自吹自擂，当时还真有不少人相信，连大文豪俞樾（杨彝珍同年好友）都为此事作文吹捧，故而人们以讹传讹，直至现在还有学者在研究杨秀清的"湖南"籍贯问题。这显然是把传说当成"悬案"来考证了。

更可笑的是，官修历史的杜文澜既不知胜保奏章，也没看过张丞实的调查报告和左宗棠为骆秉章所写的奏折，却牵强附会，把杨彝珍笔记和诗后记当成真事，把传说当成史实记入"正史"。这造成日后一连串的"考据"与"调查"。

附件：在南京生活数月的两名欧洲人的叙述（节选）

说明：在这篇文献中，作者对于太平天国领导人均以数字提及："第一位"指洪秀全；"第二位"指杨秀清；"第五位"指韦昌辉；"第六位"指石达开；"第七位"指秦日纲；"第八位"指胡以晄。

这两个西方人的叙述，可以与太平天国相关的内容，尤其是"天京事变"的内容加以互证。但"西方人"的叙述不可能全令人信服，比如爱尔兰人肯能的叙述就有夸张之处。而且这两个人对杨秀清与石达开的关系也不十分清楚。但他们描述的韦昌辉、秦日纲二人在杀了杨秀清之后受鞭刑的事，非常有价值。文中对胡以晄的记载不正确，胡以晄是病死在江西，不是在天京事变中被杀的。

"在南京生活数月的两名欧洲人"的叙述

《中国陆上之友》，1857 年 1 月 15、21、31 日

1 月 15 日

……

东王（杨秀清）及其党羽无疑已遭杀戮，著名的琉璃塔确已被毁，

极端的狂热情绪已处于失控状态，而我们本希望那里的情形会向好的方向发展。

镇江和南京——原始的叙述

（1856年）……我便想观察一下叛军（指太平军）。于是，我就和一位同伴在扬子江北岸登岸，沿着江岸步行到瓜洲的叛军炮台。

进入炮台后，他们问我们从何处而来，我们答称来自上海。他们以为我们还要回去，便送给我们许多他们的书籍。我们表示愿意留在他们中间，他们听后似乎十分高兴。

接着，炮台指挥官命令我们下跪，我们照办了；然后他走进一个房间，穿着整套官服出来，径自在桌子旁坐下；我们不得不再次跪下。由于没有翻译，双方便不再说什么或做什么。

当晚就餐时，他们将一张小桌子放在敞开的门处，桌面上摆有三碗饭、三杯茶、三双筷子，众人站立着唱赞美诗。接着，炮台的头目在屋中央的桌前下跪，屋内所有的人则跪在他身后，祈祷数语后，焚化祈祷文，不等纸张烧完便抛向空中。然后众人起身，仆人搬走门口的小桌，大家一同进餐。

在规定众人祷告的时刻，如有人缺席并且没有充足的理由，将遭到鞭打。他们在饭后不做感恩祷告，但通常在三顿饭前做同样的祷告。

第三天，一名士兵带来一件大公文，跪呈给炮台指挥官。后者吩咐我们与这个士兵同去镇江。

我们在金山上岸，步行来到首领的住所，但他并不在家。我们被带到一个房间里，惊讶地发现那里有五名马尼拉人，他们都身穿中国服装，除了长发外还留着辫子。

我们很快得知这些人是同一个意大利人和一个黑人一道，从吴健彰最初的三桅帆船舰队开小差跑出来的，迄今已在镇江府待了二年。在头五个月间，他们被囚禁在监狱里。他们当中的一人被怀疑是广州人，叛军烫烙他的脸和腿，逼他讲中国话。他们如今深得首领的欢心，并与他

上帝死了！天王万岁！

们同住在一起。他们随同中国人履行其宗教仪式。

他们告诉我们，任何人都不允许结婚，女子被关在房子里，由一名上年纪的妇女管制，并有男孩们看护。倘若在这些房子里发现士兵，男孩将立即禀报首领，首领便审问这些罪犯（包括士兵和女子），并将其斩首。这些马尼拉人是该城的行刑者，为此他们被分发了刀。其中一人专斩妇女。

他们说，两年半前，所有驻军除了喝粥，别无其他食物，他们正要弃守该城时，罗大纲从南京率三万人杀出一条血路赶来救援。此前整个驻军仅有一万人。有一次，他们在夜间派遣出五百名提灯的妇女；清军向她们开火，还杀了几位，事后才发现她们是女子。

我们在镇江期间，曾有几百名妇女和男孩从瓜洲方向被运到该城。

每七天举行一次祷告，时间似乎是在星期三午夜。下辖一定数量士兵的营房头领或小军官召集起所有的部下，众人均跪着唱赞美诗，然后由头领念祈祷文，约历时十分钟；礼毕，众人起身解散。次日早上，假定是星期四，该城的每一条干道上都在黎明时分悬挂起一面与街道同宽写有三个大字的白旗。任何骑马的官兵在经过白旗时都不得不下马牵引而行，不得骑着通过。

除此之外，他们根本不守安息日（工匠在第七天从不停止工作），既没有任何集会，也没有任何集体礼拜仪式。

再继续我的叙述。被领到镇江府首领面前后，我们不得不下跪；首领挥手示意我们起身，问我们从何而来，并问我们是否愿意留下。我们答称从上海来，愿意留下来。他接着问马尼拉人是否愿意担保我们不会逃走。他们点头允诺，他对此似乎感到满意，并吩咐我们同马尼拉人住在一起。

第二天，我们均跟随一支大部队开往扬州，午饭后返回。

所有的士兵和苦力（每名士兵辖三名苦力）都忙于从扬州运米到瓜洲、镇江，前后历时一个月，动用了大约三万名成年男女和儿童。我们留在镇江达五天之久，整天无所事事。

此后，我们起兵三万从瓜洲向内地一座有城墙的城市进行了为时一天的进军。我们与一万名清军交战了一小时，我方有两三人受伤，对方约有三十人负伤。我们占领了这座城市。该城城门顿开，我们从一边的城门入城，清军则从另一边城门逃之夭夭。

……我们已厌倦这些人，试图在瓜洲边逃跑。由于不能身穿中国服装逃跑，我便到镇江去取我们的西装。

次日上午，我惊讶地发现又有两名欧洲人被带来。我告诉他们，我为在这里见到他们而感到遗憾。不过，既然如今又来了两位我们的同胞，我便决定留下。我带着这两个伙伴去见首领；和对我们所说的一样，首领告诉他们不要指望有任何军饷。

我们四名欧洲人现在同意与他们待在一起，并于第二天早上随同部队向东北方向进发，来到一个四面环水不易接近的清军营垒。

我们试图将他们引出来，但未得逞。我们在那里待了两小时，然后所有人马又撤回镇江。我们此次突袭收集到足够全城吃上两年的大米。我们在进军途中张贴了许多布告，告诉老百姓我们只要他们纳税，凡纳税者将不被惊扰。

次日，一千五百名南京守军开回南京，行进十英里（约十六公里）后因遇到一支庞大的清军而扎营。镇江守军一万人便同他们会合，与大队清军发生遭遇战。这些清军已在通往南京的要道上修筑了工事，并有三十条广州船支援，其中一些船已把枪移上了岸。

我们激战一整天，大约消灭清军一百人，迫使其退回营垒。我方有十人不慎被自己的炸药包炸死。我们撤回到筑有城墙的营垒过夜。

次日上午，我们用船搭起一座桥，越河行进到一座岛屿；一支分队则执行避免使清军察觉到我们的任务。我方约二百人过河去搭一座能安两门炮的炮台，以便与敌方安有六门炮的炮台对抗。但是，清军占有优势，我方无法与其对峙，导致四人阵亡，一座炮架被毁。我们便放弃了

上帝死了！天王万岁！

这座炮台，加入了正在对面进攻清军的主力。

经过大约三个小时的血战，我们攻下他们的一座炮台，将该炮台的清军和剩下的另外三座炮台的清军赶下了河。

第二天，我们又攻下两座炮台，清军退缩到中央炮台。我们便包围了他们，毁了几间房屋，用木料和草在炮台四周纵火，以防止敌军逃窜。次日黎明前，我们发现清军慌乱不堪，企图突围而逃。鸣号后，我们全体出击，逐一消灭他们。

第一天我们阵亡一百五十人，清军死六百人；第二天在夺取炮台时，我方阵亡四百人，敌方死五百人；第三天歼敌七百人，而我方无一伤亡。接着，我们占领了所有的炮台，并在那里发现了大量军火，敌船很快就移到江的对岸。我们在那里待了一天，次日绕道返回镇江。

我们调集了所有部队进攻清军炮台（回到上海后，我们才得知这些清军是由吉尔杭阿亲自指挥的，他在这次交战中被打死。但当时无论在镇江或南京都无人知道这一点）。

经过一番鏖战后，我们在首日攻占了一座炮台，他们便退缩到另一座炮台。我们在这里作战三天，共逐个攻陷了八座炮台，最终将他们赶进仅剩的三座炮台里，把其团团围困。当天作战竟未能奏效——我们安好了三门小炮，对准敌方炮台。

1时左右，五名清军军官走出炮台，跪着向我方打手势。南京和镇江的我方人员便迎上前去。双方谈判约一小时，但未能达成协议，敌方军官退回。等我方首领返回后，敌军重新开炮，我军予以还击。

交火一整天后，我们在夜间纵火包围了他们。他们弃守了一座炮台，我们随即将之占领，并杀死许多未及逃跑的守军。我们紧追不舍，以致在一间屋子里就刺死了15~20名清军。我们发现他们已陷入绝境，食物和饮水全无，马匹已被吃掉了一半。

第二天上午，我的伙伴、来自波士顿的查理·汤普森，在用抬枪瞄准对方时被子弹击中胸部。我和两个同伴将他抬回镇江，那里有三名医

剿灭粤匪图

生看护他。他在巨痛中挣扎了十天。他在负伤前经常说，他宁愿在美国监狱待上三年，也不愿再与这些人待上三个月。

清军完全被我们所包围，又无法将我们击溃，于是便企图突围而逃，但悉数被歼。敌方三座炮台共有七百人丧命；我方无人阵亡，仅有十人受伤。

1月21日

战斗结束后，我们忙于将炮和军火等运到镇江，这约持续了二十天。尽管离城仅有三英里（约五公里）左右，叛军仍占据着这些炮台，我们经过时他们还守在那里。过了八天左右，南京部队的一万五千人退到镇江东南约二十五英里（约四十公里）处，在那里构筑了三四座炮台，并驻守了几天，直到镇江援军到来。

会合的那一天，我们遭到一队清军步兵和大约七百骑兵的袭击，几次被其击退。清军后撤时，骑兵奔乡村，步兵走山路，我们便兵分两路推进。在穿过乡村时，我们毁了所有的大房屋，但从未骚扰穷人的房屋。尽管如此，当我们逼近时，乡民们还是逃之一空。

我们离开了驻守这尊炮台的镇江部队。其他的部队则向南京进发，司令官顶天豫（官名）问我们是否愿意到南京去，并称将为我们提供马匹。我们在南京会比较舒适，我们便同意去南京。

在第二天的行军途中，我们遇到三座清军盘踞的炮台。由于军火告罄，我们不想同他们交火，便绕道而行。我们行军到晚上10点时，他们仍尾随不放。我们绕上一座山，他们这才作罢。这座山距南京约二十五英里（约四十公里）。我们在此盘桓了几小时，于第三天到达南京。

我们（两名欧洲人）离开了大部队，从城西距琉璃塔约第三个城门入城。我们身穿中国服装，通过了第一道门，但在过第二道门时被阻。我们与门卫一同进餐，他让我们等待允许我们进城的命令。

在停留城门期间，我们吸引了不少观众，过道上挤满了过往行人。我们被带到第八位（胡以晄）处，他问我们是否认识一位名叫安东尼的意大利人，他们称他为"罗大纲"（罗亚旺）。此人很受首领们的恩宠，跟随他们已有三年半左右，是从吴健彰所雇用的葡萄牙快艇上开小差加入他们行列的。我们不认识他，也从未见过他，我们认为他已经死了。

他们说，他膂力过人，佩一柄十四斤重的剑。当清军向他射击时，他就倒地装死，等到一群清军涌上来想砍下他的脑袋时，他便突然跃起手刃其中的两三个。他享有特殊待遇，被拨给钱买他似乎十分嗜好的鸦片和酒。他几乎可以随心所欲。

第七位（秦日纲，即和我们一道从镇江来的那位首领）听说我们在第八位（胡以晄）处，便派人来叫我们。他随即领我们去见第二王（即第二位，杨秀清）。我们被事先搜身，任何人不得携带武器接近他。

他的所有官员，他的妹夫和我们都在他面前下跪；官员们齐念一篇短的祈祷文。他有两个各为三岁和七岁的男孩，当其中的任何一位出现在街上时，所有的官兵都得立刻下跪；只要他们出现时，连我们也不得不这样做。有时我们得下跪十分钟之久。

由于当时没有翻译，第二位（杨秀清）讲了寥寥数语后，就把我们托付给他的妹夫。其妹夫将我们领到他的住所，我们在此受到很好的照顾，住在一个很不错的房间里。

我们的翻译从前在广州当过木匠，当他来到第二位（杨秀清）跟前时总是下跪，并让我们也这么做，但当我们依旧站着时，首领并不见怪。我们因此认为，若不是广州人当翻译，我们的境况会更好些。

第二天早晨6点左右，我们被召到第二位（杨秀清）面前，他问我们是如何打仗的，似乎认为我们仅会使用拳头。我们便示范给他看，我们不仅会用刀，而且还会使用火器。于是他递给我们一根棍子，我们便使出浑身解数表演攻守动作。我们告诉他，我们只在喝醉时才用拳头搏击，并举起杯子摆出喝醉的姿势来表达这层意思。他们让我们表演了几招拳术，第二位（杨秀清）觉得很有趣，不禁开怀大笑。

他们递来一支英国手枪让我射击，在相距五十码（约四十六米）的

上帝死了！天王万岁！

墙上贴了一张纸。我射中了纸的中心。我瞄准时第二位（杨秀清）就站在我的身后，当我开枪时他显得有些紧张。

第二位（杨秀清）环顾并注视着他的宽大宫殿，问我们的皇帝是否也有与此类似的宫殿，我们当然回答没有。在他死前逗留南京期间，我们大约见过五百名从事烹饪、做鞋等杂役的妇女。每天早上8点，有800~1000名穿着体面的女子跪在第二位（杨秀清）的门口听候吩咐。我们获悉这些妇女是业已阵亡的那些叛军的妻子、亲戚和朋友，受雇在第二位（杨秀清）的王府里。

翻译来到后，我们告诉第二位（杨秀清），在我们国家并无向长官下跪的习惯，故而我们第二次与他见面仅有十分钟。

此后的三个多月间，我们在城里闲逛，在情形许可的范围内自行娱乐。该地是如此之大，以致即使我们离开住所数月也不会被怀疑已离城出走。

有一次，我们看见三个男人和三个女子因私通而被斩首——一位年轻的男子因乱伦被斩首后又被肢解，而这名女子仅被斩首；一名男子因偷窃被斩首。

我们通常看到的是那些被发现吸食鸦片的人的头颅。这些首级被系在长杆上，由两个人抬着穿行在主要街道上，一人敲锣，一人宣布罪状，以儆戒众人。抽大黄烟和饮酒者一经发现即遭鞭打，凡醉酒者将被斩首。

我们不能断言第二位（杨秀清）不抽鸦片，只是倾向于相信他不抽鸦片，但我们确知他的妹夫既抽鸦片又喝酒。在第二位（杨秀清）死后，他被指责其宫殿里有大量鸦片和大黄烟。凡交出烟灯、烟盘等烟具者，将被奖赏五块大洋。但我们从未听说何人被发现拥有烟具，直到我们离开南京时依然如此。他们要烟具的目的是要证明其主人抽鸦片，因此其主人是个坏人。

由于厌倦于无所事事，我们便让翻译告诉第二位（杨秀清），我们想出城参战。他劝我们不要忧闷和气馁，因为他想马上就和我们交谈。但他并没有找我们谈话。

我们最后一次见到他时，他正在一个公共场所作讲演。大约有3000名广东人下跪。我们听说他们对出城作战犹豫不决。我们注意到在该城的所有地方和所有街道，到处都有妇女；没有人被限制居住在某一特定的地方。凡是有丈夫的妇女都可以不工作，但所有没有依靠的妇女都不得不干各种体力活，诸如搬运砖头、木料、大米等。南京城里的大部分男子都是士兵，他们不做杂务，也不搬运。

第二位（杨秀清）的宫殿紧挨着西门，满城的所有房屋和大部分城墙已被毁。仅有叛军军官才可以穿黄色衣服，士兵可以任意穿除此之外的任何颜色的衣服。尽管他们从不剃光头的前部，但并没有废除辫了，仍然将头发编成辫子，有时还用红色和黄色丝绸将辫发扎起束。辫了垂扎在头后，盘卷在帽子里。

我们曾两次看到由纸糊的龙和各种动物的象征物组成的很长的队伍。我们的住所距第二位（杨秀清）的宫殿约五十码（约四十六米），位于街道的对面。

我们听说，第二位（杨秀清）已下令第五位（韦昌辉）将其部队从原来的驻地分调到不同的地点，另命令驻扎在丹阳的第七位（秦日纲）开往安徽。

第七位（秦日纲）在途中遇到了第五位（韦昌辉），后者问他向何处进发，他答称奉第二位（杨秀清）的命令赶往安徽。第五位（韦昌辉）说，你应当和我返回南京，因为我收到了第一位（洪秀全）的信函，你并不知道此事。第七位（秦日纲）不知道发生了什么事，直到他们行抵南京（他们驻扎在城外），第五位（韦昌辉）这才告诉第七位（秦日纲），第一位（洪秀全）命令他杀掉第二位（杨秀清）。

就在这时，第二位（杨秀清）已下令所有第一位（洪秀全）的人出城作战，但他们没有从命。他还召他的朋友第六位（石达开）的人马进

上帝死了！天王万岁！

城，但他们已来不及在第五位（韦昌辉）和第七位（秦日纲）进城之前赶到：第五位（韦昌辉）和第七位（秦日纲）的部队已在午夜未被怀疑地进了城。官兵们说，如果说第五位（韦昌辉）和第七位（秦日纲）没有入城，那么杀掉第一位（洪秀全）正是第二位（杨秀清）打算要干的事。

一天早晨四点左右，我们被炮声惊醒，一发炮弹就落在我们住所的附近。我们立刻起身，想跑到街上去，但被阻拦住了。街面上排列着许多士兵，禁止任何人离开房屋。

黎明时分，我们出了屋，吃惊地发现满街都是死尸——我们辨认出这些是第二位（杨秀清）的士兵、下属官员、司乐、文书和家仆的尸体。我们还看到一具女尸。

此时，数千名第五位（韦昌辉）和第七位（秦日纲）的士兵，甚至第二位（杨秀清）的属下，正在第二位（杨秀清）的宫殿里抢劫。我们随着一群人进了宫殿，发现房间的装饰并不奢侈。我们曾听说他的筷子、笔架、印玺和其他几件小物品都是金制的，他的脸盆是银的。我们看到他的桌面上有两个小的金狮子和一个金钟。

在几个小时内，宫殿被洗劫一空。

全城在那一天处于极度的骚动状态，大多数人不知道事情的原委，所有的城门都紧闭着，城墙上也有人看守。我们听说任何人都可以随意去拿第二位（杨秀清）所属官员的财物。因为需要马匹，我们便抢了两匹马，但当晚这两匹马就被第五位（韦昌辉）的一个部下强行牵走了。

第二位（杨秀清）的妹夫已因病从我们的住处搬走。我们在第二位（杨秀清）死后去看他（指杨秀清妹夫），发现他的住宅未被骚扰，但他的妻子告诉我们，他已被用锁链套着脖子带走了。我们从那里到第七位（秦日纲）处，逗留了一天也没有见到他，他的部队在第一位（洪秀全）处。

第二天，我们到第一位（洪秀全）处找第七位（秦日纲）（因为他是我们唯一的朋友，是他把我们从镇江带到这里的）。我们的翻译也在那里，他将我们的朋友指给我们看，我们惊奇地看到，他们和第五位（韦昌辉）一同跪在第一位（洪秀全）的门前，每个人的脖子都套着锁链，头裹蓝巾。他们并不像犯人一样被拘禁着。

第一位（洪秀全）的一个女宣诏使出示一块两码半（约2.3米）长、半码（约0.5米）宽朱笔书写的大黄绸，放在他们两人面前。他俩便读上面的诏书，许多第二位（杨秀清）的官员也挤上去看。诏旨很快就念完了，被递出来贴在正对第一位（洪秀全）宫殿的墙壁上。

第五位（韦昌辉）和第七位（秦日纲）屡次通过这些女宣诏使传递消息，她们都是大体上还算美丽的广东女子，传递口信时声音清楚而又沉着，在三十六码（约二十七米）处都能听得见。

传话间歇期间，第五位（韦昌辉）和第七位（秦日纲）退到一个小屋里一同商议。最后，两位宣诏使宣布他们每人将被责打五百下。随即有人递过了五根棍杖，第五位（韦昌辉）和第七位（秦日纲）被自己的军官带去受刑。

第五位（韦昌辉）让某个军官抽打他，打到第三百下时，第五位（韦昌辉）抽出小刀说，如果不打得重一点就杀死他，同时还装出哭的样子。

就在第五位（韦昌辉）和第七位（秦日纲）受罚的时候，他们的一些部下涌上前将自己的手放在他们的背部，以代替他们受刑。我并不知道这纯粹是场闹剧，当时我正给第七位（秦日纲）摇扇子，看到其他人将手搁在第七位（秦日纲）的背部，便也把自己的手放上去。我的手被打了几下后，棍杖断了，又换了一根。

然而，他们每人所受的杖责并不超过三百二十下。第五位（韦昌辉）的一个军官想解下第五位脖子上的锁链，被他制止了。在这场虚假的惩处过程中，我看到有几百名官兵在哭。

第二位（杨秀清）属下的几个官兵也在场，他们是囚犯，脖子上套着绳索和沉重的锁链。大约有六千名第二位（杨秀清）的部下无疑已成了囚犯，被关押在第一位（洪秀全）宫殿两侧的两间大房子里。

在返回第七位（秦日纲）住宅的途中，我们遇见了我们好管闲事的翻译，他和两个士兵押着两名在躲藏中被抓获的第二位（杨秀清）的军官。他告诉我们，等这两个人被斩首后，第七位（秦日纲）即刻要见我们。

被带到第七位（秦日纲）面前后，翻译随即拉我们下跪；我们通过翻译向第七位（秦日纲）表示，对他受到杖责深感遗憾。第七位（秦日纲）表示不要紧，并给我们安排了一个卧室，紧挨着第一位（洪秀全）宫殿的大门，对面便是长时间悬挂着第二位（杨秀清）首级的地方。

当天夜间，我们跟着第五位（韦昌辉）和第七位（秦日纲）查看关押那六千人的房子，他俩在窗外察听，并策划如何消灭这些人。

次日黎明时分，这些囚室的门窗被打开，几个炸药包被扔到这些囚犯当中，出口处则被牢牢看守着。士兵们冲进了其中的一个囚室，几乎未遇到什么抵抗就杀死了所有的囚犯；但在另一个囚室，囚犯们用墙壁和隔墙上的砖块殊死抵抗了六个多小时才被消灭。这些囚犯除了被枪击外，还遭到两门发射火炮的轰击。这些可怜鬼自己脱光了衣服，许多人因气力衰竭而倒下。

第五位（韦昌辉）和第七位（秦日纲）最终命令他们的人将右臂从袖中抽出，以便与第二位（杨秀清）的人区分开来；这些士兵接着便冲了出去，杀死了仅剩的人。

此后，我们随即也进了屋。天啊，场面太恐怖了，有些地方死尸竟重叠了五六屋；有的自己吊死，有的被扔进来的炸药包炸成重伤，这些尸体被抛到一片荒野上，无遮无盖。

此后，城里每户家长都得报告家中所有男女孩童的人数，每个人被发给一块小木牌，佩戴在胸前，一旦发现第二位（杨秀清）的人就得抓住。在几周之内，被抓获的第二位（杨秀清）的人五人一队，十人一队，甚至成百成千地被押到刑场斩首。所有吃过第二位（杨秀清）饭的妇女儿童也都不能幸免。

约在第二位（杨秀清）被杀的六周后，第六位（石达开）和他的部分人马进了城，赶往第一位（洪秀全）处，在那里与第五位（韦昌辉）和第七位（秦日纲）相遇。

第五位和第七位给他看了他们的行动记录，第六位（石达开）说："你们为什么杀了这么多为我们作战的长发兄弟？难道第二位（杨秀清）和他的几个要员的死还不能使你们满足吗？"

第五位（韦昌辉）回答说："你是贼！"

第六位（石达开）回敬道："你也是贼！我们都是在为同一个事业战斗，因此我们都是贼。"第六位（石达开）接着说："既然你们已一意孤行到如此地步，你可以自己了结这件事，这与我根本不相干。"

当夜，他悄悄地集合了他的部队来到西门，但因未经第五位（韦昌辉）的许可而被拒绝通行。他便杀了门卫，同他的大部分属下出了城。如果那天夜里他没有出城，他就会被斩。不少人也乘机出了城。

第二天早上，全城处于极度的骚动状态，每个人都携带着武器。他们四处出动，欲逮捕第六位（石达开），但不能断定他走的是哪条路。他们洗劫了他的住宅，杀死了他的妻子和小孩以及夜间没有出走的他的所有部下。

第二天一早，第七位（秦日纲）派人来叫我们，我们非常担心他会杀我们，便打算宁愿越城而逃也不去见他。我们找到我们的翻译，让他向第七位（秦日纲）的一个军官探听找我们的目的——原来他只是想知道我们是否已出走。

对第二位（杨秀清）追随者的屠杀持续了三个月，我们估计约有四万名成年男女和儿童丧命。

当他们感到心满意足后，第七位（秦日纲）便率领载有一万五千人的船队溯江行驶到芜湖江岸的新岭山，我们两个人也随同前往。

第七位（秦日纲）奉命回南京。镇江的第二号头领带五百名手下一同前来，他接掌了对整个部队的指挥权。这似乎引起了极大的不满和不小的牢骚。第七位（秦日纲）当晚就赶往南京。

在此之前，我们两名外国人和我们讲葡萄牙语和英语的侍童曾过江来到第六位（石达开）的营地和堡垒，从其部下那里得知，第七位（秦日纲）因为在南京的暴行，很快将被斩首；他们还相告，第五位（韦昌辉）已被砍了头，如果我们有什么危险，可以过江和他们住在一起。

由于第七位（秦日纲）不在，我们便加入了第六位（石达开）的部队，发现已有一些第七位（秦日纲）的人投奔了第六位（石达开）。我们想亲自面见第六位（石达开），对方便为我们备好轿子。我们走了约四十英里（约六十四公里）来到芜湖，发现那里驻有6万～8万的军队。我们没有见到首领，但他捎口信给我们，表示我们会相安无事，并让他的一个军官照看我们。

我们在芜湖看到第五位（韦昌辉）的一名军官脖子上套着锁链，还看到第五位（韦昌辉）的首级被挂在一根杆子上，它是保存在盐里从南京送来的。

此前，在我们离开南京期间，第六位（石达开）曾致书第一位（洪秀全），表示如不处死第五位（韦昌辉），他将率部攻取南京。因担心第六位（石达开）会从琉璃塔方向逼近城垣，并利用琉璃塔作为制高点向城里射击，该塔被下令炸毁。

当我们离开南京时，琉璃塔还矗立在那里，当我们回来时却已站立在它的废墟上了。

由于没有接到任何回音，第六位（石达开）便率领所部猛攻南京三天，杀死了第五位（韦昌辉）的官兵五百人。攻城未遂后，他将部队撤回到芜湖，不久就收到了第五位（韦昌辉）的人头。我们随同他再次返回南京，没有遇到任何抵抗，城门像第二位被杀前一样洞开着。

第六位（石达开）对第五（韦昌辉）、第七（秦日纲）和第八位

太平军包营为营图

（胡以晄）的死感到满意，但并不准备杀死他们的任何一位手下，仅要求将从他家中抢去的物件（事发于他匆匆离城的那天夜间）归还给他，已抢劫者也不予追究。

在我们离开芜湖的好几天前，第六位（石达开）已先行派出六百人为他准备住所；然而，在我们到城之前，这些人已抢劫了第五（韦昌辉）、第七（秦日纲）和第八位（胡以晄）的住所。我们试图见到第六位（石达开），以领到一些衣服和钱，但未能遂愿，任何人都不允许见他。同我们住在一起的几位军官便写了一封反映我们请求的信转呈第六位（石达开），接着就得到答复，我们领到了足够的衣服和十吊钱。

第六位（石达开）的地位如今仅次于第一位（洪秀全），他一直深居简出，所有的请示都以书面形式交给他，答谕则贴在他住所外面的墙上，所有的官员第二天早上去看批示。我们曾一次看到50份这样的答谕。

第六位（石达开）让他的侄子（一个二十岁的年轻人）统领芜湖和太平府的军队。我们第一次进城时就感到南京非常沉闷，此次回来后更感到如此，城内的外观似乎还会变得更糟。但是，中国人是很富有活力的，对环境的适应能力极强，因此，我们想南京会在几周内恢复它从前的生气。

1月30日

……

对第二位（杨秀清）属下的屠杀持续了三个月。在此期间，他们中止了一切宗教活动。在此后我们外出征战时依旧如此。但当我们回到南京后，他们已恢复了宗教活动，像往常那样举行宗教仪式。我们见到第二位（杨秀清）王府中的五百名名妇女均被斩首。

我无法说出南京居住着多少人，街道上总是挤满了士兵，尽管已有不少人被杀，却让人觉察不出。

从南京到镇江的途中，我们看到穷人提着蓝色的黏土。侍童告诉我们，由于粮食极为匮乏，他们便用黏土掺和着大米吃。在侍童剃头的地方，我们曾见过他们吃这种混合食物。

当行走到距离南京大约二十英里（约三十二公里）时，我们听到大炮的轰鸣声，从声音的方向我们推断是在城内（尽管距离太远，我们有可能判断错了），是由第六位（石达开）欲除掉第一位（洪秀全）而引起的炮击，他们已告诉我们此事可能会发生在这一天。除非出现纷争，否则城里不会发生炮击。

第一位（洪秀全）的王府前有两尊漂亮的能发射十二磅（约5.5公斤）炮弹的铜炮，炮身标明马萨诸塞州1855年造，美国橡木制成的炮架，铅色涂抹，配有马来树胶的震垫。我们常被叫去解释撞针的用途。

该炮的撞针和其他配件都十分完好。炮塞上的塞圈相当新，表明此前清军极少使用这两门炮。上海的许多清军则对这些炮都很熟悉，叛军从他们手中缴获了它们，并移送到第二位（杨秀清）处。从我们最初进入南京城直到他死去，第二位（杨秀清）一直是该城的摄政者。

上帝死了！天王万岁！

大渡河水尽血流

"负气出走"的石达开

追思太平天国的翼王石达开，当时他为什么会身陷绝境最终被擒呢？是运气，是决策失误，是诅咒，还是地理因素？

勇悍出枏红虎

石达开的极盛时期

石达开的先祖是广东兴宁县人（兴宁的客家话很拗口，他们说普通话时可以从其口音中辨出），至其高曾祖那一辈，迁至广西桂平白沙。石达开之父石昌辉，再迁移到贵县那帮村。

从家庭成分讲，石达开应该是"富农"出身。虽然他自称是"耕种为业"，但并非表明他本人真的种地干苦活。这和诸葛亮的"躬耕于南阳"是一个意思。客家人十分勤快，即使家里有田有地吃穿不愁，石达开少年时仍旧四处贩卖生活用品以及牲畜来挣钱。他还暗中贩卖私盐，赚取银两贴补家用。

洪秀全、冯云山 1844 年在贵县传道时，石达开年方十四岁，已经非常沉迷手中拜上帝会那些免费派发的教义书了，经常埋头苦读"教义"。

于是，凭借家中财力，石达开在村内组织拜上帝会的分支机构，招引许多年轻人秘密练习武术。附近乡村数百名农民在他的争取下入会。

金田团营期间，他率一千多生力军携械赶往金田报到。洪秀全等人见之大喜，不仅让他负责操练士兵，还让他管理拜上帝会的财务。

此后，太平军一路杀伐，石达开均身先士卒，出力尤多。在象州击败乌兰泰，在长沙水陆洲大败清政府军，以及日后的武昌、安庆、南京等数次大战，刚刚二十岁出头的石达开锐气正盛，有智有勇，给清军留下深刻印象："与清军大小数百战，独（石）达开所部未尝挫，清军称之曰'石敢当'，所至争避之。"

1853年秋，石达开奉命到安徽"诛妖安民"。

转年，太平军西征失利，石达开在危急时刻，力挽狂澜，特别是九江湖口一战大破湘军水师，使得曾国藩差点跳水自杀。屡战屡捷之下，石达开极大拓展了太平天国在江西的占领区域，共有八府五十余县由太平军掌握。

1856年，他又回师加入击毁清军江南大营的战斗，战果硕硕。

石达开与太平天国诸将帅有所不同的地方，在于他本人精于谋略，有政治眼光，智在杨秀清之下，勇在萧朝贵之上，所以曾国藩和左宗棠对他都有正确的评价和估计。

曾国藩讲："诳煽莠民，张大声势，亦以石逆（达开）为最谲。"

左宗棠讲："石逆（达开）之来犯江西也，传檄远近，江西士民望风而靡，千余里间皆陷于贼。贼因兵因粮，附从日众。石逆（达开）抚其桀黠之民，以钤制其士夫，迫之从逆。"

"石逆（达开）狡悍若闻，素得众贼之心，其才智出众贼之上。而观其所为，颇以结人心、求人才为急，不甚附会邪教俚说，是贼之宗主，而我之所畏忌也！"

也就是说，在精读"教义"和实战之间，以及到达南京之后的石达开本人能跳出"上帝教"束缚，在于他只把"教义"当成一种政治手段，绝非盲从盲信。而且，他能够因势利导，看人下菜碟，活学活用，所以他的许多政治举措，大得地方民众之心。

以石达开在安徽为例，由于他为人性情较为温和，他在当地的政策比起其他地方太平军的政策来说要温和得多，他也很少肆意杀戮。

南京方面，洪、杨建设小天堂，废除私有财务，一切充公，大搞平均主义。而石达开在安庆等地，仍旧依照清朝旧制收缴田赋，按亩征粮，向牙行课税，不强迫居民男女分馆统一编制。

特别称道的是，在稳定当地秩序的同时，他还设置乡官，开科取士，依靠当地人进行有效管理。他广泛搜罗读书人，珍惜人才，把不少人保送到"天京"做官，即使俘获乡勇团练首领也推心置腹加以招降，大有游侠古义之风。在安徽如此，在江西也如此。

石达开督劝士民造粮册，按亩征钱米，使太平军军用充裕。再加上他不强迫把民间财物充公，不扰民，以致"颂声大起"，各郡县士大夫争相任职，以为"新朝"服务。

但是，也正是石达开在安庆等地大得人心的新经济政策和政治措施，使得远在天京的杨秀清心中对他更疑，怕他割据一方为大。所以很快，杨秀清就以"回援天京"为名把他调回。

结果，太平天国全盛之时，"天京事变"爆发，洪秀全、韦昌辉在天京城内杀得血如潮涌。

拨乱反正统帅
石达开1857年上半年的"辅政"

洪秀全杀掉韦昌辉、秦日纲之后，石达开于1856年底回天京。在众人推戴之下，洪秀全因时就势，封他为"电帅通军主将义王"，由"翼王"而"义王"，威望自见。

太平天国高层虽然因内部残杀大伤元气，但当时的全国大形势对太平军来讲非常有利。其一，捻军1855年秋天在安徽雉河集会盟，推张乐行为盟主，成立"大汉国"；其二，云南杜文秀1856年在蒙化造反，攻占大理，成立大元帅府；其三，1855年，贵州苗民、教军、号军到处起事，广东有天地会杀入广西浔州起事，福建也有小刀会和红线军四处乱起……

所有这些起事之人，或多或少"遥奉"太平天国为宗主，在全国范围内牵制了清政府不少兵力，使得清廷焦头烂额，忧心忡忡。

为了稳定时局，在武昌失守、九江告急的情况下，石达开谋略长远，攻守兼施，大力起用陈玉成等将领，合理布置。西线方面，他指令太平军坚守九江以下长江水路；西南坚守江西；东线方面，坚守句容、溧水；在大别山区实施主动进攻。

在石达开的正确军事思路指导下，太平军连下野城、六安、正阳关、霍邱，并于1857年初夏把战线推至湖北的黄梅、广济、蕲州一带，很有重夺武昌的势头。

特别值得一提的是，天京大乱之后，由于指挥有方，太平军几乎在所有江西的重镇，如九江、瑞州、抚州、吉安等地，一战未失，击退清军一次又一次的进攻，保证了"膏腴"之地粮米的供应。

形势大好之下，专喜"窝里斗"的洪秀全又开始搞事。杨秀清、韦昌辉被杀之后，洪秀全猜疑心加重，深恐石达开日后又会变成自己的对立面，便专信亲属，封大哥洪仁发为安王，二哥洪仁达为福王，主持军政大权。洪秀全甚至把萧朝贵年仅15岁的儿子萧有和当心头肉，下诏说："有不遵幼西王令者合朝诛之！"

金田"首义"七巨头，至今已经只剩下洪秀全、石达开二人，而石达开威望又高，洪秀全不得不心惊。如果洪大哥、洪二哥有才有勇，也不是什么坏事，偏偏这两个王爷是那种贪淫之徒，连李秀成都讲："主（洪秀全）用二人，朝中之人甚不欢悦。此（二）人又无才情，又无算计，一味固执……"

洪秀全这两位兄长，不是读书料子，均为花县种田汉。金田起义前夕，他们才由洪秀全派人接到广西。洪秀全当了"天王"，二人仅称"国兄"，并无封爵。

杨秀清活着时，对这两人挫辱特甚，从来没拿他们当块料。有一次，杨秀清传令各头目开会，洪仁发最后一个到，杨秀清以"不敬"之罪要治他，洪秀全心内也很害怕，忙让大哥前往杨秀清府邸肉袒请罪。杨秀清故意不对他加以杖责，吓得洪仁发心中更没底，在门前跪求。挨了数板之后，洪仁发才敢安心往自己府门回转。

自杨秀清被杀后，洪秀全两个哥哥开始恣意妄为。逼走石达开后，为平民愤，洪秀全把两个哥哥的王位革去，称为"天安""天福"，由蒙得恩执政。蒙得恩庸才一个，洪家两个哥哥仍旧对他予以钳制。

李秀成后来上书要求洪秀全下诏禁止二人干政，惹得这位天王大怒，当时倒把李秀成的爵位革了。在滥封王时期，洪仁发获封"信王"，洪仁达为"勇王"。其实，二人既无"信"，又不"勇"，是真正的大草包。天京即将陷落之际，这两位王兄仍旧暴敛民财，逼迫百姓。城破后，洪仁发被杀，洪仁达被俘后遭凌迟处死。

相较而言，日后李秀成、陈玉成在外苦战，洪秀全在朝内更是任人唯亲。他第一重用十来岁的小孩幼西王萧有和（他的外甥），第二是两个哥哥，第三是族弟洪仁玕。除洪仁玕尚可一用外，太平天国朝内把持大权的非庸即幼。

在把石达开架空的同时，洪秀全还下令石达开不准出城，类同软禁。高层集会，石达开发表议论时，众人皆环绕屏息而听；安王、福王论事时，众人四座窃言，无人肯听。洪大哥、洪二哥气恼，纷纷向洪秀全告状，使得洪秀全暗下杀心。

负气出走不返

石达开与太平天国的决绝

见势不妙，恐怕自己被杀，石达开便于1857年5月底自天京南门遁逃，负气出走。他由铜陵渡江后，逃往安庆，途中发布文告，剖示心迹：

> 为沥剖血陈，谆谕众军民。
> 自愧无才智，天恩愧荷深。
> 唯矢忠贞志，区区一片心。
> 上可对皇天，下可质世人。
> 去岁遭祸乱，狼狈赶回京。
> 自谓此愚衷，定蒙圣鉴明。
> 乃事有不然，诏旨降频仍。
> 重重生疑忌，一笔难尽陈。
> 疑多将图害，百喙难分清。
> 唯是用奋勉，出师再表真。
> 力酬上帝德，勉报主恩仁。
> 唯期成功后，予志复归林。
> 为此行谆谕，遍告众军民。
> 依然守本分，各自立功名。
> 或随本主将，亦一样立勋。
> 一统太平日，各邀天恩荣。

在文告结尾，石达开仍署"太平天国丁巳七年"字样，以示不忘旧主。但实际他已经同洪家兄弟撕破脸，想自己重新开创出一番新天地。

最能证明他内心中与太平天国决绝的事情，就是他在安庆整军时，陈玉成正在湖北黄梅与清军激战，倘若他真以大局为重，立赴增援，陈玉成部就不会大败退缩回安徽，但他没有增援。

1857年10月5日，石达开率军从安庆出发，经过建德进入江西，开始了他的不归之路。

自1857年至1863年，石达开在江西、浙江、福建、广西、湖北、贵州、云南、四川等十二省进进出出，辗转游移两万多里，可见是没有什么真正的中心志向。而他出走之时，却带走了湖北、江西、安徽等地一直忠于他的几十万精兵良将。这使得太平天国在这三省的大部分州县很快就丢失大半，退缩于天京周围求保。

还有一点值得注意的是，清军和湘军主力并未受石达开一部牵制，仍旧集中兵力对付天京的洪秀全。

石达开名义上仍旧遥尊洪秀全为"主"，但他内心之中其实已经寒透，誓不再与洪秀全共事。洪秀全见石达开带走那么多人，心中大慌，忙派人送"义王"金牌与石达开，又削自己两个哥哥的王爵来示好，均为石达开所拒。

而且，在行走途中，石达开多次杀掉欲走还天京的将领，说明他去志极坚，不可挽回。他之所以一直打着"太平天国"这面旗，主要是新立旗号不好服众，倘若日后石达开能在几省之内站稳脚跟，很有可能独树一帜。

其实，石达开完全可以另开炉灶。如此貌合神离的不伦不类之举，对他本人和日后的军事行动没有任何好处。如果他抛开洪秀全的这面旗，其手下主要将领就只能死心塌地跟他干，日后也不会在他走背运时反咬他一口，有借口离开他重返洪天王怀抱。"既非叛逆，又非忠顺，不君不臣，不分不合，亦可谓奇怪至极，而求之古今中外历史中，殆无与伦比者。"（简又文语）

在江西逡巡之际，曾国藩昔日手下首席师爷李元度给石达开写了一封"情深意切"的诱降书。这位晚清理学大师文采太好，言语至切，特摘录之：

统领平江水陆全军李元度谨寓书与石君达开足下：

　　盖闻神器不可冒假，大业不可力争，昧顺逆者受诛戮，识时务者为俊杰。自洪秀全、杨秀清、萧朝贵、韦昌辉、冯云山与足下称乱以来，计八九载矣，荼毒生灵，不下数百万矣。

　　顺逆之理姑置弗论，足下亦将得失祸福成败存亡之故，猛然省悟，通筹而熟计之乎？足下已成骑虎之势，虽有悔悟之心，无由自达，此足下苦衷也。然有绝好机会转祸为福，不特救生灵，保九族，兼可垂名竹帛，成反正之奇功，机不可失，时不再来，足下其亦知之否？

　　今且不以空言劝足下，先将尔等所以取败之由，与我圣朝超越前古，万万无可抗逆之处，一一说陈。如足下祖宗有灵，即愿听敝言毋忽。

　　从古草窃倡乱，如汉末黄巾，唐末黄巢，元末徐寿辉、张士诚、陈友谅，明末李自成、张献忠，皆称主昏国乱，天命已去，人心已离，乃故乘机起事，然且不旋踵而殄灭之。其故何也？

　　天道好生恶杀，凡为贼首，理必先亡。至若重熙累洽之世，朝不失政，民不离心，从未有平空发难，妄肆杀戮如尔等者。以尔等之气焰，视黄、陈、张、李百不逮一，又萧、杨、洪、韦之现报具在，足下尚俨然得意乎？其谬一也。

　　自古布衣得天下，唯汉高祖、明太祖，后世之乱贼皆欲妄拟二君。不知彼值秦元运终之候，为天生之真主，而又有陈、项、张、陈之辈为之先驱，且皆五六载即成帝业。尔等倡乱已九载，发难端于圣明之朝，身置祸罟，所蹂之郡县又

221

日败日蹙，党羽绝灭过半，岂今尚在梦中乎？其谬二也。

尔等伪示每以夷夏界之，毋论舜生东夷，文王西夷，古有明训，且尔等所奉乃英夷天主教，不相矛盾乎？英夷之俗，生女为重，生男反嫁人，举国皆杂种，无一世真血脉，尔等甘从其教，肯相率为杂种乎？且天主教有兄弟而无父子君臣，以妻为妹，母为大妹，败灭伦常，真无人理，中国能行其道乎？

尔等窃发之由，或因前次英夷背叛时，中国有给还洋银之事，遂疑官军不振，相率作逆。岂知英夷志在贸易，原无窥窃之意，故朝廷以大度容之，迨后求进城，即严拒之矣，去年（英夷）在粤滋事，即尽杀而痛惩之，且烧尽洋行十三家，勒赔国税二十万矣，真夷鬼尚不能猖獗，假夷鬼独能成大事耶？其谬三也。

治历明时，闰余成岁，始自羲皇舜帝，载在尚书，月望则圆，月晦则朒，昭然共见。尔等妄欲更之，统望朔晦，一概颠倒，是谓逆天道。所改干支子、好、寅、荣、戌、开等字，所说天父下凡及六日造成山河等语，皆丑怪荒诞，从古未有。其谬四也。

孔孟之道，与天地无终极，今欲耶稣之教历孔孟而卷其席，此乃古今未有之奇变，亦为天地所不容，亦为人心所不服，以此愚天下而新其耳目，黄巾等贼作何结局乎？其谬五也。

先圣为万世师，即各处祠庙亦皆有功德于民，载在祀典，尤圣帝明王所重。尔等皆一律毁灭，无识者反以神无显报，疑尔等有自来也。不知天正厚其恶而降之罚耳。群恶之贯盈未极，鬼时亦有蒙垢之时，俟其力尽而毙之，将报愈迟而祸愈酷，尔等如此猖狂，荼毒生灵，毁灭神像，不知纪极，富贵渺不可得，冤孽积不能解，萧、杨、洪、韦既伏于诛，足下能安枕而卧乎？其谬六也。

凡此皆彰明昭著，然犹以事或有之。

……

从前百姓畏贼，(尔等)数十人可以横行乡间，今则处处团练，人人怨愤，一县可得数十万人，步步皆荆棘矣。尔等亦人也，非有三头六臂可以吓人，百姓窥见尔等伎俩，而屡遭荼毒，财物被掳，房屋被毁，妻女被淫，童稚被掠，其权充乡官者苦于诛求无厌，刑辱难堪，有不伤心切齿群起而攻之乎？是今日之民情与前大不同也。

尔等在广西时，所取亡命，憨不畏死，其时承平日久，官军多未经战阵，是以当之辄靡，遂肆然谓天下无人。今则历练既久，精锐过前百倍矣。我湖南兵尤称义勇，援江援鄂，隶曾部堂麾下水陆数百万，身经数百战，饷足固战，饷不足亦战，此乃国家恩德所为，非可强而至也。即如仆所部之平江营，五载以来，杀贼不下二万，足下所深知也。

足下先在广西精锐聚于一处，今散于数处，势分则力薄，日久则气衰，后来远不如初，又见死伤过多，曾天养、罗大光被戮，莫不灰心解体，各路官军又复蒸蒸日上，久战不疲，是今日之军情，又与前大不同也。以事若彼，以势若此，足下试平心察之，可有一语不确否？

……

夫定大计在识时务，足下离家多年，一事无成，苟一失势，即匹夫耳。广东兵力正盛，广西得湖南援兵已克平、柳、思、浔各府，前有劲敌，后无归路，吾见足下之束手就缚，岂俟赘陈乎？

昔项羽以拔山盖世之雄，被汉军围逼，尚有乌江之刎，此无他，失势故也。仆为足下反复思维，进退殊无善策，唯有献城投顺一着，立地见效，不但保宗族兼可建奇功，足下能猛然省悟否耶？

闻足下颇有为善之资，而恰值千载一时之会，是以推诚相告，谚云"苦口是良药"。唯足下裁夺，即赐回音是幸。

次青李元度再拜

（《瀛寰琐记》一书记载李少珊为曾国藩招降洪秀全书与此类同，语句稍有改易，应该是讹抄，因为清军不可能对洪秀全"招降"。逆首来归，清朝难道封其"一字并肩王"不成？）

对李元度的劝降，石达开沉思久之，提笔写下数个"难"字，最终不置可否。

骑虎之势，终难下身。

可叹的是，昔日英明神武的石达开，负气出走后，手下虽有数十万大军，但节节遇败，连曾国藩都幸灾乐祸："（石达开）既钝于浙，钝于闽，入湘后又钝于永祁，钝于宝庆，裹胁之人愿从者渐少，且无老巢以为粮台，粮米须掳，子药须搬，行且自瘦于山谷之间。"

在湖南围攻宝庆府不克的情况下，石达开只得在1859年夏绕道进入广西。攻桂林，不克。否极也有小泰来。1859年底，石达开攻克庆远府，改名为"龙兴"，可见他想以此为根据地有一番大作为。在"龙兴"，这位困龙一待就是八个月，度过了自己三十岁的生日，并准备改弦更张，对昔日"太平天国"制度大大加以"修正"。

1860年3月，太平军进攻百色失利，被清军杀掉近十万人。

大败之下，石达开军中诸将自相残杀。同时，不少人见他有"另立山头"之意，纷纷要求离开。后旗宰辅余忠扶手下将士首先自行脱离，余忠扶本人出面劝阻，被士兵杀掉。接着，武卫军宰辅蔡次贤想统军出江，事泄被杀。

不少将领劝石达开进攻南宁，招集兵马后回天京。攻克南宁后，见石达开根本没有回天京之意，彭大顺、朱衣点等大将便拥十余万大军脱离石达开，杀转回天京。一路之上，这些人被杀的被杀，投降的投降，最终仍有数万人在江西与李秀成会合。

众叛亲离之下，石达开心灰意冷，表示自己要"隐居山林"。这句话，说说而已。自古造反之事都是华山一条路，成则王，败则寇，"退隐"是不可能的。

休整几个月后，石达开携残兵在1861年秋离开广西，复攻湖南。一路之上，丧失斗志的石达开再无心约束部伍，其手下四处劫掠杀人，居民被杀数十万人，这支太平军真正成为"人民公敌"。

1862年初，石达开率军进入湖南来凤。2月间，进入四川石柱。4月初到涪州时，石达开拥众二十余万，很有重起之势。6月，大军攻破长宁。

1863年春，石达开分兵三路进攻四川，一路由李复猷率三万人由贵州绕入四川，一路由赖裕新率一万多人向宁远府（今四川西昌）进发牵制清军，一路由他本人率领，从昭通府的米粮坝抢渡金沙江，直杀宁远府。

计划赶不上变化，赖裕新出师不利，3月间在越巂厅中州坝战死。李复猷遇阻，自贵州、云南向回折返。对于上述二将的所有一切，石达开均一无所知，仍旧率军自宁远府以西的径路北行，想抢渡大渡河后继续行进。

在贵州乌江渡口时，石达开其实已经有某种不祥的预感，他作诗道：

> 垂翅无依鸟倦飞，乌江渡口夕阳微。
> 穷途纵有英雄泪，空向西风几度挥。

大渡河畔悲歌

石达开的英雄末路

1863 年 5 月 14 日，石达开率军来到紫打地（今四川安顺场）。如果当天渡河，太平军应该有很大机会可以逃出去。结果，石达开有一位妾当晚为他生下一子，高兴之余，他下令部队在河边休整，庆祝三天。

这真是错过机缘，第二天一大早，大渡河上游山洪暴发，河水暴涨，任谁也难以逾渡。此外，当地忠于清政府的土司王应元把席子裹成筒状，用墨水染黑，沿河边摆放数百个，其中只有几个真炮，轰轰放了几响，这使得石达开觉得王应元火力强大，更不敢冒险渡河。

此时，后退之路，复被邛部土司岭承恩用巨石大木塞住。盛怒之下，石达开下令斩杀为大军带路的二百多彝族人（有称是苗族人），然后想伺机杀出。

逡巡之中，清军骆秉章部已经把太平军团团包围。进退不得，石达开只得冒死突围。

由于地势凶险，清军与当地土司兵人多势众，石达开部越杀越少，最终，剩下的数千人被围于老鸦漩（今四川石棉县农场乡利碛堡）。由于当地彝民恨石达开杀部族之人，在诸要隘路口拼死抵挡。

弹尽粮绝之下，石达开先让其妻妾及子女数人投江自杀。然后，为了"舍命以全三军"，他先写信给骆秉章，与手下高级将领曾仕和、黄再忠、韦普成以及五岁幼子石定忠赴凉桥清军大营，与骆秉章"谈判"。其实，此行此举，与投降无二。

石达开给四川总督骆秉章的书信，文采炫然，有为自己三军的乞怜，有对骆秉章的"奉承"，有对自己一生的回顾，确有真情实意在其中：

窃思求荣而事二主，忠臣不为；舍命以全三军，义士必

擒拿石达开图

作。缘达（开）生逢季世，身事天朝，添非谄士，不善媚君，因谗谮而出朝，以致东奔西逐；欲建白于当时，不惮宵衣旰食。祇以命薄时乖，故尔事拂人谋，矢忠贞以报国，功竟难成；待平定而归林，愿终莫遂。

转觉驰驱天下，徒然劳及军民；且叹战斗场中，每致伤连鸡犬。带甲经年，人无宁岁，运筹终日，身少闲时，天耶？人耶？劳终无益，时乎？运乎？穷竟不通。

阅历十余年，已觉备尝艰苦；统兵数百万，徒为奔走焦劳。每思避迹山林，遂我素志，韬光泉石，卸余仔肩；无如骑虎难下，事不如心，岂知逐鹿空劳，天弗从愿。达（开）思天命如此，人将奈何？大丈夫既不能开疆报国，奚爱一生；死若可以安境全军，何唯一死！

达（开）闻阁下仁义普天，信义遍地，爰此修书，特以奉闻。阁下如能依书附奏清主，宏施大度，胞与为怀，格外原情，宥我将士，赦免杀戮，禁止欺凌，按官授职，量才擢用。愿为民者，散之为民；愿为军者，聚之成军；推恩以待，布德而绥，则达（开）愿一人而自刎，全三军以投安。然达（开）舍身果得安吾全军，捐躯犹稍可仰对我主，虽斧钺之交加，死亦无伤；任身首之分裂，义亦无辱。

唯是阁下为清大臣，肩蜀重任，志果推诚纳众，心实以信服人，不蓄诈虞，能依请约，即冀飞缄先覆，并望贵驾遥临，以便调停，庶免贻误。否则阁下迟以有待，我军久驻无粮，即是三千之师，优足略地争城；况数万之众，岂能束手待毙乎？

特此寄书，唯希垂鉴。

（有学者怀疑此信为伪造，但无实据。这封信因日后被清朝重庆镇总兵唐友耕儿子唐鸿学篡改成给他父亲的乞降信，收在《唐公年谱》里，想以此给其父脸上贴金，而造成了日后学界好多纠纷。）

绝路之军，哪里还有谈判的本钱。清军食言，夜间以火箭为号，将已经缴械的三千多太平军围杀净尽，一个不留。大渡河水，一时尽赤。

清营之内，骆秉章，这个与洪秀全是老乡的广东花县出身的清朝高官，用广府话问石达开："尔欲降乎？"

石达开眉宇英气不减，朗声道："吾来乞死，兼为士卒请命。"绝口不言降字。实际上，从他携带儿子而来这一点可以看出，他对清军还是抱有幻想，以为自己和部下有活命的可能。

言语往来之中，石达开沉痛表示："大丈夫不能开疆报国，奚爱一死！死若可安将全军，何惜一死！况我为王十余年，屠各省官民无数，今上天亡我，难逃一死！"他此时并不知道，"全三军"仅仅是幻想而已，其手足三千已被屠戮殆尽。

清军把石达开押至成都科甲巷关押，在他写毕自述后，为"保险"起见，骆秉章把他和随从几个将领均押至闹市凌迟。按清律，其5岁幼子应15岁后方受凌迟，但不久就被毒死。

临刑，石达开神色怡然，坦然受死。

想其昔日在广西所作一诗，可以感受到这位大英雄一世雄豪的壮气：

经广西宜山白龙洞题壁

挺身登峻岭，举目照遥空。
毁佛崇天帝，移民复古风。
临军称将勇，玩洞羡诗雄。
剑气冲星斗，文光射日虹。

1936 年，四川军阀刘湘曾派工兵在安顺场松林河畔挖掘"石达开藏宝"，深挖两洞之后，只找到金银饰物十几件。正准备大肆开挖时，蒋介石得知风声，由国民政府行政院及故宫古物保管委员会共同电令四川省政府，严禁地方毁凿古迹文物和开挖"矿产"，刘湘只好作罢。20世纪 80 年代，也有专家实地考察安顺场的"翼王宝藏"，均无结果。

附件：石达开自述

在自述中，显然可以看出石达开推诿自己在"天京事变"中的责任。同时，可以发现他确实想真心投降的证据。此自述基本没有什么篡改，应该是一份可信的重要文件。

据石达开供：（我）达开系广西贵县人，祖辈由广东和平县移来贵县居住。现年三十三岁。父亲石昌辉与母亲均已早故，并无兄弟。娶妻王氏，生有子女，均在南京被害。后来妻妾五人，幼孩二人，昨在河边均投水身死，只存这亲生一子石定忠，年五岁。

（我）达开自幼读书未成，耕种为业。道光二十九年（1849 年），因本县土人赶逐客人，无家可归，同洪秀全、杨秀清、韦昌辉、萧朝贵、冯云山共六人聚众起事，共推洪秀全为首。洪秀全为广东省人，现年五十余岁。

初时不过万人，后来人多。三十年先踞永安州城，后由永安窜出，围攻桂林省城。解围后，（咸丰）二年（1852 年）三月走全州出省，四月至湖南道州，七月围攻长沙省城，萧朝贵被官兵用炮轰死。十月解围窜岳州，破湖北省城，（我）达开住学院衙署。不几日即由武昌下江西九江府。有曾发春（曾发春已死三年）领前队破安庆省城，直抵金陵，从北门挖地道，用地雷轰陷城垣。进城时，乱军戕害文武官员，辨不清楚。

（我）达开起事即称王，与洪秀全等同住江南省城。杨秀清平日性情高傲，韦昌辉屡受其辱。（咸丰）七年（1857 年），（我）达开领众在湖北，闻有内乱之信，韦昌辉请洪秀全诛杨秀清，洪秀全不许，转加杨秀清伪号，韦昌辉不服，便将杨秀清杀死。

（我）达开返回金陵，要与他们排解，洪秀全心疑要杀韦昌辉；（我）达开见事机不好，走到安徽，妻室儿女留在金陵，均被韦昌辉所杀。（我）达开复由安徽回金陵，洪秀全即将韦昌辉杀了，有谋害（我）达开之意，旋即逃出金陵。

（咸丰）七年从安徽至江西、浙江、福建，（咸丰）八年复回南安过年，（咸丰）九年到湖南桂阳、祁阳等县，围攻宝庆府城两月有余，赖剥皮失营盘三座，不能得手。是年回广西，走桂林、庆远至宾州，因秋众三江两湖人多，各有思归之念，不能管束，将大队散回。（我）达开在南宁府没有多人，想要隐居山林，因到处悬赏严拿，无地藏身；（咸丰）十一年（1861 年）复聚数万人出广西，由湖南会同、泸溪、龙山至湖北来凤。

（我）达开久想占据四川省，同治元年（1862 年）由利川入川，到石砫、涪州，有二十多万人，后来沿途裹胁人更多。头队唐姓杨姓攻破长宁，不能深入，绕道贵州遵义、云南昭通，想从横江过河，令头队由屏山县入，令李复猷扎云南副官村；又令赖剥皮分股绕入宁远府，使官兵不能兼顾；约在米粮坝交界地方，与中旗会齐先进。

（我）达开因横江败后，率众绕至米粮坝，知前队与赖剥皮已由宁远大路前进。李复猷自副官村败退后，欲由贵州边界绕入川境，（我）达开即率众渡金江，经宁远，恐大路有官兵拦阻，改走西边小路，只要抢过大渡河，即可安心前进。

不料走至紫打地土司地方，探看上下河岸皆有官兵，河水忽涨，那些夷人三面时来抢掳，造船扎筏渡几次，均被北岸官兵击沉，伤了一万多人，后来食尽，死亡无数。

（我）达开正欲投河自尽，因想真投诚，或可侥幸免死，（我）达开想救众人，俱令弃械投诚。（我）达开率领黄再忠等三人并儿子石定忠过

大渡河水尽血流

河到唐总兵营内，其尚未渡河众人，不知如何下落。金陵、安徽头目出来多年，不知现是何人。陕西汉中头目并不通问。李复猷深知调度，曾交三万人给他管带，现在是否尚在云南或在贵州，未得确信。

所供是实。

（骆秉章《骆文忠公奏稿》）

回光返照的胜利

太平军二破"江南大营"及占领苏常地区的"复兴"

继洪、杨内斗后，石达开"负气出走"，"太平天国"再也不"太平"了。

清军抓住时机，于 1857 年 6 月重新攻克溧水，接着，直卜句容，江南大营的旗帜再次高高飘扬。

再接再厉之下，当年年底，清军张国梁部与和春部共同配合，一举攻下被太平军统占了四年多的镇江。德兴阿部清军借势，一鼓而下瓜洲。

如此一来，"天京"又入穷蹙之境，秣陵关、大胜关失陷后，太平军龟缩城里，清军在城西、城南、城东挖掘一条深宽大濠，从水西门向东延伸，经通济门、太平门，向北一直延至七里洲，有一百多里长，时人称为"万里长濠"。

这条大濠，巨蟒一样横缠于天京城，箍得太平军喘不过气来。

江西方面，太平军形势也一片大坏。武昌失守后，清朝的湘军大将李续宾等人率军直杀九江。

九江守将是杨秀清的老部下，乃官居"殿右十二检点"的林启容。此人籍贯广西，属于"老贼"悍将，不仅在九江杀死过湘军勇将童添云，还把塔齐布活活气死。清军猛攻六天六夜，由于林启容早有防备，一直未下。为此，林启容获封"贞天侯"（也是对他的安抚，天京方面怕他因杨秀清之死而动摇）。

见硬攻不行，李续宾等人就以长堑围困之法来应对，在九江周围开掘长濠。长濠历时五日乃成，把九江团团围起。

接着，清军攻破林启容在江北岸小池口修建的"新城县"，又破湖口，九江完全成为一座孤城。太平军弹尽粮绝之下，清军最终用地雷崩城，其间自己人也被炸死数千。

城垮后，清军挥刀杀入，与太平军展开血战。最终，近两万名太平军皆在城内战死。林启容本人在巷战中战死。

事后，清军剖尸验腹，发现许多太平军腹内粒米皆无，全是野草和青菜。为此，胡林翼曾感叹："九江之贼，剖腹皆菜色。三日无米，究能坐困。兵不如贼，其理难通。"

太平军的悍将悍兵有勇有谋，这些坚守九江的英雄，都是有骨气的铮铮铁汉！

作为徽赣门户的九江坚城一失，太平军的重镇安庆暴露于外，岌岌可危。

1857年，"出走"的石达开本人率大军正在安庆，但他对江西太平军节节败退的局势置之不理，自顾自率大军进入浙江往福建方向移动，以致瑞州、临江、抚州、吉安等战略要地皆为清军所克，太平天国在江西的失败成为定局。

那时候，洪秀全忙把两个哥哥削去王爵，派人送"义王"金牌于石达开营中，乞求他回援。石达开已经寒心，置之不理。

失望之余，洪秀全只得提拔蒙得恩为"正掌率"。蒙得恩乃广西平南县人，本来是富农，因家中多人吸食鸦片，把家产败光，他也就自然成为贫农了。他原名蒙上升，入拜上帝教后为避讳，改名"得恩"。此人在金田起义时小有战功，属于"开国元勋"系列，日后政绩武功平平。

提拔蒙得恩的同时，洪秀全升陈玉成为"又正掌率"（原官是"成天豫"），升李秀成为"副掌率"（原官为"合天侯"）。有了陈玉成、李秀成两人加入执政，太平天国总算有了起色。

大乱之时，洪秀全只有病急乱投医，压下个人好恶，把杨秀清族弟杨辅清（在福建）以及韦昌辉亲弟韦志俊（与陈玉成在一起）统统起用，大有"不计前嫌"之意。为重整旗鼓，洪秀全恢复了早期"五军主将"制度，在1858年封蒙得恩为中军主将，陈玉成为前军主将，李秀成为后军主将，李世贤为左军主将，韦志俊为右军主将。

"人事改变"见成效，太平天国似乎走出了谷底。

新人新面貌
浦口之战与三河之战的大胜

太平天国领导层补充新鲜血液后虽有好转，大形势却很不妙。安庆、天京两大重镇，清军皆已兵临城下，大有"黑云压城城欲摧"之势。不过安徽无为、巢县、芜湖皆在掌握中，和州方面粮食囤积奇多，天京城内存粮尚多，两浦道路可通，坚城厚积，自可恃之待变。

陈玉成首先发力。他在1858年春天与韦志俊一起在湖北攻占麻城，直逼武昌。李秀成方面，提军出南京后，拼死抢回被清军占领的和州，并乘胜攻克全椒、滁州等地。

1858年8月，陈玉成自安徽潜山出发，李秀成从全椒出发，二人于9月17日在乌衣会师，一起合击德兴阿所部清军，杀清军数千人，得胜而前。

太平军乘胜进至江浦县西北的小店，陈、李二人迎面击败清军来自江南大营方面的总兵冯子材部（冯子材与张国梁一样，广西天地会出身，受朝廷招安后，在向荣帐下出力）五千精骑，打得这位日后中法战争中的老英雄仅率二百多残兵狼狈而逃。

一鼓而下浦口后，九洑州方向的太平军借势渡水来帮战，三方合力，在浦口杀掉清军兵将一万多人，二破江北大营。

继之，江浦、天长、扬州、六合尽入太平军之手。自此以后，清廷裁撤江北大营建制，江北军务由江南大营的统军和春辖理。

太平军摧垮清军江北大营，克捷连连，但在庐州遭受了很大的压力，湘军勇将李续宾率军赶往庐州（今安徽合肥）会援。

这位李续宾可是湘军中大名鼎鼎的人物。他是湖南湘乡人，曾国藩的老乡。此人书生出身，早年投大儒罗泽南门下受书，一心向学，兼习骑射，是块文武全能的好材料。咸丰初年，罗泽南募乡勇平贼，李续宾即跟随恩师征战，在桂东平乱。日后，他每为罗泽南统领右营。

在岳州之战中，李续宾万马军中驰斩敌酋，夺取大旗，一战成名。因收复武昌有功，他得授直隶知州，获赐花翎。田家镇之战，李续宾率二千多湘勇杀敌数千，清廷擢为知府，赐号"挚勇巴图鲁"。

李续宾身为书生，每战之前，必定大大方方对敌席地而坐，直面枪林弹雨，扬扬不顾。敌人愕然之间，他每每跃上骏马突阵，横厉无前，打得敌人人仰马翻。

咸丰六年（1856年），罗泽南战死，巡抚胡林翼推荐李续宾代领其老师手下的湘勇。特别是咸丰八年（1858年）九江之战，李续宾与兄弟李续宜等人殊死奋战，终于攻克坚城，杀掉了太平军守将林启容以及近两万守军。为此，清廷加其巡抚衔，赐黄马褂，许以专折奏事。

由书生而为封疆大吏，短短八年时间，李续宾实现了封建时代知识分子的个人抱负。

攻下九江后，长年征战在外的李续宾出于孝顺，本来已经请假回家省亲探视父母。行至湖北，恰值陈玉成部下太平军攻陷麻城、黄安，李续宾即率兵击走对方。由于当时他名望太高，京中诸官均推荐他重新领军，暂停休假。

胡林翼本人正急于在安徽开拓，就在调都兴阿、鲍超两军从宿松趋

忠王李秀成像

往安庆的同时，又调李续宾从英山往太湖方向移动。李续宾闻调即起，留下其弟李续宜统兵守武昌，他本人提八千湘军起行。恰遇曾国藩复起视事，他抽出一千人与老上司。到太湖后，听闻安徽巡抚李孟群在庐州兵败的消息，李续宾马上改道赴援。

李续宾这七千人有"兵胆"，一路克捷，连下枫香铺、梅心驿，收复太湖、潜山、桐城、舒城等地，直扑庐州。

陈玉成不敢怠慢，在调李秀成驰救庐州的同时，他本人先率军急行，在庐江县一带派部扎营，准备包抄湘军后路。同时，有捻军数万来援，与太平军一起堵住了可能从舒城方向来援的清军的道路。

太平军在三河镇筑有一城，外列九层堡垒，凭河设险，正挡住李续宾前行之路。

此时的李续宾，由于日前攻下城池后留兵守卫，手中仅有五千人马。虽人员不多，但湘军以一当十，奋勇冲杀，攻克三河防线九层堡垒，杀敌七千余人，而湘军也阵亡一千多人。

清军后援不至，太平军与捻军大集，共十来万优势兵力，连营十余里，夹围了李续宾的湘军。如此一来，湘军被太平军来个反包围。

其实，李续宾进攻三河之前，其手下同知丁锐义就劝他："孤军深入，留兵回城，分力之半，死伤复多，士疲将骄，贼援将集，而我军贪进不已，正所谓强弩之末也。假如贼军断我饷道，舒、桐等城守兵太少，见胜则怠，见败必溃，不如退师桐城，休息待援。"李续宾图功心切，自视甚高，不听。

面对二十多倍于己方的太平军，湘军诸将内心发慌，请退守桐城，李续宾不允。

11 月 15 日凌晨时分，李续宾召集部众，开始突围。一路血战，至樊家渡时，天色已亮，忽然四野浓雾大起，太平军趁势从四面八方会同捻军分队包抄。湘军惊溃，多名将领在阵中被杀。

李续宾冲荡苦战，手中刀已经杀残，仍不能杀出重围，敌军大有愈杀愈多之势。

营垒皆破的情势下，有将校劝他跟随残兵之后，众人保他血战溃围。李续宾沉吟片刻，坦言道："军兴十年，总以退走败还损国威严。我前后数百战，出队即不望生还。今日我抱必死之心，不愿从我者可自觅活路。"

将士感泣，皆高声呐喊："愿从公死！"

薄暮时分，李续宾率残众开垒击敌，击杀数十百人，其弟总兵李续焘和副将彭祥瑞皆战死，仍不得脱。李续宾急忙下马，烧毁所有与朝廷来往书奏文件，大叫："不可使宸翰污于贼手！"然后，在其手下与敌军死拼的间歇，他自缢于树。

《清史稿》写他"跃马驰入贼阵死之"，是为了渲染他的英勇无畏。其实，李续宾自缢，才真是横下一条心要殉国。跃马入阵听上去很壮烈，但有受伤被俘受辱的可能性，而他自缢一死，完全把生命的主动权操于自己手中。

三河一役，除李续宾等主将以外，二同知（曾国藩之弟曾国华和丁锐义）、一知府、一知州、一知县以及数位道员、文官，皆战死于阵中，近六千湘军，全部壮烈阵亡。

咸丰帝闻李续宾死讯，泪洒龙颜，亲手书敕："惜我良将，不克令终。尚冀忠灵不昧，他年生申、甫以佐予也！"赠总督，谥"忠武"，极尽哀荣。

三河之败，湘军丧失近六千精兵强将，元气大伤，受挫极深。

浦口与三河的两次大胜，对于太平天国而言，无异于注射了强心剂，天京城内的洪秀全等人兴奋莫名：不仅天京、安庆转危为安，还打得清军畏首畏尾，清军各处的进攻都呈停止态势。

所有这些胜利，完全归功于陈玉成和李秀成这两位新锐统帅。二人出手不凡，给世人留下极其深刻的印象。

从胜利走向胜利

太平军二破"江南大营"及东征苏常

在太平军浦口与三河大胜时，由于共振效应，大清国乱起纷纷——贵州、湖南苗民四处杀伐，云南回民杜文秀围攻昆明，河南、山东的捻军数十万人东奔西驰，四川也有云南贼人闯入杀戮，清廷急得四脚朝天。

1859年4月，洪秀全族弟洪仁玕来到天京，很快就被加封为"开朝精忠军师顶天扶朝纲干王"。洪秀全让他总理政军要务。

虽为书生，洪仁玕比洪秀全的两个哥哥强得多，在他的主持下，"天朝"进而封陈玉成为"英王"，李秀成为"忠王"，蒙得恩为"赞王"，李世贤为"侍王"，杨辅清为"辅王"，林绍璋为"章王"。这些封赏，作为洪仁玕"新政"的一部分，起到了稳定人心的作用。

为了显示自己能力，洪仁玕呈献《资政新篇》。《资政新篇》在政治、经济等方面多有规划，兴利除弊，思想进步，很有见地，但囿于各种现实条件，在当时洪秀全的"太平天国"内根本行不通。而且，洪秀全对于《资政新篇》中提出的"诫杀"十分不满，亲自批示道："斩邪留正，杀妖杀有罪，不能免也！"

下面是洪仁玕为洪秀全所拟的一份歌谣体诏书，内容强调感恩，但仍有杀气：

朕诏某某等知之：

天父天兄太平天，太平天国万万年。兹据玕胞恳裁定，节气平匀义更全。

朕今诏明甥等，朕乃太平天子，自庚申年天父天兄下凡带朕做主，创开天国、天京、天朝、天堂，永无穷尽。

朕今再诏天历，首重孝顺那（爷），七日礼拜福禄加。

二月初二谢爷爷，谢爷差朕斩妖蛇。三月初三爷降节，从此万国归爷妈。正月十三哥舍命，普天铭感福山河。二月廿一哥登极，亦朕登极人间和。九月初九哥降节，亦朕降世记当初。七月廿七哥捐命，天朝代代莫忘过。每年六节注明顶头，永远如是，自辛开年一直传去千年万年万万年，永无穷尽。

　　甥们遵诏，爷哥带朕坐江山，天历流传如循环，辛开起头传永远，永不改元诏再颁。(《金陵汇略》)

　　诏中"玕胞"即指洪仁玕，"甥们"指幼东王、幼西王。见此诏，南京的读书人暗中无不掩口而笑。

　　总之，由于太平天国上层处于相对的平稳团结期，太平军的军事行动越来越顺利。

　　破了江北大营，江南大营仍旧在天京眼皮子底下，太平天国的首都仍处于清军包围之下。为此，李秀成想出"围魏救赵"之计。他自率一支大军自浦口杀向芜湖，然后与他的堂弟左军主将李世贤分别往浙江行进。连陷安吉、长兴、湖州后，李秀成留李世贤一军留守湖州一带做牵制之用，他自己提一军冒穿清军兵服，沿莫干山东麓，直向杭州杀去。

　　1860年3月10日，一路潜师深入，李秀成已经行至良渚。3月11日，太平军忽然出现在杭州武林门外。杭州将军瑞昌五雷轰顶一般，根本没料到太平军会出现在杭州城外，他即刻下令士兵关闭城门死守。

　　太平军并不着慌，几天内稳扎稳打，在不断进攻武林门和钱塘门的同时，攻占了南屏山和玉皇山，紧紧包围了杭州城。

　　像往常攻城一样，李秀成指挥太平军在清波门外的戚家园下面挖掘地道，准备潜入城墙根下塞填火药炸城。为声东击西，太平军在馒头山用各处挖掘的盛满尸体的棺木垒起无数座营盘，其中只留少数被俘居民敲锣打鼓吸引清军注意力，清军因此浪费了不少炮弹轰打空营。

清朝浙江巡抚罗遵殿文人出身，不擅布兵，只下令兵士死守。来援各路清军畏葸避战，进展缓慢。即使到达杭州附近，眼看太平军势大，就谎称道路不通，远遁躲避。

李秀成抓紧时间指挥太平军攻城。3月19日，清波门黄泥潭一带城墙被炸毁，千余名太平军将士鼓噪而入，杭州城陷。巡抚罗遵殿、盐运使缪梓以及杭州知府马昂霄等几十名大员和地方官员阖门自尽。杭州将军瑞昌率兵死守内城，由于太平军此次不是真想长期攻占杭州，所以内城未被攻下。

听闻杭州被攻占，咸丰帝忧愤至极，立刻下诏催促江南大营的和春和张国梁派兵去救。这一下，正中了李秀成的"调虎离山"之计。

听闻和、张二人派总兵张玉良率一万三千精兵从天京往杭州来援，清军兵势已分。3月24日，李秀成主动撤出杭州，直奔安徽，并于4月8日占据了皖南入江苏的要地建平（今安徽郎溪）。然后，集体密议后，太平军诸将分五路，直扑天京城下。

具体安排是：陈玉成自全椒南下渡江，经江宁镇杀向板桥；李秀成从溧阳、句容直杀淳化镇、紫金山；李世贤自常州、金坊杀向天京北门；杨辅清自高淳杀往秣陵关、雨花台；刘官芳自溧阳趋往高桥门。

各路军势如破竹。5月5日，天京城内外太平军十余万人里冲外杀，把德胜门至江边的清军数十座营垒尽数踏平，一上午就杀掉清军一万余人（由于分兵四出，江南大营只有四万兵）。

清将张国梁派军驰援不得进，就拆毁上方桥，准备固守城东的小水关大营。结果，太平军当夜集军猛攻，火药轰发，杀声阵阵，江南大营第二次被太平军击垮。清军江南大营统帅和春以及提督张国梁，双双身亡。

张国梁乃广东高要人，原名张嘉祥，十八岁即入天地会为乱，曾结众窜入越南等地杀人越货。后来他被广东按察使劳崇光招安，一变而成为"剿贼"干将。

自隶向荣帐下后，张国梁数年苦战，由广西而湖南，由湖南而湖北，由湖北而江苏，可以说是太平军的死对头。咸丰八年（1858年）时，他已经因功得授江南提督。数年之间，"大江南北诸军，贼（太平军）所畏者，唯（张）国梁一人"。

江南大营溃后，张国梁自镇江驰至丹阳，纵马率军与太平军血战，身中多创，自知不免，取怀中印绶令从官逃走，向北京方向大呼"臣已尽力！"，然后拍马跳入江中自杀。

咸丰帝得报，总希望这员猛将不死，数月不忍议恤，但奇迹最终没有发生。清廷追赠其太子太保，谥"忠武"。但是，张国梁尸身一直找寻不到。后来，李秀成被清军生擒，供述称张国梁因神勇敢战，为太平军敬服，当时礼葬于丹阳尹公桥塔下。到那时，他的遗骸才被清政府加以厚葬。

和春，字雨亭，满洲正黄旗人，赫舍里氏，贵族出身。此人也是自广西拜上帝教起事后就跟随向荣，一路与太平军厮杀过来。向荣死后，他受诏代其为钦差大臣，督办江南军务。

此人险刻自负，多与副手张国梁不睦，江南大营之失，与他指挥不力有很大关系。

小水关大营被破前，有随员劝他退往镇江，他全然不知大祸临头，故作临危不乱，还脱鞋上床睡觉以装镇静。俄顷，枪炮大作，太平军喊杀阵阵，这位嗜吸鸦片的统帅竟然鼾声大作。幸亏其外甥以及一帮亲随将领保护，和春才在雨夜中仓皇逃得性命，但一切重要文件及奏札，丧失一空。

逃至丹阳，未及喘气，太平军追兵杀到，张国梁阵亡。和春侍卫众多，拼死杀出血路奔逃至常州，半路受伤，摔得半死。心灰意冷之下，知道自己即使逃出去也大罪难逃，和春在浒墅关营房里以烧酒吞生鸦片，自杀身亡。清廷念他数年征战，以"血战捐躯"谥"忠壮"。

福兮祸兮。江南大营二次被击溃，统帅和春自杀，勇将张国梁战死，清廷似乎丧失了两根大栋梁。但是，正是和春之死，给予了曾国藩和湘军最佳的历史机会！

曾国藩自组织"湘军"抵抗太平军以来，手下军将、幕僚建功立业，但他本人的仕途一直不顺。咸丰七年（1857 年）春，战场上的不顺加上个人的烦恼，他以回家守丧为名，回老家湘乡待了近一年半。

这段时间内，太平军在江西的势力大幅度萎缩，瑞州、湖口、铜陵、九江等地相继克复。形势大好之下，曾国藩按捺不住大显身手的冲动，很想重新出山。

此时，其好友胡林翼上折，奏请朝廷让曾国藩"夺情"视事。在骆秉章等人的附和下，清廷起复曾国藩，给他一个"钦命办理浙江军务前任兵部侍郎关防"，并未给他任何实职。

三河大败后，湘军士气极其低落，曾国藩强自硬撑，重新招兵买马，培训新兵。正当他提此新旅向福建进发时，恰值"出走"的石达开自江西、福建交界处窜向湖南，进攻宝庆府。如此一来，湘军中士气低落，人心浮动，因为有不少人的老家正是宝庆府。眼看自己手下多数为新募之兵的队伍人心惶惶，曾国藩一筹莫展。

关键时刻，还是老友胡林翼出面。他说服满洲贵族、时任湖北总督的官文上奏折，希望朝廷授曾国藩为四川总督。这样一来，曾国藩便立成有实授之官的封疆大吏，又可以率军往四川兜截很可能杀入川地的石达开。清廷高层经过研究，决定只下令让曾国藩率军入川，却不给他四川总督的职位。

曾国藩郁闷至极，便以休整为名，在路上拖延行程，非常不情愿地进入蜀地。恰好，石达开围攻宝庆府失败后，并未入川，而是向南方折返，曾国藩终免四川之行，继续留在东南一带对付太平军，得以进行他的"大事业"。

不仅曾国藩自己纳闷，当时和后世的人都纳闷，出于曾国藩手下的江忠源、胡林翼、刘长佑等人，都早于曾国藩当上了巡抚大员，为什么他们的老上司曾国藩却一直为清廷所抑，迟迟不予实授呢？笔者忖度，原因就在他率湘军开拔之初那份张扬的《讨粤匪檄》上，其中"卫道"（保卫孔教）意味太浓，"勤王"（为皇帝效力）之意淡然，使得高层对他充满了疑忌。

说起曾国藩没能及早当上督抚的事情，人们大多讲一件事情：咸丰四年（1854年），湘军攻占武汉后，咸丰帝大喜："不意曾国藩一书生，乃能建此奇功！"要任命他为署理湖北巡抚。结果，有人说他坏话："曾国藩以侍郎在籍，犹匹夫耳。匹夫居闾里，一呼，蹶起从之者万余人，恐非国家福也。"致使咸丰帝收回成命。

此事详细见于薛福成的《书宰相有学无识》，但他当时没有点出说曾国藩坏话的是谁。有人后来引用此史料，言之凿凿，认定讲坏话的那个人是祁寯藻。其实，只要看《清实录》，就会知道曾国藩上表奏告收复武汉时，祁中堂已经回家休养，最有可能说曾国藩坏话的是当时的军机大臣、工部尚书彭蕴章。

否极泰来。正是和春的死和江南大营的二次溃败，赐给了曾国藩一次绝佳的历史机遇。和春自杀后，时任两江总督的何桂清也狂逃不止，太平军凭锐乘胜，连克丹阳、常州、无锡、苏州、江阴、嘉定、青浦、松江等地，整个苏南地区除上海以外，基本都为太平军所占领。

如此大溃之下，江南地区急需一员德高望重的官员代替何桂清充任两江总督，于是清廷想到了胡林翼（时任湖北巡抚）。时任协办大学士的咸丰宠臣肃顺有才略，他劝皇帝说："湖北之事，全赖胡林翼，不可轻动。不如用曾国藩为江督，如此，长江上下游均有得力之人。"

四顾无人之下，咸丰帝只得放弃前嫌，下诏实授曾国藩为两江总督。[咸丰十年（1860年）四月十九日任命曾国藩为"署两江总督加兵部尚书衔"。六月二十四日方实授他为"两江总督"，又加"钦差大臣督办江南军务"。]湘军一支独大的机会来了。

　　　　　回光返照的胜利

军政大权在手后，曾国藩雷厉风行，把办事不力的非湘军系的皖南督办、浙江巡抚、江苏巡抚、闽浙总督、江南团练大臣以及江北团练大臣皆加以参罢，最终使得"湘系"成为当时清朝炙手可热的政治、军事力量。

特别值得一提的是，北京城中的肃顺，虽然此人身为满洲贵族，日后慈禧把他杀掉后又对此人极力加以抹黑，但他绝对是个治国得力的干才。曾国藩、胡林翼、左宗棠等日后叱咤风云的汉人高官，均由他竭力上荐才最终得以重用，而西太后也不因人废言，后来她虽然杀掉了肃顺，但对曾、左等人仍旧加以重用，才使大清国脉又存续了数十年之久。

再转回头说太平军动向。

江南大营的二次得破，太平军上下情绪高昂。1860 年 5 月 15 日，李秀成自统数万大军东征苏常地区。仅仅用了一个多月时间，除上海外，苏南所有地区尽为太平军攻克。

苏南不仅是赋税大区，又为数省咽喉要地，至此，这一广大地区每年近二百万石的漕米供应，再也抵达不了清朝统治的北方地区。而太平军方面，由于手中钱多粮多，可以从洋人手中购买大量新式武器，又可养大量新兵，所以，李秀成得以扩军充众，不断壮大力量。

1861 年底，李秀成率领二十多万太平军，第二次攻克杭州，清朝浙江巡抚王有龄、署布政使麟趾、按察使宁曾纶、提督饶廷选、总兵文瑞等数十大员，不是自杀就是被杀，布政使林福祥等人被活捉。

坚守内城（满城）的杭州将军瑞昌这次再无好运，太平军利用人海战术，踩着叠尸攻城，终于攻陷杭州内城，瑞昌等将领自杀，几万满洲兵眷皆被屠戮一空。

不过，李秀成敬重巡抚王有龄的为人，厚殓其尸，给船十五只，白银三千两，释放其亲兵五百人，让他们船载王巡抚棺木回乡安葬。

浙江广大地区的失守，对清廷又是一个重大的政治、经济打击，这

忠王召开军事会议

意味着每年一百多万石漕粮的断绝和军储之资的进一步匮乏。先前江南大营存在时，浙江每年可供七十多万两饷银，所以，杭州等地一失，曾国藩大叹其穷，悲叫"东南饷源日涸"。

由于浙江与江西、安徽为邻，杭州等地的失守严重威胁到清朝在江西、皖南的统治。宁波被太平军攻陷后，清廷更是紧张得要命。因为如此一来，太平军即可入海，北攻北京，南攻广州。

显然，李秀成、陈玉成大展拳脚之时，正是曾国藩等人窝心忧叹之日。

附件：夏福礼的报告（节选）

夏福礼当时是英国驻宁波领事，他在报告中详细记载了太平军在宁波"解散军纪"三天的野蛮行为，毫不掩饰地表达了对太平军的厌恶。马克思博士也正是看了这份报告，加上自己的深入研究，对太平天国的态度发生了急剧的转变，以致他写下了对太平天国口诛笔伐的《中国纪事》一文。

原文载于《英国议会文书》，1862，C.2992，13—16页。

……

我在这方面一直格外谨慎，因为我知道我们当中有些人从一开始就认为太平叛乱是个好兆头，认为唯一正确的做法是给予他们一次机会，即证明他们能够建立起一个"好政府"的机会。也许我现在可被看作更有权利来谈论这个问题的人，因此，经过周密的观察和深思熟虑之后，我谨向阁下做如下报告。

宁波陷入叛军之手已有三个月之久，但是，从该城失陷之时直到我此时给阁下写信之际，叛军从未向着"好政府"的方向采取任何步骤；从来没有试图筹建什么政治团体或商业机构；在他们的公开举措中，看不到任何接近秩序、接近规范化行动、接近一贯目的的证据或迹象；用"政府机构"一词来指太平叛军的统治，在这里不具有任何合乎推理的意义。

总之，所能看到的结局仅仅是一片荒芜，正如在这群抢劫者统治所及的范围内和他们的力量能够为所欲为的任何地方总是一片荒芜一样。

……

阁下无疑对这一结果早有准备，因为这棵树从未有希望能结出许多果实……

……显然，一个经历了十年的充分试验，最终毫无建树却毁灭一切的团体，不应当继续僭存下去，或者得到国际社会的承认（即使是间接的）；相反，它应当受到由它自己造成的社会上所有文明阶级的人们的蔑视。

这些措辞也许显得有些偏激，但是，在我看来，谈论太平天国并判断他们的行为的时刻终于已经来临，尽管绝对自由地发表意见和言论将会使在华的政府官员感到困窘。因此，我认为，我只是在恪尽职守地就这场不同寻常的运动的现状和任何也许值得一提的东西做出我的判断。

我重复一遍，我对双方都没有任何偏见，反之，我想声明的是，太平军首领对我本人的确甚为礼貌和尊敬；此外，在与清朝官员进行了数年的公务往来后，当我同太平军首领打交道时，我还发现他们身上有一种十分出人意料和令人惊奇的类似于粗鲁率直的诚实。尽管如此，这些举止率直态度坦诚的太平军身上弥漫着浓厚的血腥味，长着一副屠夫的外表，而其中的任何一种特征都会使我因恐惧而畏缩。

在讲了这些开场白之后，现在我将回答也能够回答阁下公文中所提到的几个问题，我谨提醒阁下，我费了好大的劲才从生性多疑的太平军那里搞到所需的情报。这群人除了其他一些特征外，还有一种在中国极为罕见的隐瞒事实和严守秘密的本事。但是，我认为，有理由相信下面的陈述是符合事实的。

第一个问题是关于太平军的军饷问题。作为一条业已确立的规定，叛军士兵不领饷银；他们像海盗一样靠劫掠为生，任何东西都抢，无论是实物还是现金。如果占领某城后抢掠到的物品为数极多，那么，士兵们都能从奖赏中捞到好处；相反，如果该城没有什么油水可捞，太平军便以堪做表率的耐心等待更好的时机。然后，附近地区被迫向叛军捐献供给物资（几乎所有的事例都是如此）。

例如，宁波周围的农村被迫按照配额，交纳大米、猪、家禽、蔬菜和农产品之类的食物来供养军队。我曾经亲眼看见被迫运送这些供给物的农民将食物等东西运到城里，他们的脖子上套有铁链和绳索作为服役的标志。

我曾多次询问过这一问题，最终都得到了同一种答复，从而清楚地得出太平军士兵仅仅依赖所能抢劫勒索到的东西而生存的结论。记得领事巴夏礼先生也曾得到过同样的答复，当时我也在场。

每当询问那些穿得还算体面的太平军士兵为什么喜欢自己的行当时，他们总是回答说："为什么我不喜欢自己的行当呢？我可以随意得到我想要的任何东西。如果谁敢阻拦我，我就砍下他的脑袋。"他们一边说，一边还用手比画着砍头的动作。这是一种经常能够听到的回答，这种动作则是城里的首领们所惯施的臭名昭著的动作，我认为这两者恰如其分地说明了太平天国的法律和他们草菅人命的本性。

太平天国拥有一支成分各异的正规军队，特遣部队中从事特殊使命或远征的核心士兵由从戎多年久经考验的资深叛军组成；其余无一例外都是些较为年轻的新兵或被强征入伍的农民。

在进攻并占领宁波的军队中，可能每十人当中就有一名老叛军，这些老兵的任务主要是确保那些较为年轻的志愿兵和被强征入伍的士兵处于效忠状态，并激励那些可能在自己职守面前畏缩的人的勇气，这种激励士气的做法尤其是太平天国的本性。

叛军的另一独特之处是习惯于征召各省被征服地区的居民入伍，这一政策的演变过程十分明了，我无须赘言。

……

远离故土的男人们沉沦于放逐和痛苦之中，任凭他们所遗弃的房屋变成废墟和自己的家室活活饿死。在这样一种统治下，即使是最乐观的人又能期望会有什么幸运呢?

他们的军队由于所经之地所有品质恶劣的人的加入而急剧膨胀，成为其臭名昭著的一个特征。这些人不受任何差强人意的道德约束(除了与军事服从和虚伪的纪律相关的方面以外)，实施一切众所皆知的以及——让我补充说明——世人几乎闻所未闻的暴行。

在一件公文里提到这些事情也许显得有些微妙，但是，当我说出下述事实，即这群恶人中的一些人对待妇女和年轻姑娘的行为已令人发指到任何谨慎的笔触都无法描述时，我的用意也就昭然若揭了。因此，关于阁下所询问的他们如何对待落入他们手中的年轻妇女这一问题，我有十分充足的理由知道这种暴行已恐怖到令人难以置信或无法描述的地步……

……可能是作为一种补偿和对作战英勇的一种奖赏，似乎在业已占领而当地居民未及逃脱的城市，太平军士兵被给予整整三天的时间去做他们想做的任何事情——施展一切暴行，在光天化日之下做出一切令人憎恶的事。三天过后，所有的妇女都被禁止留在城里，我想，我的陈述已经足够了，我没有必要就这一令人痛苦的话题再讲些什么了。

他们的伟大的目标——我应当说成是他们胜利时的主要情形——是制造恐怖。首先是凭借他们军队的人数之众，其次是通过他们所穿的类似于戏装的俗丽服装……

对于我们来说，太平军的仿古滑稽服装和其他自行设计的可笑装束只会引人发笑;但是，我坚信这种服装却对这个国家中无知的和相当愚昧的民众产生了一种截然相反的影响，正如他们所十分清楚的，他们往往与叛军交战到一半就败下阵来。

叛军长而粗浓的黑发更给他们的外表平添了几分野性;当这种怪异的外表夹杂着一些愤怒和疯狂的神情时，假如这些温驯的中国人(正如我们所了解的中国人的那种天性)逃之夭夭或者乖乖地投降，这的确是

回光返照的胜利

没有什么可以奇怪的。

……有时，就连当地一些有身份的人也被迫加入到太平军的旗下，仅仅因为他们意识到了为了保全剩余的财产和避免自己的性命不时地陷入危险，这种妥协在被征服地区是不可避免的。这无一例外地仅是一种勉强的服从。

我本人认为，自从叛军 1853 年占领南京以来，从来没有超过半数的有身份的中国人心甘情愿地效忠于他们；我甚至可以断言，没有一个有身份的中国人曾经出于本人的自由意志和自愿而依附于太平军。

这种事怎么可能呢？有身份的中国人是守秩序并且明辨是非的一类人，他们必然认为并且坚信，成功、信赖和好声誉从不可能步抢劫行为的后尘而来，无论这种抢劫行为的规模有多大。

太平军作战时的军事技术是极为简单和最为原始的。我实在怀疑"战术"一词究竟能在哪一方面用来指他们那种千篇一律的作战方式。

如前所说，人数上的优势是他们最先考虑的因素；他们的人马源源不断地开向被定为进攻目标的任何预定地方。

但是，在主力部队出现之前，他们首先秘密地派遣侦探和密使前去探路和散布虚假的谣言。当这些谣言和阴谋使得人们惊惶失措时，这些密探便趁机在城内外左右不靠的建筑处纵火，更多的则是在整个街道上纵火。如果这些密探被官方抓获并处死，叛军就毫不迟延地指派其他人接替他们，让同样的情形再度重演，直到清方官吏或全城居民逃之夭夭，或者就像在宁波所发生的那样，清军已变得士气低落，斗志全无，那么，该地便轻而易举地落入叛军手中。同时，逃亡的乡民们必定是气喘吁吁慌不择路而逃的，难免会将他们所看到的太平军的人数和行动作夸张性的报道。

在此混乱之中，几名叛军在远处出现，他们那色彩斑斓的俗丽服装产生了通常所有的那种奇特影响，他们那令人不寒而栗的喊叫声更使胆怯的中国人的心中充满了恐惧。

接着，如果这套把戏一直进展顺利，看上去已没有什么危险也不用再费多大力气时，成千上万的叛军便手持大刀、长矛、鸟枪等武器，继续狂野地冲向目标，暴露在他们面前的任何东西自然在劫难逃。

就在此时，也仅仅在此时，首领（或者是统帅，或者是王）才首次露面，因为在由召集来的上海劫匪所组成的前锋部队打通道路之前，这些人极少或从未被听说过，他们的直接举止也从未被看到过。

我认为，上海港最近所发生的事件正证明了上述报道的正确性。在对上海的反复进攻中，按照天平军通常的惯例，被视作劫匪的这群人奉命在前面充当先遣队，他们焚毁村庄，制造恐怖，首领们自然是待在后面，远远地观察其计略的效果。

我很高兴地说，正如我们所知道的那样，多亏了何伯先生和我们的志愿兵，他们的诡计最终遭到了挫败。我想，上海的教训将会对太平军产生有益的影响，因为他们极为惧怕沉重的打击，尽管他们十分自负，而且最初的士气较为高涨。

……

现在我谨向阁下陈述我观察太平天国的几点感受，以此来结束这件公函。我觉得这么做也许已超越了我作为领事的正常职责，因为就阁下所处的崇高地位和所具有的丰富阅历而言，唯有阁下才有资格谈论如此严重而又严重的问题。

但是，如今人们都在沸沸扬扬地谈论太平天国叛乱这一话题，它在伦敦、巴黎和北京无不引起了极大关注，所以，和其他人一样，我也想冒昧地就此阐明自己的看法。为此，我恳请阁下能够宽宥我的唐突……

因此，现在我冒昧地断然声明（十年来我一直毫不动摇地坚持这一观点），太平天国叛乱作为一场政治运动或民众运动是一种极大的欺骗，太平天国教义作为一种信条或伦理则是亘古未见的最巨大、最亵渎的欺骗。我在人类历史上找不到任何可以与之相比的宗教教义，当然，也找不到任何就衡量这场叛乱的政治层面进行比较的标准。

我徒然地在最黑暗时代的历史中寻找世人互相倾轧、利欲熏心的同样事例，结果发现其黑暗与卑劣程度实为史无前例，诸如在宗教的名义下所犯的这等亵渎罪行，模仿英雄举止的插科打诨，令人极为厌恶的潘特龙（Pantaloon，昔日意大利喜剧中戴眼镜穿窄裤的丑角）式的丑态，以及如此众多的由极富悲剧性的血腥事件所织成的脆弱的蜘蛛网。

与太平军这帮狂徒相比，约翰·马笃斯（1534 年德国闵斯德城平民起义的领导人，他所建立的公社在经过十六个月的斗争后陷于失败）及其闵斯德城邪恶的冒险者们在 1534—1536 年的荒唐呓语不禁黯然失色。

凡是有见识、有理性的英国人，在和太平天国接触后所产生的第一印象并不是惊异，而是与接踵而来的鄙视和厌恶交织在一起的恐怖。太平天国境内到处都是一片"空无"（我找不到更恰当的字眼来表达我的意思），没有任何东西可以免于劫难。它像是一个巨大的气泡，一碰就破，但你的手指会因此而沾上血迹。

在其耽于饮宴作乐的这 10 年中，它是否有什么业绩？什么也没有。

它是否曾对人民给予了最起码的尊重或一般的同情，哪怕是淡漠的宽容？有谁敢做出肯定的回答吗？

它究竟是一场抱着摆脱沉重枷锁之宗旨的民众运动，还是一种血腥的劫掠行为和蔓延全国的焚毁、破坏、杀戮一切具有生命的东西的盗贼行径？唉！答案实在是再明显不过了。

它是否扶植或者哪怕是鼓励商业，或者它所宣布的戒条是否在任何形式上有害于经商？业已披露的传教士罗孝全先生和其他人对此的感受可以作为英国商人的殷鉴。

此太平军根本谈不上有什么罕见的勇敢，他们显然只是一群懦夫，我不愿他们因为色厉内荏而不公正地获得我们国内同胞的同情，因为打击已经丧失抵抗力的敌人，将妇女和儿童拷打至死（如此残忍的拷打），将拒绝顺从的穷人活活烧死（正像我目睹的那样），这些都不能证明其勇敢。

我敢断言，从未有人听说过太平军敢于面对殊死的抵抗，无论是国内的还是国外的；尽管可能会有人提出异议，但是，这群太平军最近在其首领的驱使下被迫冒死前去攻打上海的事例正印证了我的上述看法。

　　总而言之，太平天国是一大祸害。如果它未被遏止地横行于众多的省份和地区，那么，所经之地就会时常发生灾祸和瘟疫。太平军正如同那些可怕的灾难一样在整个国家蔓延。他们一来，无助的当地人便只好唯唯诺诺。他们一走，老百姓才松了一口气，不禁喜形于色，并开始修复由于这一可怕的敌人的光顾而造成的毁坏和损失。

　　……

　　　　　　　　　　　　回光返照的胜利

那个香港来的"干王"

洪仁玕与《资政新篇》

太平天国的干王洪仁玕，性情活泼，天性乐观，好饮葡萄酒，喜用刀叉吃西餐，是个随和的西化人物。

富礼赐是与洪仁玕同时代的人，他和这位干王见过好几面，所以他的描述有一定的可信性。一般来讲，嗜酒的人总给人以意志薄弱之感，很少能让人与那位撰写太平天国后期"革命"纲领《资政新篇》的精明人联系起来。

而且，如此一个温和的人，也会干出当着美国传教士罗孝全的面把罗的仆人脑袋亲自砍下来的"暴戾"行为。历史上的人，所作所为非常复杂，远远超出我们现代普通人的想象力。

洪仁玕是洪秀全同高祖的族弟。他的早年经历基本与洪秀全一样，五六岁时就读书，到近三十岁仍旧屡考不中，只能到农村当塾师糊口。洪秀全早年创教时，也常常与这位族弟密议，两个人手捧《圣经》玩命钻读。洪秀全到广西去，小他九岁的洪仁玕因家人劝阻，未能成行，只能去清远一带教书谋生。中间有段时间，洪秀全回广东，与洪仁玕相会多次，见这位族弟在清远教书混得不错，说不动他与自己去广西，也没再坚持。

金田起事前，洪秀全派人回家搬运自己的家族人员，洪仁玕在清远，也没有随同族人过去。

等到清政府知道了洪秀全这个"逆首"的真名，自然到他老家抓人。与洪秀全同族的洪仁玕这才感到害怕，想逃往广西。待他 1851 年到浔州时，洪秀全一批人已经打到永安。洪仁玕见清军到处设卡，只得沿原路折回广东。四处躲藏之余，洪仁玕差点找个水塘"自裁"。

1853 年，他跑去香港，混入教堂给洋教士当中文教师。后来，听得"太平天国"在南京，他马上往上海赶，想去找"洪天王"。结果，当时战事吃紧，道路不通，上海的"小刀会"兄弟也不相信他是鼎鼎大名"洪天王"的弟弟，根本不予理会。无奈之下，洪仁玕只得在上海洋人学馆以学历算为名磨蹭了一段时间，最终又返回香港。

此后数年，他在香港苦学英文，研习西方的文化和制度，并在 1859 年在洋教士出钱资助下再次向南京进发。

千辛万苦之后，他终于进入"天京"，与洪秀全相会。

当时，杨秀清被杀，石达开出走，万事忧心。洪天王见族弟洪仁玕远道而来，喜出望外，立刻封他为"干天福"。一个月不到，就又加封这位洪姓族弟为"天国开朝精忠军师顶天扶朝纲干王"，总理政事，基本就是让他接过先前杨秀清那一套大权。

为平息众人心中怒气，洪秀全不得不在不久之后加封陈玉成为英王、李秀成为忠王。

为了向"天王"哥哥显示才学，并平息太平天国高层将领对他的不服气，洪仁玕到天京没多久就上呈《资政新篇》，当然，其中不少内容都是他先前在香港拟好的。

从当时来看，洪仁玕的提议和想法不可谓不新。他开篇就洋洋洒洒说"时"论"势"，举俄罗斯和日本为例，认为"太平天国"要成大事，就应该顺应世界潮流。这个想法，与日后的广东人孙中山的想法其实完全一样：

世界潮流，浩浩荡荡，顺之则易，逆之则亡。

《资政新篇》主要有三大类：风风类、法法类、刑刑类。

风风类，即移风易俗，大力推广基督教的宗教善意。当然，这一类最主要的，是洪仁玕建议以西方"有用之物为宝"，如火船、火车、钟表、电火表、寒暑表、风雨表、日晷表、千里镜、量天尺、连环枪、天球、地球等物。实质是欣羡西方物质文明，但确有进步意义。

法法类，即仿效西方政治经济制度，发展生产，开拓经济，开拓交通，兴办银行，鼓励发明等。如他建议设立严谨的基层乡官制度，增设监察机构，对洋人通商来往坚持"信义"二字。

刑刑类，即实行西方那种司法制度，矫正从前"有法无依"的弊政，并想出"禁朋党之弊"一说等（洪仁玕大概还不十分理解西方的"三权分立制"，所以他没有提及这方面内容）。

总而言之，洪仁玕的这篇文章，确实是一部明显带有法制与民主色彩的政治改革方案，其中不仅有发展资本主义的经济政策，还有平等独立的外交方针，也有关于教育文化与社会事业方面的真知灼见，可以说是近代中国人睁开半只眼看世界的一篇好文章。

从积极方面看，洪仁玕这些远大"理想"，其实与日后的"洋务派"不谋而合，而且他的某些见识也比日后的魏源要高出不少。从时间上讲，《资政新篇》的颁布比日本"明治维新"早十年，比"戊戌变法"早四十年。如果其中的建议得以真正实行，中国的历史将会大不同。

洪秀全本人对族弟的这些主张不甚了了，但除了明确反对其中"缓于诛杀"的条议以外，照准颁行。

虽然《资政新篇》被当作"天朝"政纲加以刊示，但在洪仁玕实际的执政时期（1859—1862年）内根本就是一纸空文。这是因为，军务和战争是当时太平天国迫在眉睫之事，在外大将如陈玉成、李秀成又从心理上瞧不起他这么一个"书呆子"，所以他的建议没有一条落到实处。

洪仁玕由于精通英语，与好多洋教士关系密切。他还把美国教士罗孝全请到了天京。1862年，随着洪仁玕杀死罗孝全仆人一事的发生，

太平天国己未九年新镌

旨准颁行

资政新篇

钦命文衡正总裁开朝精忠军师干王洪　製

《资政新篇》

加上罗孝全觉得自己想在太平天国宗教上独掌大权的幻想落空，罗孝全愤然出走，此后在媒体上大肆攻讦洪仁玕。

加之一些请求遭拒，洋人们对洪仁玕的印象也一落千丈，纷纷认定他是狡猾的太平军谋士，"其理论，其行为，均不甚正大，彼之著作，不过是笼络外国教士之手段而已"。（英国驻华公使普鲁斯语）

1862年下半年起，由于援助安庆失败，洪秀全基本上不再信任洪仁玕。直到临死，托付无人，他才想起这位族弟，临终托孤，让他力扶幼主。

从另一个角度讲，洪仁玕是条汉子，城破被俘后，坚贞不屈，还以"文天祥"自比，虽然不脱书生迂腐，倒很有气节可言。

有人把二破江南大营和太平军开拓苏浙的功劳算在洪仁玕头上，其实有失公允。那些成绩均是陈玉成、李秀成等将领所为，洪仁玕不晓兵略，根本没能力指挥大局。

附件：富礼赐有关洪仁玕的记载

上海英国领事馆翻译富礼赐的《天京游记》中有关干王洪仁玕的专门描写，载于《北华捷报》1861年6月29日。

干王（印象）

现在，我们要去干王洪仁玕那里吃中餐。他或许是与太平天国运动有关的最为知名的人物。他了解外国人，凡办理与外国人有关的事，他总是处在最前面，也因此遭到他的不少西方朋友的不合情理的评论。因此，在认识他之前，我时常对他抱有同情态度。我多次见过干王，愿意谈一谈我对他的总体看法。

数月前，干王告诉我，他即将去安徽传播太平。他这样做了，而外国船所看到的他的事业的标志却是冒烟和燃烧的村庄。据此，我们难道不可以说他是"一道燃烧和闪耀的光"吗？

在到达油漆和镀金气味浓烈的王府时，我看到街道两边有两个小亭子，里面有两班乐师无休止地奏出不和谐的声音，有时很低沉，好像是为了不打扰你；有时声调又极高，使你受不了。

有一次我在干王府住了四天，乐声中断的时间不超过半个小时。两个乐亭之间有一照壁，上绘龙、孔雀、驴，还有鱼，照壁上装有一块大木牌，上有金色的大"福"字，"福"字之上有《马太福音》中的八福诸条。

进府门向右，经过几处肮脏的庭院，你就来到一排又脏又暗的房子，那里是"六部"的所在地。有时可以看见这些屋子里有一些小工，其中较大的一间有三四个抄写手在黄纸上写个不停——"六部"的全部工作可能就是由这些人来做的。

我住在干王府时，户部里面堆有很多煤炭，礼部的用处更是等而下之。"六部"之上是罗孝全的住处；在这些房子的背后，他在一间小屋开设了一个诊所。在一堵墙上，我发现贴有一篇关于往年英法军队攻打天津获胜的报道，其末尾有天朝常用的词句"杀尽妖魔"字样。干王打算拆毁所有这些房子，另建一座漂亮的大院。

回到前门，一个脸色苍白、全身穿黄的小男孩会过来伸出小手与你握手，口说"早安"——如果他认识你的话。他就是干王的独子，一个可爱的孩子。他有自己的王冠和封号：干嗣君。他懂得摆起架子对仆人说话，要他们唯命是从。

现在，大门打开了，里面身穿盛装坐在大堂内的就是干王。他的侍从衣饰整齐，站在他身边。你进来时，他会同你握手，用英语说"你好"，并请你就座。

我应该这样说，干王约四十五岁，比较胖，有一副开朗、十分快活的容貌。他是位非常令人愉快的伙伴，能喝一杯葡萄酒，如果需要，他还能用刀叉吃一顿西餐。

我必须承认，他是我所见过的中国人中最开明的一位。他熟悉地理，还懂得机械工程，承认西方文明的优越性，藏有各种科目的有图版的参考书。他慷慨，极愿做善事。

遗憾的是，他懒惰，因而不能不辞劳苦地将他的理论付诸实践。他不是军人，经常出征的各王对他常年留在京城非常妒忌。他甚至不得不带兵出征，但把事情搞得一团糟，在得到"洋鬼子"在南京提出过分的无礼要求的消息后，就从前线返回。

他对我说他痛恨战争，并力图在出征中使战争的恐怖减少到最低程度；不过他又说（干王是很尊重事实的）："但是，不可否认，这是一场生死搏斗，咸丰的军队不曾对我们的人表现出同情和怜悯，作为报复，我们的人也绝不会同情和怜悯他们。但我指挥的军队从不无故杀戮乡民。"他还暗示我所知道的情况属实，这就是，如果上海道台的脑子里有这样的观念，即宽大逃跑的太平军而不是立即命令处决，那么，稳定前线的太平军将不会是件很困难的事。

现在请读者随我漫游干王府的里面，吃一顿饭，然后再打开大厅后面的套门，干王会领你进入一间黑乎乎的大衙门——同赞王府的一模一样，再穿过一道侧门，就可以看见一处使人较为悦目的假山式小花园。

衙门挂满了黄缎卷轴，尘土很多。我想它从未被使用过。大堂的一角有12个太阳镜，桌上摆有两罐火药，一罐是宁波造，一罐英国造。一个大橱里有很多画册，均装有布套。干王会取出它们请你鉴赏，你不能不承认其中一些苏州的花卉画确实很精美。

经一道小门向左，你来到了干王的寝室，它很像一个博物馆。这间屋子很大，满镶玉器和其他饰物，挂着黄帐。干王常来这里午睡。

桌子在室内各边排成一条线，陈列着各种不同寻常的物件。有一个基座可以移动的望远镜（已坏），一个枪匣（没有枪），三支科尔特手枪（均已锈坏），一盒炮盖，一盒火柴，两盏已不能照明的太阳灯，一块褐色的温莎肥皂，一本伍尔维奇的设防手册，一部论述军事战术的书，《圣经》，大量的中文书籍（包括所有那些由外国传教士撰刊的有价值的著作），若干刀黄纸，五六个时钟，一只闹钟，一支破损的晴雨表，一大堆文告，几块石砚，数支金笔，几块脏抹布。

另一边还有一大堆遭蠹虫蛀蚀的书，一个里面有一顶龙冠的帽盒，一些镶银扇子、玉雕酒杯、碟子、金杯、银杯、盘、筷和吃西餐的叉子，三个英国葡萄酒瓶，一瓶科沃德腌菜。

其他一些地方悬挂着一柄英国海军佩剑，几顶龙帽，两把日本刀，两个法国装饰盘，一幅以法国弗林特郡的圣井为题的古旧雕刻品。

床上还有不少用布包着的银锭。一张大理石桌子的四周放有大理石椅凳，一名身穿洁白绸服和蓝色短褂的仆役打着大风扇，使你舒服凉快。

干王会在这里请你美食一顿，还有很多酒。他告诉我，天王禁酒时，他请示特许，因为他没有酒就吃不下饭，他的请示立即得到了恩准。

就餐时，他会告诉你他在推行改革时所不得不面对的众多困难；天王如何不正视现实，专注于宗教，以及诸王如何不尊重他的权威。事实上，太平天国中央的权威是出不了天京城多远的。我不禁喜欢起干王来，我经常为一些令人不快的事去拜访他，一旦事情办妥，他便友好率直如初。

现在我得向他道别，祝愿他顺利摆脱因改革而引起其他首领敌视的困难处境。他的志向被他的疏懒抵消了。中国人往往使自己发展成为自大和天生喜好隐瞒与欺诈的人，这几乎可以立刻从干王的直率坦白中看出来。倘若太平天国均由这类人组成，那么中国很快将会是他们的天下。

但不幸的是，干王在南京诸王中是独一无二的人物。他是基督教的坚定信徒，但仍使信仰迁就于他自己的独特习惯。他的自大破坏了他的经验理应带给他的智慧，四面八方纷至沓来的对他的庸俗谄媚，不可避免地会产生影响。

我要说，侍奉干王的是女性，但我必须否认某种源于别的渠道的暗示，即以为这些女子全都楚楚动人年轻貌美，或在王府中除了做仆役之外，还干别的什么……

那个香港来的"干王"

大丈夫死则死耳，何饶舌也！

太平军二次"西征"的失败与陈玉成之死

1862 年 6 月 4 日，河南延津的一片开阔地上，气氛肃穆。清军辟出一块行刑场，近三千兵马把场地团团围住，如临大敌。

时为镶黄旗满洲都统兼正蓝旗护军统领加兵部尚书衔的大清贵臣胜保，怀搂一个绝色女子，四仰八叉地半躺半坐在一个雕花坐床上面，满怀恶意地望着刑场上被捆缚的受刑人。

即将受刑的男子非常年轻，二十五六岁的年纪，长身玉立，一头黑发散披，神色勃勃不屈。这位好汉不是别人，乃太平天国鼎鼎大名的英王陈玉成！

军中师爷趋前，低声喝问："陈逆临死之前，有何话要说？"

陈玉成微微一笑："大丈夫死则死耳，何饶舌也！"

在场的清朝将士以及行刑士兵，闻言均凛然为之动容。

胜保鸦片瘾上来，鼻涕眼泪齐流，呵欠连连。同时，他怀中被吓得面无人色的美人，也令他欲火中起。这位绝色女子，正是陈玉成之妻。胜保本人乃举人出身，满洲镶白旗人，曾在宫内做过侍讲、内阁学士。虽是文士底子，但此人人品极差，粗蠢刁蛮，行为举止远远不如草寇出身的清朝大将张国梁、冯子材等人。

见刽子手开始动手凌迟陈玉成，胜保狞笑，睁大眼睛仔细看。看了片刻，由于抵抗不了鸦片烟瘾，他摇晃起身，拎小鸡一样把身边美人掀起，临行时搁下一句话："慢慢割这个逆贼，让他多受些苦！"

言毕，胜保离去。

行刑的两位士兵见胜大帅走远，又见监刑官朝他们使眼色，心领神会地互相点点头，低声对身上已被割数十刀、血流遍体的陈玉成说了声："英王好走！"然后，刽子手一刀直捅其心，给了这位英雄一个痛快死。

自古英雄出少年

陈玉成，广西藤县人，父母早亡，出身贫苦。"金田起义"时，他年仅十四岁，与叔父陈承瑢参加了太平军，是绝对的"童子兵"。

十二年中，陈玉成从普通士兵成长为力撑太平天国半壁江山的"英王"，真可谓是一部传奇故事。

从军后，陈玉成只是随营移动而已。最初的两年，他并未参加过真正的战斗。太平军定都天京后，他在左四军当"正典圣粮"，也就是高级司务长。真正加入行军打仗行列，始于1854年的太平军第一次西征。当时，陈玉成在韦昌辉之弟韦志俊手下做事。

武昌围攻战中，十六七岁的小将陈玉成率五百多太平军攀城而上，奋勇先登，第一个杀上武昌城头，首建头功，一下子就被升为"殿右三十检点"。而后，九江战役中，他引军趋至九江，配合林启容苦守九江，牵制了湘军很大的军力，终于使得石达开在鄱阳湖全歼曾国藩水师。

1856年，清军江北大营、江南大营向南京紧紧施压，时为冬官正丞相的陈玉成受秦日纲统领，与李秀成一起赴援镇江。陈玉成置自己安危于不顾，乘飞舟在江上扬帆飞驶，冒着枪林弹雨，抵至镇江城中，把进攻计划尽告守将吴如孝。结果，太平军最终内外夹击，成功解除了清

大丈夫死则死耳，何饶舌也！

军对镇江的包围。

而后，陈玉成与李秀成等人联手，在攻破江北大营后，力克扬州，把清军大将吉尔杭阿打得溃不成军，迫使这位清将不得不拔枪抵胸自杀。

再接再厉之下，江南大营也被太平军攻占，陈玉成率军猛追清帅向荣，并把他包围于丹阳城内。几年来一直和太平军苦斗的向荣受不住如此打击和羞辱，上吊自杀。

天京事变后，名王良将死掉好几个，石达开"出走"，太平天国的征杀重任忽然落到陈玉成身上。特别值得关注的是，陈玉成乃天京事变中北王韦昌辉杀东王杨秀清时最得力的助手陈承瑢的亲侄子。洪秀全不怎么搞诛杀九族那一套。无论秦日纲的几个兄弟，还是韦昌辉之弟韦志俊，在天京事变后并未被逮诛，这是太平天国与"封建王朝"最大的区别。

当然，这并非说明洪秀全本人多么宽厚容人。当时形势紧逼，用人要紧，洪秀全不可能再杀自己人，而被诛诸人的亲属深知自己与清廷不共戴天，也只好硬着头皮挺下去。这些人，搞好变成陈玉成，搞不好只能当韦志俊（最后向清军投降并充当急先锋）。

陈玉成不负重望，与李秀成一起，在1858年秋天二破江北大营，打通了浦口与南京之间的交通线，攻克清军一直坚守的重镇六合。紧接着，陈玉成与捻军联手，于1858年年底取得三河大捷，一举消灭了湘军悍勇的李续宾及其部下六千多人，名扬海内。

1859年2月，陈玉成破庐州，生俘清朝巡抚级大员李孟群。

劳苦功高之下，陈玉成受封为"英王"。这位英王果然英勇不凡，在李秀成的协同下，率领太平军二破清军的江南大营，逼得清朝在江南的统帅和春服鸦片自杀。

数年之间，陈玉成之所以能一步一步登上"英王"之位，绝对是积功而至。而他的连连克捷，也绝非是"好运气"使然，乃是他治军有方、行军有道。他在战略战术上，有其特别独特的避实就虚、迂回包围、灵敏快速、声东击西以及"回马枪"等不同凡响的大手段。为此，曾国藩等人对陈玉成深为畏惧，直言"自汉唐以来，未有如此贼之悍者"。

畏之惧之，清军总觉只有擒杀陈玉成才能安枕。

二次西征的苦涩

太平军第二次西征，始于1860年秋（有学者认为根本就没有二次西征）。

二破清军江南大营后，太平天国众将众干在天京商议，决定兵分两路直取武昌。陈玉成率北路军，连下霍山、英山，挺入湖北，占领蕲水、黄州（今湖北黄冈）。黄州落入太平军之手，此地离汉口仅仅一百多里。太平军南京的一支由侍王李世贤和辅王杨辅清率领，在安徽宁国府、徽州、休宁一带进展顺利。

李秀成所率部伍由于天气原因出发较晚，1860年10月下旬才自太平府（今安徽当涂）出发，于年底攻占羊城栈领，特别接近在祁门扎大营的曾国藩。

当时，曾国藩是险过剃头。由于太平军仅离其营地八十里远，手下兵少，又无险阻恃凭，曾国藩只能故伎重施，立刻写下"遗嘱"做自杀准备。可巧的是，曾国藩的"遗嘱"，几乎都成为"救命符"。李秀成鬼使神差一样绕祁门不攻，直接去了江西，曾大人又从地狱门口返转回来。

李秀成之所以不攻祁门，乃从军事常识出发，他认定曾国藩这么大的清朝官员，在祁门大营肯定有重兵防守，根本没料到祁门空虚。曾国藩手下湘军主力皆四处抵战，大营里其实没有多少人马。无论是李鸿章

　　　　　　　　大丈夫死则死耳，何饶舌也！

（时为曾国藩幕僚）还是左宗棠，私下都认为曾国藩的皖南祁门大本营是"绝地"。

倘若李秀成率太平军倾力进攻，即使不能杀曾国藩，仅仅把这个湘军的总司令围困于这个万山丛中的"窘乡""绝地"，过不了多久江北湘军势必来救。太平军可痛击之，整个战场的局势都有可能因之改观。

但是，命运的天平，再次向曾国藩一方倾斜。

就这样，李秀成率军迅速推进，把江西的吉安、瑞州等重要城市一攻而下。1861 年 6 月 15 日，近三十万太平军大军挟胜直克武昌县（今湖北鄂城）。如此一来，武昌看上去肯定要被太平军攻占。

但三个月前的陈玉成以及三个月后的李秀成，均是拥大军杀至武昌外围后驻足不前，然后绕之而过，舍弃这么一个太平军西征最大的目的地不打，转走他方。这又是为什么呢？

原来，太平军两次不攻武昌，均是太平天国的"洋兄弟"从中做梗。抛开没把握好南北路太平军会师时间不谈，陈玉成、李秀成最大的失招，在于他们盲信洋人。

英国参赞巴夏礼在 1861 年 3 月亲至苏州见陈玉成，软中带硬地"劝说"太平军不要打武昌，因为英国在当地有很大的利益，如果太平军进攻武昌，难免与英国发生利益冲突。同时，巴夏礼向陈玉成散布假消息，说李秀成连江西都没进入，根本来不及与陈玉成部一起攻打武昌。

陈玉成这么精明的人，却不知为何特别相信洋人。他留下赖文光守黄州，自率大军向麻城一带进发。听说安庆告急后，他率大军回援安庆，往集贤关进发。

李秀成到达武昌县之后，英国汉口领事金执尔也借生丝被扣事件前来交涉，劝李秀成不要进攻武昌。李秀成也相信洋人，他又不知道陈玉成部队的情况，就托金执尔带两封信给干王洪仁玕和在黄州的赖文光。结果不必讲，金执尔假装应允，转头就把两封信销毁，消息根本没有被

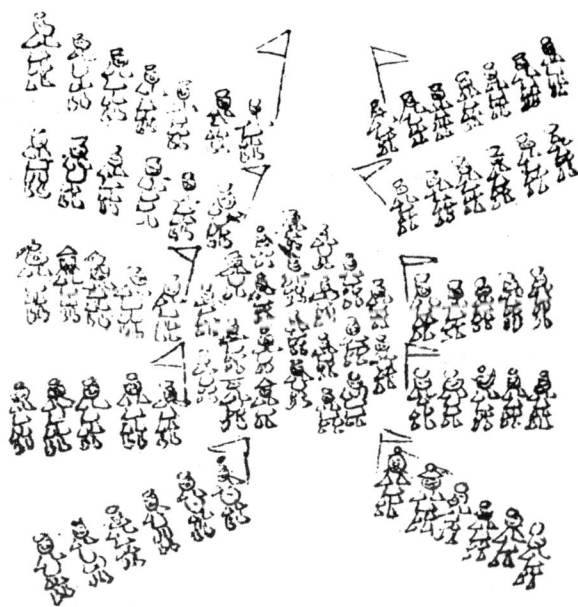

螃蟹阵图

送达。

假使李秀成在当时能与黄州的赖文光部联合作战，攻克武昌基本是百分之百的成功概率。但他轻信洋人，由此转入江西，向浙江杀去，最终攻破重镇杭州，从此专意经营苏浙二地，对安徽等地战事进展大不以为意。

陈玉成舍武昌不攻，太平军的二次"西征"，实际上已经失去了意义。如今，当务之急，就是解安庆之围。

安庆乃"吴楚咽喉，江淮腰膂"，正处江西、安徽、湖北要冲之地，军事地位极其重要。如果坚守安庆，实际上就把住了天京上游的大门。而且，如果太平军守住这块宝地，不仅能扼控湘军东下的势头，又可保住巢湖地区的大粮仓，所以才有这么一说："安庆一日无恙，天京一日无险。"

曾国藩、胡林翼二人对安庆志在必得。1859 年，二人密议，确定了四路进兵安徽的军事计划：第一路自宿松石牌趋安庆；第二路自太湖、潜山攻桐城，为阻碍太平军来援；第三路从松子关出商城、固始攻打庐州；第四路由英山、霍山攻舒城。

到了 1860 年春，审度当时情势后，曾国藩出于全面考虑，修改了计划：以安庆为必夺目标，曾国荃主攻安庆，多隆阿主攻桐城，李续宜率军在青草塥充当后备队，接应诸军。与此同时，清军在英山、霍山一带广修碉垒，以防太平军出奇兵突袭。

即使清军一方计划如此周密，但如果李秀成、陈玉成任何一支军队攻逼武昌，失去大后方的清军必定因阵营大乱而自安庆回军。那样一来，安庆之围可不攻自解。正是陈、李二人纵武昌不攻，战争往来之中，太平军一方逐渐由主动变为被动。

安庆重镇的丢失

太平天国高层对安庆的得失十分在意。不仅陈玉成急赴安庆，洪仁玕、林绍璋、黄文金等人都各自统军来援。

湘军方面当然早有心理和物质准备，曾国荃、杨载福、鲍超诸将率军在集贤关、棋盘岭、菱湖等地截堵太平军援军。

曾国荃在安庆周围的部署很扎实，建造无数坚碉固堡，层层设防，目的就是使得安庆城内外的太平军不能相通。如果太平军里应外合，清军会陷入被人反包围的窘境。

功夫不负有心人，由于太平军外援进不来，清军殊死进攻，赤岗岭大据点终于为清军攻克，四千多太平军被杀，安庆城外丧失了一个重要屏障。

紧接着，菱湖北岸与南岸的太平军营垒相继失守。这样一来，陈玉成的援军失去凭依，更为被动，基本与安庆城内的太平军隔绝往来。气恼之余，陈玉成与洪仁玕合军后，从桐城方向连营二十余里，分数路大军进攻包围安庆的清军，均不克，无功而返。

不久，由于黄文金生力军驰至，陈玉成又组织新的大规模进攻。不料湘军勇猛异常，在外拒太平军援军的同时，向内对从安庆城冲出的太平军守军发动反击，最终牢牢控制安庆战场的主动权。

弹尽粮绝情况下，安庆终于于1861年9月5日被清军用地雷炸毁城墙后攻克。太平军守将叶芸来与手下两万多将士皆在接阵中被杀。

可恨的是，湘军陷安庆后，在城内大杀无辜百姓，把全城财物抢掠一空。

安庆之失，原因诸多，从大方面讲，太平军失误如下：

其一，太平军"二次西征"的战略毫无新意，其实就是抄袭二破江南大营那次的"围魏救赵"之法，即几路军合击武昌，攻清军空虚之地，基本谋略是想诱调安徽境内清军出境回救武汉，以缓安庆之围。

大丈夫死则死耳，何饶舌也！

对此，曾国藩一眼看穿这是太平军"抄写前文"之策。太平军谋略之陈旧，使得清军沉着应付。加上太平军诸路在武昌未能果断进攻，牵制和诱引安徽清军的计划完全落空。

其二，二破江南大营后，李秀成等人倾意东进，陈玉成部也在东线滞留，西线的湘军从容进逼，进围安庆，二次西征为时已晚，已经种下安庆之失的败因。而且，李秀成固执己见，坚持从长江南岸进发，洪秀全要他"扫北"，二人相拗，内部不谐。

其三，太平军各自为政，各自为战，在军力占极大优势的情况下，没有像样的统一指挥，"巨掌"化为"散指"，轻举妄动，率意出击，散漫后退，而作为主力军之一的李秀成部竟然在武昌兜绕一圈后扬长而去，完全置安庆于不顾。

反观湘军，曾国藩一统指挥大权，江南江北清军协调一致，步调一致，未雨绸缪，最终毕功于安庆。

其四，陈玉成等人心急，犯了速战速决的冒失错误。此举正让安庆周围清军从容不迫地施行围城打援战略，一口一口吃掉太平军来援之军。陈玉成急躁求成，直接进攻安庆，人肉终不敌深沟高垒和密集的枪林弹雨，一挫再挫，最终反攻为守，自困愁城。不仅安庆失掉，他本人性命也失掉。

假设陈玉成当时能冷静下来，不恃气、不凭威，在从外线凭优势兵力对安庆等地围城清军采取大包围的同时，率先进攻太湖一带的胡林翼部清军（都是新募的没有经验的新兵），继攻桐城挂车河一带清军，安庆城外的清军势必会撤围反顾。

如此一来，清军先前精密的内外壕垒完全丧失作用，反而会受太平军牵制，处处落入被动挨打局面。但历史总是不能假设。

安庆援战失败后，陈玉成部自此大走下坡路。他从集贤关撤退，奔往庐州。当时，部将赖文光劝他迅速与苗沛霖、张乐行等人联手，出奇兵四处，进取荆襄。陈玉成不听，反而上表天京，要求封部将陈得才、赖文光等人为王，分军去陕西，最终目的是让这些人在一路开辟过程中重新整出一支大军，再回来夺取安庆。

由此，庐州只有陈玉成一支孤军留守。

天京方面，深居简出的洪秀全听说安庆失守，勃然大怒，立刻下令把陈玉成、洪仁玕革职。李秀成由于当时在江浙一带发展得不错，又攻下杭州，所以躲过了这些倒霉事，不用为二次西征的失败负责。

洪仁发、洪仁达等人落井下石，在洪秀全面前极力打压洪仁玕等人，至此，洪氏亲族帮重新在天京掌权。不仅如此，为了"鼓舞"士气，弱化李秀成、李世贤兄弟的威权，洪秀全开始了始无前例的大肆封王——一下子封了二千七百多个王！

特别是洪秀全两个哥哥重掌大权后，只要有人送钱送物，只要是广西"老人"，只要有亲戚裙带关系，无不为上。封王人多，无可再封之下，太平天国的洪秀全又创制一字用于封爵，意思是"准王爷"，导致"人心更不服，多有他图"。（李秀成语）

当然，据黄文英在自述中称，太平天国王爷虽多，其实还是分等级的：

> 那天朝的王有五等：若从前的东、西、南、北四王、翼王，现在的干王，执掌朝纲，是一等王；若英王、忠王、侍王，执掌兵权，是二等王；若康王、堵王、听王，会打仗的，是三等王；若我与恤王是四等王；那五等王一概都叫列王。起初是有大功的才封王，到后来就乱了，由广东跟出来的都封王，本家亲戚也都封王，捐钱粮的也都封王，竟有二千七百多王。

但是，毕竟是二千七百多个，分封太滥，上至70岁在天王府中管钥匙的"工友"董金泉得封"梦王"，下至洪仁发几十天大的儿子洪金

大丈夫死则死耳，何饶舌也！

元得封"同王"。太平天国后期真是"王爷满地走，丞相不如狗"，个个爵位"显赫"得吓人。

陈玉成方面，由于受到处分，年轻人一时想不开，心烦意乱，枯守孤城。

洪秀全恨陈玉成不争气，在1862年初就下令催他与扶王陈得才会兵为天京取粮。但是，当时陈得才、赖文光等人早已经进入河南，不可能在远途行军过程中及时赶回。

得知清将多隆阿率大军来围攻庐州，陈玉成着急，给捻军张乐行和陈得才等人发急信，希望他们伸手来援，但信件均为清军截获。至此，庐州的陈玉成所部情势十分危急。

虎落平阳被犬欺

大凡英雄落魄，自是一步一个错，越行越气短。

坐困庐州之内，昔日威风八面的陈玉成无计可施。这时候，苗沛霖派一名从人化装成乞丐，把密信写于绢上，塞入打狗棍中带入城中。他在密信中表示说要迎接英王陈玉成到寿州，把手下四旗人马（说成一百二十万，显然吹牛）都交予陈玉成，直扑汴京，横扫北部中国。

这苗沛霖何人也？乃一心计多端的反复小人。

苗沛霖，字雨三，安徽关店人，秀才出身。太平军第一次北伐，淮河一带大乱，苗沛霖不忧反喜，大叫"此大丈夫得志之秋也"，开始兴办团练武装。他文韬武略真在行，几年内就训练出一支实力超强的队伍，雄踞淮北。

咸丰七年（1857年），由于苗沛霖对在安徽督军的胜保大献殷勤，得授五品官，主持淮北团练。苗沛霖感激涕零，三年多时间内为清廷尽鹰犬之力，打灭了一拨又一拨"捻军"，最终得到二品布政使的赏衔。

孰料，咸丰十年（1860年），英法联军进攻北京，清廷要他入京勤王。他以为大清要玩完，竟然予以拒绝，准备自己独霸安徽，占地为王。于是，他忙向南京的太平天国表示忠心，为自己多备了一条后路。

　　咸丰十一年（1861年），由于与寿州的官绅孙家泰等人有过节，他率兵杀入寿州，把孙家泰家族以及当地几个大姓灭族。清廷与英法等国讲和后，苗沛霖见风使舵，派人向胜保表示忠心，并带去大批财宝进献。同时，他派人向太平天国在南京的洪秀全以及庐州的陈玉成送信，剖示"心迹"。

　　陈玉成大喜，表奏他攻克寿州的功劳，天京方面就封苗沛霖为"奏王"，派使团赏他美女多名以及几大车金宝。同治元年（1862年），苗沛霖听说胜保率大批清军南下，陈玉成又被清朝荆州将军多隆阿包围于庐州，他急忙给胜保写信，表示说自己要诱捕陈玉成立功。所以，他才卑躬屈膝地写下那么一封信。

　　陈玉成与属下将领商谈，多数人都认为苗沛霖是反复小人不可相信，但陈玉成不听。于是，他先派前军从北门外死拼往外冲，杀出一条血路后，他本人率后军冲出，直奔寿州。由于事先陈玉成手下有个将领余安定在寿州充当联络人，故而他不疑而来。岂料，余安定早已与苗沛霖通气，共谋执捕英王。

　　自庐州血战杀出后，陈玉成损失惨重，手下仅剩两千多人。抵至寿州城下，余安定开城来迎。英王不疑有诈，令两千多士兵在城外驻扎，他仅率二十多人入城，准备以寿州为大本营，开始他北伐的宏图伟略。

　　入城后，待了大半天，也不见苗沛霖来迎接自己，陈玉成内心纳闷。

　　到了傍晚时分，苗沛霖的一个侄子苗天庆头戴蓝顶花翎，一身清朝官员打扮走进大厅，先向英王陈玉成施一礼，说："我叔父见清朝洪福过大，现望能与英王一起共享大清洪福！"闻此言，众人知道被出卖，

大丈夫死则死耳，何饶舌也！

皆抽出刀剑要动手，但被陈玉成拦住。

陈玉成站定，怒斥苗天庆："你叔父真是无赖小人！墙头一根草，风吹两面倒。龙胜帮龙，虎胜帮虎。如此为人，将来连一个'贼'名也落不着。本王只可杀，不可辱。势已至此，看你如何发落！"

苗沛霖不敢见陈玉成，派人把陈玉成随从尽数杀害后，将他押送至胜保大营。

胜保闻讯大喜过望，即刻开中军帐，排列森严，摆定仪仗之后，人五人六一声大喝，喊道："把陈逆押上！"

陈玉成入帐，左右清军呵跪。陈玉成手指胜保大骂："你这个胜小孩，在妖朝乃第一误国庸臣。本王乃天朝开国之勋，三洗湖北，九下江南，你与我交战四十一场，场场皆败，有何面目让我跪你！白石山一战，你全营皆没，仅率十余骑狼狈窜逃，还是我止兵不追，饶你一条狗命。如此这般，你怎配我跪，好一个不知自重的物件！"

骂毕，陈玉成席地而坐。

胜保脸上红一阵白一阵，自取其辱。

多隆阿闻知此事，幸灾乐祸说："胜帅真是自寻无趣。如果我是他，绝不与陈玉成相见，待之以宾礼，好好软禁，等北京的圣旨裁处。"

清廷谕令胜保把陈玉成押送北京受审。行至延津，胜保越想越气，加上僧格林沁撺掇，他就在当地凌迟处决了英王陈玉成。

陈玉成死时，年仅二十六岁。由于他儿童时代以艾草烧灸治病，在眼下各留下一块疤痕（也有说是两块浅紫斑），清军上下称其为"四眼狗"。但这位"四眼狗"英王的俊拔和英勇，着实让清朝将士心服口服。

有关陈玉成被俘后的记载，最详细的出自赵雨村写的《被掳纪略》，此人咸丰十一年（1861 年）在河南光山被英王陈玉成部下掳入军中为兵，当时还是一个少年人。虽然被迫入太平军，但他本人对陈玉成十分钦佩，记述中写了不少真实的见闻。他对陈玉成印象极佳，盛赞这位一

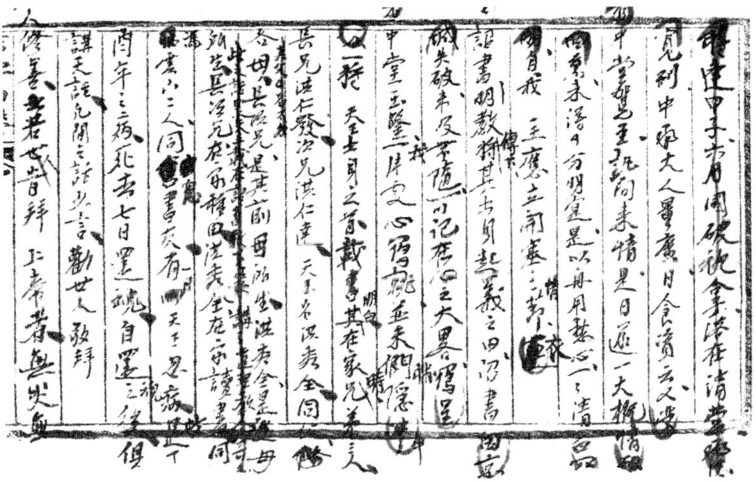

李秀成亲供手迹

身金黄服色、胯下骑白龙马的王爷有三样好处：第一爱读书的人，第二爱百姓，第三不好色。

胜保方面，也有一份简单的陈玉成自述。自述显然经过他手下书吏的篡改，半真半假：

我系广西梧州府藤县人，父母早故，并无兄弟。十四岁从洪秀全为逆，自广西随至金陵，后历受太平天国指挥、检点、丞相、成天豫、成天燕、成天福、成天安、成天义、前军主将、掌率（率）、文衡又正总裁等官，加封英王，提掌天朝九门羽林军。

自咸丰四年（1854年）五月，同韦志俊攻破武昌，回打岳州。（咸丰）五年（1855年）七月，在湖北德安打破官兵营盘数十座，伤官兵甚多。旋即围攻庐州，复至芜湖解围。又至镇江解围，将吉抚台打败。（咸丰）六年（1856年）三月，攻破扬州，回至金陵打破长濠，将向军门打败，官兵退守丹阳，我追至丹阳受伤。（咸丰）七年（1857年），打破江北地方州县城池甚多，我记不清。

（咸丰）八年（1858年）将李孟群打败，攻破庐州、天长、盱眙等处。（咸丰）九年（1859年），在三河（镇）地方，将李续宾打败，攻破江浦、六合、定远等处。（咸丰）十年（1860年），攻破金陵长围，将张国梁追至丹阳，（其）落水而亡。其余破黄州、徽州、严州、玉山、随州、无为、浦口等处，我皆在内。何处官兵多，我即向何处救应。

今因楚军围攻庐州，城内乏粮，恐难久持。又因派出扶王陈得才、沃王张乐行并马融和、倪隆淮、范立川等，攻打颍州、新蔡及往河南、陕西等处去打江山。因不知颍州曾否攻破；河南、陕西一带打破几处，均未得到消息，是以率领全军由庐州北面攻破官营三座，连夜走到寿州。原想踞城铺排一切，亲带陈得才、张落刑（乐行）等分兵扫北，不期中计遭擒。

然非胜帅亦不能收服苗沛霖，若非中苗沛霖之计，亦不能将我擒住也。是天意使我如此，我到今日，无可说了，久仰胜帅威名，我情愿前来一见。

太平天国去我一人，江山也算去了一半。我受天朝恩重，不能投降，败军之将，无颜求生。但我所领四千之兵，皆系百战精锐，不知尚在否？至我所犯弥天大罪，刀锯斧砍，我一人受之，与众无干。

所供是实。

从中可以看出，其中什么"久仰胜帅威名，我情愿前来一见"等语，显然是胜保派人加进去的。但"太平天国去我一人，江山也算去了一半"，至痛之语，却是说到实处。

综观陈玉成一生，他对"太平天国"劳苦功高，但最后关键性的安庆保卫战中却失误多多。

其一，捣溃清军江南大营后，他应提军入安徽，不应在江浙做无谓逗留。待安庆清军合围，他才回皖北。大势已经失控。

其二，枞阳一战，本来应该拼死苦攻，陈玉成竟一试而弃，失去自信。

其三，舍武汉不打的情况下，他应该集大军全力入安徽，集中精力解安庆之围，却散军于黄州、随州等地，四散分布，削弱了军力。

其四，退守庐州后，他更不应该遣扶王陈得才等人西征，分军散势，再无重振之理。

所以，从战略上讲，陈玉成犯下诸多不可饶恕的错误。

自安庆失守后，庐州失陷，无为州又为清军所攻占，运漕镇、东关

大丈夫死则死耳，何饶舌也！

镇、和州、西梁山、芜湖、秣陵关等地相继丢失，太平军完全丧失了安徽这一重要的粮食基地和税赋基地。加上当时李秀成只专心一意在苏浙经营，终于让曾国藩实现了他"欲拔本根，先剪枝叶"的目的。

陈玉成之死，象征着太平天国回光返照期的结束。

杀了陈玉成之后，胜保也没活多久。

由于他在对待捻军的问题上与曾国藩、袁甲三等人意见不合，所以被调入陕西督办军务，与当时的"乱回"交战。胜保愤极，不仅没有立即听调，还上奏力陈己见，非要留在安徽扶植苗沛霖部团练，使之与汉人巡抚李续宜一较短长。清廷不允，强令他往陕西就任。

岂料，行进途中，先前由他招降的黑旗军宋景诗部突然反叛，让他尴尬异常。为了给自己遮羞，他就擅自抽调苗沛霖部入陕相助。由此，胜保倒了大霉。

苗沛霖被清廷派来的僧格林沁率部队阻于半路。于是，中外交章劾奏，弹劾胜保"骄纵贪淫，冒饷纳贿，拥兵纵寇，欺罔贻误"。胜保本来在慈禧清除肃顺的政变中出力极大，但慈禧渐渐看出胜保桀骜难驯，加之暗嫌他与奕䜣走得太近，便下旨把胜保逮至京城治罪，大抄其家。

刑部审问，胜保不服，只承认"携妾随营"一项罪，而那位"妾"，正是陈玉成的美貌妻子。

不久，苗沛霖又反，清廷把罪过全归于胜保，认定他"养痈遗患，挟制朝廷"，判处胜保死刑。

最终，慈禧出面说"好话"，表示说毕竟胜保从前有战功，又是满洲贵人，甭杀头了，"赐"个自尽吧。结果，胜大人只得悬梁自尽。

其实，苗沛霖在诱赚英王陈玉成后，"个人事业"干得还不错。他在淮北连败数部捻军，扬扬自得。胜保调他去陕西未成遭到逮捕，他本人也连遭清朝地方官员弹劾，手下的团练武装被勒令解散。

苗沛霖当然不干，团练一解散，他再无生存空间和依托。于是，

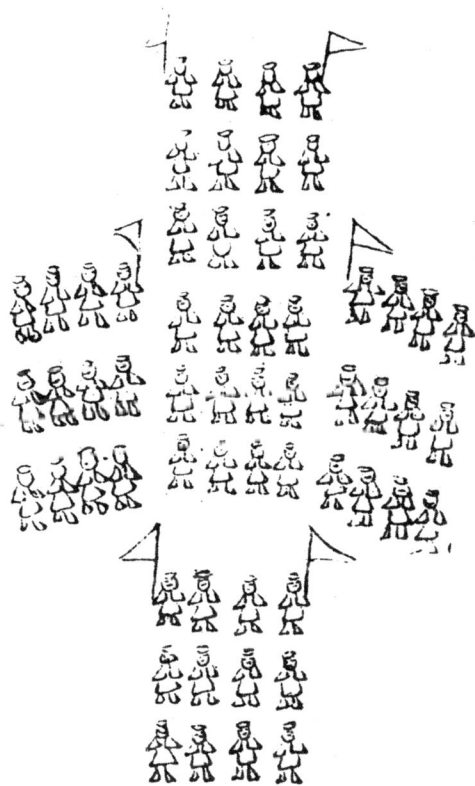

螃蟹阵五分队图

情急之余，他只有举兵反清一条路。

开始势头看上去不错，苗沛霖攻占凤台、怀远、颍上等地。但僧格林沁自山东忽然回军，把苗沛霖包围在蒙城地区，最终全歼了这支日益强大、反复多端的地方武装，杀掉了苗沛霖本人及其宗族。

想当初，苗沛霖怀才不遇当穷书生时，曾做《秋霄独坐》一诗，境界疏阔，很有一观：

> 手披残卷对青灯，独坐塞帷数列星。
> 六幅屏开秋黯黯，一堂虫语夜冥冥。
> 杜鹃啼血霜华白，魑魅窥人灯火青。
> 我自横刀向天笑，此生休在误穷经。

日后谭嗣同的《狱中题壁》一诗，有一句"我自横刀向天笑"，完全抄自这位苗沛霖。但二人的人品，判若云泥——苗沛霖乃一反复多端、出卖朋友的小人，谭嗣同是为国捐躯、舍生忘死的君子。

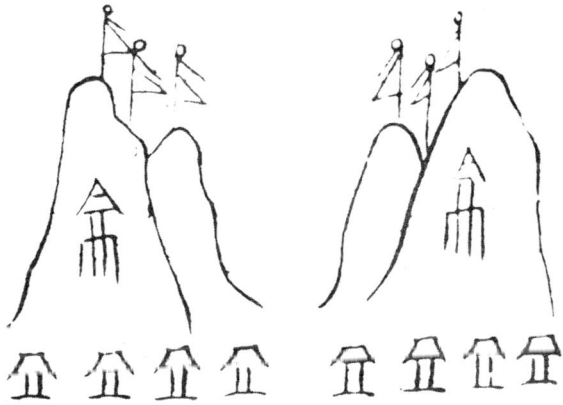

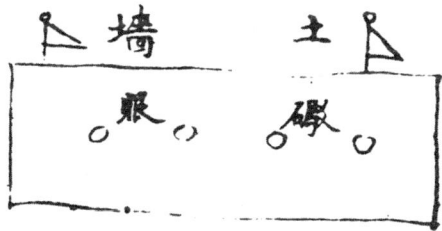

墙

土

眼

碫

阻山为营图

美丽而残酷的东方“新世界”

为“大清国”个人奋斗的洋人：华尔（附戈登）

人，在年纪稍大一些的时候总喜欢伤怀往事，我也未能免俗。想当初 24 岁第一次到北欧，领带倍儿直，西装笔挺，提着一个紫红色公文包，随着几个银行的大行长们倚在风光旖旎的斯德哥尔摩桥栏上，万分激动地想学作家们抒一把“阔后想穷家”的乡愁，不料赫尔辛基旧货市场的便宜货比任何好风光都吸引我（当然还有我们）。

所谓成长的过程，就是一个人的“历史”过程。成熟，一定会是沉甸甸的。

记得当时巴黎正值一月份，冷雨绵绵，我站在新桥上，望着桥下的塞纳河，忽然领悟到——人有时在一个完全陌生的地方才能回首往事，只有在这远离了熟悉环境的地方才能完全放松神经，才能真正地看清自己和过去。

千禧年，我时常逛塞纳河边的旧书摊。一次，忽然发现一本英文旧书，随便翻了翻，此书乃 20 世纪 40 年代末出版的，书名是 *The God from the West——A Biography of Frederick Townsend Ward*。

我看了几眼，见书上有“Tai Ping Rebellion”等字眼，估计是和太平天国有关，但是，当时还没有想到“洋枪队”什么的，更没有想到 Ward（现在多译为“沃德”或者“华德”）是“华尔”。我去过华尔街多次，理所当然地认为华尔的英译应该是 Wall（似乎英美人罕有姓

Wall 的）。

忽然灵念一动，我想起刚才看到的英文旧书中有 "Ever Victoriors Army" 等词汇，恍然大悟，是 "常胜军" 的意思啊，Ward 可能就是华尔。于是，我花八十法郎买下此书。

当时，我随便看了看这本书，觉得华尔这个人和从前印象中的 "侵略者" "雇佣军" 形象不同，在作者阿本德的笔下，华尔完全是个不远万里来到中国、救民于水火之中的 "国际主义战士"。

为更进一步验证阿本德的说法，当时我还让一个在英国做交换学者的朋友弄来一大堆与太平天国有关的复印件。不久，由于忙碌和庸常的生活，这本有关华尔的书以及那一大堆太平天国资料，都被我忘却了。

《清史稿·列传二百二十二》中，有关华尔的记述，仅仅千字左右：

华尔，美国纽约人。尝为其国将弁，以罪废来上海，国人欲执之。会粤匪陷苏州，上海筹防，谋练精兵。苏松太道吴煦识其才，言于美领事，获免，以是德之，愿效力，俾领印度兵。既撤，自陈愿隶中国。

咸丰十年（1860 年），粤匪陷松江，（吴）煦令募西兵数十为前驱；华人数百，半西服、半常装，从其后。华尔诫曰："有进无止，止者斩！"

贼迎战，枪炮雨下，令伏，无一伤者。俄突起袭击之，百二十枪齐发，凡三发，毙贼数百。贼败入城，蹑之同入，巷战，斩黄衣贼数人。贼遁走，遂复松江，华尔亦被创。

先是（吴）煦与华尔约，城克，罄贼所有以予。至是入贼馆，空无所得，（吴煦）以五千金酬之。（吴煦）令守松江，又募练洋枪队五百，服装器械步伐皆效西人。

同治元年（1862 年），贼又犯松江富林、塘桥，众数万，直逼城下。华尔以五百人御之，被围，乃分其众为数圆阵，阵五重，人四向，最内者平立，以次递俯，枪皆外指。

华尔居中吹角，一响众应，三发，死贼数百。逐北辰山，再被创，力疾与战，贼始退。遂会诸军捣敌营，杀守门者，争先入毁之。

是役也，以寡敌众，称奇捷。

时浦东贼踞高桥，逼上海，华尔约英法兵守海滨，而自率所部进击，贼大败，加四品翎顶。

会李鸿章帅师至沪，乃隶麾下，令立常胜军，益募兵三千俾教练，参将李恒嵩副之，饷倍发。

贼踞王家寺，（华尔）与英提督何伯等合攻。华尔贾勇先入，大斩虏首，进逼南翔，贼亦悉众轰拒，何伯负伤。华尔冒烟直进，立毁其营，生获八百余人，遂复嘉定。

规取青浦，华尔略东门，城溃；英法兵自西入，华尔为承。贼奔，争赴水死。

攻奉贤，法提督卜罗德遇害，诏赏貂皮彩绒，恤其家。

时（李）恒嵩扼赵屯港、四江口，屡失利，嘉、青复危。华尔方议直捣金山卫，闻败，还守青浦。而富林、泗泾又相继失，乃弃青浦，简壮士五百袭天马山，破之。入城挈守军出，并力守松江，登陴轰击两昼夜不绝，贼宵遁，围解。

官军图青浦，华尔攻南门，驾轮舶入濠，毁城十余丈，麾众登堞，贼斗且走，追败之白鹤江黄渡，复其城，晋副将衔，降敕褒赏。

俄伪慕王谭绍光复来犯，薄西门，与总兵黄翼升各军击之，贼溃，奔北岸，华尔毁其七营。逾月，会西兵再复嘉定。

其秋，贼十万复犯上海，华尔自松江倍道应赴，与诸军击却之。时宁波戒严，巡道史致谔乞援，（李）鸿章遣华尔偕往。

值广艇与法兵构衅，引贼寇新城，从姚北纤道犯慈豁。华尔约西兵驾轮舶三，一泊灌浦，一泊赭山，一自丈亭驶入太平桥、余姚四门镇，而自率军数百至半浦。

平旦薄城，方以远镜瞭敌，忽枪丸洞胸，遽踣地，舁回舟。余众悉力奋攻，贼启北门走。

华尔至郡城，犹能叱其下恤军事，越二日始卒。以中国章服敛，从其志也。（李）鸿章请于朝，优恤之，予宁波、松江建祠。初，丧归，（吴）煦检其箧，得金陵城图，贼所居处及城垣丈尺方位纤悉毕具，论者颇称其机密云。

华尔的全名是费雷德瑞克·汤森得·华尔（Frederick Townsend Ward），1831 年 11 月 29 日出生于美国马萨诸塞州萨勒姆镇。

华尔家境平平，既不穷也不富，其父为当地商船船主，其母中产阶级出身。少年时代，小华尔总爱乘坐或驾驶家里的快艇出海，养成了喜爱冒险、敢于进取的性格。

1847 年初夏，年仅十五岁的华尔自纽约乘坐"汉密尔顿"号轮船到过中国，当时他的身份是"大副"（船长艾伦的妻子与华尔是亲戚）。此船的航行目的地是中国广东一带。

从中国回来后，华尔在大学短暂读了一年以后退学，并于 1849 年底与父亲一起坐船运了一群淘金客到旧金山。由于有一颗向往东方的心，1852 年，华尔又乘船去了中国的上海，并在一艘名为"黄金捕手"的船上当大副。

之后，华尔运载一船中国苦力到墨西哥贩卖后，与当地的传奇式美国人沃克结识。此人一直试图用武力占据尼加拉瓜，而且一度几乎成功（他自封为"总统"）。在这位传奇人物手下干了一年多，华尔的主要任务是替沃克训练士兵。

1855 年，华尔又在"东方号"船上作为大副去印度转了一圈。其间，发生了一件事情，尽显华尔卓越的领导能力和无与伦比的反应能力：

轮船快到加尔各答时，飓风来袭，水手们仓皇钻入舱中，谁也不愿意冒生命危险爬上桅杆把帆篷收起。这意味着，如果船翻，大家一块灭亡。

华尔急中生智，搬了一个火药桶，打开桶盖，高举火把，威吓说："如果你们不服从命令，我就把船炸掉，大家现在就一起死！"水手们惶恐，无不俯首听命，终于在他的指挥下收起帆篷，轮船化险为夷。

从印度回国后的几年间，华尔行踪难考。

1859年秋，四处晃荡的华尔为了挣钱和寻找机会，再次乘船来到上海，并在一艘名为"孔夫子"的炮舰上工作。这艘美国船属于上海银钱业工会，原本用来为银庄护送银两。在此期间，华尔结识了中国金融家、"泰记钱庄"的经理杨启堂（杨坊）。

杨启堂是从广东到上海打拼的洋务通，他逐渐与华尔熟络起来。由于当时上海正处于被太平军进攻的前夕，中国官方和当地洋人都十分紧张。华尔抓住机会，与杨启堂等中国银庄的老板们达成协议，准备筹组一支完全由洋人组成的雇佣军，用来与太平军作战，"保卫"上海。

双方讲定，除每月一百至六百美元不等的固定工资外，华尔每攻下一个太平军占领的城镇，就可以得到从四万五千美元到十三万多美元不等的"赏金"。

当时的华尔正值而立之年，他说干就干，立刻选择了两个美国同胞当副手，一个是福瑞斯特，另一个是白齐文（此人的父亲曾是拿破仑手下的军官，是法裔美国人）。

由于上海附近有几百艘外国商船和军舰停靠，又听说美国人华尔高价招募部队，不少想趁机劫掠的水手以及英、法、美等国兵舰上的兵痞都前来加入。

华尔本人个子不高，一米七左右，头发乌黑，鼻梁笔挺，留有时髦的胡须，一副灵敏、活泼的典型美国人模样。

华尔组成军队后，身穿深蓝色长大衣，黑裤子，肩上没有军阶，戴一顶法国式平顶军帽，手持藤杖，一副统帅派头。

募集了三百多雇佣军后，华尔率这支纯洋人军队进攻太平军占领下的松江。

在松江，他一战成名，不是以胜利成名，而是以大败成名。三百多人的部队被太平军干掉近三分之二。雇佣军丢盔卸甲逃回上海，使得华尔很没面子，向他提供军火与薪饷支持的中国银行业商人们也很沮丧。至于上海滩的洋人们，皆将华尔当成笑柄。

华尔口才了得，准备再试锋芒。而上海危急的情势让人心惊，中国商人们只能再出银子让这个洋冒险家做第二次尝试。

华尔精心准备，派两位副手四处寻找能兵干将，花重金购买新式武器弹药，组织了一支五百多人的新"洋枪队"。这一次，人员组成不都是西方人，其中有二百多名菲律宾水手，这些人个个都不怕死。

华尔还购买了大量在当时威力很大的"臭瓦罐"（类似于手榴弹，爆炸时可散发煤气烟雾）。这坚定了他攻城的信心。于是，1860年7月16日，在汲取第一次进攻失败的教训后，华尔率领五百多雇佣军攻克松江城。一千多太平军抵抗不住，仓皇逃离。

松江之战，洋枪队虽然得胜，但损失也很惨重。由于太平军奋起抵抗，洋枪队打头阵的菲律宾人有近七十人被击毙，多人受伤。洋枪队打死近五百名太平军。

时为清朝参将的李恒嵩很狡猾，等洋大头们攻坚入城，确保自己安然无恙后，他方率清军"挺进"松江城。

华尔洋枪队此次大胜，其部下抢掠无数金银财宝。消息传出后，这个先前饱受讥笑的投机家顿时成为上海洋人、士兵以及水手眼中的偶像。特别是看见洋枪队士兵大包小包的"战利品"，成百上千的洋人、水手、逃兵纷纷前来，自告奋勇要为华尔"献身"。

清政府和上海商人兑现诺言，大赏华尔白银三万两。给士兵和将官按照等级分配后，华尔一人所得的白银价值，相当于十三万多美金。

这个昔日一文不名的美国穷光蛋，陡然暴富。

当时的上海，由四部分组成：上海县城位于黄浦江上游，城中有居民三十多万；相邻是法租界，由法兵守卫；再邻是英租界，由英军守卫；英租界旁边是美租界（即日后的"公共租界"）。由于太平军与清军在江南战事频繁，每日都有无数难民涌入上海地区。

乱哄哄之中，西方人在上海的常住民达三千多，英法士兵也有数百人。

华尔得意扬扬之际，由于上海的英国当局深恨他招募英国逃兵，便把他斥为骗子和海盗，和法国当局一起准备逮捕他。华尔只得待在自己的松江大本营，不去上海滩，精心筹划下一步对青浦的进攻。

经过新一轮招兵买马，华尔集结洋枪队，并事先与李恒嵩商量好，准备合攻青浦。

太平军在青浦有守军一万多，防守严密。而指挥太平军守城的，也是一位洋人——英国人萨维治，此人曾为英国皇家步兵团上尉，现加入太平军。对此，华尔一方一无所知。

1860 年 8 月 1 日凌晨，华尔率水军，李恒嵩率一万多清兵走陆路，配合向青浦城发动进攻。

由于守城的英国人萨维治指挥有方，太平军又有从洋人手中购买的新式枪炮，本想突袭的洋枪队正好被太平军候个正着。一阵交锋之后，率先进攻的洋枪队二三百人被打死，华尔本人身受重伤，一颗子弹从他左下颚打入，又从右脸穿出，他连话都不能讲，满脸鲜血。

精明的清将李恒嵩只在距城很远处呐喊。

洋枪队大溃，无数枪械炮具被丢弃，如果不是副手福瑞斯特冒险救下华尔，华尔几乎当了太平军俘虏。

大败之下，华尔的残兵残将逃回松江城，紧闭城门喘息。他本人被送到上海疗伤，后感染上疟疾，几乎丧命。

战场方面，太平天国忠王李秀成自苏州出发，率大军扑向松江。由于防守得当，松江洋枪队大本营未陷，太平军转攻上海。

进军途中，身为太平军前驱的青浦英国指挥官萨维治中弹身亡，为太平军牺牲了。

洋枪队在白齐文指挥下再战青浦，结果中途遇伏，再遭惨败。

清政府与上海商会都很恼怒，断绝洋枪队银饷，华尔只得用自己第一次攻松江的奖金来维持军队运作。

李秀成因洋枪队进攻青浦，不得已之下，改变首先进攻上海的安排，掉转头救青浦。打败洋枪队后，太平军于 8 月 12 日收复松江，18 日行至徐家汇，开始进攻上海的西门和南门。

早在 7 月 10 日，一直幻想与"洋兄弟"和好的李秀成向上海的洋人发出一函，即著名的《致英美法公使书》，内容如下：

顷接陆顺德来禀：

查照松江南门外大河中有洋船三五只，炮不绝声。上海城内有贵国兵勇助妖（清朝）坚守。虽不知所探确否而事宜详密。为此又致书前来，或无其事，固可据实示明；若有其情，亦当即日撤退。

盖本藩得与诸贵国连和，所有兵勇到时，自当严谕，不准侵犯贵国丝毫，而贵国又何必迟疑不信致启嫌隙也。

……倘分兵助妖（清朝），不是诸贵国，而是未通音问之四贵国，亦烦将本藩来书劝其一体联和，将来以便一体通敝致绌此而优彼，岂不妙甚。请诸贵（国）熟筹之，勿徇一时乞救之妖（清朝）情，而误终身通商之大事。

信中没有什么威胁字眼，李秀成只希望英法等国严守中立。同时，他也诱之以利，表示说，如果洋人与太平军配合，会把太平军全年关税"赏予"他们。

驻上海的英法军队指挥官当然不相信太平军。他们即刻与清军合力，从水陆两方猛击太平军。

李秀成对上海估计不足，带来攻城的人马不够多，三天后便黯然离去。此为太平军一攻上海城。

值得一提的是，英法联军在上海与清军一起拒抵太平军时，另一支队伍却在北京方面正向清廷发力进攻，咸丰皇帝被迫逃往热河（今河北承德）。很快，英法联军烧毁了圆明园，此即第二次鸦片战争的高潮。

究其原因，前一年英法两国以会盟为借口，开炮舰到天津大沽口，不遵守清廷让他们在北塘登陆的约定，准备沿白河直开入北京。蒙古王爷僧格林沁在大沽来了个伏击战，杀得英法联军大败而去，故而引来日后这么一击。

僧格林沁当时击沉洋舰三艘，重创三艘，毙伤洋兵四百四十八人，而清军本身仅阵亡三十二人，实是中国近代史对外作战中前所未有之大捷。

上海城最危急时刻，冒险家华尔正在巴黎养伤。待他伤愈归来，上海局势大变。自北京得胜乘舰而归的英国海军将领何伯，施施然乘船至南京，与太平天国"讲价"，逼迫对方开放长江流域的茶叶和丝绸贸易，并要求西方人享有对上海周边三十英里（约四十八公里）范围的绝对自治权。

双方谈崩，何伯拂袖而归。回上海后，他与当地的法国海军将领卜罗德一起上报各自的政府，准备与清政府一道打击太平军。

在此，我们可回顾一下西方列强对太平天国的态度。

早在1853年太平军攻克武昌之后，出于自身的商业利益，英国驻上海领事阿礼国就向英国驻香港总督兼驻华全权大使文翰递送了一份秘密报告，希望英国政府尽快采取措施阻止太平军势力的扩大。

当今鞑靼王朝（即清王朝）正为中华帝国作殊死斗争，皇帝军一直表现无可否认的错误与怯弱性，除非叛军表现出更加严重的错误与更大的怯弱性，再不然，除非有外力援助，那么，这个王朝必然覆灭……这是唯一的结论……

其结果未必就会由另一个皇帝登上咸丰的宝座，可能性更大的，也是更为悲惨的结果，似乎倒是一个长期自相残杀的内战，以及由此而来的帝国的全部瓦解。所谓悲惨，无论就全国财富而论，或就与外强维持任何永久性商务关系而论，都是一样的。

向（荣）要求这儿的道台（吴健彰）派遣外国划艇（尽管这种船只还是由广东和福建水手驾驶的）上驶长江，开到南京上游皇帝军所选定的作战基地附近去。这件事情清清楚楚地说明了，对于皇帝军将军们可以给予任何援助，援助的兵力可以用到任何区域去，而叛军的进展也是极可能永久挡住的。

法国为了宣传天主教，英国为了两千五百万英镑左右的商业投资和每年约达九百万英镑的英印税收，是否把当前的时机看作一个机会，以无限制进出最僻远的禁区为条件，把皇帝从迫在眉睫的瓦解情势中援救出来，从而大大地扩张自己的活动领域，我是无从断言的。

不过，在这样一封机密文件里，或许我也不妨促请阁下注意，情况是何等的微妙，凭三四只轮船与兵舰，英国只要小有作为便会产生决定性的作用，独断自己的要求条款，其事是何等的轻而易举而又何等的确信无疑呵！

最后，根据我所得到的一切情报，我以为，这已经不是单纯的武装调停或武装干涉可否扩张我们利益的问题，而是不去及时地坚决地采取这类行动，则那些利益——商业的税收的——会不会被政治的解体和无政府状态所彻底毁掉的问题了，而只要及时行动，我们却又是有力量扭转这样局势的。

（《1853年2月26日阿礼国给文翰的报告》）

南京被太平军攻陷后，英国上海领事馆人员密迪乐也向阿礼国递交报告，表示清政府即将完蛋：

> 所有我得到的情报，都加强我此前已经说过的那个信念：叛乱运动乃是中国人民反抗满洲人继续统治——或者毋宁说是延长暴政——的一种民族运动。满洲人在帝国南半部的权力已被颠覆，一去不复返了。这个时候外国人站在清方去干涉其事只能有一个结果，就是无限期拖延敌对行动和无政府状态的时间；假如外国人不加干涉，很可能扬子江流域和南部各省很快就会归入一个纯粹汉人王朝的统治之下。按照民族的、古老的治之道治理下去，成为一个内部坚强的国家。

（1853年3月26日密迪乐《上阿礼国领事书》）

但是，阿礼国、密迪乐等人只代表西方人的一种意见，还有不少人感到兴奋。

即使是在第一次鸦片战争之后，由于中国人的传统习俗以及朝野对洋人的仇视，西方人发现他们在中国根本获取不到先前想象中的那种巨额利润，商业拓展举步维艰。清朝官吏更是明助暗阻，使得洋人感到十分不爽。

南京太平天国"新"政权的出现，首先使西方教士们一时间奔走相告，兴奋莫名：在古老中国，终于出现了一个基督教教门兄弟建立的政权！

洪秀全方面也非常惦念同教门的"洋兄弟"。在占领南京的第二天，他就派人持信至广州，向各国公使递送公函示好。所以，英国驻华全权大使文翰亲自到访太平天国，法国、美国公使也不甘人后，纷纷到访这个看上去马上就要推翻清政府（至少与清政府平分秋色）的南京新政权。

可笑的是，东王杨秀清因胜利头脑发昏，仍旧以传统的"中央王朝"自居，在南京借故不见文翰，以自上而下的姿态给文翰送去一份"诰谕"，无外乎以下的自大内容："尔海外英民不远万里而来，归顺我朝……深望尔等能随吾人勤事天王，以立功业，而报答天父之深恩。"

文翰是个极其务实的老牌帝国主义政客，在充分调查研究的基础上，上报英国政府，表示太平天国在中国不可能成功，但为了更大限度地勒索清朝政府，英国应继续"中立"，以观事态发展：

在事态更为明朗化以前，参加任何　方都是为时过早的。

我看不出外国怎样能从根本上救助皇帝军。固然，为了英法两国在中国海的海军，无疑皇帝是可以重占南京和镇江的，但是这或许也并不是没有困难的。

因为，很明显的，皇帝军已如此丧魂落魄，我们要不在陆上也采取行动，那么就是外国火力把南京城墙轰开了，他们也会不敢进城，就是进了城，占领了，等到我们军舰从城下撤走以后，他们也不能守住南京城……

从任何观点看，中立乃最为切要的办法。因为如果我们援助现在的政府，而最后却是叛党成功了，那我们在中国的地位就极其狼狈了。

……就说给皇帝援助罢，那也必须是很大规模的援助，而如果叛党的势力广泛而迅速地扩张起来，人民大众又普遍地愿意拥戴他们为统治者，这种大规模的援助也是没有效果的，同时我们也不能达到目的。

花了大量的金钱，毫无效果，只不过面对叛党，把我们自己送上一个非常尴尬的地位而已（这还是最好的情况）。因此，我认为现在根本不必去谈和帝国政府缔结新约的事情。

我承认我看不出当前斗争有迅速结束之相，如果叛军占领北京，则将有多年的、不利我们商务的战争。但纵使如此，我也认为遇有适当机会和叛党协商时，我们从叛党手里所可获得的政治与商务利益，也大可超过皇党。

和叛党交涉，我们要对付一班新人，直到今天为止，就我们所知者而论，这批人并不像不向我们就范的样子。而和皇帝打交道，我们会发现他和从前一样傲慢自大，反对和我们扩张中外关系。

……

（1853 年 8 月 4 日文翰写给克拉克敦的信）

1854 年初，新任英国驻华公使包令接替文翰职位，他仍旧抱有英国人的审慎态度，不尽信文翰之言，派自己的儿子等人为使节出访南京。结果，这些英国人发现太平天国的王爷们怪力乱神不说，还妄自尊大。

与之相比，清政府虽然与英国等西方国家长期存有矛盾，但当时已经是个成熟的"正常"国家，知道怎样和西方人搞外交，而太平天国的领导人则是一群根本不知道"文明"为何物的造反者。

从那以后，各国政策逐步向清政府一方倾斜。上海"小刀会"起事后，在上海的英、美、法首先明确立场，与清军协同作战。清政府对此大为满意，把海关管理权交予三国，以示投桃报李之意。紧接着，"天京事变"更坚定了洋人们的判断力：太平天国终不能成事。

于英国等老牌帝国主义而言，他们心中没有"信义"，只有"利益"。

在清朝军队与太平军在中国互杀消耗之际，1856 年，英国人挑起第二次鸦片战争。他们首先炮轰广州，再次打开了中国的大门。

《天津条约》签订后，英国军舰以有长江航行权为名，在南京城外的江面上巡游。太平军着慌，朝着英国炮舰一阵乱轰，双方互相射击，一向自大的洪秀全马上承认英国在长江上的航行权。由此，西方各国纷纷接踵开展炮舰外交，深入南京试探太平天国的底牌。

特别是 1859 年初夏洪秀全那位喝过洋墨水的族兄洪仁玕来天京后，太平天国与洋兄弟们确实度过了一段"蜜月期"。

好景不长，太平天国在 1860 年向上海的大进军，真正触动了西方各国在上海的实际利益。他们完全放弃"中立"立场，转而支持华尔的洋枪队，开始以武力与太平军相抗。

何伯与太平军交恶，同时他也十分厌恶华尔。听说华尔回到上海后，他立刻自率军队乘炮舰四艘直扑松江，把华尔及其手下的二十多位英国逃兵一道抓起来，押往上海。

洋枪队虽然厉害，但非常害怕何伯的坚船利炮，只能眼巴巴看着自己的"领导"被人逮走。

危急时刻，幸亏华尔的老朋友上海商人杨启堂有主意，他与上海道台吴煦开出一张盖有清廷大印的证明，递送英美方面，表示华尔是"大清子民"。

何伯本来已把华尔交给美国领事受审，罪名是华尔破坏美军在中国的中立行为，非法进行战争活动。

法庭之上，华尔忽然自称是"大清帝国臣民"，英美官员一时都愣住了。

泰记钱庄的办事员连忙递上一份发自北京清廷军机处的正式公文，上面明白写明大清皇帝"御批"此事（这份公文有可能是清朝巡抚薛焕收了杨启堂银子后伪造的）。

美国总领事很懂"依法行政"，他仔细看过中国官方文件后，只得宣布华尔无罪，当庭释放。

华尔高兴了没有十分钟，刚刚走出美国领事馆，就被英国兵再次逮捕，押到何伯的旗舰上。同时，何伯准备占领洋枪队的松江基地，想永久解决掉这支惹是生非的非法武装。

泰记钱庄的人与华尔都很着急，他们立刻指使白齐文等人率洋枪队撤出松江，指使李恒嵩率清军进入松江城。

英国兵已有近一千人逼近松江，见到清军旗帜后，怕重惹事端引发两国大战，只得悻悻退回上海。

不久，在泰记钱庄的帮助下，华尔传奇一般从防守森然的英国兵舰上跳水逃脱，得返松江城。

不久后，由于华尔亲笔给何伯写"道歉信"，答应不再诱引英国逃兵加入洋枪队，何伯逐渐改变了对这个美国青年冒险家的印象，并与他和他的助手进行会谈，商议共同对付太平军事宜。如此，华尔得到了英法军方的有力支持。

华尔善于总结失败经验，他不再只相信洋人和菲律宾水手的战斗力。在与副手白齐文和福瑞斯特商量后，他决定扩充兵源，并以中国士兵为主力。

最终，华尔的洋枪队初具劲旅规模，共有一千四百名中国兵勇，二百多菲律宾士兵，还有西方教官近百人。

华尔之所以这样做，一方面是要适应"中国国情"，另一方面是从"经济"方面考虑——纯种的"洋兵"太费薪饷，招募十多个中国兵员的薪饷，原先只能招一个"洋兵"；而且如果数目太大，中国方面及银会组织不会答应。而且，不少外国逃兵和水手浪荡成性，战斗力很差。

不顾中方催促洋枪队出战，华尔耐心训练洋枪队新兵，并且对军事行动更加慎重，不再轻易冒险打无准备之仗。

为便于统领士众，华尔从清廷获得暂时的类似"上校"的任命。他委任白齐文和福瑞斯特为"少校"，像模像样地把"洋枪队"变成了一支"正规军"。到了1861年年底，华尔已经有信心邀请英国海军将军何伯亲临松江检阅他的手下。

这时的洋枪队，已经有两千多人的规模，不同"兵种"，各自统一着装，衣服华丽。中国兵穿深绿色紧身制服，为仿效西方制服，他们的衣服上还有绯红色饰带。中国"炮兵"穿浅蓝色军服。菲律宾士兵穿深蓝色兵衣，头包深绿头巾。军官军衔的高低可以从袖口条纹的多少加以识别。同时，华尔还设定了来年的军队夏装。

何伯见之大喜，立刻允许英军与太平军交战时正式接纳洋枪队为"友军"，并答应帮助华尔从英国购买最精良的武器装备。

何伯确实没有食言。他应华尔要求，从香港的英国兵工厂替洋枪队购进一千支新型来复枪、五千支在当时最先进的短枪以及两批野战炮。所有这些枪支弹药，完全按成本价卖给华尔。

从英法等国西方将领的角度看，华尔训练中国人为"洋枪队"确实是想他人所不能想。先前的清政府和太平军都只雇佣过西方将官帮助清军和太平军训练，从未想到过把中国人从思想到装束上彻底"改造"。

为了保证洋枪队士兵在战场上能彻底理解长官命令，华尔下令中国士兵学习简单的军事英文术语，并懂得听号声前进或后退。特别重要的是，针对当时城垣坚厚的太平军城镇，华尔有的放矢，特别看重炮兵训练，大大提高了大炮、野战炮的命中率和实际轰击效果。

由于华尔训练有素，洋枪队的战斗力远远高出清军正规军，大有以一当十之效。相比于太平军，也可一个顶六个。

其实，华尔的成功绝非偶然，足够的饷源，充足的弹药，保障到位的训练，优厚的待遇，严格的管理，足以训练出一支优良团队。

万事俱备，1862年初，正当华尔准备甩开膀子大干时，"国际"形势变化，差点打乱了他的全盘部署：

当时美国正在打"南北战争"，美国军舰在海上的一只英国船上截走了两位前往英国进行秘密外交的美国南方邦联官员，惹得英国震怒。

英美两国一时间剑拔弩张，大有开战之势。

友谊无恒，利益永恒。

在上海的何伯与华尔的神经即刻紧张起来，只要双方政府一开打，他们在上海肯定也要为"祖国"血拼。在何伯秘密筹划俘夺中国沿海的美国船兵的同时，华尔也私下准备利用洋枪队士兵奇袭在上海停泊的英国军舰。正在双方准备互相暗中捅刀子之际，英美间的政治危机得以解决，美国政府向英国道歉，双方握手言和。

经过这次小插曲后，华尔开始了在中国的"大事业"。

1862年2月，华尔亲率一千多洋枪队员，在凌晨时分进袭上海附近的广富林太平军堡垒据点，打死近一千太平军，迫使其余七千多人逃往青浦。洋枪队方面，只损失十八名士兵，伤四十二人。

同时，洋枪队的攻势也使得正在进攻吴淞的太平军分神卸力。从1月7日开始，李秀成已经率大军从杭州出发，兵分五路杀向上海。仅几十天工夫，奉贤、川沙、南汇、金山等县均被攻下。

一直与华尔"合作"的清将李恒嵩又来了精神，忙向朝廷递折报功，说自己所率清军经过"激烈"战斗，杀死"长毛"三万多。

见太平军此次来势汹汹，在上海的西方人与清政府官员不敢怠慢。英国参赞巴夏礼与清朝苏松太道台吴煦经过紧急磋商后，联合成立了"中外会防局"，同时，他们加紧调兵遣将，准备迎接"暴风雨"。

原本在上海的英法军队总人数只有一千五百左右，但从2月份开始，英军九十九联队与重炮兵到来，不久英军驻天津的部队全军而来，戈登也在其中。如此一来，仅英军在上海就有近三千兵力，大炮二十多尊，底气十足。

太平军与洋枪队、英法联军的第二次上海较量，持续五个多月，可分为六次战役：2月24日高桥之战、4月4日王家寺之战、4月17日周浦之战、5月17日太仓之战、5月26日嘉定之战、6月9日青浦之战。

2月24日的高桥之战，乃华尔洋枪队的一次主动进攻战，目的地

太平军包城为营图

是太平军向上海推进途中的高桥。此次战役，不仅华尔亲率一千洋枪队，英国、法国也派近千人为左、右翼，一起进攻高桥的五千多太平军守军。

在新式武器的优势以及强盛斗志下，洋枪队与英法联军把高桥太平军守军打得惨败，战况只能用"大屠杀"来形容。而华尔洋枪队奇迹般地只战死七人，伤三十二人，英军死一人，法军丝毫无损。

上海的清政府当局来了精神，在闹市把华尔送去的两百多太平军俘虏当众砍头。

华尔乘胜率军向距上海六十多里的萧塘太平军发起了猛烈攻击，打死太平军七八百人，生俘近四百人。洋枪队只损失十名士兵，但华尔副手白齐文肚子上受到严重的刀伤。

经广富林、高桥、萧塘的三次大胜，清廷（慈禧以同治皇帝名义）授予华尔"副将"衔，四品顶戴。同时，清廷正式命名华尔的洋枪队为"常胜军"。

升官发财之余，泰记钱号的老板杨启堂把女儿嫁给了这位"大清"名将，华尔一下子成为中国女婿。

在享受新婚宴尔鱼水之欢的同时，华尔仍旧心系战事，决意要"报效"大清和英法联军，想把上海周围三十英里（约四十八公里）以内的太平军全部驱逐出去，确保上海的安全。

由于华尔表现出众，何伯甚至下令把一千多英国大兵调给华尔这个从前他心目中的"流氓"指挥。

太平军接连失败后，李秀成意识到华尔"常胜军"对自己军队的威胁，就想攻取常胜军老巢松江。但要取松江，必先在松江与上海之间打个楔子，攻取七宝、泗泾两处，然后合力取松江。这种步步为营、以守代攻的战略，从前可以，现在遇到了锐气正盛的华尔洋枪队，难免处于被动。

结果，4月4日，华尔和英将何伯、法将卜罗德约五千人汇集，携大炮进攻王家寺的太平军营垒。新式大炮威力巨大，太平军不敌，被打死近五百名士兵，近千人被俘，王家寺阵地最终为洋枪队与英法联军所得。

英国将军何伯在此战中负伤，小腿肚子挨了一枪。

4月17日，"常胜军"与英法联军进行突袭，把屯结在青浦的太平军堡垒攻克，杀掉六百多人，生俘三百多人。

青浦大胜后，七宝城落入华尔手中，得胜的"联军"露出暴徒嘴脸，大肆洗劫，全城为之一空。这些人挨家挨户搜掠，个个变成了大富翁，太平军在此地的银库，此时也为华尔所拥有。

得胜得财之余，华尔气焰更盛。4月30日，常胜军与英法联军水陆并进，又有李鹤章（李鸿章之弟）率淮军四千人助战，齐攻重城嘉定。太平军守军不支，溃败，共有三千多人被杀，近两千人被俘，其余狼狈逃逃。

嘉定是太平军的一个重要据点，他们撤退时弃留几十万两白银和数千匹战马，军械辎重到处都是。至此，常胜军又有一大笔钱财进账。

5月12日，常胜军、联军在用大炮猛轰青浦城后，呐喊着冲杀入城。虽然城中有两万多太平军守军，仍旧支撑不住，五六千人被杀，数千人脱下军装逃跑，数千人被活捉。

由于南桥复为太平军所据，英法联军忙于5月16日回军，华尔在交代士兵经营青浦后，也回到南桥，与英法联军一起攻城。一直在战役中鲜有伤亡的法国军队，此次有近四十人被杀，总指挥卜罗德胸膛正中一弹，当场身亡。

攻克南桥后，"悲愤"欲绝的法国兵丧失人性，不仅对缴械的太平军大肆屠杀，连南桥的普通居民也不放过。

5月20日，常胜军攻克柘林镇，杀红眼的联军士兵们在此又展开一轮大屠杀。

依据从前与清朝政府、上海地方商会的约定，华尔一个人获得的赏

美丽而残酷的东方"新世界"

银就高达近百万两白银，他都存放于岳父杨启堂的泰记钱庄中。

英法联军与常胜军连胜而骄。李秀成本人改变了战术，继太仓一战歼灭清军五千余人后，他分别发军猛攻嘉定、宝山、吴淞、青浦。

嘉定城只有几百名英法士兵，英美联军慌忙去救援，在南翔遭到太平军伏击，损失不小。嘉定的英法军队知道太平军势大，焚城后逃跑。代替被罢免江苏巡抚薛焕职务的李鸿章善于和洋人沟通，双方商定配合行动。

在李秀成的指挥下，太平军听王陈炳文和纳王郜永宽占领了泗泾，直扑青浦，李秀成本人率兵围淞江。英法联军、常胜军、清政府军难挽颓势。

5月底，太平军慕王谭绍光率军攻克青浦，活捉了华尔的副手福瑞斯特。华尔自提兵来救，结果在城外被打得大败，狼狈遁走，一千多常胜军被太平军消灭。

经此一战，英法联军与常胜军的自信心大挫。连曾国藩都在奏折中对洋人不屑地加以指斥："夷人之畏长毛，亦与我同，委而去之，真情毕露。"

连连克捷之下，加上二十万左右的优势兵力，太平军已经逼至虹桥、漕河镇、法华镇、徐家汇等处，上海似乎可被一举拿下。

英法联军见势不妙，迅速回撤至上海进行龟缩式防守，同时急忙宣布"中立"，表示不再加入上海城周围三十英里（约四十八公里）以外与太平军之间的军事行动，但在暗中，仍旧向华尔常胜军提供武器弹药装备以及人力支持。

6月18日，李秀成遭遇李鸿章所指挥的军队，在徐家汇、新桥、虹桥等地接连受挫，只得放弃已经占领的广富林、泗泾等地退回苏州，留慕王谭绍光率少数军队留守嘉定、青浦、太仓等城。

上海城唾手可得之际，李秀成忽然在遭遇小挫折后弃而不攻，最大的原因在于曾国藩围攻天京，洪秀全逼催李秀成回援，最终使他功败垂成，不得已先转回去解天京之围。

李鸿章任江苏巡抚之后，非常重视华尔的常胜军，为他提供一切便利扩充部伍。为此，华尔的洋枪队规模渐宏，共有五个团步兵，一团狙击枪兵，四个重炮中队以及两个野战炮中队。

常胜军装备特别先进，有滑膛毛瑟枪、来复枪、安菲尔来复枪、山炮、榴弹炮、臼炮以及威力巨大的八寸（约27厘米）口径的大炮。除此以外，华尔手下还拥有三十多艘铁甲汽轮和三百多艘轻便炮船。

上海不仅仅是华尔的"福地"，也是李鸿章的"福地"。这位同样儒臣起家的李大人，在安徽被太平军打得丢盔卸甲，到了上海后却从胜利走向胜利。他最成功的谋划，一是抚用华尔这种"客将"，二是"以沪平吴"。

李鸿章深知纵横捭阖之道，在与洋人交往中"先疏后亲"。虽然他心中认为华尔是"蠢然一物"，但为了借助华尔（后来是戈登）的兵力，仍旧倾力笼络，最终使其成为自己手中的最大王牌。而后，当苏常地区落入淮军之手后，李鸿章借故解散了"常胜军"（也有戈登本人"厚道"的原因）。

对此，连李鸿章的"老师"曾国藩都不得不佩服，认为他"驾驭洋将擒纵在手，有鞭挞龙蛇视若婴儿之风"。

于李秀成而言，上海成为他本人乃至太平天国全盘皆输的"劫子"。输了这一着，牵动全局，最终输掉整盘棋。

在华尔的请求下，李鸿章用一百万发弹药、数百枪械以及十箱上好鸦片把华尔的副手福瑞斯特从太平军手中赎了出来。

见老朋友转危为安，华尔心定，便于1862年8月8日率面貌一新的常胜军重新杀向被太平军占领的青浦。

经过血战，青浦被常胜军攻克，华尔手下虽然伤亡达数百人，但成绩大得惊人：俘获一万多名太平军士兵和军官，打死数千人。

这次配合华尔进攻青浦的不再是李恒嵩，他已经被李鸿章撤职，代之以太平军降将程学启。程学启特别仇恨昔日的老战友，马上依照李鸿章的指示，在城内砍下了三百多太平军中下级军官的脑袋。

青浦一失，意味着上海地区太平军势力的全面败退，只有嘉定仍在太平军手中，但也只能盘踞固守而已。

1862年秋天，善于利用洋人的李鸿章和华尔细商军事，准备出援浙江。泰记钱庄等商户对此严重不满，嚷嚷说他们出钱支持常胜军是用来保卫上海的。富不敌贵，谁又敢招惹李鸿章巡抚呢，商人们只能在小圈子里发牢骚大骂而已。

华尔派副手福瑞斯特率千余兵士出发，准备进攻余姚和慈溪。

大约在同一时间，法国人伯勒东有样学样，在浙江巡抚左宗棠的支持下，组成一支中法联军，即日后的"常捷军"。当时这支队伍仅五百多中国士兵，军官皆为英法等国的人。

华尔本人在1862年9月20日抵达宁波附近。他先指挥部队攻克离宁波仅二十多里的余姚，然后追击太平军残军至慈溪。

在慈溪城外，不顾枪林弹雨，华尔悠闲站立，口中叼着一支吕宋烟，手舞藤杖，指挥士兵进攻。忽然之间，华尔高叫一声："我被打中了！"挣扎几下，摔倒在地。

有关他的受伤，记述很多，有的说他是被子弹所伤，有的说他是被枪霰弹炸出的铅块所伤。

华尔受重伤消息传出，常胜军"化悲痛为力量"，奋不顾身，肉搏攻城，最终杀掉慈溪城内所有的七千多太平军。

子弹（或铅块）从华尔小腹穿入，一直透至其背脊处，把这位战神几乎完全打穿。弥留之际，华尔挣扎着口述遗嘱，交代他名下近二十万两银子的分配：五万给他的中国妻子杨章妹，其余的由他的弟弟妹妹平分。

痛苦挣扎了十几个小时，这位美国冒险家终于呼出了最后一口气，结束了一个"东方传奇"。

华尔死后，其手下军官开始瓜分他的财产。中国政府和他的老丈人杨启堂的泰记均不承认欠款和存款。而华尔曾经下大气力用重金从太平军手中赎回的副手福瑞斯特，盗走了他军装口袋中的私人账本，以此向泰记勒索了几万两银子塞进自己的腰包。

美国政府一直就华尔遗产与清政府交涉，均无结果。1894年，大清国重臣李鸿章到纽约访问，华尔弟媳向他索要华尔的遗产，李中堂为了帝国的面子，答应"妥善解决"，最终连续付出了三十多万美元的巨款给华尔亲属。

华尔父亲逝于华尔去世后的第三年（1865年），他的妻子杨章妹逝于1863年，弟弟逝于1867年，最终得到华尔遗产最大一笔的是华尔的弟媳。其实，这个女人当时已经再婚，不再是华尔夫人而是亚密登夫人。

虽然华尔的遗产百费周折，但清政府给予了他隆重的葬礼，并在松江为他建立专门的纪念祠堂。

全部常胜军士兵穿重孝列队出席葬礼。在华尔神主牌位的正上面悬一块巨匾，上书"同仇敌忾"，左右一副对联：海外奇男，万里勋名留碧血；云间福地，千秋庙貌表丹心。此情此语，耐人寻味。

华尔祠堂在清朝灭亡后曾经衰败，无人打理。第一次世界大战结束后，有一群美国兵崇拜华尔，对祠堂加以修复，自此每年都会有美国人在美国南北战争士兵阵亡纪念日这天到松江扫墓。

"珍珠港事件"后，日本人摧毁了祠堂设施，并将其用作兵营。日本投降后，美国牧师发现华尔坟墓还在，但周围松柏皆已被日本人砍去当柴烧了……

至此，笔者交代一下常胜军在华尔死后的情况，主要是讲一讲白齐文和戈登。

华尔死后，其副手白齐文接任"常胜军"统领。此人上任后就搞僵了与李鸿章的关系，并与清将程学启闹出不少矛盾。特别可笑的是，为了士兵的饷银问题，白齐文竟然带了一大队士兵从松江冲到上海泰记，把杨启堂臭揍一顿，抢走一大笔银子。

手下打老板，这下可让李鸿章抓住了他的大把柄。李巡抚以大清国官员名义，正式派人送公文到美国领事馆，要求他们"处理"白齐文。

无奈之余，美国人只得通知白齐文"走人"，因为从名义上讲，"常胜军"是大清帝国的"常胜军"。而后，白齐文的位置由英国海军上尉奥伦暂代。其实，这也可以看出美英两国对这支军队控制权的此消彼长。

奥伦指挥不力，常胜军在进攻太仓的太平军时一败涂地，于是英国政府下令由英国皇家陆路工程兵戈登上校接管常胜军。

白齐文被撤职后，怨毒满腹。这位有华尔之勇而无华尔之谋的美国人前往北京"诉冤"未果，便在上海招募了外国流氓一百多人，暗中与苏州的太平军慕王谭绍光联系，出人意料地投靠了太平军。

在这帮洋人的帮助下，太平军向驻军于夹浦的戈登常胜军发动猛攻，一时间打得常胜军十分狼狈，只能死守。

白齐文狂妄之余，与戈登秘密晤谈，提出一个"伟大"计划：二人联手，组织两万兵马，先夺取大城市苏州，把太平军与清军皆清除出去，然后直杀北京，推翻大清国。

戈登本人是个具有良好素养的职业军人，当然拒绝了这个建议。

不久，由于时局变化，首鼠两端的白齐文见势不妙，暗中与戈登联系，表示他要率那帮洋人脱离太平军。结果，其中一伙洋人先逃，并把白齐文出卖，他本人与另外一些洋人仍在太平军手中。

戈登送大笔礼物给太平军慕王谭绍光，把白齐文赎出来，送回上海。美国驻上海领事应戈登所请，没有逮捕这个"叛徒"，但警告他立刻离开中国。

白齐文灰溜溜地跑到日本横滨，想介入当地长州藩等处的内部争斗。1865年，白齐文耐不住对中国的"思慕"，乘船返回上海，继而搭船到厦门，想去漳州与太平天国残军会合。

清朝当局得知这一消息后，立刻派人把这个"祸头"逮捕，送至福州监禁。美国领事要求福州当局"引渡"他，被清政府拒绝，白齐文由福州当局派人押往江苏准备接受审讯。

估计是李鸿章授意，不久美国方面接到报告，说白齐文所乘之船在浙江兰溪行驶途中遇风沉没，白齐文被淹死了。

美国领事闻此也大松一口气，庆幸李鸿章聪明，没再使美中关系因白齐文事件出现新的麻烦。对于美国人来讲，这个"法国人"（白齐文是法裔美国人）确实是个烫手山芋。

交代完白齐文，再说戈登。

戈登于1833年出生。1852年军校毕业后，他进入英国皇家陆军，开始了他的军旅生涯。1854年，他曾经参加克里米亚战争。第二次鸦片战争爆发后，他于1860年到达天津，并在日记中猛烈表达了对英法联军火烧圆明园行径的不满。

华尔去世后，戈登被任命为常胜军的统领。由于他带兵有方，在太仓、昆山等地，常胜军与清军并肩作战，多次大胜。

与华尔相同，这位英国绅士临阵指挥时从不带武器，只是手中挥舞一根藤杖；与华尔不同的是，戈登严禁常胜军士兵劫掠，在军中实行严刑峻法。

时间一久，李鸿章在财政上大感压力，加上戈登对淮军多有指责，李鸿章在欣赏戈登"高尚情操"的同时，内心十分厌恶他的"不知变通"。

1863年，在常胜军和清军的强大压力下，太平军的纳王部永宽等人在与戈登约降后，杀掉慕王谭绍光，集体向清军投降。戈登很高兴，入城与纳王等诸王会谈后，劝这些人去见李鸿章正式进行投降仪式。

没料到，李鸿章以纳王等人不剃头、持械以及怕他们诈降为由，把太平军纳王等八个人当场砍了头。李鸿章这招真毒，背信弃义杀人不说，也不顾及仍在苏州城内纳王叔父家做客的戈登的死活。

当时苏州城内还有不少武装的太平军士兵，在诸王消息未被证实前，几百名太平军团团包围了戈登。

幸亏戈登身边陪同的中国翻译机智，他对太平军士兵讲情，表示只要留戈登一命，可以保证他们这些人的生命安全。经过一番周折，戈登终于脱险。

戈登得知太平军几个降王被集体处决的消息后，气愤至极，发狂一样寻找李鸿章，想和他"决斗"。李鸿章老奸巨猾，想方设法避开戈登不见。

戈登回到常胜军大营，愤怒地表示要解散洋枪队，但英国公使不同意。李鸿章认定洋人个个爱钱，上奏皇帝后，赏赐戈登本人"黄马褂"一件，纯金奖章一枚，白银一万两。岂料，戈登拒绝受奖，在英方劝说下，最终只勉强接受了奖章和"黄马褂"。

从这一点看，戈登和华尔完全是两路人。

从1862年开始，以罗孝全为代表的西方传教士完全放弃了对"太平天国"教门兄弟的幻想，开始诅咒这些人为"邪恶盗匪"，英国人自咸丰皇帝死（1861年8月22日）后与洋务派首脑恭亲王奕䜣相谈甚欢，更加坚定地站在大清政府一边。

接下来，戈登继续率领常胜军参与对太平军的战斗。金坛一战，他本人腿部中弹受伤，多次险些阵亡。常州被攻陷后，太平军护王陈坤书以及数千兵将被杀。

至此，"常胜军"已经失去了存在的意义，因为太平天国真正占有的大城市只有南京，曾氏兄弟不可能让外国人参与攻占这个极具象征意义的城市而瓜分湘军的功劳。

李鸿章方面，更觉常胜军方面的军饷开支浩大，就与英国政府协商解散常胜军。

城上板屋图

戈登接到命令后，没有丝毫犹豫，以休假为由返回英国。离开之前，他还向英国以及清政府建议，一定要在发放大笔赏金后，及时解散常胜军，以免士兵因缺饷叛变或闹事。

1864 年 6 月 1 日，常胜军的三千多军官和士兵均得到该得的大笔赏金，全军解散，武器归公。至此，常胜军完成了它的历史使命。而戈登本人，也被清政府赐封"提督"，以示荣宠。

临行前，戈登满怀深情地与中国战友作别，说："中国人民耐劳易使，果能训练有方，贵国自可转弱为强！"

常胜军虽然解散，但它对李鸿章的影响无比巨大。因为"常胜军"最精锐的六百人炮队、三百人枪队以及轮机手数十人（包括十多个洋教官）都归入淮军，李鸿章开始了他"练兵练器"的军队自强之路。

李鸿章认为："中国的文武制度，事事远出西人之上，独火器万不能及。"特别是李鸿章看到李秀成部太平军大量使用洋枪后，更让他大为震动，深恐洋人为私所使，不断大量向太平军出售新式军火。于是，他大力发展军事工业，并牢牢握住军火销售和制造的控制权。

连西方最先进的 32 磅、68 磅大炸炮也装备于淮军之中，并先后设置"洋炮局""炸弹三局"等附属于淮军的军械所，土洋并举，力图在军事上自强。

在大量购买、制造新式武器的同时，李鸿章还特别注意练兵，甚至不惜高薪聘用洋教头，让其从刘铭传的"铭"字营开始，教习洋火器。

经过一系列精心准备，本为湘军一个附属支系的淮军发展迅速。比如，五百人的一个营级建制，就有枪三百二十杆。同时，淮军共有六个独立炮营，配备有当时最先进的新式开花炮。与淮军相比，李秀成等人的太平军仅有洋枪，极其缺少洋炮这样的重武器。

以此为恃，李鸿章一步一个脚印，逐步实现了"以沪平吴"，最终迫使太平军从进攻转为防御。清朝军队重新夺取了苏常财税重地，使南京东南方向完全暴露于清军的攻击之下。

太平军陷入被湘军、淮军夹击的窘境。

1881 年，英国殖民地苏丹爆发伊斯兰教徒马赫迪起义。马赫迪大军经过三年多攻城陷地，直扑首府喀土穆。

英国政府惊惶之余，任命已于 1879 年回国的戈登为苏丹总督，让他重回喀土穆，以求力挽颓势。1884 年 2 月，戈登重返苏丹。

仅仅过了一个月，十万马赫迪大军团团包围了喀土穆。经过数月的浴血战斗，缺粮少兵的喀土穆终于被马赫迪的伊斯兰军攻陷，戈登勃勃不屈，在总督府持刀力战。最终，数百根伊斯兰长矛，把这位昔日的常胜军统领钉死在苏丹的红土地上。

闻知戈登死讯，清朝政府立刻派人去英国领事馆隆重吊唁。

我老家天津"金融街"解放北路的市政府大楼，其原址即为"戈登堂"。

1890 年，戈登死后五年，英国租界当局在当时天津的"维多利亚道"修筑了一座英国中古时期风格的青砖建筑，来纪念他们这位名扬世界的英雄。

对于中国清朝政府来讲，戈登不仅帮助镇压过"太平天国"，他还在 1880 年应李鸿章之邀来过中国，帮助清政府联合英法等国，抵制俄国的《里瓦几亚条约》。

在当时，戈登堂为天津最宏伟的建筑，比利顺德大饭店还要高。1976 年天津地震时，戈登堂受毁严重，拆毁后在原地建起了新的政府大楼。其原有建筑，仅存侧后小小一角，现在很少有人知道这个"遗迹"。

附件:《天京游记》(节选)

说明: 此书作者为富礼赐。富礼赐是上海英国领事馆的翻译官，此文刊载于 1861 年 6 月 29 日的《北华捷报》。

这一"游记"详细记述了富礼赐的所见所闻，诸如"天王府的奢侈宏丽与门前到处是太平军行秽痰迹的鲜明对比，太平天国赞王办公场所的古怪，李秀成之弟满臂的金银镯子以及天国王爷醇酒美人的奢华享受……所有这些，无不透露了太平天国高层的狭隘封闭和腐化堕落。

富礼赐的天京见闻刊出后，西方各国更坚定了太平天国终不能成事的看法。此文对马克思的影响也很大，由此他展开了对太平天国激烈的抨击。

城外景象

……

南门桥像往日那样熙熙攘攘，有很多吵嚷的士兵、小贩和妇女，当然还有数不清的小男孩。

在一阵锣鼓声中，几十名身穿杂色衣服的士兵骑着马，手里举着鲜艳的大绸旗，列队行进，这就告诉你有一位首领要进城了。他身穿耀眼的红绸袍，靴上满是绣纹，头戴黄绸帽，手里拿着一柄巨大的仿照外国式样的三色绸伞。

两名侍童跟在后面，衣着粗陋，看上去很疲倦、很肮脏。其中一个人拿着首领的双铳枪，枪装在一个大小合适、饰有黑穗的红色绒套里，只有枪机露在外面，这样既可以备用，又可以避免生锈。另一名小家伙拿着一柄有很多银饰的日本剑和一根竹棍。

如果这柄剑不仅在战场上大出风头，而且还杀过不听话的士兵和人民，那我是不会惊异的，因为这位首领是个相貌凶暴的家伙，显然是不可轻慢的。他从苏州来，在琉璃塔附近卖给一名商人一些宝石。奇怪的是，他的宝石都是妇女服装上的装饰品，它们是怎样到他手里的？

……

过了这所常常是肮脏而又黑暗的大堂，穿过几道走廊——有一男童正在其中的一道走廊烧茶，那是将要献给你喝的——来到一所大客厅，你向代理首相阁下、赞王之子赞嗣君鞠躬。

如果你是一位传教士，他会露出微笑相迎，因为那时他能给你讲天王升天的历史；如果你是一名官员，他会皱起眉头，用最令人可笑的冷面孔来显示他的尊严，然后微张其大嘴，露出微笑，以示他尽管庄严，但仍有极大的同情心。

他的服饰显得很华贵。头戴一顶称为龙冠的镀金物件。它是用硬纸板制成，镀金，镶有琥珀珍珠，顶端缀一小鸟。除此之外，我难以对它再做什么描述。这顶王冠在举行大典时使用。

平常戴的一项便帽，形状介于主教法冠和旧式小丑帽之间，帽上写有主人的官衔。它镀金较少，彩绘较多，自然谈不上好看。

他身穿一件绣花黄缎长袍，绣有龙、日、月、星和各种奇怪的东西，黄色的裤子和靴子也都是绣花的。

有一次，他不得不有些匆忙和勉强地会见几个外国人，会见时他要取一些文件或印章，但他看上去不能离座，他的座位是一张覆有绣花布的大桌子。你无法看见桌子下面。

根据赞嗣君阁下坚持坐在椅子上的那种古怪神态，西方兄弟们窃窃私语，胡乱猜想他是忘了穿裤子。

他面目可憎，令人不快。其容貌正是青年人虚耗过甚的样子，你会以为他（而不是他的父亲赞王）快要死了。他和其他我们所见过的任何人一样，会说谎话；的确，除非不得已，他从不说真话。

在处理公务上，他完全是个孩子，得把他作为孩子来对待。常有一名师傅跟着他，给他当顾问。在座的其余几位军官是四名城防官，他们还算得上是聪明人，我一有时间就去他们府中喝茶。在座的还有水师大提督，他会告诉你的战船在苏州，在汉口，或者在别的什么地方，只是不在南京。

他无论做什么说什么都是慢条斯理的，其食量之大令人惊讶。他在旱西门附近有一所很大的宅邸。有一天，我曾从一个小孔穴偷看他的内宅，见有一些很美丽的妇女。其余在座的是些无足轻重的人，他们只是为了向外国人显示国务大臣的排场而出席的。

在我正在办一件小事的当儿，我的朋友，你愿环顾一下这个房间吗？房顶的橡木都漆成蓝、红、金诸色，木柱有奇特的柱头。英国国会下院的回廊里是不会有这房间墙壁上的彩画的，因为画面上的树木是红色的，墙是黄色的，房屋则是绿色的。

景象的远近比例也有些小毛病。树上的雉鸡大了五倍，同大院的主人一般大，而大院高出山脉五十英里（约八十公里）；船也大得可怕，画家试图让这些船通过一座看上去摇摇晃晃的桥，如果这样，要么船被撞毁，要么桥被撞倒。但不要介意，这间大厅里的每一块墙板上都有图画，这远比挂满可怕的绸缎对联要好得多。

我们所坐的椅子以前都是咸丰皇帝的总督的家私；如果你询问，对方会说物主的转移都是上帝的旨意。椅上都铺有绣缎，并不使人感到不适。各种桌子上都摆着种有美丽花卉的盆景。其中的一盆约一英尺（约0.3米）高，满是鲜艳的黄花，旁边是一株可爱的桃树，接着是两朵山茶花和其他我不认识的花。每次我来到这里，见到桌上的花卉都换成了新的。

大厅之前是一个小庭院，经一条甬道和一道石灰石构成的桥，便是一间小餐厅。如果我受到赞嗣君的邀请，就能在那里饱餐一顿，品尝海餐、竹笋、带有臭味的猪肉和其他美味。

另外，为了保持他自以为庄严的那种姿态，这个不幸的人在办公时把自己弄得极不舒适，现在他脱下了袍冠，坐下来带着微笑就餐。他会十分和蔼可亲地谈上个把小时，为没有酒来招待你而表示歉意——天国是没有人饮酒的。

可怜的人，我不想诽谤他，但他付款买了杜松子酒的事该怎么说？至于天国的禁酒主义，就在昨天，我在附近的一名官员住处就喝足了称为"天酒"的酒；更有甚者，城内已在酿造这种酒。

天王宫殿

现在我们漫步走向天王洪秀全的宫殿。我们不能进去，但从外面可以看到很多东西。王宫的面积很大，围有四十英尺（约十二米）高的厚实黄墙。你可以看见里面黄色和绿色的屋瓦，还有一对典雅的亭子，但大部分的建筑被围墙挡住，好奇的来访者看不到它们。

王宫的工程仅完成了一半，竣工后的占地面积将比现在扩展一倍，但天知道天王可爱的臣民何时才能完成这项计划，因为只有十多名工匠在懒散地工作着，远不足以使场地保持清洁。

王宫附近的一所破棚里有一艘奇怪的船，形状像一条头很大的龙。它已快破朽了，但显然曾因涂金彩绘而显得富丽堂皇。这就是"圣龙船"，陛下曾乘坐它从汉阳沿扬子江而下，包围并夺取了南京。它曾被保存在围墙内，现在被移了出来，再也没有人去理会它了。

距离大门口约三百码（约二百七十五米）处有一面巨大的黄色照壁，上面画着龙，刻意表现出龙的凶猛形象。天王本人的奇异告示张挂在照壁上。瞧，它们就是，均由天王亲自用朱砂写在黄缎上，字迹散乱难看。天王写这些文告是孜孜不倦的，从中可以发现人们所能想象的最令人吃惊和最臭名昭著的渎神的言辞。我曾看到半个照壁都布满了黄缎，不知道这些缎是从哪里来的。

在你面前是一个奇妙高大的门，虽然还没有完工，但已重彩装饰，就它的风格来讲是很漂亮的。大门由许多涂红抹金的柱支撑，门顶由木雕构件巧妙地连接在一起，和我们在广州衙门里所看到的一样。

过了这个大门和外门，经过一段由彩柱支撑着顶盖的走廊，你便来到雄伟的宫门。廊顶雕饰有大小不等、姿态各异的龙，它们或食日，或追捕巨虾。

被彩绘和漆金装饰得既华丽又粗俗的大门上，有一块写着"真神圣天门"的匾额，门的两旁各有一面大鼓，你如去敲打它，就会造成极大的惊恐。

内室的每一面都挂有用丝绳吊着的彩灯，灯须很美，正中央挂着一盏漂亮的大玻璃灯，它原是苏州何桂清衙门里的用品。

圣天门右边有一块地方，里面放着桌椅，天兵们在这里随意坐卧，姿态很不雅观。外国人的到来并没有引起他们多少注意。有一位年老的守门人告诉我，他照看过天王——当时是广州附近农村里的一名穷苦孩子。他很有礼貌地请你坐下喝茶。你已不能再往里进入天王宫，并且已走了好长时间，最好接受他的邀请休息一下。

这里有一幅"太平天国万岁全图"。这真是一份令人发笑的文件，或者你称它什么都行。图中有一大块差不多是方形的土地，四周是海洋，这就是中国；另有一个大方块，明显的四面有墙，这就是天京。地图上没有香港，日本只是一小点，在我认为应该是北京所在的部位也找不到北京。西北方有两个小岛，叫英吉利和法兰西。

我想，其他欧洲各国已被"天条"征服了，除中国以外的整个亚洲可能已被"龙"所吞没。

到处漆金涂红，灯旗攒簇，你可以想象这构成了一幅十分壮观的画面。其实完全不是这么一回事，每一件东西都相当肮脏，镀金之处很快就被手汗、灰尘和雨水所污而盖上一层棕色。红、蓝、白、绿各色也涂得很糟，好像就要混在一起。画在天花板上的龙除非重新装饰，否则要不了多久就会看不清了。

地上满是痰迹和污物。懒散闲逛着的天兵们蓬头垢面，衣衫褴褛。虽然是在天王宫，你在周围仍能看到断垣残壁，看上去满目凄凉，这不能不使你感到你是身处一个人类堕落和欺诈的庞大体系的中心。

现在，鼓声、钹声和锣声骤起，还混杂着爆竹声和歪着脖子使劲吹奏的乐师们奏出的刺耳笛声，一片嘈杂，这是天王正在进膳，噪声一直持续到天王用膳完毕。

此前不久，圣门半开，一些样子可怜的妇女带着盘、筷和其他御膳用品进进出出。这些用品大都是金制的。从送进去的馔肴的外表来看，我敢肯定御膳的味道跟吃卷心菜差不多。

虽然我们不能进入王宫，但可以听到宫外的人对我们讲述宫里的荣华。天王陛下今年五十一岁，身材高大，体格健壮。他永远不会死，但当他厌倦尘世事务时，会有一辆龙车降下，接他升天。

他已多次见过全能的上帝，据他的诏旨说，这种殊荣新近已扩大到他的妻子——但我不能告诉你究竟是他一百零八位妻子中的哪一位，或许是幼主的生母吧！宫内（除了他）只许女子居住，据说大约一千名。她们会说些什么？

陛下有一顶重达八斤的金冠，一串差不多重量的有雕饰的金项链。他的绣金袍上饰有若干小金块，形状很像外国的纽扣，可能就是仿照外国的。他坐一个涂金的物件，称作"圣龙车"，由女侍牵拉，从内宫到大殿，然后升座临朝，接受大臣们的祈祷和谀颂。

他的儿子通常也在座，但据说是个病弱的年轻人。

天王很勤奋，亲自写一批批的文告，阅读并批复各王的奏章，并有洞察政务的锐利眼光。我不是传教士，因而只能对他提出一种世俗的看法，但这种看法是强有力和有根据的，这就是天王的基督教仅仅是一个狂人对神明的极端亵渎，他的部下所信奉的宗教只是可笑的愚弄和闹剧而已。

天王是我所听说过最固执己见的异教徒。已经有人用各种形式向他谈、写、申述和宣讲基督教的真理，他却比以前更加冥顽不化。外国传教士小心翼翼地将正统学说传给他，但并没有产生预期的效果。那些不太重要的赞美歌和祈祷文悄悄地投给他了，他却不求甚解。已送给他许多部《圣经》，但没有多大用处，虽然我相信他是读《圣经》的。

教士们和教会的见解已送给他了，他却如此别出心裁地从中获得收益，以致下次就会巧妙地用西里尔、奥古斯汀和其他古代教士的言论来压倒你。他的辩词是最令人困惑的。

教皇如能惩治他，早就把他烧死了。今天他退让一点，明天却又说他的教师错了。他重新解释了《圣经》，我们对《圣经》的任何注解都得不到他的赞同。他会糟蹋你最好的司各脱《圣经》译本，用朱笔在每页的空白处胡乱写上他的天意。如果他无理可辩了，他就说他到过天而你没有，所以"请你闭嘴"。然后他发作他的神学歇斯底里症，告诉他的人民各种千奇百怪的事。

某一天，他命令诸首领多纳妻妾以庆祝他的寿诞。他说："亚当最初只娶一妻是对的，但我现在知道得更多，让你们娶十个。"按照他过去的文告，他与圣子是平等的，但最近往往将圣父、圣子、他自己和幼主视为相等。在徒然地试图将诸王中最为残忍的东王称作三位一体中第三位的化身后，他现已取消了三位一体中的第三位。

在我看来，他是过于沉溺于异端邪说了；当他发作时，就抛掷出许多文告、书籍，就像魔术师从一顶帽子里扔出鲜花一样；但当他的发作过去后，他会在黄缎上写信给任何一个人，不管他是牧师、持异论者或天主教徒，也许还连同书信颇为恭敬地送上一匹绸缎。但是，最好的朋友也总是要分手的，我们得向他说再见，希望有朝一日能见到他本人。

我们从一道旁门出去，根据题名，天下万国前来朝拜都从此门进入。我们的右边是一排低矮的房子，是首领在朝拜之前穿朝服的地方。挂在那里的一幅重要的黄缎告示被用来擦拭近旁的灯，整个朝房肮脏、华丽而又俗气。

忠王府和忠王弟

抵达南京时，我决定要尽可能多地接触太平天国的首领们和民众，但又不同他们真正很亲密。

一天早晨，我接到"忠王宗"（即勇敢的苏州征服者忠王的弟弟）的一封信，邀请我和我的朋友们来访并与他共餐，我很高兴。

他派来了马匹和一名向导。经过两小时，我们到达忠王府，一群衣着奇特的年轻人随即把我们领了进去。

忠王当时正在湖北传播太平,他的弟弟李某和这位伟大的战将极为相似。他高约五英尺四英寸(约 1.63 米),面容好看而狡黠,经常带着笑容,是个值得与其消磨一天时光的人。他身穿华丽的红缎袍,头戴黄帽,上嵌一粒大如榛子的珍珠。

他带领我们经过许多房间,来到一座美丽的小亭,亭外是个小花园,有假山和树木。他在亭子里招待我们一顿丰盛的中国饭,并且一直愉快地交谈着。送到他桌上的食物分盛在九个成套的状如玫瑰花瓣的瓷盘里,在桌上拼装成一朵玫瑰花形。他说这套餐具是天王在苏州恩赐给他哥哥的。筷、叉、匙都是银质的,刀子是英国制品,酒杯是金质嵌银的。

经过两次拜访后,我一有时间就去找他,他把忠王的一些极其珍奇之物拿给我看。

除天王外,忠王是唯一有真金王冠的当权者。照我看来,这确实是一件精美的物品。王冠由树叶形的薄金片缀成,上有一虎形装饰物,大到可以从冠前伸到冠后,冠的两旁各有一鸟,冠顶立一凤凰。冠的上下缀满珍珠、宝石。我把王冠戴在头上,估计重三磅(约 2.7 公斤)左右。

忠王还有一个很精致的金如意,上饰许多巨大的珍珠和宝石。当我观赏它时,有某个偷盗之徒偷摘了一些宝石,王弟李大人大发脾气,极为震怒。

各室内部都摆设美丽的雕琢玉器,还有一些古老的青铜器和盘。我这位朋友所使用的文具也极有价值。砚是玉石制的,盛水的器皿是像水晶似的一块巨大的淡红色石头雕成的。金笔的笔架是一支很大的红珊瑚,安在一个方块形银座上。桌上有很多水晶和玉石做的押纸,还有七个钟,但所指时间却各不相同。

不论什么东西,凡能用银做的,都用银做。剑的鞘和带都是银的,雨伞的柄也是银的,鞭、扇和蚊拍的把手都是银的;王弟的手臂上戴满了金镯、银镯。

有一天，我在城里待到很晚，即将有一场暴风雨，于是我决定接受李的邀请在王府过夜。他尽力招待，要使我感到舒适，而我确实曾经不得不在比忠王府差的地方留宿过。

晚上8点用餐，晚餐很丰盛，有鸡、鸭、羊肉和其他这类并不适合西方人口味的菜肴，还有两瓶"雪利"酒（但纸卷代替了瓶塞）和一大银壶烈性的"天酒"。

席间，酒瓶和酒壶在李邀请来作陪的"大队"们中间欢快地传递着。显然，这些身居要职的首领们并不理会那位统治着他们的天王的荒唐禁令。我的朋友们人人都喜欢"雪利"酒，酒壶里也不止一次地添进"天酒"。虽然严禁吸烟，但这些长毛们对吸烟同样并不陌生。

我睡在忠王的床上，被褥精美柔软，床的四周围着红罗帐。正昏昏欲睡时，房间里响起中国靴着地的声响，我被惊醒了。我把头伸出帐外，看是什么在走动，我惊讶地看到两位天朝女子手提灯笼穿室而过，还有一名也提着灯笼的老仆人。

当她们一眼看到我这个丑怪的外国脑袋时，尖声喊叫起来，并仓皇退出——虽然我告诉她们我一点也没有受惊。她们从另一条道去她们的住房，只留下一条讨厌的狗在门外彻夜狂吠。

清晨，我才知道被我打断回归路线的两名妇女是忠王的妻妾，她们是出去看望"四眼狗"英王的眷属后回来的，做梦也没有想到会有一洋鬼子睡在王府，就按照老路经这间房子回她们的闺房，才有这番惊吓。

这些天朝人起床格外早。天刚亮时就有人来侍候我，问我是否要洗个热水澡。看到天气已经很热，我要求洗冷水澡，这使他们大吃一惊。

一位书吏（或者是秘书）告诉我，洗冷水澡是会得病的。我仍然坚持，另一位大人又来规劝我，也没有用。后来，忠王的弟弟亲自来劝我，但也说服不了执拗的外国人，只好失望而去。

我终于洗了冷水澡，但整天都被人看成是个怪物。

早饭后，李带我去参观正在修建的他哥哥的新王府，那里与现王府大约相距四分之一英里（约 0.5 公里）。无疑，它将是个规模宏大的建筑，仅略小于广州的总督衙门。有一千多名工匠在工作，有的在建房，有的在雕石刻木，但也有人手拿藤鞭站在一旁，随时准备鞭打责罚不好好工作的工人。

工程已大部分完工。整座建筑，它的山墙上的众多梁木、巨大的木柱和精美的雕工，将是中国旧式衙门的一个完美标本。当问到工人的报酬时，李笑着回答说："你们英国人工作要付钱，我们太平天国知道更好的办法。我们不是一个真正的大帝国吗？"

天荒地老出奇人

天京陷落与李秀成的被俘

太平军中的"国际友人"呤唎所著《太平天国革命亲历记》一书中，多有对太平军溢美化、神圣化的描写，甚至不惜笔墨虚构太平军战绩（如所谓的"鄱阳湖大战"）。但是，除了这些水分，他对忠王李秀成的直觉和描述倒是非常客观：

> 他看起来约有三十五岁，但由于精神体质各方面的烦劳，使他的外貌显得更憔悴些，更苍老些。他的体态是轻快的、活泼的、强健的，有种特别优美的姿态，虽然他的身体似乎够不上普通中国人的中等高度；他的举止态度尊严而高贵，他的行动迅速而庄严。

> 他的面貌是引人注意的、富于表情的、好看的，虽然不算美，如照中国人的观点来看：他略微带些欧洲人的形象，因而使他们不很喜欢。他的鼻子较普通中国人稍直；嘴是小的，几乎近于纤巧，配着他那嘴巴的形状和轮廓分明的嘴唇，表现出绝大的勇气和决心。

> 他的肤色是黑的，但是他的眉与眼却可以直接告诉其观察者，使知他所遇到的乃是一个伟大的非凡的人物。

> 他与众不同的，不仅是那非常高而宽广的额，而且是他

真忠軍師忠王李　為

給憑事兹有洋兄弟吟唎前往上海寧波一帶

採辦兵船凡是經過地方隨時接濟米糧油鹽柴

伏侍仲不致缺乏為要一經辦就即駕至嘉興郡

交與聽王查收並付給價值可也再仰沿途把守

關卡一律驗明風行異唯其往表毋阻切切此

憑

天父天兄天王太平天國癸開十三年十月　日

忠王给吟唎的手谕

的眉与眼，它们与普通中国人特有的竖立的样式不同；他的两眼近于成为一条直线；唯一像中国人的部分是眼睑；眉高高地位在眼上，几乎是成水平，稍为扬起的不是其外端，而为其内端。

此一特点在我所见过的中国人中没有比他更显著的。我只看到少数的湖南人有一点相近，这使人感到忠王面容不大像中国人的面貌。

他一对大眼不断地闪烁着，同时，他的眼睑时时在抽动。从他非常活跃的面容和他身体的无休止的过敏性的动作（身体的某一部分随时在动而无休止，不论两腿是否交叠着，他的脚总是在地上轻拍着，或则两手交握着，又松开，或则忽然起立，忽又坐下，这些动作都是突如其来地开始的）来看，没有人会想象他用兵时竟那样十足地冷静。可是，以后我时常在作战中看见他，那时虽然他显然是在兴奋之中，他的沉着镇定却始终不乱。

他的声调（时常是低沉而柔和的，语句和谐而流畅地滔滔涌出，1860 年 8 月中曾在上海近郊因被英人弹片所伤而略受影响）除了万分危急时加快并更加坚决之外永不改变。

当我与忠王初次会见时，我发现他的服装应该说是很朴素的。他并未穿起朝冠朝服，只穿一件通常的赤红色的棉上衣，头戴着普通式样的赤红头巾，加上他所特有的一种便装的头饰，只在额前缀有的一颗大的珍贵的宝石，另外还有八颗珍奇的圆形金质雕牌，每四颗一排分列于宝石两旁。

呤唎曾在李秀成手下任职，他的描述均是亲眼所见。所以，从相貌上推测，李秀成眼大鼻直，面容方正，很有高贵、俊爽之气。

腹背受敌的窘境

安庆失守后的天京危局

安庆丢失后，太平天国大势不妙。西面有湘军咄咄逼人，东面有李鸿章淮军步步逼近。两面作战为兵家大忌。江南战场的主动权，一步步落入清政府手中。

同治元年（1862年）5月底，湘军水陆并进，包围天京。曾国藩率陆军扎营雨花台，彭玉麟率水师驶进河口，钳锁了天京城。

洪仁玕在自述中讲得明白："我军最重大之损失，乃是安庆落在清军之手。此城实为天京之锁钥而保障其安全者。一落在妖（清政府）之手，即可为攻我（军）之基础。安庆一失，沿途至天京之城相继陷落不可复守矣！"

深居不出的洪秀全大惊，即刻严诏催逼李秀成来救。湘军来得如此之快，大出太平天国领导层之意料。

天京受围多次，城内太平军"见惯不惊，似无怖惧之情"。大概已经处于麻木状态，太平军守军看上去还显得特别"从容镇定"。

当时，曾国荃一军完全是孤军深入，湘军几支劲旅均在他方：鲍超部受阻于宁国，多隆阿部调往陕西平回，左宗棠部远处浙江——如果太平军趁曾国荃一军立足未稳时里应外合对其施以痛击，全歼此敌不是什么难事。

正在上海、松江前线的李秀成接诏，大吃一惊，立刻召开高级军事会议，商讨对策。他认为，清军在天京准备以逸待劳，会有准备地攻击太平军援军。于是，李秀成等人决定准备多运粮草、弹药回天京，高垒固守，待清军日久懈怠疲困后再进行反包围。

洪秀全闻讯大怒，怒斥李秀成不顾大局，下死命令催逼李秀成回援大京，并表示："如不遵诏，国法难容！"

面对天王杀气腾腾的诏书，李秀成无奈，只得率堂弟侍王李世贤、

天荒地老出奇人

护王陈坤书等十三个王爷，一同赶往天京。

此次太平军来势汹汹，号称六十万，实际兵力有三四十万之多。他们分三路而来，从苏州出发，过溧阳，下溧水，越秣陵关，直杀雨花台。他们连营数百，层层排排，兵密如豆，枪立如林，与天京城内的太平军把湘军夹在中间。

但是，由于太平军回援速度不够快，围城湘军已经建筑了防御阵地。

相比之下，湘军在人数上少得可怜。攻城主力曾国荃部只有三万多在雨花台，曾贞干手下只有五千多人守大胜关、江东桥一带，彭玉麟水师不到一万，主要任务在于保护粮道不失。

更糟糕的是，疫病流行，湘军病死近三分之一兵士，在雨花台真正能战者仅仅数千人而已。

面对太平军如此优势兵力，曾国荃等人只能拼死一战。

10月13日，李秀成指挥大军对湘军展开进攻。曾国荃要求湘军上下严遵深沟高垒的"缩营自保"策略，只在太平军进攻时发炮击杀，不得主动进攻。

太平军使用人海战术，一批上去被杀，复派另一批人进攻，最终皆倒毙于湘军枪炮之下，进攻没有任何结果。情急之下，李秀成派出几千人的别动队杀入江心洲，企图断湘军粮道。湘军冒死筑垒，确保了粮道的顺畅。

伤亡数万人，打了近十天，却战果皆无，李秀成心焦，集中洋枪洋炮，对雨花台的曾国荃部队展开交战以来最猛烈的攻势。

太平军将士人人头顶门板木片，蛇行而进，冒枪林弹雨死冲湘军营垒，然而大多丧命于枪炮之下。未死的太平军把战友尸体推入濠沟，塞填草束，准备踏尸踩草冲过去。

曾国荃左腮中弹，一脸鲜血，仍旧骑马在营垒中驰骋，指挥湘军，拼死顶住了太平军一轮又一轮的进攻。

双方交战正酣之际，太平军又添生力军。侍王李世贤率三万大军自浙江赶至，立刻投入对雨花台湘军的围攻，上施枪炮，下挖地道，迫使曾国荃不得不从西路抽出曾贞干手下四千人来援，全力抵御太平军的明攻暗掘。

11月3日，李秀成、李世贤指挥猛攻，并用火药炸塌湘军两处营墙，排炮排枪箭弩齐发，太平军呐喊进攻。

眼见数千太平军已经杀入营垒，湘军上下深知今日不是你死就是我亡，没有一个扭头逃跑，而是全体呐喊迎上，来来回回争夺数次。

最终，太平军势竭，湘军成功守住了大营和营垒。

李秀成郁闷至极，想派人掘开江堤，水淹湘军粮道。曾国荃、彭玉麟早有准备，水陆配合，在双闸等要地设防，阻挡了太平军掘堤的企图。

而后，李秀成使出地道战、炸药战、轮番进攻战，均不果。大战46天后，李秀成只能在11月26日下令撤围，他本人率军自南门入天京。

雨花台上，仍旧飘扬着清军的旗帜。

细究此次雨花台大战，太平军在人数、兵器、地势等方面，均占绝对优势，湘军只是苦苦地被动死守而已。

对太平军失败的原因，王闿运分析得最为得当："（太平军）罕搏战，率恃炮声相震骇。盖寇（太平军）将骄佚，亦自重其死，乌合大众，不知选将，比于初起时衰矣！"（王闿运：《湘军水陆战纪》）

打仗打的就是精气神，昔日太平军数千可敌数万，如今数十万不能破数万，完全是将骄兵疲，惜命爱财，所以才在雨花台大战中失利。

李秀成雨花台之败，与陈玉成之败差不多，败就败在"急于求成"四个字。如果他以优势兵力稳扎稳打，先断湘军粮道，一步一步清埋外围战场，稳固推进，最后以优势兵力、人海战术死攻曾国荃，湘军不败也难。但他太过于急切，鲁莽用兵，上来就以人肉塞"绞肉机"，在湘

天荒地老出奇人

军各垒前死人无数，士气终疲，最后才想到断敌粮道，可惜为时已晚。

天京之围不解，李秀成早早返回苏南的愿望也落空。

此外，李秀成等人在苏浙一带所统的数十万大军，从战斗力方面讲，远远不如从前，大多数士兵从未真刀真枪打过硬仗和恶仗。过去几年，这些军队常常靠"避实就虚"取胜，真正遇见湘军这种不要命的对手，数个回合打下来，除少数太平军骨干分子仍旧敢战以外，其他人即使手里有洋枪洋炮，也没有殊死拼战的斗志。

"进北攻南"的老套
故伎重施的战略

见天京之围未解，洪天王震怒，即刻削夺李秀成的爵位，并在申斥以后，诏令他带兵出城，进军长江北岸，以减轻天京受围的压力。

苦涩之余，李秀成只得受命而行，征调常州、丹阳等处的太平军部队，齐集南京附近的下关、牛关等处。太平军号称二十万大军，从九洑洲陆续过江，声言要进兵安徽北部，杀向湖北，截扰清军江苏、安徽等地的粮道。

其真正目的，在于"图解江宁（南京）之困，盖近攻不克，取势于远也"。（李滨《中兴别记》）

李秀成此次北进，对清政府也确实有威胁。清军在长江北岸各处兵力空虚，假使太平军能成功攻进湖北，下游清军肯定要分军回援。同时，安徽等地的捻军以及远征西北的太平军，可以趁李秀成挺进时各处遥应，彼时肯定会掀起轩然大波。

不巧的是，安徽等地经过太平军、清军多年拉锯式的你争我夺，民穷粮少，太平军先前很少垦殖屯田，吃饭大成问题。

而且清军在各城坚持深沟高垒政策，避战不出，再加上连日大雨，

太平军士气低落，疾疫频生，缺粮断草。所以，李秀成本人在1863年
2月底亲自提军北行后，在安徽以北基本没能攻城陷地。

到了5月，见六安久攻不下，灰心之余，李秀成只得率军折往寿
州。一路之上，连战带病，再加上清军袭击，太平军近十万人死亡，减
员十分严重。6月20日，李秀成携仅剩的四五万人经九洑洲返回天京，
面见洪天王商议对策。

由此，想以"围魏救赵"进北攻南的策略失败。

没在天京待上几天，李秀成匆匆离去，于6月底赶往苏州。而此
时，太平军在苏浙战场也一败涂地。

戈登的"常胜军"在1863年5月解常熟之围后，迅速攻占昆山、
太仓、阳新等地，端了太平军制造军器弹药的老窝。

虽然常胜军第二任首领白齐文在8月向李秀成"投诚"，倒戈常胜
军，但他以及手下五十多名"洋流氓"对太平军的军事行动没有产生任
何实质性的帮助。9月13日，江阴失守。李秀成离开天京后，清军加
紧攻城，迫使他在八九月间率军回援。他向围城清军展开猛攻，但皆无
成效。

12月4日，太平军在苏州以康王汪安钧为首的数王与清将程学启、
戈登密谋后叛变，杀掉慕王谭绍光。随后清军占领苏州。

苏州既失，太平军内部普遍产生厌战情绪，掀起一轮投降热潮。
浙江杭州周围的平湖、乍浦、海盐、嘉善等地太平军守将纷纷率军献城
投降，嘉兴被清军攻克。1864年3月底，杭州就落入了清军手中。5月
12日，常州也被清军攻克，护王陈坤书被杀。

1863年年底，人在丹阳的李秀成拒绝堂弟李世贤让他率军往溧阳
共谋"他往"的建议，轻骑回到天京。

其实，苏州一失，天京即失去最后依恃。李秀成冒险回京，正是
想劝洪天王"让城别走"，以图东山再起。当然，他自己的母妻家眷在
天京，这也是他回京的一个重要原因。

在天京待了十多年的洪秀全，根本不接受李秀成的劝乞，却诞妄大言："朕铁桶江山，尔不扶，有人扶。尔说无兵，朕之天兵多过于水！"

李秀成"让城别走"的战略意图，自然在当时是华山一条路，正确无疑。但仔细思之，他的这一策略也有盲目之处：离开天京，又能跑往何方？

根据当时曾国藩、李鸿章的判断，李秀成、洪秀全等人逃离天京后有两个去向：一是由浙江、安徽交界处窜往江西、福建，以觅回两广之路；二是窜至江西再绕行湖北，与扶王陈得才等人会师联兵。

其实，李鸿章在清军攻克苏州后所下的判断最准确，李秀成如果说服洪天王"让城别走"成功，他们最可能的行进路线就是由浙皖交界处经江西、福建返回广西老根据地，喘息后再图发展。

天京失陷后，李秀成的堂弟侍王李世贤率数十万太平军残军，正是按这种回撤方案行走的，只是中途兵败，没能回到广西而已。

不过，即使当时洪秀全同意离开天京进行战略撤退，太平军成功回广西的可能性也不大。因为这一建议只有两广籍贯的兵士会赞同，绝大部分长江流域籍贯的太平军将士，绝对不愿离开江南老家去往遥远的广西烟瘴之地。

可怜白骨天京城
"太平天国"的覆灭

洪秀全耍赖不走，李秀成无计可施。

湘军不闲着，于1864年2月28日攻克位于紫金山第三峰的"天堡城"。不久，湘军在太平门外筑两个大堡垒，北固山、洪山皆为清军所夺。被堵住了第一门大路，天京城至此完全被孤绝。

一路激战，至7月3日，紫金山麓龙脖子一带的"地堡城"又被清军攻陷，天京城完全处于清军居高临下的掌握之中。

天京城自 1864 年初已经严重缺粮。洪秀全没有良策，只能玩"精神胜利法"，派人把天王宫中草坪上的各种杂草拔光制成"甘露"（甜露），诏令城内居民吃"甜露"养生。这种东西都不如"瓜菜代"，吃后不仅不解饱，还会让人中毒、拉稀、闹肚子。

洪天王毕竟是条"龙"，福大命好，在 6 月 1 日（同治三年四月二十七）即"上天堂"了。曾国藩说他是"自杀"，支持太平天国的一方说他是"病死"。

当时和后世不少人都认定曾国藩是为了表湘军之功而提出的洪天王"自杀说"，但仔细思之，可能洪秀全在最后的岁月里，精神进入诞妄境界，真的相信自己要上天堂，日日服"甘露"，致使抵抗力日低，加上他不吃药不治疗，小病成大病，其实和自杀也差不多。

洪秀全尸身被宫人裹以黄龙锦缎埋葬，没有棺木。这并非因为城破前窘急找不到棺木，而是"太平天国"丧葬制度本来就是不用棺木的裹尸而葬。太平军十几年间，只要看见民间有寿材，必打碎当劈柴烧。他们还喜刨坟掘墓，用死人棺材板筑城、修工事、作烧柴。

老天王死了，众人无奈，只得在 6 月 6 日齐推其子幼天王"登基"。幼天王时年仅 16 岁。

仅过一个多月，同治三年六月十六日（1864 年 7 月 19 日），湘军用炸药崩开天京城墙，一拥而入，攻克了这个被太平军占领了 11 年的标志性城市。

天京城被陷情况，可从曾国藩《金陵克复全股悍贼尽数歼灭折》中了解大概，刨去一些"水分"，攻城过程大概属实：

> ……自得天堡城后，城中防守益密，地堡城扼住隘路，百计环攻，无隙可乘，直至五月三十日，始经李祥和、罗逢元、黄润昌、王远和、陈寿武、熊上珍、王仕益等率队攻克，

占取龙膊子山阴，居高临下，势在掌握。

自六月初一日起，各营轮流苦攻，伤亡极多。李臣典侦知城内米麦尚足支持数月，又见我军地道三十余穴都已完成，官军五万余人，筋力将疲，若不乘此攻克，事久变生，深为可惧，李臣典愿率吴宗国等从贼炮极密之处重开地道。

萧孚泗、黄润昌、熊登武、王远和愿距城十数丈修筑炮台数十座，通派各营队伍刈割湿芦蒿草，堆捆山积，上覆沙土。

左路地势甚高，利于攻击，右路地势极低，利于潜攻。如是者半月，未尝一刻稍休，肉薄相逼，损伤精锐不可胜数。总兵陈万胜、王绍义、郭鹏程等素称骁将，数日之内，次第阵亡，尤堪悯恻。

十五夜四更，地道装药之时，曾国荃与李臣典正在洞口筹商一切，忠酋李秀成突出死党数百人，由太平门傍城根直犯地道大垒，别从朝阳门东角出数百人，装官军号衣，持火蛋延烧各炮垒，及附近湿芦蒿草。

官军久劳之后，夜深几为所乘，赖伍维寿、李臣典、黄廷爵、张诗日堵住左路，擒斩亦多，幸克保全洞口。

十六早向明，曾国荃将四路队伍调齐，预饬各军稳站墙濠，严防冲突，唯将太平门龙膊子一带，自黎明攻至午刻。李臣典将地道封筑，门口安放引线。

曾国荃悬不赀之赏，严退后之诛，刘连捷、朱洪章、武明良、伍维寿、熊登武、陈寿武、李臣典、张诗日各率营官席坐敬听，愿具军令状，誓死报国。

遂传令即刻发火，霹雳一声，揭开城垣二十余丈（约67米），烟尘蔽空，砖石满谷。

武明良、伍维寿、朱洪章、谭国泰、刘连捷、张诗日、

克復
金陵
第一
圖

自江西肅清之後乃
得專力於金陵是圖
為首相曾侯左揆于
陵者彙第一戰時當

詳繪之湘官軍將夫
淮城賊守益湔取
龍蟠于山始得居高
臨下之勢六月朔日

起各營撲滅若攻傷
者相望李成典統率
其宗圍守重關地道
各軍發攻東左潛北

其右相持者幾一月
五有擋李義成突突
於黑夜犯我地道大
晉我軍義為所乘越

日梦乐攀曾言於分
沂郭為四路傅令什
大砰凡一聲揭開城
垣二十餘大威明良

劉連捷李成典等卽
投州口就入各營棋
附紫旗幟卽彭祕埜
年月閃入乃兵
退勞

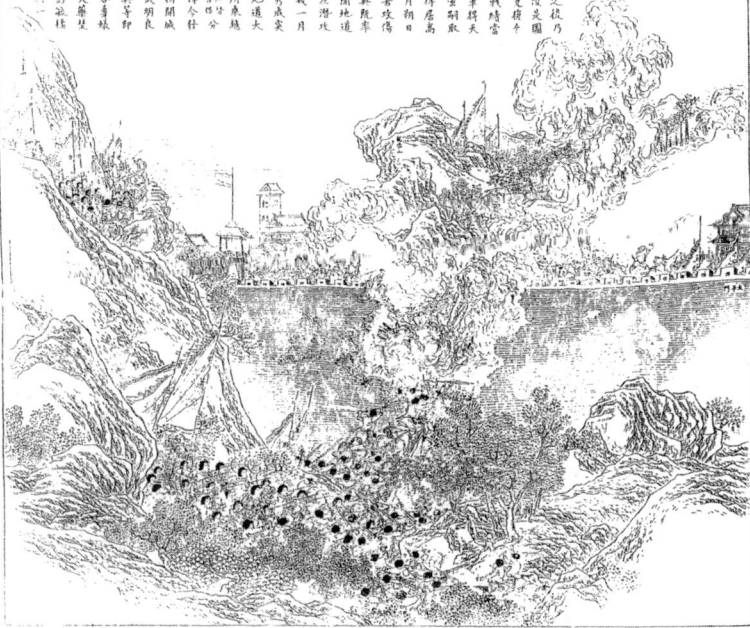

克复金陵第一图

沈鸿宾、罗雨春、李臣典等皆身先士卒，直从倒口而入，各弁勇蚁附齐进，锐不可当。

而左路城头之贼，以火药倾盆，烧我士卒，死者甚众，大队因之稍却。经彭毓橘、萧孚泗、李祥和、萧庆衍、萧开印等以大刀手刃数人，由是弁勇无一退者。

而武明良、伍维寿、朱洪章、刘连捷、谭国泰、张诗日等各率队伍登龙广山，与右路太平门之贼排列轰击，移时贼乃却退。李祥和、王仕益从太平门月城攻入。

群贼知此次地道缺口不复似前次之可以堵御矣。维时官军分四路剿击：

王远和、王仕益、朱洪章、罗雨春、沈鸿宾、黄润昌、熊上珍等进击中路，攻伪天王府之北。

刘连捷、张诗日、谭国泰、崔文田等进击右路，自台城趋神策门一带，适朱南桂、朱维堂、梁美材等亦率队从神策门地道之旁梯攻而入，相与会合齐进，兵力益厚，直鏖战至狮子山，夺取仪凤门。其中左一路，则有彭毓橘率罗朝云、赵河清、黄东南与武明良、武明善、武义山等由内城旧址直击至通济门。

左路则有萧孚泗、熊登武、萧庆衍、萧开印率萧致祥、周恒礼、李泰山、萧清世、萧恒书、朱吉玉、赵太和、刘长槐、萧上林等分途夺取朝阳、洪武二门。

城上守陴城门守楼之贼，及附近一带贼队悉被杀戮。其抄截疾驰各路，同一神速，其留兵置守各门，同一布置。此十六日地道成功，城中鏖战及东北两路抄截之情形也。

方我军大队之抵龙广山也，西南守陴之贼犹植立未动，迨夺取朝阳门，贼始乱次。

而罗逢元、张定魁、彭椿年、张光明、杨西平、何鸣高、彭光友、熊绍濂、罗兴祥、叶必信等各率所部从聚宝门之西旧地道缺口仰攻而入。

李金洲、胡松江、朱文光、武交清、刘湘南、易孔昭、戴名山、张正荣等率队从通济门月城缘梯而上。

而陈湜、易良虎、易良豹、庞清垣率吴隆海、张叶江、晏恭山、冯盛德、陈汝俊、刘定发各营则猛攻旱西、水西两门月城。

伪忠王李秀成方率死党狂奔，将向旱西门夺路冲出，适为陈湜大队所阻遏，乃仍转回清凉山。

江南提督黄翼升率许云发等水师各营攻夺中关拦江矶石垒，乘胜猛攻滨江之贼，遂与陈湜、易良虎等夺取水西、旱西两门，将守贼歼除，由是全城各门皆破，大势已定。

日色将冥，陈湜、易良虎遥见忠酋贼队隐匿于西南房屋之内，益戒所部严防贼冲。彭毓橘置守聚宝门、通济门，李臣典、李祥和扼守太平门，黄润昌、王远和、朱洪章等见星收队，结为圆阵，站立龙广山，稍资休息。此水陆各军攻克西南两城及分守要隘预防贼股冲突之情形也。

方朱洪章等与贼搏战于伪天王府城北之时，沈鸿宾、周恒礼、袁大升等率队从左路卷旗疾趋，绕伪城之东设伏，出奇为擒渠扫穴之计。迨朱洪章战马带伤，悍贼隐扼石桥，我军队伍不能飞越城河绕伪城之西。

当日暮苦战之后，正兵收队龙广山，而伏兵深入，由伪城之东逶迤而南不能收队。时已三更矣，伪忠王传令群贼将天王府及各伪王府同时举火焚烧，伪宫殿火药冲霄，烟炎满城。（这是曾国藩的谎话）

袁大升、周恒礼、沈鸿宾等见伪殿前南门突出悍贼千余人，执持军器洋枪向民房街巷而去，知是洪逆窜至民房，遂

　　　　　　天荒地老出奇人

率队腰截击之，杀贼七百余人，夺伪玉玺二方，金印一方，宽广约七寸，即洪首僭用之印也。

其伪官殿侍女缢于前苑内者不下数百人，死于城河者不下二千余人。

其时伪城火已燎原，不可向迩，街巷要道，贼均延烧，塞断官军，以暮夜路径生疏，不能巷战，遂收队站城。此十六夜攻破伪天王府内城毙贼极多之情形也。

是夜四更，有贼一股假装官军号衣号补，手持军械洋枪，千余人，向太平门地道缺口冲突，经昆字湘后左右各营截击，多用火桶火蛋焚烧，人马死者已多，尚有六七百人骑马冲出，向孝陵卫、定林镇一路而逃。伍维寿、杨钾南、陶立忠等急率马队跟追。

曾国荃一闻骑贼装扮官军逃出之信，即加派张定魁、李泰山、黄万鹏、黄廷爵等马队七百骑追之，兼飞咨溧水、东坝、句容各守队会合追剿。

直至十九日酉刻，伍维寿、黄万鹏等回营，面禀追至淳化镇，生擒伪列王李万材带领前进，追至湖熟镇见逃贼在前，当经马队围住，全数斩刈，未留一人。又追至溧阳，据百姓言前路并无贼踪。

经过曾国荃亲讯，李万材供称，城破后伪忠王之兄巨王、幼西王、幼南王、定王、崇王、璋王乘夜冲出，被官军马队追至湖熟桥边，将各头目全行杀毙，更无余孽。

又据城内各贼供称，首逆洪秀全实系本年五月闻官军猛攻时服毒而死，瘗于伪官院内，立幼主洪福瑱重袭伪号，破城后伪幼主积薪官殿，举火自焚等语，应俟伪官火熄，挖出洪秀全逆尸，查明自焚确据，续行具奏。

至伪忠王李秀成一犯，城破后受伤匿于山内民房，十九日夜，提督萧孚泗亲自搜出，(这是曾国藩的谎话) 并搜擒王次兄洪仁达。二十日，曾国荃亲讯，(李秀成和洪仁达) 供认不讳，应否槛送京师，或即在金陵正法，咨请定夺。

其余两广、两湖、江北多年悍贼，十七八等日，曾良佐、周光正、邓吉山、刘泰财、聂福厚、谭信高、胡克安、朱连甲、王春华、黎冠湘、彭维祥、陈万合、朱连泗、谢三洪、李臣荣、彭玉堂、刘金兰等分段搜杀，三日之间毙贼共十余万人。(这是曾国藩的谎话)

秦淮长河，尸首如麻，凡伪王、伪主将、天将及大小酋目有三千余名，死于乱军之中者居其半，死于城河沟渠及自焚者居其半，三日夜火光不息。

至十九日尚有贼踞高屋之巅，以洋枪狙击官军者。此马队穷追逸出之贼，及搜剿逆酋并群贼之情形也。

现在派营救火，掩埋贼尸，安置难民妇女，料理善后事宜，百绪繁兴。(这是曾国藩的谎话)

窃念金陵一军，围攻二载有奇，前后死于疾疫者万余人，死于战阵者八九千人，令人悲涕，不堪回首。

仰赖皇上福威，迄今乃得收寸效等情，由曾国荃咨报前来，臣等伏查洪逆倡乱粤西，于今十有五年，窃踞金陵亦十二年，流毒海内，神人共愤。

我朝武功之盛，超越前古，屡次削平大难，焜耀史编，然如嘉庆川楚之役，蹂躏仅及四省，沦陷不过十余城。康熙三藩之役，蹂躏尚止十二省，沦陷亦第三百余城。

今粤匪之变，蹂躏竟及十六省，沦陷至六百余城之多。而其中凶酋悍党如李开芳守冯官屯、林启荣守九江、叶芸来守安庆，皆坚忍不屈。

此次金陵城破，十余万贼无一降者，至聚众自焚而不悔，实为古今罕见之剧寇。然卒能次第荡平，除元恶，臣等深维其故，盖由我文宗显皇帝盛德宏谟，早裕戡乱之本，宫禁虽极俭啬，而不惜巨饷以募战士，名器虽极慎重，而不惜破格以奖有功，庙算虽极精密，而不惜屈己以从将帅之谋，皇太后、皇上守此三者，悉循旧章而加之，去邪弥果，求贤弥广，用能诛除僭伪，蔚成中兴之业。

臣等忝窃兵符，遭逢际会，既痛我文宗不及目睹献馘告成之日，又念生灵涂炭为时过久，唯当始终慎勉，扫荡余匪，以苏子黎之困，而分宵旰之忧……

不要小看这份奏折，此乃曾国藩与幕僚呕心沥血之作，看似叙事，实则叙功，在夸张太平军守城军士悍武战斗力强的同时，最大限度反衬出湘军将士的大谋大勇。

罗尔纲先生对曾国藩奏折的"水分"揭露最多。

其一，曾国藩报称歼灭太平军十余万，完全是夸大十倍的吹牛。清朝官吏亲笔记录的与李秀成的谈话，已经明白表明，最后的天京城中，只有居民两万人，士兵一万挂零，真正有战斗力守城的不过数千人。

湘军攻入城后，把城中老幼妇孺杀个精光，犯下滔天罪行。这出自曾国荃首席师爷赵烈文的《能静居日记》。

其二，李秀成本人绝对没有传令要太平军焚烧天王府和城内建筑，幼天王本人也没有自焚身死。"十年壮丽天王府"的大火，完全是湘军自己抢掠后为掩盖罪行干出的坏事（萧孚泗所为）。这一历史事实可从赵烈文日记以及攻入天京得"首功"的清总兵朱洪章自传中得以证实。

所以，时隔三十多年，同为清廷官吏与湖南老乡的谭嗣同曾在信中对老师说："顷来金陵，见满地荒寒气象。本地人言发匪（太平军）踞城时并未焚杀，百姓安堵如故……不料湘军一破城，见人即杀，见屋即烧，子女玉帛扫数入于湘军，而金陵遂永穷矣。至今父老言之，犹深愤恨！"

在天王宫宫女的指认下，清军于地下刨出洪天王的尸体：不用棺木，遍身皆用绣龙黄缎包裹，虽缠脚亦系龙缎，头秃无发，须尚全存，已间白矣。左股右膀肉犹未脱。

曾氏兄弟和清朝刑部相关官员验看之后，证实尸体为洪天王"真身"，又行戮尸极刑。折腾一阵死尸后，清兵用火把洪天王烧成灰，然后把骨灰填入巨炮之中，轰然一声，这次，洪教主真的"上天"了。

从曾国藩所讲洪秀全尸体"头秃无发"的描述看，此人死前也许真有服毒的迹象。

千古凄凉英雄路
李秀成的下场

李秀成，原名李以文、李守成，入太平军后改名李寿成。1857年率兵解镇江之围后，洪教主为彰其功，赐其名"李秀成"。要知道，洪秀全本人名字中有"秀"，赐李秀成之名而不避"圣讳"，可称是极大的荣显。

李秀成二十八岁参加太平军。他文化程度虽不甚高，但在最初起义的那帮人中已经算得上"秀才"。他知书达礼，字也写得不错。

太平军攻下南京后，因军功卓著，李秀成受封为"右后四军军帅"。到了1856年，由于他出色的指挥能力和高人一等的"情商"，李秀成已经是"地官副丞相"了。

天京事变之后，由于在安徽地区拓地得力，李秀成受封为"副掌率"，即太平军的副总司令。1858年夏，由于他在攻破江北大营的战斗中表现超常，洪秀全转年封他为"忠王"。

1860 年，捣毁江南大营后，李秀成率军在江苏、浙江地区占据大片土地，控制了江南财税地区，所率兵员急速增长，人员多达数十万人。也正是因为他在苏浙地区的情势一派大好，或多或少转移了他对安庆解围的注意力，其实也埋下日后天京陷落的伏笔。

但在节节胜利之下，他所领导的太平军在上海周围受到常胜军和李鸿章淮军的有力抵抗，二打上海皆不克而退，战线逐渐回缩。此后，屋漏偏遭连夜雨，太平天国诸事皆不利，将死兵亡，地减城失，一步一步不可挽回地走向衰亡。

李秀成最大的失误，在于他只贪图苏浙根据地的开辟，不顾全大局，在打武昌和救安庆这两次军事行动中首鼠两端。先是失约会剿武昌，再者坐视安庆不救，致使陈玉成败亡，导致天京最终失陷。

安庆之战时，不仅陈玉成、洪仁玕倾力相救，杨辅清、黄文金、吴如孝等人相继提军奔援，唯独李秀成、李世贤兄弟二人拥大军入浙，自顾自开辟"新天地"，终使安庆落入清军之手。所以，二李当时的苏浙富庶之地，仅仅是过眼烟云。命脉已失，谈何成功！

天京城陷时，李秀成奋不顾身，率千余将士保护幼天王冒死突出重围，并把胯下好马让与那位十六岁的少年，自己拼死力向外冲。湘军壕垒层层，突围时君臣相失，夜里厮杀，最终走散。

李秀成所骑的马不是战马，战至天明时，力道不足，已成废马，他只能弃马步行。如果他不把好马让与幼天王，肯定能在突破重围后顺利逃脱。

李秀成与两三个随从携一包金宝逃上荒山。在一个破庙旁，恰被一群欲发战乱财的村民发现，他们脱身不得。由于村民人数多，搜掠财宝之后分赃不均，两伙人打闹，最终把李秀成扭送至清营。

中华人民共和国成立初期，南京市文物保管委员会派人实地调查，查出捕送李秀成的为首的两个农民姓名，一个叫王小二，另一个叫陶大来。虎落平原、龙陷沙滩，大英雄万马军中荡骋如飞，最终竟然落在两个贪财的庄稼汉手中。

曾国荃听说忠王李秀成押到，又喜又怒。喜的是终于抓住这位太平军最重要的军事统领，怒的是这么多年来湘军数万人命丧此人之手。于是，这位曾九爷竟然手持尖锥，上前对浑身铁链的李秀成一阵乱捅。

李秀成不为所动，笑语曰："曾老九，打仗各为其主，你这样做又是何必呢。"（赵烈文记载稍有异：曾国荃令士兵用刀细割忠王臂膀，鲜血淋漓，李秀成一声不吭。）

悻悻之余，曾国荃令人特制一木囚牢，把李秀成关在其中。

五天后，老阴狡诈的曾国藩赶至，"好语"相劝，李秀成便开始写他的自述。从 7 月 29 日写起，一直到 8 月 7 日，李秀成写了七万多字的"供词"。

纵观李秀成的自述，大概有七方面的内容：一是有关金田起义详情；二是有关"天京事变"前后的历史；三是有关六解天京之围的情况；四是叙述在上海等地与"常胜军"交战的情况；五是为太平天国的军政民政做辩解；六是分析太平天国失败的几大失误；七是表达他自己要为曾国藩收服太平军余部的愿望。

李秀成自己撰写了"供词"，加上他最后要替曾国藩"收降"太平军余部的想法，使得这位大英雄身后广遭非议。

为此，有人一直为李秀成此举辩解，宣称李秀成的"投降"是类似当年"姜维降魏"的伪降，是"苦肉计"。即李秀成是想通过伪降争取时间，准备东山再起。而李秀成假称幼天王已死，大夸曾国藩仁慈、睿智，其实是想麻痹对方。

笔者个人认为，如果把李秀成看得如此有"心机"，其实倒是对这位忠厚仁义之人的真正"抹黑"。

首先，李秀成本人信仰坚定，不惧死，不怕痛，早把生死置之度外，完全可以说是视死如归。否则，他也不会在遍体镣链的情况下，天天于大木笼中细写太平天国的亲历历史。如果真有乞活的私心，李秀成根本没有定力和精力以每天七千字的速度写东西。

此外，曾国荃刀锥乱捅，李秀成都不为所动，除了看淡生死，这当然也表明他是个视死如归的英雄。李秀成对于生死，正如他所亲口表述的那样："死而足愿，欢乐归阴！"

其次，李秀成缺少"诈降"机会。中国历史上，农民军战败后假投降的事例确实很多，对李秀成来说，最近的例子就是明末张献忠、李自成等人的多次"诈降"。但李秀成绝非"诈降"，他也没有类似姜维向钟会诈降的机会。当其时，他只是一个被逮入囚笼的牢犯，没有"东山再起"的资本。

最后，李秀成信奉悲观的宿命论。李秀成对洪家王朝，可称是仁至义尽，但最后他从内心深处相信"我主（洪秀全）无福，清朝有福"，相信太平军是"乱星下降"，是"世人之劫数"。宿命论的悲观，决定了李秀成不可能有心思搞假降或者诈降。

李秀成最后对曾国藩提出了两点最重要的建议：

其一，他提醒曾国藩"要防鬼反"，即要注意洋人对中国的吞并企图，这完全是站在民族大义高度上的无私之言。与洋人打交道，吃亏多时，李秀成自然在死前说出掏心窝子的话。

其二，他表示自己能替清廷招降余部，希望曾国藩不要杀两广人，这完全是替自己的子弟兵着想。李秀成是识大体的人，他深知太平天国大势已去，不可能再翻盘。当今之计，他只求死人越少越好，绝非是想要什么计谋，企图东山再起。

曾国藩何许人也，又怎么能上李秀成这么幼稚的圈套（如果李秀成想骗他的话）！

赵烈文本人作为湘军高级幕僚，在李秀成被俘之初曾与他倾心交谈，并问及李秀成："为何不早降？"

李秀成答曰："朋友之义，尚不可渝。何况我受其（天王）爵位，能不为之效死！而且，我用兵所到，未尝纵杀，对清朝官眷也一直优待礼送……"而且，当时他预见了日后清朝"夷务不靖"的外患，所有这些，皆可见他的超然忘我。

赵烈文问他日后打算，李秀成显然很清楚："我一死而已。但求能招服旧部，以活众生，由此死而瞑目。"

对于李秀成的自述，曾国藩亲笔删改达五千字之多。第一，为免遭清廷猜忌，曾国藩删去了李秀成自述中对曾氏兄弟的"赞许"之词；第二，删去了李秀成描述战争细节时显现湘军无能的记述；第三，完全删掉李秀成总结太平天国教训的"天朝十误"；第四，把李秀成自述中讲自己被捕过程的事实完全删改，由村民出卖改为由湘军逮捕，目的纯在冒功掩过；第五，把洪天王"病死"改为"服毒身亡"，也是想显大湘军之功。

综观上述可以见出，曾国藩本人在李秀成自述批记上的解释言语完全是他为自己脸上贴金："（我对李秀成自述）别字改之；其谀颂楚军（湘军）者删之；闲言重复者删之；其宛转求生乞贷一命（根本无此语），请招降江西、湖北各贼以赎罪，言招降事宜有十要，言洪逆败亡有十误者，亦均删之。其实虽文理不通，事实不符，概不删改，以存其真。"

李秀成写得越多，曾国藩越害怕，所以他最终决定不把李秀成送俘北京，而是迅速在南京处死。他之所以急忙处死李秀成，最大的原因不外乎以下两个：

第一，掩盖湘军把天京财宝抢掠一空的罪行。仅曾国荃一人所掠财物，就用了二百多只大船才运回湖南老家。由此可见湘军上下大发横财之甚。

其二，掩盖天京失陷时，李秀成与幼天王成功逃脱的事实。曾国荃杀入天京城内，任由湘军屠杀天京城内无辜百姓，放纵湘军淫掠，但惰于追歼突围的太平军，纯属重大军事失误。为掩盖这一点，曾国藩自然要杀李秀成灭口。

众人皆知的"曾左绝交"，起因正是左宗棠上报幼天王入湖州的消息，曾国藩恼羞成怒，从此极恨左宗棠。

曾国藩一方面假仁假义表示要赦免李秀成，套取其口供（他特别想知道太平军所藏财宝的下落），另一方面上书清帝，先斩后奏，说自己已经在当地处死李秀成：

> 日来在事文武皆请将李秀成槛送京师，即洋人戈登、雅妥玛等来贺者，亦以忠逆解京为快。
>
> 臣窃以为圣朝天威，灭此小丑，除僭号之洪秀全外，其余皆可不必献俘，陈玉成、石达开既有成例可援。
>
> 且自来元恶解京，必须诱以甘言，许以不死，李秀成自知万无可恕，在途或不食而死，或窜夺而逃，（曾国）藩恐逃显戮而贻巨患。臣与臣弟国荃熟商，意见相同。
>
> 又李逆权术要结，颇得民心，城破后窜匿民房，乡民怜而匿之。萧孚泗生擒李逆之后，乡民竟将亲兵王三清捉而杀之，投诸水中，若代李逆发私愤者。
>
> 李秀成既入囚笼，次日又擒伪松王陈德风到营，一见李逆，长跪请安。
>
> 闻此二端，恶其民心之未去，党羽之尚坚，既决计就地正法，以绝后患，遂于初六日行刑。
>
> 其洪仁达一犯，系洪秀全之胞兄，与其长兄洪仁发，皆暴虐恣横，多行不义，为李秀成所深恨，且如醉如痴，口称天父不绝，无供可录，因其抱病甚重，已于初四日先处死矣。

可见，用"老奸巨猾"形容曾国藩，再恰当不过。他在 6 月 26 日就已拟在当地处死李秀成，7 月 2 日已经与其弟曾国荃和高级幕僚正式决定了杀人计划。

但他在 7 月 5 日亲自审问李秀成时，仍旧装出一副惜才爱才的样子，表示他很赏识对方的才能，上书朝廷想赦免对方。李秀成不疑有诈，可能确实产生过侥幸活命的念头，并想替清军收拾太平军余部，所以才在自述中极陈"善后"事宜。

李秀成真的怕死吗？李秀成真的"动摇"了吗？据笔者分析，李秀成绝未怕死过，但他对"太平天国"的信念在被俘后其实全然消散。

对于太平天国和洪秀全本人，李秀成问心无愧。最危急时刻，他仍旧把好马让与幼天王骑行，已全尽愚忠。

但他并未存有至死不渝的盲从，而且其内心深处仍旧存有中国传统文化中"各为其主"的基本道德观。

他曾经在苏浙战场大胜时优待被俘清官，优恤死节清官，遵循"两方交兵，各扶其主。生与其为敌，死不与其为仇"的理念，甚至对败亡之际内部叛降动摇的松王陈德风与纳王郜永宽等人也宽纵为怀，表示了他过于"宽容"的"理解"。

所以，在李秀成身上，道德的闪光点比比皆是。但是，在混乱年代，到处是卑污的人，到处是自私自利的欲望之心，这注定了李秀成必然的悲剧结局。

当然，曾国藩对杀李秀成一事也有愧疚，事前他派幕僚李眉生相告。闻言，李秀成怡然曰："中堂厚德，铭刻不忘。今世已误，来生图报！"

没有大骂，没有乞饶，没有抱怨，没有愤恨。这种真正的坦荡无私，这种真正的大仁大义，这种真正的欣然赴死，这种高尚的人格，使得曾国藩心中更感愧歉，下令对李秀成免于凌迟酷刑。大英雄李秀成终得砍头快死，时年 42 岁。

忠王李秀成临刑，曾赋绝命词十句，赵烈文日记中认为其"鄙俚可笑"，未记翔实内容。20 世纪 50 年代曾有华侨提供其中一首，有"太平天日有余光，莫把血肉供阎罗"之句，殊不与李秀成临终时精神状态相吻合，应该是伪造或误传。

笔者倒是更相信清末笔记中所载的李秀成《感事诗》，悲歌慷慨，豪气满胸：

举觞对客且挥毫，逐鹿中原亦自豪。

湖上月明青箬笠，帐中霜冷赫连刀。

英雄自古披肝胆，志士何尝惜羽毛。

我欲乘风归去也，卿云横亘斗牛高。

鼙鼓声声动未休，关心楚尾与吴头。

岂知剑气升腾后，犹是胡尘扰攘秋。

万里江山多筑垒，百年身世独登楼。

匹夫自有兴亡责，肯把功名付水流？

沙上余波难成浪
"太平天国"的余韵

天京陷落后，李秀成被捕，但幼天王竟能在将士护卫下夺命逃出。

1864 年 7 月底，经过辛苦辗转，幼天王一行到达浙江湖州，与堵王黄文金、辅王杨辅清等人会合，并召来在安徽广德领一部军的干王洪仁玕来会。

大家商议后，想去建昌、抚州一带与侍王李世贤合军，打算日后再与西北远征军的陈得才会师，占据荆襄以图重起。彼时，洪仁玕等人皆不知石达开已经败亡，还希望这位翼王能回心转意，他们便派人深入四川等地联系石达开。

清军很快扑至湖州。太平军先胜后败，只能弃湖州外逃。

行至半路，一向骁勇能战的堵王黄文金劳瘁过度，一头从马上栽下

克復金陵第二圖

克復金陵第二圖
左路攖城之賊既殲武明良伍維壽譚國泰等率隊登龍臺山擊退右路太平門之賊李祥和等即從是門攻入時王遠和等擊中路攻僞天王府之北劉連捷等由右路廣城趨神策門適劉部朱南桂梁美材亦從是門梯而登會師齊進轉戰至獅子山奪儀鳳門其中左一路有彭毓橘等由內城舊址直擊通濟門左路則蕭孚泗熊登武等分途奔取朝陽洪武二門羅逢元等各率所部從聚寶門之西仰攻而入李金洲等從通濟門梯而入陳湜易良虎龍清垣等各督會同黃翼升水師奪取水西旱西兩門至是各門皆破矣

克复金陵第二图

摔死。失去这位主心骨，太平军余部军心大乱，边逃边溃，洪仁玕只得率人护着幼天王一路窜逃，在 9 月 22 日到达江西玉山。到此地后，他们发现侍王李世贤部已经入福建，众人更加绝望。

清军臬司席宝田率二万多士兵一直紧追不舍，在塘坊大败太平军残部，洪仁玕等数千人拥幼天王遁往江西东南部石城的杨家排。

残兵们刚刚做好饭，喘口气准备吃，席宝田清军大至，喊杀而来。洪仁玕一行只得弃饭又逃，狼狈窜入木兰新河与广昌杨溪分界的险地古岭脑。

席宝田手下前锋将率奇兵攀爬上岭，把太平军杀得措手不及，惊惶四散途中，大部分人被埋伏的清军一一截杀。干王洪仁玕与幼天王在乱中相失。

席宝田一鼓作气，把三万军士分成三队，四处"爬梳"，杀掉了好多残存的太平天国"王爷"，生擒干王洪仁玕、尊王刘庆汉、昭王黄文英等人，把他们关在石城县县牢。

幼天王乱中惊走，最终只身一人在深山野岭转悠。流浪多天之后，幼天王在 10 月 25 日被清军游击周家良所部士兵生擒，送于席宝田的大营。

最后关头，洪仁玕铮铮铁骨，不乞降，不求活，虽然书生气十足，但一直以与清廷相抗的敌国忠臣自居，最终被杀于南昌。

幼天王乃十六岁张皇少年，被捕后，写有八份乞命讨饶的亲笔供词和诗文，但很快清廷就下令："该犯系洪秀全之子，幺魔小丑，漏网余虫，不值槛送京师。著在江西省城凌迟处死，以快人心。"于是，一心想得释去读书的十六岁少年在南昌遭受凌迟酷刑。

侍王李世贤方面，于 1864 年秋从江西跨梅关进入广东，在当地转战之后，攻占福建漳州等地。康王汪海洋等人攻占汀州（今福建长汀）。福建似乎有望成为太平军的翻盘根据地。

1865 年 3 月 4 日，侍王李世贤发出《致美英法各国公使书》，想动

员洋人,"共襄义举"推翻清政府,以获取各自利益。摘录如下:

……夫天父上帝、耶稣尊教,原属恩怜救护,覆帱无私,举凡普天大下之人,皆宜尊教恐后,故我主未登大宝之时,前数十年间,即敬奉尊教,举止饮食,件件无违,并接贵国罗孝全先生传授我国人民,同日(口)赞美。

我中国人民,亦敬服尊教。目击贵国之医治中国无许废人,救护中国之若干残疾,无不人人感其仁慈,个个沾其恩德。是贵国之与中国,诚为一本之亲矣。

只清妖(清政府)崇信佛、老,藐视耶稣教主,硬颈不从。第从与不从,亦是各修各得(德),何又到处严拿信从尊教之人,无有立身之地。

我主势不得不起义师与之争战,干戈四起,迄今十数年。荷蒙天父上帝,耶稣德威,暨诸大国福庇,攻开省郡不为不多,诛灭清妖不为不众。

但该妖以十八省之大,加以蒙古、汉军,劲旅如林,军需粮饷充足,于此而欲克期灭尽,诚知其难已。

试看古往今来,行兵必期于接应,立国总赖乎和邻。目下诸大国之与我中国,真是唇齿相依,大小相顾之事也。当我主未定江南之日,各国之人得人入内地乎?兹则东、西、南、北任其驰驱,湖北、安徽随乎贸易。

……如诸大国相(信)我中国,仗天父、耶稣之权能,留尊教之体面,与贤议定章程,同诛胡虏……

……万祈诸国,迅速发兵,立除余孽,以全两便,慎勿见吝,是所切祷。唯望一视同仁,共襄义举,成功之日,万代通商,同享太平之福,岂不美哉……

其实，这也代表了太平天国后期部分上层将领的看法。在他们心目中，"洋兄弟"总比"清妖"要亲近一层。

洋人们不听这一套，他们反而积极配合李鸿章、左宗棠部，派人派船帮助清军围打漳州。

李世贤又气又急，于5月15日匆匆逃离漳州。一路大败，李世贤所率的几十万大军最后死的死，降的降，只剩他孤身一人。

想昔日拜上帝会能以几千人起家一路杀至南京，只凭一个"势"字。李世贤攻占漳州时，有兵几十万，武装精良，来复枪、左轮枪、滑膛枪，应有尽有，而清军方面只有土绳枪、抬炮和长矛，人数远远逊于李世贤军。时异势移，众人心怀鬼胎，各打算盘，几十万军只是散沙而已。偶逢一败，便立刻土崩瓦解。

李世贤自己割发化装，狼狈不堪，逃入广东镇平（今广东梅州地区的蕉岭），回到客家人的老家地区。康王汪海洋先前与李世贤有矛盾，又怕他官大夺自己的权，隔了几天就派人刺死了年仅32岁的李世贤。

李世贤受其堂兄李秀成回攻闽粤思想影响太深，缺乏应变的谋略，一意南退，终于走上不归路。想当初李世贤与堂兄李秀成，曾撑起太平天国大半江山。一朝溃败，死于自己人之手，不能不让人一叹。

其实，天京失守后，如果李世贤有大局观念，不是急急忙忙向福建方向逃遁，而是在江西稍稍稳住阵脚，再把太平天国的"象征"——幼天王迎入军中，即可"挟天子以令诸侯"，联络各路残余太平军、捻军以及曾经向太平天国效忠的各地会党，给予他们希望，继续作战，胜负未可知也。

再如果他们在江西得以巩固力量，蕴力集势而攻下襄楚，则可与河南的扶王陈得才和遵王赖文光遥相呼应，说不定在中原地区可以开辟新天地。

但太平军事至如此还窝里反，真让人叹息。仅仅过了几个月，在清军左宗棠部的节节进逼下，康王汪海洋等人不敌，失掉嘉应州城，他本人也中弹而亡。偕王谭体元也被生擒，遭凌迟酷刑。

最后两天大战，太平军余部被杀一万多人，其余数万或被俘，或投降。作为一股军事力量的"太平军"，至此完全消亡。

太平天国最后一个被俘的"名王"，乃辅王杨辅清。这位杨秀清的族弟在湖州时与洪仁玕道别，当时据说是前往上海向洋人购买军火。后来消息全无，有传言说他去了美国"发展"。其实，他从湖州走后不久，太平军残部皆被一一消灭，他只好潜回广西躲匿。

由于风声日紧，杨辅清东躲西藏，在黄州、广东、湖南、安徽一带四处瞎转。天京城陷后十年，他在福建想投清营当兵，为人认出被擒。清朝闽浙总督李鹤年将他在福州凌迟处死。

兔死狐狗竟未烹
湘军系的"好"结局

以曾国藩为首的湘军，自筹饷，自练兵，这支处于半独立的军事团体最终消灭了太平天国，立下不世之功。

依理讲，曾氏集团的下场无外乎两种：第一，功高震主，兔死狗烹，被清廷上下联手干掉；第二，曾氏可仿"陈桥兵变"，在南京振臂一呼，提兵北上，由臣而君，取代清朝。

两者选其一，人生大博弈，但拿捏不好，皆是灭族亡宗的大险大恶。还好，饱读诗书的曾国藩选择了第三条道路，以罕见的退让和耐心，终于化解清廷疑忌，得以避免了清末满汉阶层之间最大的一次冲突。

湘军曾国荃部攻陷天京后，当天即发"八百里"快报向朝廷报捷。殊不料，清廷一盆冷水浇下，指责曾国荃大事粗定就擅自回营，语气严厉地表示，如果天京有漏网的"逆首"逃出，定拿曾国荃是问。由此一来，曾国藩只得本人亲自重新上报"天京大捷"的胜报，而且还得让满洲贵族官文领衔分功。

慈禧虽为一妇人，但阴毒过人，她竟然置咸丰帝所讲过的"攻克南京者授王爵"的许诺于不顾，仅仅赏赐曾国藩一等侯爵（连公爵也不给），可谓寡恩至极。

为了打击曾氏兄弟骤胜而骄的气焰，清廷大玩心理战，下诏严查天京金宝的下落与幼天王下落，并声称要追究李秀成、幼天王等人脱逃的罪名。

为此，曾国荃等湘军将领气急败坏，不少人齐聚曾国荃大营，欲逼主帅效"陈桥故事"，拥曾国藩为帝。

清廷虽然对内对外用兵都不在行，玩政治却非常在行。对于湘军可能的背叛，他们早已有所准备，故而当湘军最后关头与太平军浴血死战时，僧格林沁、官文等满蒙大员早得密旨，伺窥于天京左右，时刻准备消灭这支得胜而疲的湘军。

曾国藩本人系理学名臣，皇帝瘾不浓，而且熟读史书的他深知北上争帝的风险太大。深思熟虑之后，他马上自动撤裁了数万湘勇回籍，自剪羽翼给清廷看，以示无篡上二心。同时，他又停解外省厘金，从经济上表态自己绝无拥兵护财、自固自肥之意。

当然，曾国藩也要安抚把脑袋掖在腰带上死拼多年的湘军子弟，他对天京金宝的下落来个死不认账，死活不承认太平天国有"窖金"。

曾国荃等人皆不是有远大谋略的政治家，清廷很知趣，见逼曾国藩裁军辞饷的目的达到，果然不再追问天京金宝下落。由此，曾国荃等人破釜沉舟的造反之心，一下子散入九天之外。

不久，没经曾国荃本人同意，曾国藩擅自上专折，"代替"老弟请求"回籍养病"，更让清廷完全放下一颗心。

综观曾国藩一生，性格方面也有由刚而柔的变化过程。

咸丰元年（1851 年），曾国藩主动上奏章批评皇帝，惹得咸丰帝大怒，几欲加罪于他。

咸丰四年（1854年），湘军攻占武昌得大功，清帝收回任他署理湖北巡抚的成命，曾国藩愤懑欲狂。

延至咸丰七年（1857年），曾国藩大闹"情绪"，先是不待诏而回家奔丧，而后又在守制之时主动向朝廷讨要江西巡抚官职，大掉"理学大师"的份儿，致使左宗棠等人对他大肆抨击。

舆论抨击下，曾国藩惊愧成病，几乎整夜睡不着觉。

也恰恰从彼时起，曾国藩幡然省悟，从刚愎逼人变为圆融通达，对上对下日益恭谨，且果然是"退一步海阔天空"，一次又一次以退为进，终未成为"权臣"而免遭族诛之报。

太平天国兴起以来，内忧外患之中，清廷中庶族地主派与满蒙权贵派之间一直钩心斗角，内斗不止。

庶族地主派以林则徐、张亮基、吴文镕、曾国藩、左宗棠等人为代表，满蒙权贵派以胜保、僧格林沁、官文、崇纶等人为代表。庶族派属实干类型，不少人急功近利，很想有番作为。权贵派恃于出身，骄横跋扈，对汉人心怀猜防。

双方倾轧中，前期权贵派一直得势，比如吴文镕之死（被崇纶逼出城）、曾国藩之抑、左宗棠之被逮（差点被官文以"恶幕"罪名杀头）、袁甲三被斥（胜保大力排挤）、唐巡方被黜（僧格林沁秘密派富明阿参劾这位安徽巡抚），无不显示出权贵派的嚣张。

胡林翼的湖北巡抚之任，如果不委曲求全、奉迎时任湖广总督的官文，按月奉大把银两当例来"孝敬"，想必他在任也不能长久。

不过满蒙权贵派内部也非铁板一块，比如咸丰帝宠臣肃顺明里暗里一直帮衬汉人庶族派。随着镇压太平天国过程的延续，清廷高层深刻意识到汉人庶族派的重要性。即使到了慈禧当政的时代，仍旧大力依靠这些人来镇压太平军和捻军。

虽然处处被辖制、防范，但越来越多的地方大权逐渐为领兵作战的

　　　　　　　天荒地老出奇人

湘军、淮军将领所得。这些昔日耕田平居的读书人，正因太平军才有机会跨马持枪赴江南。十余年间不少人步步高升，因战功而跃升为封疆大吏。

千万军民颈中血，染得湘军顶戴红。

附件一：干王洪仁玕自述

说明：洪仁玕的供词，台北故宫博物院文献部实藏七件。他被俘后，先在席宝田军营有一件"问供"，一件"亲供"。被解送到江西首府南昌后，在南昌府有三件"问供"。随后由沈葆桢提讯，有一份供词。这六件文献中在席营的"亲供"，原题签"抄呈伪干王洪仁玕亲书供词"，是据原亲书供词的抄件。

除以上六件外，还有一件亲笔书写的供词。亲书供词自称"本藩"，提到天王、幼天王、主、上帝等处，都空格或提行出格，显示了他本人天国大臣坚贞不屈的立场。这是今天唯一存有原稿的洪仁玕亲书供词。

洪仁玕供词，对太平天国起因，他本人与洪秀全亲属关系以及他到天京后的太平天国政局研究，有十分重要的参考作用。

（一）在席宝田军营之一——问供（节选）

据洪仁玕供：我身是广东花县人，年四十三岁，系洪秀全的兄弟，（被）封开朝精忠军师干王。今年（1864年）由湖州保幼天王从湖坊分股走泸溪，出新城，一路只剩得五六千余人，合昭王统下共有万余人。行到古岭杨家牌地方，大兵追到，我军失利被擒，求速杀……

所供是实。

（二）在席宝田军营之二——亲书供词（节选）

（原题"抄呈伪干王洪仁玕亲书供词"）

（供前之情形略）

吾今直认为天朝王爵大臣，只知为臣本分，不知他人如何自处也。

况前岁面受老天王遗诏赞襄内外，云："朕爱弟文才，博览各邦，通达天文风土，弟当注述六部则例及各事有益者，后当尽心辅助幼主，无忘朕命，钦此。"

予即跪谢圣恩，奏云："弟果有用，固当扶我主，亦当扶幼主，况弟今年四十有余，倘得天佑遐龄，必鞠躬尽瘁，求主宽心，勿令弟心如焚也。"

今忆前诏，言犹在耳，忽负遗命，致失幼主所在，不能追随保护，抚心自问，无以对我老天王，实为罪耳，何敢卖主求荣乎！即解我到北京，或杀我以全我臣节，无遗憾也。

予自少读书，粗知春秋大义。前者吾天王于三十一岁即留须发，游幸天下，与予筹划大计，欲先定南京为开基根本，倚长江之势，握镇江之咽喉，控安庆之上游，先取南七省，次征川陕而东，则大事成矣。殊于癸丑定鼎后，并守镇江、安庆，未定南方即行扫北，似失机宜。

及至己未九年，予因七旬又二老母逝世，为子道终，始进天京，以尽臣道弟道。三月十三日到京，封干天福，继封干天义护京主将。

四月初一日，改封九门御林开朝精忠军师干王，赐福千岁同八千岁，登朝出入八炮，妻封王娘，子封嗣君，府称天府、称殿，另赐龙章凤诏一道曰："朕意诏干胞知之，敬爷敬哥总无空，老父大兄赐光荣，得到天堂享天福，福子福孙福无穷。朕念胞为朕受辱者屡矣，果然志同南王，历久弥坚，诚为板荡忠臣家军师，可为万世法，但报胞以干天府王爵，子孙世袭，永远光荣，胞其靖共尔位，毋忘朕命，钦哉。"

但因初□□□□□□自恃扶主之功，不服爵居其上，及圣诏诏明，又见予登堂论道，侃侃而谈，一切文臣珍重者无不叹服，乃悉言曰："孔明进而关张不服，韩信将而樊哙有言，此等不足以阻殿下也。"予恐军心散乱，具本屡辞，蒙诏：风浪暂腾久自息。予作有履历及天文理势、资政新篇，各皆心服。

毕竟武官众口沸腾，予见众将中唯陈玉成忠勇超群，乃保奏王爵，

天荒地老出奇人

旨准封为英王，诏明内事不决问干王，外事不决问英王，内外不决问天王，众心翕然凛遵，俱服节制。于天王万寿前，封李秀成为忠王，李世贤为侍王。

而忠王即具禀求示以行征之策，予以兵要四则答之，末言目今定策不能形诸笔墨，祈为细心推行可也。

旋即由江浦回京，踵府三次求教当攻取之策于见其求教心切，乃答曰：本军师前在粤东时，知天京四面被围，乃不避艰险生死，直造天京，欲有以救之耳，岂贪禄位而来乎！今京都被围，止有江北一线之路运粮回京，何能与敌争长？为今之计，可潜师远出攻击其背之虚处，彼外无余兵相救，必请围京之兵以救之，度其离京既远，即行撤攻潜回。"约定英、忠、侍王合解京围，此必有建瓴之势也。

忠王曰："果如此，足见殿下妙算矣，倘解围后，又将何以进取乎？"

予曰："有策，一指点间可知矣。请弟思之，我天京南距云贵两粤，西距川陕，北至长城，俱约六七千里之遥，唯东至苏杭大海，不及千里，乘胜而下，一鼓可成。"

那时地广库丰，吾得□□□□买用火轮船二十个往来长江，上通荆楚，下通闽粤，发兵一支由江西进两湖，发兵一支由江北进荆襄，武昌得，则长江既为我天京之保障，南方可传檄而定矣。然后操练兵马，安抚良民，自川陕而东，则无粮以应北京，其势必危，吾事济矣，弟其留心勿忘可也。

忠王即回府具禀谢指教之恩，次晚又来禀求将浦口、江浦二处兵马撤去。予曰："若撤此二路，兵去，则一线之路既断，江北之粮不能进京，其势必急迫，若请安省英王之兵去，又恐安省有急，若如弟高见撤兵，未审京内粮饷足支几久也？谅弟必筹之熟矣。"

忠王曰："吾必遵殿下长策，远去虚处，求兄宽心，求主勿虑，吾誓报我主知遇之恩也。若虑粮乏，可问赞王，足支三年也。"回府后，又具禀求宽心勿疑。

吾批之曰："言如是，行如是，事事有济。"

伊又着人面谢，凛遵十字而行也。即行备办缨帽号衣，伪装敌兵模样，一路前行，不曾走漏。直至杭州城门，地方官出迎，言某官老爷败兵回城，众亦信为实。

及近城门，众欲动手抢马，遂觉而闭城门。不能直进，乃掘地垒而入，城中大乱而散，唯内城死守不下。

谅京围之兵既撤，遂约攻湖州之侍王返旆解京，以烟火为号，英王由太平关取上河头关而下，侍王攻燕子山背而入，忠王剿淳化镇下路一带。于庚申三月二十六日，遂大解京围，会议进取之策。

英王求解安省之围，侍王议取福建，唯忠工执遵吾之前议，进取苏常，然后分兵进取江之南北，两路直到湖北会归。议定奏主，果如所议。遂大破丹阳、常州、苏省各郡县。唯上海县未下，碍有洋行，恐伤和好。

我天王知予在外洋四载，熟悉各邦洋人情性习俗，而洋人亦知予识其举动礼仪及天文地舆历数物理，必能和酌妥议通商和好章程，乃降诏令余往苏邀洋人来会，颇能如议。而忠王自恃兵强将广，取上海如掌中之物，不依所议，云我天王江山可以打得来，不能讲得来也。

众洋人知不能和乃去，仍多有保护洋行者。而忠王遂发师进取，见是空城，遂掠取洋楼物件，被洋人伏兵杀起，出其不意，败回苏城，此刻始信吾议，然究不肯认错也。

辛酉十一年（1861年），各王据守疆土，擅支粮饷，招兵自固，图升大爵，致调点不灵，安省少援。

正月初一日，奉诏招兵渡江，又蒙诏交尊王刘庆汉统往黄梅、广济，以解安围，予奉旨回朝掌政。冬月，安省失守本章触怒天王，革去军师、总裁、工爵，旋念各爵方命缓援，论罪降级有差，升复予之原爵，不复军师，以昭炯戒。

壬戌春，因章王奸猾把持内外，凡事瞒上自专，致外省郡县粮饷少入，天王贬章王出苏、浙催粮援京，罢其掌朝政之权，仍复予军师之职，总掌朝政。

唯章王前以柔猾和众，及至此时，众不以伊为重，闭城不纳，粒饷不得。余即令京内各府楼第耕种禾豆，捐金采买，分派五大军各守城头，众兄弟各爵日夜勤劳，战守耕读，倚天王如泰山，毫无自危自惧。其中粮食勤耕自俭，尽足自养自固。无如各处援兵苦京外无粮，按兵不动。

乃蒙我天王诏予偕恤王洪仁政、赖王赖桂芳、誉王李安邦四人出京，催兵解围。癸亥年十一月十六日出京，到无锡、常州，与护王陈坤书、然王陈时永会议，并文催金坛、句、溧、宜兴、广德、湖州等处，令侍王、堵王等除守土外，由太平关下攻头关而丹阳、句容，即由石埠桥取下关，先得水路以通运漕，京粮有资。彼曾九虽守雨花台等处，谅亦无防。

殊侍王因溧阳内变，宜兴亦变，堵王因乌镇内变，遂隔断杭、嘉，牵制肘腋，不能援京。而丹阳不肯□□□□□欲下攻江阴、无锡，取足兵粮，乘胜援京，虽杀死洋鬼头子□顿，鬼兵千余，得洋炮无数，究得失均半，均无济援京之举。

丹、常内变日生，常州先失，遂欲尽撤丹阳之兵，会合广德、湖州以援京围，于四月十八日到湖州大会同僚，始知侍王、听王、荣王、康王等退守杭、嘉等上游江西。故与堵王誓师郊外，俱愿援京，每恨京外无粮，欲待八月新谷之兴。

殊四月十九日老天王升天，二十四日幼天王继统登基，至六月初六日被官兵攻开城垣，混入京内。忠王入朝迎接我幼天王□，垒口飞奔而出，直到广德州众臣朝觐，悲喜交集，鱼水情浓，共议战守良策，会合各省大队，欲再兴大业。

殊军无战志，逐远士疲，在宁国墩堵王受伤升天，人心寒惧。□咸平因偕王兵变，不能渡河，转撇上流而渡，半渡被截，连日疲劳，及至石岭杨家牌等处驻跸时，三更月落，忽闻鼓角齐鸣，人不及甲，马不及鞍，各自奔前。

予寸步保护我幼天王前行，只因人马拥挤，声声叫人让主先行，又声声叫人回头拒敌，殊乱军无战志，徒唤奈何。及至玉山口，路窄逢桥，前阻后追，我独在后桥上横倒下马，众由桥上而过，被余伤头流血，遂由桥上跃马而过，落荒独行，实欲追上幼主，越山而逃。因人众路窄，至晓被获。

……

（三）在南昌府之 ·——亲书供词（节选）

（洪仁玕经历略）

是冬返回香港，仍习天文，授教夷牧。坐火轮船四日到港，吟诗一律："船帆如箭斗狂涛，风力相随志更豪。海作疆场波列阵，浪翻星月影麾旄。雄驱岛屿飞千里，怒战貔貅走六鳌。四日凯旋欣奏绩，军声十万尚嘈嘈。"

一连四年在香港。己未年，洋人助路费百金，由广东省到南雄，过梅岭，到饶州蔡康业营。

八月与天朝辅王在景德镇打仗败，弃行李一空，由饶到湖北黄梅县。知县覃瀚元请予医其侄头风之症，得有谢金，在龙坪办货物下江南，于三月十三日到天京，蒙我主恩封福爵。二十九日，封义爵加主将。四月初一日，改封开朝精忠军师顶天扶朝纲干王。

予因初到，恐将心不服，屡辞，未蒙恩准。予原意只欲到京奏明家中苦难，聊托恩荫，以终天年。殊我主恩加叠叠，念予自少苦志求名，故不避亲贵，特加珠封。

予自受命以来，亦只宜竭力效忠，以报知遇之恩。己未冬，与忠王议解围攻取之策，悉载前快。辛酉年，出师徽浙，催兵解安省之困。四

天荒地老出奇人

月，交兵数万与英王，统往黄州、德安一路；因与忠王会剿失约，章王在桐城败绩，遂致安省不能保，而北岸陆续失陷。

予因众军将机错用，日夜忧愤，致被革，皆由章王林绍璋内外阴结而务财用。私议苏、杭归忠王（按：以上五字被勾去，但可看出），各守疆土，招兵固宠，不肯将国库以固根本。又章王奉命催粮不力，众只留为实自之用，遂致敌人买通洋鬼，攻破苏、杭、丹、常等郡县，京粮益缺，而京困益无所恃。

殊我主于癸亥年恩锡顾命，嘱扶我幼天王，予于此时三呼万岁后，不胜惶恐流涕，恐负圣命遗托。于去岁十一月奉旨催兵解围，身历丹阳、常州、湖州。殊各路天兵悍于无粮，多不应命。至今年四月十九，我主老天王卧病二旬升天。京内人心望援不至，本欲弃城，而李鸿章揣知其意，于六月轰开京垣而入。

我幼天王与大臣忠王等万有余人出京，一路平安到广德州，君臣大会，悲喜交集。因湖州军乏军单，恐难建都立业，故议到建昌、抚州等处会合侍王、康王，再往湖北会翼王、扶王等大队。殊至…闻……又至……（按：删节号处，原有删略点而未写字）。又，予因前承诏旨顾命，自宜力扶幼天王。

叹予在石城，隶也实不力，黑夜惊营，君臣失散，此诚予之大罪，致此成擒也。但思人各有心，心各有志，故赵宋文天祥败于五坡岭，为张宏范所擒，传车送穷北，亦只知人臣之分当如此，非不知人力之难与天抗也。予每读其史传及正气歌，未尝不三叹流涕也。今予亦只法文丞相而已。至于得失生死，付之于天，非吾所敢多述也。

本藩与老天王原是五服宗潢，巷里相接，长年交游起居，颇有见闻而知者。我主天王长予九龄，予只知其天禀圣聪，目不再诵，十二三岁经史诗文无不博览。自此时至三十一岁，每场榜名高列，唯道试不售，多有抱恨。（见到梁发情形略）我主持（九册《劝世良言》）回试馆，喜与众友谈论场内诗文，无暇窥览。殊此科揭榜不售，心中忧愤，在舟吟

诗云："龙潜海角恐惊天，暂且偷闲跃在渊。等待风云齐聚会，飞腾六合定坤乾。"回家果得一病，不省人事。（生病情形略）

性灵复原，默然静思，慨然大志，以为上帝必不我欺。所到结交以诚以信，坐立行止肃然，以身正人，戒尽烟花酒僻等事。凡举监缙绅人等，各皆叹其威仪品概，故所至皆以身率教。凡东西两粤，富豪民家，无不恭迎款接，拱听圣训，皆私喜为得遇真命天子也。

在龙母庙毁偶像，题诗云："这等断非神，愚顽何作真？太平天子到，提醒世间人。"又梦日诗云："五百年间真日出，那般爝火敢争光！高悬碧落烟云卷，远照尘□（此处原缺一字）鬼蜮藏。东北西南勤献曝，蛮夷戎狄尽倾阳。重轮赫赫遮星月，独擅贞明耀万方。"

又因土人说六窠庙十分灵显，主询其信堪舆，打死母亲以葬，且出入喜男女和歌，得道为神云云，故题诗斥毁云："举笔题诗斥六窠，该诛该灭两妖魔。满山人类归禽类，到处男歌和女歌。坏道竟然传得道，龟婆无怪唤家婆。一朝霹雳遭雷劈，天不容时可若何！"

又闻甘王庙日夜显身，庙祝不敢亲在庙内奉祀，土人有敢议者，即行作祟，其家不安，必得祷祝方止，且降迷童子，攀知县轿杠，该知县许以龙袍，才肯放去。

我主偕南王冯云山行二日到象州，亲临该庙，果然人人称说该庙灵赫，乃入调拆其真衣木像，题诗云："题诗草檄斥甘妖，该灭该诛罪不饶。打死母亲干国法，欺瞒上帝犯天条。迷缠男妇雷当辟，害累人民火定烧，作速潜藏归地狱，猩身那得挂龙袍！"

又见有吹吸鸦片烟，劝诫诗云："烟枪即炮枪，自打自受伤。多少英雄汉，弹死在高床。"又时将上帝造化天地山海万物，令人知保佑大恩，俱由上帝也。

盖人生天地，眼无三光之明及五行之火，虽泰山湖海亦不见；其眼光非由己光，是天之三光扶助也。鼻之呼吸，刻不能不与天气相通，若半刻不呼，必死无疑。口食之米菜等物，耳通之风声，性灵之降，自维皇上帝，无一不是上帝保佑世人，刻不能少。

何世人忘本瞒天，不识生命之源，反说自己本事得来，何其被妖魔菩萨迷蒙至此？

即古圣贤总有功德于人，不独当念伊功，且当实力效法，何世人一拜便了，竟不学尧舜孔孟之德，独冒为其徒可乎？

常将此等天理物理人理化醒众人，而众人心目中见我主能驱鬼逐怪，无不叹为天下奇人，故闻风信从。且能令哑者开口，疯瘫怪疾，信而即愈，尤足令人来归。故于癸卯（1842年）、甲辰（1844年）、戊申（1848年）、己酉（1849年）等年，与南王往返粤西数次，俱有树立。

至庚戌年（1850年），因来人温姓富豪欺人，与土人争斗，而贵县知县准土人与来人相杀起衅。即有张家祥、大鲤鱼、陈亚贵、苏三相、李士魁等寇，打邻劫乡，相率为祸。

而拜上帝之人，俱不准其帮助。只令凡拜上帝者团聚一处，同食同穿，有不遵者即依例逐出，故该抢食贼匪被官兵逐散一股，即来投降一股。唯恐天王不准，故严守天条规律，不敢秋毫有犯。

天王劳心，即将博白、贵县、象州、金田、花州各来扶主等队，俱立首领，编以军帅、师帅、旅帅以下等爵，男女有别，虽夫妇不许相见，故所至无不胜捷。且有东西南北翼五王为之谋猷，有李开芳、李开明、林凤祥、罗大纲、陈承瑢、秦日光（纲）等为统兵之将，一时风云会合，非人力所能为也。且东王蒙上帝降托，能知过去后来，令人钦服之至。

且东王能代人赎病，至耳聋流水，口瘖流涎，二月余之久，众有疑为废人者，殊后有一日即开口病愈，每有所言即验应。而西王萧朝贵蒙天兄降托，即能大获胜仗。故当时所战克者，皆西王蒙降托之力也。

又细推其在金田起义之始，固由历年神迹所致，乃众心坚如金石。又因当时拜菩萨者忌恶拜上帝毁其所立偶像，因各攻迫，日聚日众。凡有攻仗，皆有天助神奇。

贵县白沙兄弟被山尾村抢去耕牛，十余兄弟追杀至该村大胜。该村人演戏旺其菩萨，又看戏人自惊，自相践踏。该村数千家从无人敢欺者，被十人打胜。

又博白、鹿（陆）川等处团聚数千兄弟，路经半月到金田，象州亦被迫团聚数千到金田。此时天王在花州胡豫光家驻跸，乃大会各队，齐到花州，迎接圣驾，合到金田，恭祝万寿起义，正号太平天国元年，封立幼主。次则移跸到大黄岗（江），数捷。

次则移跸到东乡象州，转至武宣。闰八月初一日入永安州，镇守过年。壬子（1852年）春，弃永安到新（仙）回，一路艰险，屡战屡捷。到桂林，围攻多时不克，弃围过湖南等处，大招士马，一路士民乐从，秋毫无犯。攻荃州，下之，南王冯云山中炮升天。一路势如破竹，因伊未在阵中，不能细述。

又发西王大队直攻长沙，而秦日纲、陈承嵘等陆续进发。前队正在大获胜捷，破进外城，攻围正急，而内之士民亦目见张皇搬迁。殊西王在敌楼上装束异常，窥伺城内，忽被流星炮弹中伤升天。而天王、东王即速催兵前来接应，幸得保荃（州）无事。乃在河心孤洲用诱敌伏兵计胜捷，溺死清兵不计其数。

乘胜弃长沙不围，直捣益阳，杀赛妖头，获舟数千，得古人遗下红粉不计其数。渡湖到兵州，下武昌，乘势席卷，声势甚大。此时两湖兵将，望风归顺，在天王万□（此处原缺"寿"字）前破汉阳、武昌。祝寿后即发兵虚攻黄州，得而不守，撤兵回省。

而江南陆建瀛得闻此消息，即离南京城，统兵上游。田家镇接仗，数万兵将，一鼓瓦解，孤身回南京闭门固守。

癸丑（1853年）二月，天兵到南京，由仪凤门攻入，不半月而平定，即发兵下取镇江，上取无为运漕镇，守安庆，复湖北，下扬州，后仍发兵扫北。虽所到以威勇取胜，究系孤军深入，数月之间，北京日夜戒严，各有准备，覆没忠勇兵将不少。

此后幸东王律法森严，兵势迭有兴屈，难以远征。甲寅（1854

年）、乙卯（1855年）年（原小字旁注：不记真）大破向荣（按"向荣"二字被圈去）、何钦差。丙辰年（1856年），破东门向荣。是年七月，东王升天，北王亦丧。丁巳（1857年），翼王远征，国政不能划一。

戊午年（1858年），乃封陈玉成为前军主将，李秀成为后军主将，李世贤为左军主将，韦志俊为右军主将，蒙得恩为中军主将兼正掌率，掌理朝□，稍可自立。唯被张家祥四面筑长城围裹京都，仅通浦口一线之路，车运北岸粮米以济京用。

己未年（1859年），予由粤东到天京。我主天王念予少有聪慧，升封各爵。继封英王、忠王等，各有奋兴之志。忠王三次面求划策，予曰："此时京围难以力攻，必向湖、杭虚处力攻其背，彼必返救湖、杭，俟其撤兵远去，即行返旆自救，必获捷报也。"乃约英王虚援安省，而忠、侍王即伪装缨帽号衣，一路潜入杭、湖二处。

因忠王队内贪获马匹，未得入城，即被紧闭城门。复经开挖地垄，攻入杭城，唯鞑子城未破。料围京之清兵撤动，此刻重在解京，不重在得地，忠王即约侍王由小路回师，后果大解京围。英王破头关而入，侍王破燕子山而入，忠王兜杀句容一带，三月廿六日解围。

四月初一，登朝庆贺，且议进取良策。英王意在救安省，侍王意取闽浙，独忠王从吾所议云："为今之计，自天京而论，西距川陕，西（按"西"应作"北"）距长城，南距云贵、两粤，俱有五六千里之遥，唯东距苏、杭、上海，不及千里之远。厚薄之势既殊，而乘胜下取，其功易成。一俟下路既得，即取百万买置火轮二十个，沿长江上取。另发兵一支，由南进江西；发兵一支，由北进蕲黄，合取湖北，则长江两岸俱为我有，则根本可久大矣。"乃蒙旨准。即依议发兵，觉为得手。

及取苏、常等郡县后，英王如议进取蕲黄，忠王由吉安府绕取兴郭州等县。殊忠王惮于水势稍涨，即撤兵下取浙江。英王因忠王既撤，亦急于解救安省，遂失前议大局之计。后虽得杭州等郡，而失一安省为京北屏，大有可虞之势。

殊忠王既抚有苏、杭两省，以为高枕无忧，不以北岸及京都为忧。故予行文晓之曰："自古取江山，屡先西北而后东南，盖由上而下，其势顺而易，由下而上，其势逆而难。况江之北、河之南，自称为中州鱼米之地。前数年京内所恃以无恐者，实赖有此地屏藩资益也。今弃而不顾，徒以苏、杭繁华之地，一经挫折，必不能久远。今殿下云有苏、浙，可以高枕无忧，此必有激之谈，谅殿下高才大志，必不出此也。夫长江者古号为长蛇，湖北为头，安省为中，而江南为尾。今湖北未得，倘安徽有失，则蛇既中折，其尾虽生不久，而殿下之言，非吾所敢共闻也。"

后忠王复以"特识高见，读之心惊神恐。但今敌无可败之势，如食果未及其时，其味必苦，后当凛遵"云云。

此后鞑妖买通洋鬼，交为中国患，小非力所强为谋之耳。

附件二：洪仁玕亲书诗句

说明：洪仁玕绝命诗共五行二十句，现存台北故宫博物院。这些诗句充满了华夷有别的攘夷思想，很有末路英雄气势。洪仁玕绝命诗没有原件留世，现存诗文是简又文摘《北华捷报》上的英文译文转译而成的。

> 春秋大义别华夷，时至于今昧不知。
> 北狄迷伊真本性，纲常文物倒颠之。
> 志在攘夷愿未酬，七旬苗格德难侔。
> 足根踏破山云路，眼底空悬海月秋。
> 英雄吞吐气如虹，慨古悲今怒满胸。
> 猃狁侵周屡代恨，五胡乱晋苦予衷。
> 汉唐突厥单于犯，明宋辽元鞑靼凶。
> 中国世仇难并立，免教流毒秽苍穹。
> 北狄原非我一家，钱粮兵勇尽中华。

　　　　　　　　天荒地老出奇人

诳吾兄弟相残杀，豪士常兴万古嗟。

临刑，他还吟出四句诗：

> 临终有一语，言之心欣慰；
>
> 我国虽消逝，他日必复生。

（观洪仁玕上述诗文，真是可悲、可悯、可叹！）

附件三：洪天贵福亲写自述与诗文

说明：洪天贵福这个"幼天王"被俘时十六岁，简直就是个没见过任何大世面的行为思想均怪谬的少年。远的不说，明朝好几个皇帝继位时比他年纪小，都比这位"幼天王"聪明，更甭提顺治、康熙这样的清朝少年老成皇帝。这位幼天王，基本上等同于洪秀全银笼子里面养的那只大鹦鹉。

在他的自述中，有不少重要的史料——洪秀全确切死日；洪秀全自己在宫中偷看"妖书"；洪天贵福每天四次向洪秀全请安的烦琐仪式，这位少年人九岁即有四个妻子的情况以及逃离天京时的诸王名单等。

非常让人感慨的是，这位幼天王"大逆不道"，张口闭口"跟得长毛口难开"，一点没有"龙子龙孙"的铮铮骨气。如此"大逆"之子，还幻想要在清朝考试做秀才。结果，他正在晕乎乎地幻想之时，即被提出押入闹市凌迟，诚可悲叹。

有关文件存于台北故宫博物院。

洪天贵福亲书自述（一）（节选）

……

老天王死毕，埋在新天门外御林苑东方岭上，不用棺木，是使女官葬的。老天王的父亲名叫洪镜扬，有个细（小）亚（阿）妈在南京未出。老天王有八十八个妻。我有两个弟，一个光王洪天光，一个明王洪天明。我有三个伯，王长兄信王洪仁发在西门跳水死，王次兄勇王洪仁达未出城，来到垄口被官兵拿了。忠王李秀成带有一百多人，从石牛石马处到芳山被官兵拿了。独恤王仁政伯到杨家牌，亦被官兵擒了。

出南京是尊王带我出来的。时尊工用长枪系长白带，我骑马跟紧这白带走。我两个弟天光、天明，在南京未出。佑王李远继在杨家牌被官兵杀了。尊王刘庆汉被官兵拿到杀了。南京有千多王未出。

天朝内有一青鹦鹉，所住是银笼，他会讲话。鹦鹉唱云："亚父山河，永永崽坐，永永阔阔扶崽坐。"

洪天贵福亲书自述（二）（节选）

（我）读过天朝十全大吉诗、三字经、幼学诗、千字诏、醒世文、太平救世诏、太平救世诰、颁行诏书。

前几年，老子（洪秀全）写票令要古书，干王乃在杭州献有古书万余卷。老子不准我看，老子自己看毕，总用火焚。

我见书这多，老子不知，我拿有三十余本，艺海珠尘书四五本、续宏简录卷四十二卷四十三共二本、史记两本、帝王庙谥年讳谱一本、定香亭笔谈一本，又洋人之博物新编一本，还有十余本书。

自我登基之后写票要有四箱古书，放在楼上。

老子总不准宫内人看古书，且叫古书为妖书。

……

本年四月十九夜四更老子病死。二十四日众臣尊我登位，名叫幼天王。出城是忠王、尊王、养王救我出的。

洪天贵福在南昌府供词（节选）

（原题"南昌府讯洪天贵福供壹本"）

据洪天贵福供：（我）年十六岁，在广东花县生长。父亲老天王洪秀全，今年五十三岁，有八十八妻。我系第二房赖氏名莲英所出，（赖莲英）现年四十多岁。

我有两个兄弟，均系十一岁，一名天光，封为光王，系第十二母陈氏所生；一名天明，封为明王，系第十九母吴氏所生。并有两姊三妹，均不同母的。我有四妻，年纪均与我相仿，一侯氏，一张氏，两个黄氏，均未生子。

我自五岁随父到南京，六岁时读书，同一个姊子名天姣系长我十岁的，教我读书，并无先生。我在南京夫妻五人住在宫内左殿，父亲住在前殿，生母住在右殿，天明弟住在我之下首，天光弟住在金龙殿，宫内共有七八个殿。

那干王洪仁玕是我族中疏房叔子，于己未年到南京来的。

父亲平日常食生冷，自到南京后以蜈蚣为美味，用油煎食。于今年自四月初十日起病，四月十九日病死。因何病症，我亦不知。尸身未用棺椁，以随身黄服葬于宫内御林苑山上。宫内有前后两个御林苑，父亲葬处系在前御林苑，距父亲生前住的前殿隔有两个殿。

王长兄信王洪仁发、王次兄勇王洪仁达、幼西王萧有和们就于四月二十四日扶我接位为幼天王。一切朝政系信王洪仁发、勇王洪仁达、幼西王萧有和及安徽歙县人沈桂四人执掌。洪仁达并管银库及封官钱粮等事。兵权是忠王李秀成总管。

六月初六日五更时，我梦见官兵把城墙轰塌，拥进城内，醒来告知两弟。不料是日午后，我在楼上望见官兵果然把那里城墙轰塌，拥进城内。

忠王李秀成及尊王刘庆汉们带了一千多兵、马六七百匹于初更时保我从太平门缺口处冲出，官兵在城墙上看见，追来至山边，李秀成转身拦截官兵，同洪仁均被擒获。那沈桂，都称他为沈真人，亦于那时被炮打死。洪仁发于破城投水身死。

我的两个兄弟天光、天明及母妻均在南京城内，并未携带一个妇女出来。一切各物亦未随带。城内还有七八万人。我的姊子天姣许与广

就擒幼逆洪福瑱（其实是洪天贵福）

东人金王钟义信为妻，尚未成婚，亦在城内未出。

我从南京动身由淳化镇过到不知地名，与官兵打仗，彼此均阵亡不少，我兵死的更多。到那河边，官兵原想烧断浮桥，被我兵抢渡，行于前面地方遇见官兵，我们的马匹丢弃甚多，军装亦抛弃不少。

走了四五日到广德州，那干王洪仁玕从湖州带兵来到广德州，并办了好些贡物。那恤王洪仁政亦从湖州来到。那幼西王萧有和在广德州病死。

我们在广德州住了有半个多月，干王洪仁玕、堵王黄文金们因知侍王李世贤已来江西，就于七月不记日子带了七八万兵，保我从广德州起身来江西与李世贤会合。

列王黄宗保带了花旗军在前开路，花旗军有多少我亦不知。养王吉庆元、堵王黄文金、昭王黄文英各带兵分三路走，我只穿了蓝白单夹长褂，头扎绉纱巾，脚穿鞋子，沿途骑马经过的地方，均不知名。

到宁国墩的地方遇见官兵打仗，堵王黄文金被炮子打死了。三路兵合为一处，走黟县到威坪与官兵战败。到一处有大河离徽州不远，与官兵打仗获胜。我们过了河，有首王范汝增带了一万多人未及过河，官兵炮船来了，都被打散。

又到一处离屯溪不远，遇见官兵。我骑马先走，尊王刘庆汉在后打仗，官兵退去。

到一大山，又遇官兵打仗，我们马匹丢弃不少，官兵追了七八里才转出的。到第二日又遇官兵，我跑上山没有路，险被擒获，幸干王的队伍回马枪把官兵打走。

到开化县又遇官兵，我的花旗兵战胜。那日到离河口不远，楷王谭体元带了他的队伍，因与官兵打仗，走往光泽县去了，到横村，谭体元才来合队的。

到唐坊又与官兵打仗，官兵大胜，追到杨家牌。那日三更时分，官兵猝至，把我冲散。我独自一人骑骡子过桥走了几里，看见官兵来了，我跌下坑去。

官兵过去，我就上山，在山上饿了四天，遇见一个白衣无须长人给我一个茶碗大的面饼。我接饼在手，那人忽不见，我把饼吃了，又在山上过了两天。到第六日下山，央人剃了头，到唐姓家，那唐姓就叫我帮他割禾，有人盘问，我捏说瑞金人。

在唐家住了几天出来到白水镇，至高田地方遇见官兵，问我要金银没有，把衣服剥去，并要我挑担，致被盘出拿获的。

那侍王李世贤听说往广东去了。那康王汪海洋尚在瑞金，要往福建去，我没有赶到。我在杨家牌（被）冲散之时，佑王李远继被官兵杀了。

那干王洪仁玕还在我之后。他有三四个儿子，一名葵元，长我二三岁。我在石城曾见他骑了一匹骡了。那忠王李秀成有两个儿子，一名李荣桂，并非亲生，不知下落；一不知名，现年四岁，系他亲生的，已在石城被获。

我的头发是我父老天王在日（时）叫我剪去，只剩了这些。凡我父面前的人都要一样剪去，不剪要打，究系什么意思，我也不知。我们的礼拜赞美语句另写一纸呈阅。

我的兵在石城地方只剩了二千多人，我自冲散后想必归康王汪海洋往福建去了。

我所说的日期是我那边的日子，较之大清的日子要迟十天。那东王杨秀清系（咸丰）六年（1856 年）被北王韦昌辉杀死。南王冯云山于未得南京以前就死了。西王萧朝贵系在长沙被炮子打死的。北王韦昌辉自杀杨秀清后，旋亦被人杀死。那翼王石达开自去四川后没有音信。

另有扶王陈德才、崇王陈德隆、天将马荣和三人带了人马下陕西，亦无音信。我只知名，未见他三人之面。

我父亲不吃猪肉的，并不准众人吃酒，所以从前我只吃牛肉，不吃猪肉，如今也吃猪肉并常吃酒。那洪仁玕是好吃酒的。我称母为妈，我妈与第四母余氏不和，父亲因将俩母均锁闭了好些时。那时我年纪尚小，不见母常行啼哭。我父在日（时），各王见我均须跪礼，母磕头礼我的。

花旗兵从前在常州与洋人打仗，得了两尊西瓜大炮。

……

洪天贵福亲书送唐家桐（押送洪天贵福的清朝官僚）诗三首

跟到长毛心难开，东飞西跑多危险。
如今跟哥归家日，回去读书考秀才。

如今我不做长毛，一心一德辅清朝。
清朝皇帝万万岁，乱臣贼子总难跑。

如今跟到唐哥哥，唯有尽弟道恭和。
多感哥哥厚恩德，喜谢哥恩再三多。

甲子年十月初四日夜五更洪天贵福写

1866年中国各地"叛军"分布图

电光飞火走游龙

捻军的极盛与衰亡

1865 年（同治四年），5 月。

山东曹州高楼寨，从郝胡同突围而出的数十名清兵清将冒死奔逃。大名鼎鼎的清朝名将僧格林沁王爷也在其中。他拍马急奔，力图冲出重围。可惜，他不仅没有奔至安全地带，反而闯进新捻军层层设伏的柳林。

张宗禹所率的捻军枪炮齐施，刀箭弩矛共发。

僧王逃至吴家店，急驰间，忽然，迎面飞来一支长矛，正插在他的左肩上。巨大的冲力登时将这位身材魁梧的蒙古王爷拽下马来，受伤的坐骑受惊奔走无踪。

僧王摔在地上，满脸青肿，浑身上下多处伤口，衣袍浸透出鲜血。为防被敌人认出，僧王扔掉了象征他尊贵身份的三眼花翎帽子，在麦垄间匍匐前行，想趁乱脱身。

一个名叫张皮绠的十五六岁新捻军娃娃兵发现了神色慌张、形容狼狈的僧王。他脚上那双上好官靴暴露了他的身份。

娃娃兵大喝一声："妖头莫走！"冲上去举刀就砍。

僧格林沁王爷此时遍体创伤，饿渴至极，已无任何还手之力，只能眼睁睁看着对面少年一把大刀劈向自己的胸膛。

曾经让洋人闻风丧胆的鼎鼎大名的僧王，竟然毫无反击地被一个捻军娃娃兵剁死，时年 55 岁。

张皮绠熟练地剁下僧王的脑袋，把他的首级发辫缠在自己腰上，信手捡起扔在不远处的三眼花翎官帽歪戴在头上，高兴回营。

当时，这个少年并不知道：他的一刀，不仅结果了清朝一代名将，而且砍在了清王朝的"肺管子"上。

言及太平天国，就不能不提捻军。二者此消彼长，相吻相合，忽聚忽离。太平军无论是北伐、西征，都离不开捻军马队的狂风暴雨般的身影相随。把捻军视为太平军一个支系或者完全把两者孤立加以研究，均是片面的理解。

捻军完全不同于以前任何农民起义和农民暴动。在其发展前期，它不仅有稳固的根据地，而且"居则为民，出则为捻"，行事诡秘，宗族性极强，战法独特。与太平军人不同的是，他们并不毁儒灭道，也不拜"天主"，在发展高峰时，还以光复"大汉"为政治口号。

捻军活动大致分为五个时期。

第一，零散的"捻党"时期。捻党出现时间比太平天国起事时间早得多。早在嘉庆年间白莲教起事时，捻党就已经四处萌动，时间从 1797 年到 1853 年。

第二，与太平军相互声援期。自 1853 年以来，太平军一路克捷，直下南京，清朝在各地的统治大有土崩瓦解之势，安徽、河南、山东等地捻党组织四处乘乱而起，并加入太平军的北伐行列。成也捻军，败也捻军，捻军特有的松散无纪，最终对太平军的北伐和北伐援军造成了极大的阻碍。

第三，捻军、太平军联手期，从 1857 年至 1861 年。其实，在太平天国高层眼中，捻军同苗沛霖的"苗练"一样，可以利用，但并不可信。

在此期间，张乐行等无数大小捻首均接受太平天国的封号，可是他们一直各自为政，保持独立状态，"听封而不听调"。

但在"三河之战"歼灭湘军六千多人的战役中，捻军出力最大，配合太平军陈玉成部把湘军名将李续宾逼得上吊自杀。

第四，捻军、太平军的冷淡期。时间为1861年至1864年。此间，张乐行等人对太平天国产生严重不满，把军队开回安徽老家。1863年初，雉河集失守，张乐行被俘杀，双方基本断了联系。

第五，捻军、太平军重新携手时期。时间是1864年至1868年。张乐行之死，代表初期捻军的消亡。张宗禹、任化邦代表后期捻军的崛起，他们在1864年与东下的西北太平军联合，准备入援南京，但被僧格林沁等人阻截于鄂东地区。

南京被清军攻陷后，黑石渡一战，太平天国扶王陈得才自杀，张宗禹等人也一败涂地。于是，残存众头目拥立太平军的遵王赖文光为主。这样一来，太平军、捻军在太平天国灭亡后真正实现了实质上的"联合"。

此后的战斗，其实是捻军当主角，太平军已经不存在。但在组织形式上，捻军受赖文光影响，仍奉太平天国为"正朔"，旗帜、封号、印信皆是太平天国那一套。所以，赖文光假借洪秀全儿子之命，封张宗禹、任化邦等人分别为梁王、鲁王等。

1866年，这支捻军又分为东捻和西捻，东捻主要是太平军故部，西捻主要是捻军"老人"，赖文光和张宗禹分领二部。

捻军最赫赫的战功，不用说，肯定要属打死僧格林沁王爷。僧王之死，对清政府最高层是致命伤，他们赖以慰藉的最后满蒙系支柱崩垮，日后只能靠汉人们出头了。

李鸿章、左宗棠这两个清朝的"中兴之臣"，最终把捻军送入了历史的深渊。

零星分散的乌合之众

早期"捻子"的活动

捻子作为一种民间地下组织，在康熙时代的山东地区就有，称"拜捻"。"捻"不是清朝官方的诬称，是捻党的自称，别人也这样称呼他们。"捻"的意思很中性，安徽、河南、山东方言中的"捻"当"结伙"讲。

捻党最早进入清政府"视野"，当属嘉庆十九年（1814年），江南御史陶澍上的《条陈缉捕皖豫等省红胡子匪徒》奏折。他在奏折中说，有不少凶横不法的"红胡子"匪徒，系"白莲教"漏网分子，"人以其凶猛，故取剧中好勇斗狠、面挂红胡者名之……（这些人）成群结队，白昼横行，每一股谓之'一捻子'"。

可见，当时俗称"红胡子"的捻党，乃是一种类似黑社会的组织，不仅有白莲教教徒，还有失业乡勇和地痞恶霸。

嘉庆年间，清朝社会衰兆已经明显，地方势力蠢蠢欲动，安徽、山东、河南等地民间组织门类繁多：顺刀会、虎尾鞭、八卦教、义和拳（这个组织早在嘉庆时就有，并非八国联军时的"新鲜事物"）。

当时，这些黑道组织"横行乡曲，欺压善良"（《清仁宗实录》），而且截抢私盐（典型的"黑吃黑"）。在湖北，捻子称为"白撞手"；在安徽、江苏、山东一带，由于他们挟厚刀插带腰间，又称"拽刀手"。

除了"结伙"被称为"捻子"以外，这些人常常"捻纸燃烧，毁室劫财"，或者聚众捻香闹龙戏，人员越来越多。

捻党大兴于淮北地区。历史上此地一直民风剽悍，尚勇争，好恃气，动辄亮出鸟枪大刀，械斗和仇杀成为常事，加上宗族势力强大，都为捻党的兴起提供了肥沃的土壤。

此外，由于"世路难行钱作马"，捻党在地方政府中耳目众多，稍有风吹草动就遁于无形，官府根本搜捕不到。长久敷衍，终成大患。

从早期械斗、仇杀、吃大户开始，逐渐发展下来，捻党越来越多，势力越来越大，成员成分混杂，兵勇、小偷、船夫、灾民、衙役、失业农民、手艺人以及为恶一方的中小地主和落魄秀才，无不借捻党力量企图实现个人抱负。

但是，捻党与天地会、拜上帝教最大的不同是：它不以宗教面目召集成员，只以"替天行道""劫富济贫"为口号，组织形式也谈不上严密，参加者想来就来，想走就走。

当然，捻党的发展确实是个由量到质的演变过程。他们最早是数十上百人结帮持械"吃大户"——往往叫花子一样闯入大户人家，乞求酒食。酒足饭饱后，放响炮三声，啸呼而去。而后，开始在水陆隘口设路障收买路钱，如果见到是远方富商，往往行劫害命，称为"打闷棍"。他们还常常抢掠私盐贩子的货物，"黑吃黑"不亦乐乎。

日后，见私盐利大，捻党有不少人便由抢劫者变为走私者，他们的东西当然没人敢抢，捻党由此获利颇丰。走私以及武装打劫掠得财物后，一半归捻首，另一半大家平摊。待数日所抢东西挥霍一光后，大家重聚，捻首大叫一声："装旗！"于是他们合伙再出去抢掠。

发展到最后，捻党就开始公开抗差抗粮，和清政府正面对抗。也正是从这以后，清朝政府开始正视这些人。

道光初期，安徽巡抚陶澍镇压捻党最得力。他在省内严密布控，禁止捻党公开活动，杀掉不少带头闹事的人。此后，他在两江总督任上，仍旧大力缉捕捻党和白莲教徒，一时间捻党大有销声匿迹之势。

道光九年（1829年）河南旱灾严重，灾民饥民遍地，各地的捻党随之大起，最后发展到在淮安、庐州等地，捻党发展到用大炮、抬枪进行大规模武装抢劫的地步。

第一次鸦片战争后，清政府威望日降，内部统治虚弱，各地捻党的抢劫、走私活动更加猖獗，并时有冲入官衙劫抢官银事件的发生。

道光二十七年（1847年），山东捻党已经有不少上百人的大股武装，头目们自号"仁义王""顺天王""大将军"，哄哄乱起，大有明末各地义军纷起之风。

有组织有编号的队伍
由捻党到捻军

一人呐喊，天下大乱。每个王朝末期总是这样，社会矛盾发展到极致时，总要先出来一个挑头的，然后多米诺骨牌效应就会出现。

洪秀全在广西起事，河南、安徽一带的捻党乘机大起。咸丰二年（1852年），皖北饥荒严重，张乐行趁机拉起了万把人的队伍。

张乐行是安徽雉河集（地处蒙城、亳州交界处）人，他本人不是穷人，乃一方地主出身，为人慷慨侠义，多招亡命不法之徒。

刚起事时，张乐行不是反官府，而是同河南永城一带的地主团练武装"老牛会"（因白布裹头又称"孝帽子会"）有仇而相互厮杀。

双方仇杀其实是张乐行一方引起。他的族人贩卖私盐时，在回程途中顺手偷了数百只永城当地人的羊。这帮人再次偷羊时，被当地人抓个正着，立时把十八个人送进县城监狱。张乐行马上集结大批人马入永城劫狱。这影响很大，各地捻党见张乐行如此仗义有胆，纷纷前来依附。

与此同时，河南、山东、江西、安徽的捻党大头目纷纷扩大队伍，划分地盘，开始向清朝的地方县一级政府展开进攻，强迫地方大户缴纳"保护费"。

太平军进入江南后，长江以北乃至黄河流域的捻党闻风而动。

咸丰三年（1853年）初，安徽捻党杀入安徽合肥县衙门，劫走党羽一百多人，日后，这些人皆成为捻军的骨干力量。

太平军克南京后，张乐行不甘人后，很快成为淝河、涡河流域最大

　　　　　电光飞火走游龙

的武装势力。而后，定远的陆遐龄聚捻众起事，有人众两三万，人称"陆王"，淮上大震。

清朝官员周天爵和袁甲三很能干，他们迅速到安徽剿捻，致使捻党成员遭受重创。

张乐行见势不妙，忙向政府"投诚"，配合清军打击其他"捻匪"，帮助政府攻灭了陆遐龄部。张乐行本来已经成为周天爵手下的衙役长，但清政府无钱发饷，不得不把招安的捻党尽数遣散，张乐行因此"下岗"，不得不回到雉河集老家。

不久，太平军北伐，经江苏、安徽、河南、山西、直隶五省一路北上，这一来，各地捻党借势复大起。张乐行重扯大旗，加入造反行列。

其间，清朝干吏周天爵病死，捻众闻之兴奋，阜阳、亳州等数处捻党聚集一处，各称大王，甚至有称"兴国王子""齐天大圣"的。他们四处焚掠攻杀，势如破竹。

清廷震惊，忙派袁甲三代替周天爵专办剿捻事务。

袁甲三，字午桥，河南项城人，乃"袁大总统"袁世凯的叔祖。

袁甲三乃道光十五（1835年）年进士，道光三十年（1850年）已经做到御史、给事中，在朝中当言官。此人不畏权贵，连清郡王载铨和权贵恒春都敢弹劾，名震中外。漕运总督周天爵死后，清廷加他三品衔。他自己辞去"署布政使"一职，专心治兵剿捻。

虽身为文士，但袁甲三长于兵略。他连战连捷，在雉河集等地重创捻军，俘杀孙重伦、马和尚、陆老凤、江邦位等人。后面三人，乃是捻军"四大天王"中的人物。

虽然袁甲三剿捻力度够重，但"野火烧不尽，春风吹又生"。苏北、河南、山东等地捻军此起彼伏，一刻也不让清政府消停。加上捻军"散则为民，聚则为盗"的特点，袁甲三想根除他们，难度确实非常大。

此后，太平军北伐援军行进时，河南的捻军死灰复燃，起哄之余，他们与当地团练和仇家四处相杀，到处杀人放火、抢劫，各方基本上没有什么"正义"和"对错"可言。

咸丰四年（1854年），张乐行与亳州捻首王大柱、苏天福等人仿效太平军建制，统一装束，头裹红巾，身穿号衣，各自称王（张乐行称"大汉永王"，苏天福称"顺天王"），开始打造捻军"正规军"。

袁甲三很能干，他发军在雉河集、义门集、西阳集一带大败张乐行等人的同时，还招降了李士林部捻军数万人。

随着太平军北伐的失败，捻军活动处于低潮。

咸丰五年（1855年），各路捻军在雉河集会盟，共推张乐行为盟主，下设军师、司马、先锋等多种官职，并建立了黄、白、黑、红、蓝的"五色总旗"制度，总旗各有首领，称"大趟主"，总旗下有"大旗"，首领称"趟主"。每个"趟主"手下人数不一，少则四五千，多则数万人。总旗之下，又分"五色镶边旗"，乍看行制，很像清的"八旗"制度（其实完全不同）。

这些武装一直保持着流寇行为，不备军粮，出则焚掠，被打败后就四散隐蔽，仍旧在家耕种。

会盟之后，张乐行出手不凡，率手下三万人在亳州的泥台店大败清将张维翰，阵中打死清将达凌阿，直杀河南，攻下夏邑县城。

清廷闻之大怒，四处征调五千多精兵，准备合力剿灭张乐行。清朝大军开至雉河集，张乐行打不过就跑。清军把他家祖坟刨尽，焚骨扬灰。

张乐行"化悲痛为力量"，在咸丰五年（1855年）年底和咸丰六年（1856年）年初把清朝提督武隆额打得连连败北，召集数万大军围攻重镇宿州。

咸丰六年（1856年）三月，张乐行把河南巡抚英桂包围在归德城中，并差点活捉他。到了咸丰七年（1857年），张乐行手下已发展到十来万人。

见捻军如此势大，清廷只得复调袁甲三再往安徽协同英桂剿捻。

经过一系列苦战，清军步步为营，逐个击破捻军堡垒，最终攻克了捻军老巢雉河集。

仅带数百人逃走的张乐行等人死灰复燃，没过多少天，他就与蒙城等地数十股捻军合营。仅过一个多月，当他们到达河南、安徽交界的三河尖（距固始九十多里）时，人数已经达几十万之多（包括家属）。

清廷恼怒英桂无能，下诏申斥，同时派提督秦定三带生力军驰援。

捻军此时同清军作战，战法单调，总是凭借人多围攻城池，但总是攻不下来，人数越拼越少，这里被歼灭数千，那里被杀掉数千，友军之间很少联系和配合。一来二去，连"大趟主"龚德树的弟弟也被俘杀，处境艰难。

并行猛虎逞威风
捻军与太平军在淮南的携手

天京事变后，自相残杀的太平天国遭受重挫，更需要在外寻找一支可靠的同盟军。咸丰七年（1857年）三月，双方经过事先的沟通，在霍丘和六安交界处会师。此后，捻军的张乐行被太平天国封为"征北主将"，其余诸头目各有封赏。

从形式上讲，捻军此后最大的变化是自上而下开始蓄发，但并未允许太平军渗透到他们的基层队伍中。他们只在安徽一带配合太平军行动，即所谓"听封而不听调"。

此后，张乐行配合韦志俊、李秀成等人，在霍丘、颍上等地和清军打了许多硬仗，并在沫河口使得清军勇将金光筋受重伤摔入水中淹死，清军为之气夺。

后来，随着李秀成等人东援天京的离开，捻军连遭胜保等部清军的攻击，大大处于劣势。霍丘大败后，捻军之间为争抢粮食自相残杀，人数迅速减少。

张乐行一度消极厌战，想"解甲归田"，为其妻杜氏劝阻。

咸丰七年年底，捻军内讧加深。张乐行与龚德树定计，杀掉了大头目刘永敬和刘天台，使得蓝旗捻军大部离散。六安之战，捻军复大败，张乐行等人只得撤往淮北地区。

喘定后，捻军开始与太平军一道作战，攻城陷地，并联手在江浦击退冯子材的五千精骑，随后二灭江北大营，时为咸丰八年（1858年）的秋天。

年底，三河之战中，捻军与太平军共同歼灭湘军李续宾部六千多人。

大胜之余，忽然传来坏消息，捻军大头目李昭寿率大批捻军向胜保投降，会合清军夺取了天长，并把所占领的滁州、全椒等地一并献与清军。李昭寿降清后，他的好友薛之元在江浦也向张国梁投降。这两人共带走近十万捻军。

至此，太平天国的"天京"与江北又成隔绝态势，双方联手消灭江北大营所取得的战果化为乌有。

咸丰九年（1859年），由于胜保丁忧在家，清廷实授袁甲三为钦差大臣，代他办理安徽军务。袁甲三指挥清军，在地方团练武装苗沛霖部配合下，于临淮、潜山、太湖、凤阳等地大败捻军，杀掉数万人，在定远包围捻军主力。

陈玉成等人来援，捻军躲过一次大劫。太平军、捻军双方合军后，浩浩荡荡十多万人，直奔安庆，以图解安庆之围。安庆救援未成，大捻首龚德树中炮身死。安庆失陷后，张乐行见形势不妙，便想率众回淮北。

转战一年多，捻军四处窜击。原先留于淮北的捻军数万人，在咸丰十年（1860年）秋出宿州，杀入山东境内，分三路绕行狂奔，一路攻城略地。

同治元年（1862年）初，张乐行部捻军与其他分支捻军重新会合于淮北的颍上。此时，首鼠两端的苗沛霖为报私仇攻打清政府治下的寿州，暗中与捻军、太平军相联系，支持联军进攻颍州。但颍州的清朝守军顽强，加上城坚墙厚，捻军、太平军联军一时不能攻克。

清廷着慌，严命河南巡抚郑元善、安徽巡抚李续宜配合胜保作战，步步紧逼。苗沛霖见势不妙（尤其是李续宜的"楚军"最让他心寒），临阵变卦，在胜保召唤下转戈杀向捻军。

太平军、捻军不敌，只能弃颍州不攻，退往颍上。清军与苗沛霖联手，攻克颍上，杀掉不少捻军。淮北捻军星散，不少人向清军投降。

但是，张宗禹所率捻军一路攻杀，后与西北太平军会合，一直打到西安东南的尹家卫，把清军打得连连败退。同时，陕西"回乱"趁机愈演愈烈，引起无数血腥仇杀。

由于庐州报急文书传来，陈玉成为苗沛霖所骗，弃该州不守，贸然进入寿州，被苗沛霖诱捕送与胜保处杀害。

西北太平军与捻军攻潼关、泌阳、南阳等地皆不克，想回援天京。由于清军处处拦阻，这些人回援不果。

陈玉成被俘后太平军散溃，僧格林沁等清朝将领率各部向安徽集中。捻军各部各自为战，最终被清军各个攻破，非死即降。

同治二年（1863年）三月，清军把捻军压迫于雉河一带。

张乐行本想逃逸，其妻鼓励他说："好盟主，你拥众百万不敢一战，有何面目立于世间！"经此一激，张乐行集众二十余万，在雉河与僧格林沁等部清军决战。

结果，捻军大溃。

逃跑途中，蒙城西阳集的捻军小头目李家英把张乐行当成"礼物"献给了僧格林沁。

同治二年（1863年）四月五日，张乐行与其二子（一为义子）在亳州义门集被凌迟。

据《耕余琐闻》记述，清军把张乐行剥光衣服绑于木桩之上，活剐了一个时辰。每割张乐行一片肉，刽子手即抛向空中。遍体如鳞割之下，只留头面未割以作传首示众用。血肉淋漓、口吐白沫之际，这位大捻首仍能睁眼细看刽子手在自己身上"干活"。《耕余琐闻》的作者慨叹："（张乐行）痛苦若不知，贼心之不易，即死如此。"

张乐行的妻子杜氏，也在狱中坐木驴而死。

中国第一历史档案馆藏有一份张乐行口述的抄件，是清朝文吏记载的张乐行口供，从中可以看出他早期劫掠为王的供述。但他在口述中称自己的"女人"为马氏，不是杜氏。马氏有可能是他在军中宠幸的另一个女人。清吏为示蔑视，故意把张乐行写成"张落刑"，把他的哥哥张敏行写成"张泯刑"。除此以外，口供的真实性很大：

（我）年五十三岁，系亳州正东雉河集北张家老家人，离城一百里。家有胞兄张泯刑（敏行），女人马氏，生有一儿子，又有义子王碗儿，年均十四岁。

我自来耕种为生，也曾包送过私盐。于咸丰元（1851年）、二年（1852年）上，我们邀人与河南永城、商丘一带老牛会打仗，互相仇杀，才聚有多人。到（咸丰）三年（1853年）粤匪（太平军）窜扰亳境，州城失守后，各乡土匪肆起，我才与龚瞎子、王冠三、苏添福、韩朗子各竖旗帜，大家掳抢为生。我竖的是黄旗，自称"大汉永王"。

（咸丰）五年（1858年）间，颍州陆知府奉袁大人所派，带领乡团来到庙儿集攻剿我们。

不久，陆知府即将乡团撤退，我们人数愈众，遂纠邀上河南打商丘县的马牧集。回来于九月十七日就围亳州，先后十三昼夜，因官兵防守严紧，未能打破。

旋听得河南官兵攻剿我们雉河集一带老家，遂撤回救应，不料未及赶上，被官兵将老家焚毁。

（咸丰）七年（1857年）间，我带人上怀远县城占住数月。到八年（1858年）间，因粮食尽了，遂过定远县去投了广西的长发，经他封我成天义之职，授我印信札文。住了数年，我因他们待人不好，就折回老家居住。

（咸丰）十一年（1861年）十二月内，英王四眼狗队下的马永和来邀我们去围颍州府城，我与江台灵都去的。同治元年（1862年）三月内官兵来到，我们才解围退回亳境尹家沟地方。

在经大兵攻剿，我们屡次打了败仗，抵敌不住，才带人往南逃跑。又被官兵追击，我的人都散了，才往东北逃回到蒙城县界西阳集，就被拿住送营。

在这几年内，各处打粮掳抢过的地方，我也记不清。我的女人马氏，现在被官兵追散，不知去向。我所生的儿子，并义子王碗儿，现均同我被擒送营。我胞兄张泯刑（敏行）带了数千人往西南一带逃跑，不知去向。至龚瞎子、苏添福、王冠三、韩朗子们均先后在各处被官兵打死了。

所供是实。

绝地逢生最后狂

雉河集失陷，张乐行死，但张宗禹、任化邦等人均得以突围逃走。张宗禹等人窜入湖北，转安徽，四处游闯。然后，有数部散捻合军，大家一起进入山东。

苗沛霖因怨恨清廷裁撤其军队，忽然造反，最终被僧格林沁在蒙城消灭，其本人被杀，宗族被夷。解决苗沛霖部后，僧格林沁再下西阳

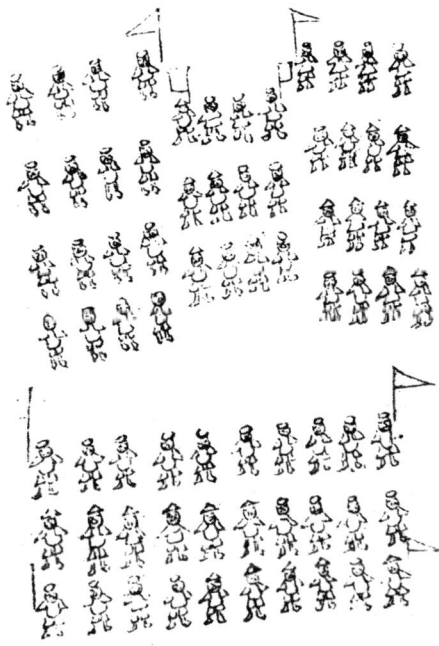

螃蟹阵变为四分队图

集，基本平灭了淮北的捻军。

由于天京方面被围日久，洪秀全多次下旨调西北太平军回援。1864年2月，扶王陈得才、遵王赖文光等人迅速往回奔，在湖北、河南拢集了不少捻军余部，共同作战，与围追堵截的清军死拼。忙活大半年，他们回援天京目的未达到。

行至霍山，忽然有十几万太平军、捻军在不少将领带头下向僧格林沁等清将投降。

见事不可为，扶王陈得才在安徽霍山只能自杀来寻解脱。至此，西北太平军画上了句号。

赖文光跑脱后，召集捻军、太平军残部，重组"新捻军"。名义上赖文光成为新捻军的领导人物，但由于他是太平军出身，捻军旧部并不十分听从他的指挥。

"新捻军"此后又辉煌了一阵，但他们打一枪换一个地方，主要以奔驰游走和马队的机动性制胜，在河南、山东、江苏等地流行驰骋。

1865年3月，疲于奔命总想毕其功于一役的僧格林沁在山东高楼寨中了埋伏，新捻军围歼了僧格林沁的数千名骑兵。赫赫大名的僧王，逃跑途中受伤坠马，被捻军一个娃娃兵剁死在田埂上。

僧格林沁之死，于清廷而言是个不可弥补的损失。从此之后，满蒙贵族中再无什么人可以独当一面，清廷只能依赖汉臣势力。

僧王死后，清廷派曾国藩来对付捻军。此时的曾国藩，德高望重，威名赫赫，但他昔日手下的二十多万湘军尽被裁撤（为了韬光养晦，是他自己主动要求裁撤的），手下可用的只有数千子弟兵。其余的，除李鸿章的淮勇外，皆是旗色不等的杂牌军。

眼看捻军各部东驰西奔在安徽、河南、山东等地窜扰，曾国藩精疲力竭下，只得采用"聚兵防河"计划，即以"河墙战法"来困围捻军。不久，曾国藩防河计划失败，清军的沙河、贾鲁河防线相继被捻军突破，最终曾国藩灰溜溜而去。清廷转派李鸿章专门剿捻。

曾国藩晚年的威名，除"天津教案"外，栽跟头最大的就是剿捻的失败。

突围过河后，捻军内部矛盾又起。昔日的太平军部与捻军不和，互相争强斗势。为了避免火拼，赖文光、任化邦等人留在中原地区，史称"东捻军"；张宗禹率部向西北进发，想联合当地造反的回民一起谋救重起，史称"西捻军"。

东捻军数万人自河南中牟出发，突入山东，准备进入运河以东地区抢粮。由于清军有备，进攻受挫，东捻军只得趋至河南商丘。他们打归德不下，复想去陕西与西捻军会合。清军处处堵截。

跑来跑去，东捻军在同治六年（1866年）年底进入湖北。赖文光本来想进入湖北抢粮休整，再从宜昌杀入四川，然后以天府之地为中心，逐步四扩，把势力延及湖北、云南、贵州、陕西，最终与西北的西捻军和造反的回民遥相呼应，重整太平天国。

但这种意图，清廷方面早有察觉。左宗棠等人密切注视东捻军和西捻军的动向，随时加以防范。

由于马队前行需要一定的地利条件，东捻军后来取消入陕计划，最终被迫进入胶东地区。事实证明，跑入这种地方，处处兜绕，长久而疲，虽然取得一些胜果，但东捻军在窄狭的地区根本不能发挥所长。

同治七年（1868年）1月6日，连败之下，仓皇逃跑的赖文光率残部在从仙女镇跑入扬州东北的运河边上时被清军前堵后截，人马死伤大半，最后他也受伤被俘。

这位太平天国的遵王在生命最后关头异常冷静，他在供述中语气慷慨，没有任何求饶乞命的说辞（清朝文吏似乎没有对他的供述做任何"加工"）。他的供述中只是稍有美化"李宫保"之句一二，并自揽责任，表示张宗禹往西北是出于己命。

由于李鸿章怕递解北京途中捻部余众会劫人，便下令把赖文光在扬州凌迟，时为1868年1月10日。

至此，东捻军和赖文光一起，走到了尽头。

下录赖文光的自述，以为参考：

尝闻英雄易称，忠良难为，亘古一理，岂今不然？唯予生长粤西，得伴我主天王圣驾，于道光庚戌年（1850年）秋，倡义金田，定鼎金陵，今既十有八载矣。但其中军国成败，事机兴亡形势，予之学浅才疏，万难尽述；唯有略书数语，以表予之衷肠耳。

忆予于太平天国壬子二年（1852年），始沐国恩，职司文务，任居朝班。于丙辰六年（1856年）秋，军国多故之际，正是君臣尝胆之秋，是以弃文而就武，奉命出师江右招军，以期后用。荷蒙主恩广大，赏罚由予所出，遇事先行后奏，其任不唯不重矣。

丁巳［巳］七年（1857年）秋，诏命回朝，以顾畿辅。戊午八年（1858年）春，我主圣明，用臣不疑，且知予志向，命往江北，协同成天安陈玉成佐理战守事宜，永固京都门户。受命之下，兢业自矢，诚恐有负委命之重，安敢妄怨有司之不从？且云忠言逆耳，良药苦口，诚哉是言也。

于辛酉十一年（1861年）秋，安省失守，斯时予有谏议云："当兹安省既失，务宜北连苗、张，以顾京左；须出奇兵，进取荆、襄之地，不半年间，兵多将广之日，可图恢复皖城，俾得京门巩固，以为上策。"

奈英王等畏曾中堂如神明，视楚师如黑虎，是以英王不从予议，遂率师回庐，请命自守，复行奏请加封予为遵王，推（唯）命与扶、启王等远征，广招兵马，早复皖省等情。此乃英王自取祸亡，累国之根也。

又有忠王李秀成者，该不知机，遗（违）君命而妄攻上海，不唯上海攻之不克，且失外国和约之义，败国亡家，生死皆由此举。

至辛酉年底，予偕扶、启王等勉强遵照，由庐渡淮，那时予知有渡淮之日，终无转淮之期。

是以直进武关，越秦岭，抵中原，出潼关，于壬戌十二年（1862年）冬，由郧阳而进汉中，一路滔滔，攻无不克，战无不胜。于甲子十四年春，由汉中还师东征，图解京都重困。未果，以致京都失守，人心离散。

其时江北所剩无所归依者数万，皆是蒙、亳之众，其头目任化邦、牛宏升、张宗禹、李蕴泰等，誓同生死，万苦不辞，请予领带，以期报效等情。

此乃官兵好戮无仁之所致也。诚所谓不可行一不义，杀一不辜。如此思之，诚哉千古不易之良言也。予视此情状，君辱国亡家散之后，不得已勉强从事，竭尽人臣之忱，而听天命。

不觉独立此间数载，战无不捷。披霜踏雪，以期复国于指日。谁意李宫保者，足智多谋，兵精而将广，且能仰体圣化，是以人人沾感仁风不已。

予虽才微识浅，久知独力难持，孤军难立之势，于丙寅十六年（1866年）秋，特命梁王张宗禹、幼沃王张禹爵、怀王邱远才等，前进甘、陕，联结回众，以为掎角之势。当兹大事至此，无乃天数有定，夫复何言！

古之君子，国败家亡，君辱臣死，大义昭然。今予军心自散，实天败于予，予何惜哉！唯死以报邦家，以全臣节焉。唯祈道台吴兄大人鉴照，早速裁处是荷。

西捻军方面，同治五年（1866年）秋与赖文光等人分手后，年底

已经进入华州、渭南一带，与陕西、甘肃起事的回民相互呼应。同治六年（1867年）年初，他们在临潼附近大败清军，打死打伤清军数千人。

此后，西捻军围西安。围攻不成，西捻军与回民军联合攻杀，在乾州大战清军，被清军严重杀伤。

连连受挫情况下，西捻军战略方面再次失误，渡渭河而北，陷入了极大的被动局面。不久，刺猬效应出现，捻军与造反回民日久生隙，相互攻杀。内耗下，双方的实力一步一步弱下去。

由于清朝大帅左宗棠自湖北追击捻军赶至陕西，在此一省的清军人数已达四万多人。由此，捻军的下场基本可知。

其实，为了援救当时陷入绝境的东捻军，张宗禹率西捻军一度进犯京津地区，想来个"围魏救赵"，解除东捻军的压力，吸引清军集结回转保卫北京。

西捻军确实厉害。他们渡过黄河后，风驰电掣一般，直向豫北方向挺进，在同治七年（1868年）一月二十七日渡过漳河后进入直隶地区。二月三日，西捻军马队声势浩大地攻打保定，一直扑向京城，前锋军竟然进至卢沟桥，使得清廷大骇。

定下心神后，清廷诏谕各方勤王。一时间，山东、河南、安徽等地清军快速向北京方向集结，西捻军在人数上顿呈劣势。西捻军知道力不能敌，开始后撤。

由于东捻军已经覆亡，西捻军"围魏救赵"的计划实际上已经失败，且自己又陷入了进退失据的危险地步。

左宗棠受命，总督直隶境内各部清军追剿西捻军，采取且防且剿的方法，一口一口杀掉西捻军的有生力量。

3月下旬，西捻军从直隶退入河南临漳。李鸿章等人一顿大忙，实施圈制计划，想在黄河、运河、卫河、沁河之间把西捻军消灭掉。

但是，4月17日左右，西捻军在盐贩子集团引导下从东昌附近渡过运河，仅用三天时间就奔至德州一带。到了4月27日，西捻军已经逼近天津杨柳青。

这下不得了，天津的洋人非常紧张。他们忙与清军协作，把西捻军阻拦于天津外围。西捻军攻天津城不果，南撤。

日后，不少学者大费周章地研究西捻军从北京撤围后的行进方向，有的说他们计划周密，有的说他们是使用"迂回战法"，议论纷纷。但彼时的捻军战法到底是什么，目前并没有定论。

在笔者看来，此时的捻军可能是流寇主义的最后表演，穷途末路之下，他们走一步算一步，根本没有什么远大的目标和战略。

由于山东的海丰、武定一带多粮，张宗禹见状大喜，放松了神经，自恃有粮有马，准备在这个地区休整一段时间。其实，此地濒海临河，最不利于马队驰骋。西捻军如东捻军一样，最终自入绝地。

在李鸿章、左宗棠等人的指挥下，清军收紧包围圈。西捻军多次突围不成，边打边减员，马匹辎重损失严重。在众多清军的围追堵截下，西捻军越战越少，特别是在7月30日的济阳之战后，捻军主力丧失殆尽，只余数千人苟延残喘。

8月16日，刘铭传、郭松林等部清军在茌平广平镇把残余西捻军近乎全歼，张宗禹只率十八名骑兵突围。他们跑到徒骇河边，潜水游到对岸逃走。十几个人又困又乏，逃出重围后找了个地方昏昏睡去。

早上醒来，跑出重围的十几个捻军发现，大头目张宗禹不知所踪，只留下一双穿烂的破鞋，其下落成为千古之谜。

中华人民共和国成立后有人考证，张宗禹躲到沧州临海一带，一直活到1892年才病死。这种"考证"建立在"传说"的基础上，非常牵强。这位张宗禹，乃张乐行远房族侄，也是大户人家出身，智商不低。

至此，作为军事意义上的西捻军，终于灭绝。

倏忽驰奔战法奇

捻军崛起淮北，坚持十八年，流动十个省，曾经是一支任谁也不敢小觑的军事力量。特别是捻军的作战方法，前后期截然不同，但每个时期皆有非常独特的令人印象深刻的战法。

清史潘骏文对捻军前后期战法的总结非常有概括性：

> 盖昔日之捻，装旗有时，众皆乌合；今则飘忽无定，习于斗争。昔日之捻，多属徒行，又鲜（少）火器；今则熟于骑战，且多洋枪。昔日之捻，尚亦乡井，饱掠则归；今则不踞巢穴，流窜靡已。

从早期看，捻军"藏兵于民"的"装旗战"非常有特点。由于地下组织严密，每有战斗，以各个村庄为单位，捻头带领自己村庄农民，根据"号谍"指令，向预先安排好的目的地集合。这种过程，在捻军内部称为"装旗"。

捻头的推选很"民主"，层层上推，各归旗主（总目）。由于捻军皆由平时的庄民组成，起事时人数众多。人海战术使得一般的地方政府军心惊肉跳，接仗即败。

最初捻军的出战，名为"打粮"，实际上就是大规模武装抢劫。当时，他们不把攻城陷地当成首要目的，往往先围城围寨，对方交钱交粮后就会舍之而去。钱花了，粮吃了，再行"装旗"，一般一年两次。

捻军初期特别注意后方建设，筑圩筑寨，各个村庄堡垒林立，相互声援，防守极其严密。清军仅拔这些"钉子"，就要消耗无数人力军力。

与太平军配合作战后，捻军头目眼界大开。他们不仅懂得了统一指挥的重要性，学会了使用洋枪大炮，还开创了具有惊人移动能力的移动作战法。所以，捻军再不死守城镇圩寨，他们开始以动制敌，男女老幼一起奔行，流动作战，迅疾如风。

在长期与官军的作战中，捻军总结出一套成熟的战法。作战游走时，前面为先遣"边马"，中间为指挥中心和老弱妇孺家属，后面又有掩护部队"绊尾"，各部相顾，齐保腹心，前进后退，均井井有条。

由于马队行进极其快速，后期的捻军忽南忽北，忽东忽西，弄得清军精疲力竭，往往在瞬息之际忽然被捻军杀个回马枪，大败亏输。

此外，捻军还有独创的步骑联合战法。一匹马上骑两个人，半骑半步，急行军或后撤时二人上马飞驰，遇敌作战则后面一人忽然下马成为步兵。

骑马士兵疾杀入阵，步行兵士用长枪在后面呐喊猛刺，配合默契，杀得清军愕然之间不知如何应对。清军往往还没明白过来，捻军步兵已跃上马背，与骑兵并骑而去，倏忽无踪。这种战法的重点在于心理打击，因为清军从前从没遇到过这样悍猛奇异的对手。

此外，包抄战、掎角战、突袭战，也是捻军惯常使用的战法。

虽然战法奇异，但久而久之，清廷方面自有能人，曾国藩早就看出捻军的弱点：

　　吾观捻之长技有四端：一曰步贼长竿，于枪子如雨之中冒烟冲进；二曰马贼周围包裹，速而且匀；三曰善战而不轻试其锋，必待官兵找他，他不先找官兵，得粤匪初起之诀；四曰行走剽疾，时而数日千里，时而旋磨打圈。

　　捻之短处亦有三端：一曰全无火器，不善攻坚，只要官吏能守城池，乡民能守堡垒，贼即无粮可掳；二曰夜不扎营，散住村庄，若得善偷营者乘夜劫之，胁从者最易逃溃；三曰辎重、妇女、骡驴极多，若善战者与之相持，而别出骑兵袭其辎重，必大受创。

没有稳固的后方和根据地，清军采用坚壁清野和步步为营的战法，捻军的弱点很快就暴露无遗。

曾国藩虽剿捻无功，但他最先提出的"河墙战法"，实为针对捻军的制胜法宝。李鸿章接过曾国藩的权柄后，屡受攻讦之下，仍旧坚持清醒头脑，上奏清廷，说明曾国藩"河墙战法"的正确性和有效性：

> 自来流贼最难追剿，而贼流之速，尤莫如今日之捻逆。中原平旷，万骑冲突，无可限制，日辄百数十里，或二百里，无论我军部队笨滞，力不相及，即使及贼见仗，而此截彼窜，横行侧出，贼路不穷，我力必有时而穷，迫日久追逐疲惫，为贼所乘，往往一蹶不振。
>
> 自剿捻以来，十数年如一辙，虽追贼神速如僧格林沁，尚且不能成功，臣等自问万不能及，故欲灭此贼，计唯有觅地兜围之一法，臣曾屡奏及之。
>
> 曾国藩始思变计，初议四镇之设，继议沙河、贾鲁河之守，本年春间，左宗棠、曾国荃又拟为白口之围，皆欲逼之不流，蹙之渐紧也。
>
> ……是目前办贼，舍此竟无良策。臣更衡量利害之轻重，与其驰逐终年，流毒江、皖、东、豫、楚各省，不如弃一隅以诱之；与其往复运（河）东济（南）、泰（安）、兖（州）、沂（州）、青（州）及（江）苏之淮（安）、徐（州）、海（州），各属均受其害，不如专弃登（州）、莱（州）以扼之。
>
> 胶莱河之守不密，则登（州）、莱（州）无可扼；运河之守不密，则胶（州）、莱（州）仍不足恃。贼踪已向胶东，事势至此，机会可图，但求万全，不争一日。
>
> 故臣立意必运堤与胶莱河，两防均已布定，乃可抽兵进

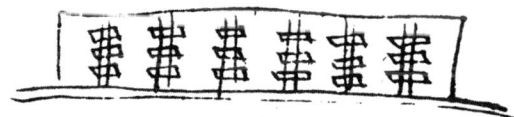

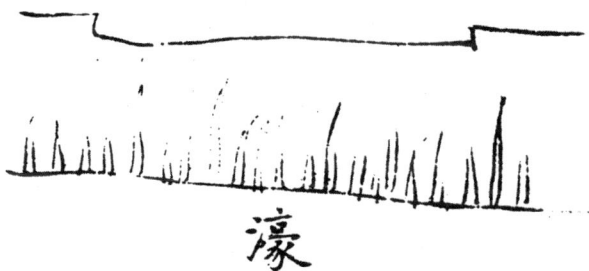

墙　　　　重

墙

濠

重濠吏墙图

剿，庶打一仗是一仗，灭一贼少一贼。贼智自困，而兵力不疲。明知此计至愚至拙亦至难，然不若此更不足以制贼。

李鸿章在沿海岸边和险隘处广筑长墙，水面上密布水师战船，最终把捻军限制住，使其马队丧失奔驰流动的优势。

西捻军最后的失败，正是被李鸿章等部清军包围在运河、黄河、六塘河、胶莱河所包围的四方地。战法得当，清军最终把驰突不驯的捻军绞杀于其中。

徒骇河中，当张宗禹一猛子扎入水中潜游时，不知他是否意识到，捻军昔日辉煌的战法，也是它日后灭亡的先兆。

太平天国大事记

1814 年 1 月 1 日（嘉庆十八年十二月初十） 洪秀全出生于广东花县。

1822 年 2 月 18 日（道光二年一月二十七日） 洪仁玕出生于广东花县。

1828 年（道光八年） 洪秀全第一次去广州赴试不中。

1830 年（道光十年） 洪秀全在故乡花县官禄埗任塾师。

1836 年（道光十六年） 洪秀全第二次去广州赴试不中；得到梁发所编《劝世良言》一书。

1837 年 3 月（道光十七年二月） 洪秀全第三次去广州赴试不中；回家得病约四日。

1843 年（道光二十三年） 洪秀全最后一次去广州赴试不中。

6 月 洪秀全在花县创立拜上帝会。

1844 年（道光二十四年） 洪秀全、冯云山自花县出游两广，宣传拜上帝教，吸收会员。年底洪秀全回广东，在花县开馆授徒；冯云山仍留广西，在紫荆山一带的金田地区活动。

1845 年（道光二十五年） 洪秀全创作《原道救世歌》《原道醒世训》《原道觉世训》《百正歌》等文章。

1847 年（道光二十七年） 洪秀全同洪仁玕去广州，适遇广州人民反抗外国侵略者的斗争爆发。

8 月 洪秀全至紫荆山晤冯云山，拜上帝会员已经发展了两千多名，杨秀清、萧朝贵等人均已先后入会。

10 月 26 日 洪秀全、冯云山捣毁象州甘王爷庙。

1848 年（道光二十八年） 冯云山被王作新带人抓起，下狱桂平，在狱中创太平天历。洪秀全回广东，冯云山在紫荆山被烧炭工人集资营救出狱后，也去广东。

4月6日　杨秀清宣称天父下凡附身，此后他便有代"天父"传言的权力。

10月6日　萧朝贵宣称天兄下凡附身，此后他便有代"天兄"传言的权力。

1849年（道光二十九年）　洪秀全、冯云山自广东回到广西紫荆山区，拜上帝会会员从宗教宣教转入实际的政治起义准备。

1850年11月4日（道光三十年十月一日）　金田团营。

1851年1月11日（道光三十年十二月十日）　金田起义，改号太平天国元年，封立幼主。

3月23日　洪秀全在东乡登极称天王。封五军主将，以杨秀清为中军主将，萧朝贵为前军主将，冯云山为后军主将，韦昌辉为右军主将，石达开为左军主将。

8月15日　洪秀全在茶地下诏，以杨秀清领导军事。

9月25日　太平军克永安。

10月1日　洪秀全至永安，令众兵将把缴获物尽交归天朝圣库。

12月17日　天王诏封五王，封杨秀清为东王，萧朝贵为西王，冯云山为南王，韦昌辉为北王，石达开为翼王。

12月21日　杨秀清假借天父下凡，诛杀叛徒周锡能。

1852年2月3日（咸丰元年十二月十四日，壬子二年正月一日）　太平天国颁行天历。

4月　洪仁玕去香港，为瑞典教士韩山文述洪秀全事迹并给予有关文件多种，韩山文据之写成的《太平天国起义记》（英文版）一书，于1854年在香港出版。

4月5日　太平军永安突围，北上围桂林。

6月10日　蓑衣渡之战；南王冯云山先在全州中炮受伤，后因伤重牺牲。

6月12日　太平军克道州，传檄天下，湘南人大批参加太平军。

9月12日　萧朝贵在进攻长沙中受重伤，伤重死亡。

12月3日　太平军占益阳，江河船户纷纷加入太平军。

12月12日　太平军占岳州，成立水营。

12 月 23 日　太平军克汉阳，29 日克汉口。

1853 年 1 月 12 日　太平军攻克武昌。

2 月 9 日　太平军弃武昌，沿长江东下。

2 月 18 日　太平军克九江。

2 月 24 日　太平军克安庆。

3 月 19 日　太平军占南京。

3 月 29 日　洪秀全入城，建都，改称天京。建都后于 1854 年初颁布《天朝田亩制度》。

3 月 31 日　太平军克镇江。清向荣、张国梁部至天京附近，结营孝陵卫，称江南大营。

4 月 1 日　太平军克扬州。

4 月 27 日　英使文翰至天京，与韦昌辉、石达开相见。

5 月 8 日　太平军自扬州北伐。洪秀全在本年 4 月便封李开芳为定胡侯、林凤祥为靖胡侯、吉文元为平胡侯。

5 月 19 日　太平天国西征军在胡以晄、赖汉英率领下克安徽和州，太平军西征自此始。

6 月 10 日　西征军再克安庆。

6 月 24 日　赖汉英等率太平军攻南昌，三月不下，于 9 月 24 日撤围。

6 月 27 日　北伐军到河南氾水，开始渡河。

9 月 29 日　西征军再占九江。

10 月 20 日　西征军占汉口、汉阳，旋于 11 月 6 日撤退。

10 月 27 日　北伐军占沧州。

10 月 29 日　北伐军占静海、独流。

12 月 6 日　法使布尔布隆至天京。

12 月 24 日　杨秀清假借天父下凡，怒责洪秀全。

12 月 26 日　扬州三汊河之战。

冬　太平天国在天京成立删书衙，删改四书、五经。

1854 年 1 月 14 日（咸丰三年十二月十六日） 太平天国庆祝天王生日，本日在天京开科取士。 西征军占安徽庐州。

2 月 4 日 北伐援军在曾立昌等率领下，自安庆出发。

2 月 5 日 北伐军自静海、独流南退。

2 月 16 日 西征军三占汉口、汉阳。

4 月 12 日 北伐援军占山东临清。

4 月 28 日 西征军大败湘军水师于湖南靖港。

5 月 1 日 西征军在湖南湘潭失败。

5 月 27 日 美使麦克莲至天京。

6 月 20 日 英使卢因·包令至天京。

6 月 26 日 西征军再克武昌。

8 月 9 日 西征军败湘军于岳州，阵斩褚汝航。

8 月 11 日 太平军与湘军再战岳州，秋官又正丞相曾天养阵中被杀。

10 月 14 日 武昌失守。15 日杨秀清命秦日纲在田家镇设防。

11 月 24 日 秦日纲、韦志俊在田家镇半壁山为湘军所败，国宗石镇仑、韦以德战死。

12 月 2 日 湘军水师断太平军半壁山拦江铁锁，四千余号船只被焚。

1855 年 1 月 29 日（咸丰四年十二月十二日） 湖口之战，湘军水师陷入内湖。

2 月 11 日 九江之战，西征军在石达开率领下大败曾国藩湘军水师。

3 月 杨秀清准男女婚配，设男女媒官各一人司其事。

3 月 7 日 清军陷东光连镇，林凤祥被捕，3 月 15 日在北京被凌迟。

4 月 3 日 西征军三克武昌。

4 月 27 日 北伐援军在山东冠县军溃。

5 月 31 日 北伐军最后据点冯官屯失守，李开芳被执送北京，于 6 月 11 日被凌迟。

8 月 各路捻军领袖齐集亳州，举行雉河集会议，决定建立大汉国，公推张乐行为大汉盟主，称大汉明命王。

9月7日　杜文秀占云南大理府。

10月　罗大纲以反攻芜湖（本年8月1日失守）受伤，本月因伤死于天京。

11月10日　庐州失守。

12月9日　石达开在江西接受广东天地会参加的队伍。

12月18日　西征军占江西瑞州。

1856年2月1日（咸丰五年十二月二十五日）　秦日纲、陈玉成、李秀成自天京东援镇江。

3月1日　西征军占江西吉安。

3月24日　西征军占江西樟树镇，曾国藩坐困南昌。

3月28日　西征军占江西抚州。

4月3日　太平军在秦日纲率领下，大破清江北大营。

4月5日　太平军再克扬州，4月17日退出。

6月1日　秦日纲败清军于镇江，江苏巡抚吉尔杭阿败死。

6月20日　太平军大破清江南大营。

6月底　杨秀清密谋在天京夺权，派秦日纲去丹阳，韦昌辉去江西，石达开去湖北。

8月中旬　杨秀清在天京逼封万岁。

9月1日　韦昌辉率三千人回至天京（秦日纲于8月底已回京）。

9月2日　杨秀清被韦昌辉、秦日纲所杀。

9月中旬　石达开、张遂谋自武昌洪山星夜赶回天京，谴责韦昌辉，不料韦昌辉反而欲谋害石达开，石达开吊城逃走。韦昌辉将石达开全家杀害，并派秦日纲率军追击。

11月8日　石达开自安庆渡江至泾县境，东讨韦昌辉。

11月上旬　洪秀全在天京下诏诛韦昌辉，秦日纲亦被派兵带回处斩。洪秀全将韦首级函送宁国石达开处。

11月28日　石达开回天京提理政务。

12 月 19 日　武昌失守。

1857 年 2 月 27 日（咸丰七年二月四日，丁巳七年正月二十二日）　太平军在陈玉成、李秀成统率下，占安徽舒城。

4 月 27 日　太平军进向湖北境内。

5 月 12 日　太平军分道入湖北黄梅、广济、蕲州、蕲水、罗田，破清军于蕲州张家塝。

5 月底　石达开负气出走，出京远征。安王洪仁发、福王洪仁达掌朝政。

6 月 2 日　石达开自皖南铜陵渡江。

6 月 11 日　溧水失守。

7 月 16 日　句容失守。

8 月 20 日　洪秀全将洪仁发、洪仁达王爵削去，镌刻义王金牌送安庆，争取石达开回天京。

9 月 2 日　江西瑞州府失守。

10 月　洪秀全以争取石达开回京不果，决定任命蒙得恩为正掌率，陈玉成为又正掌率，李秀成为副掌率，掌握朝政。

12 月 27 日　镇江失守，李秀成救出吴如孝军回天京。

12 月 30 日　陈玉成、韦志俊率太平军再入湖北。

1858 年 1 月 8 日（咸丰七年十一月二十四日）　清军复逼天京。

1 月至 2 月　石达开驻军江西抚州，洪秀全曾数次派人去抚州，请援。

3 月　李秀成谋解天京围出京。

5 月 19 日　九江失守，贞天侯林启容被杀。

8 月　陈玉成、李秀成会各镇守将于枞阳，订约会战，解天京围。

8 月 23 日　太平军克庐州府。

9 月 12 日　国宗杨辅清占安徽婺源，洪秀全以他为中军主将代蒙得恩。在此以前，洪秀全已恢复五军主将制度，即以蒙得恩为中军主将，陈玉成为前军主将，李秀成为后军主将，李世贤为左军主将，韦志俊为右军主将。

9 月 21 日　吉安失守。

9月26日　浦口之战，太平军再破江北大营。

10月9日　太平军三克扬州。

10月15日　湘军初围安庆。

11月1日　李昭寿以滁州降于胜保。

11月15日　三河之战，太平军歼灭湘军六千余人，杀悍将李续宾，安庆之围不战自解。

12月11日　安徽太湖二郎河之战，太平军失利。

1859年2月28日（咸丰九年正月二十六日　己未九年正月二十一日）薛之元以江浦降于李昭寿。

3月20日　陈玉成大败清军于庐州，擒获署安徽巡抚李孟群。

4月22日　洪秀全族弟洪仁玕至天京。

5月11日　洪秀全封洪仁玕为开朝精忠军师顶天扶朝纲干王，总理朝政。太平天国后期封王自此始。

6月　洪秀全封前军主将陈玉成为英王。

7月1日　中军主将杨辅清与曾国荃大战于景德镇，至14日失利，杨退至皖南祁门。

8月14日　石达开解湖南宝庆之围去广西。

10月15日　石达开、张遂谋等占广西庆远府。

10月22日　韦志俊以安徽池州叛降敌军。

11月16日　太平天国颁布改历诏，调整天历。

12月中旬　洪秀全封后军主将李秀成为忠王。

12月24日　杨辅清、黄文金等自"叛徒"韦志俊手中夺回池州。

1860年1月14日（咸丰九年十二月二十二日）英王陈玉成联征北主将张乐行军，败湘军于潜山。

1月28日　洪仁玕定计：约英王虚援安庆，李秀成进兵杭州，以解京围。

2月　洪秀全封左军主将李世贤为侍王、中军主将杨辅清为辅王。

3月19日　太平军克杭州，于24日主动退出。

4月21日　陈玉成自安徽全椒援天京。

5月6日　太平军第二次攻破江南大营。

5月11日　天京召开军事会议，洪秀全决定太平军第二次西征的战略部署，命李秀成东征苏、常，限一月肃清回奏。

6月2日　太平军克苏州。华尔洋枪队在上海组成。

6月8日　清朝政府以曾国藩署两江总督。

6月15日　太平军克嘉兴府。

6月20日　枞阳失守，安庆形势紧张。

8月18日至20日　太平军进攻上海，不克。

9月　太平天国决定沿长江南北两路进行第二次西征，合取武昌。

10月13日　英、法侵略军占北京。美教士罗孝全至天京。

11月18日　容闳与英教士杨笃信等人来到天京。

12月10日　太平军一援安庆，陈玉成在桐城挂车河战争中失利。

1861年1月13日（咸丰十年十二月三日）　李秀成军自江西玉山入浙江。

2月20日　英国侵略者何伯至天京。

3月1日　何伯命"深淘"舰长雅龄向太平天国提出八项要求。

3月18日　长江北岸西征军在陈玉成率领下，克湖北黄州府。

3月22日　英国侵略者巴夏礼自汉口去黄州见陈玉成，阻止太平军进攻武汉。

3月28日　何伯由汉口东返天京，命雅龄照会太平天国，要求太平军不开入上海和吴淞一百华里（30英里，约48公里）范围之内，洪秀全不允，几经交涉，到4月2日始由赞嗣君蒙时雍与李春发出面应允，但规定此禁令有效期为一年。

4月5日　南路西征军在李秀成率领下，占江西樟树镇。

4月23日　李世贤军在乐平战败，遂不西进，转而去往浙江。

5月2日　太平军再援安庆，洪仁玕、林绍璋等为敌军击败，师退桐城。

5月3日　李世贤部太平军占浙江常山。

6月8日　赤冈岭之战，太平军失利。

6月15日　南路西征军占湖北武昌县。

7月9日　李秀成率南路西征军，自湖北咸宁退军。

8月7日　太平军在陈玉成率领下，三援安庆。

9月5日　安庆失守，守将叶芸来及全军将士二万人全部被杀。洪秀全以安庆失守，把洪仁玕、陈玉成革职，朝政复归洪仁发（改封信王）、洪仁达（改封勇王）掌握，开始大封诸王。

9月16日　李秀成在江西河口会合石达开旧部约二十万人。

10月29日　太平军范汝增部占浙江诸暨，以何文庆为首的莲蓬党响应太平军。

11月1日　安徽东关失守。

11月26日　范汝增占奉化，规定五亩以下田赋免征，五亩以上亩纳米二斗。

12月9日　太平军占宁波。

12月27日　何伯命驻天京"狐狸"号舰长班汉，向太平天国提出四条无理要求。

12月29日　太平军再克杭州。

1862年1月1日（咸丰十一年十二月二日）　太平天国正式通知英国人，驳斥其四条无理要求。

1月7日　太平军向上海进军，开始第二次进攻上海。

1月18日　清江苏巡抚薛焕、苏州知府吴云、白头团练头领徐佩瑗，与李秀成亲信熊万荃、李文炳密约，于是日在苏州举行"反正"，因故未果。

1月20日　太平天国外务丞相，美传教士罗孝全离天京。

2月上旬　太平天国西北远征军在扶王陈得才、遵王赖文光率领下，自庐州出发。洪仁玕行文晓谕李秀成，希望他以安徽军事为重。清朝和洋人联合在上海成立"中外会防局"。

2月8日　清朝政府批准上海成立"中外会防局"。

3月28日　英船至安庆运淮军，5月2日七千名淮军全部到上海。

4月18日　安徽巢县、含山失守。

4月25日　太平天国吴江监军钟志成抵制李秀成主张，发给农民田凭，每亩钱三百六十，领凭后，租田概作自产。

5月10日　英、法联军帮助清军攻占宁波。

5月13日　庐州失守，英王陈玉成于15日被执，6月4日在河南延津被杀。

5月30日　天京第三次被围。慕王谭绍光攻克湖州府。

6月9日　谭绍光克青浦，生擒"常胜军"副领队福瑞斯特。

6月19日　李秀成自松江撤军。

7月27日　梯王练业坤攻克浙江诸暨包村。

8月23日　慕王谭绍光军进逼上海。

9月18日　戴王黄呈忠、首王范汝增重占慈溪，向宁波进军。

9月22日　"常胜军"领队华尔，在浙江慈溪被太平军打死。

10月13日　太平军下令围攻雨花台敌人军营，天京解围战争开始。

10月　苏浙部分地区执行李秀成的命令，发给地主田凭。

11月26日　太平军以缺乏军粮军衣，主动撤退天京解围战争军队。

12月1日　太平军自天京渡江，进北攻南。

1863年1月8日（同治元年十一月十九日）　扶王陈得才、遵王赖文光进军陕西兴安府。

1月11日　李秀成自天京回苏州。

1月16日　太平军将领骆国忠以常昭降清。

2月19日（同治二年正月二日，癸开十三年正月九日）　太平军在绍兴大败清军与英、法，法军副将买忒勒及英军参将定龄均重伤死。

3月19日　捻军根据地雉河集失守。

3月23日　太平天国沃王、捻军首领张乐行被抓获遭受凌迟。

3月31日　李秀成西征，自天京至安徽巢县。英提督柏朗至上海，继士迪佛立为驻华英军司令。

5月19日　太平军围安徽六安州不克，奉天王诏退军。

6月13日　石达开在四川大渡河紫打地向清军乞降，全军覆没，6月25日在成都被杀。

6月20日　李秀成自九江渡江回天京。

7月7日　李秀成至苏州。由于天京、苏州两地形势紧张，此后李秀成便经常来往其间，以资接应。

10月2日　太平天国西北远征军克陕西汉中。

12月4日　慕王谭绍光被人刺杀，苏州失守。

12月12日　无锡失守，潮王黄子隆自杀。

1864年2月10日（同治三年正月三日）　太平天国西北远征军自陕西南部分三路东援天京。

3月25日　清军将领程学启占领嘉兴，受重伤，4月15日伤重身死。

3月31日　太平军大败"常胜军"于江阴，英国人死252人，伤62人。太平军将领钱桂仁以杭州降清。

4月10日　邓光明以浙江石门降敌。

5月11日　常州失守，护王陈坤书死。

5月17日　扶王陈得才、遵王赖文光、梁王张宗禹等围攻河南信阳州。

6月1日　天王洪秀全病死天京，时年五十二岁。6月6日长子洪天贵福即位，是为幼天王，时年十六岁。

7月19日　天京被清军攻陷。

7月22日　李秀成在天京东南方山丁村被俘，8月7日在天京被曾国藩所杀。

7月24日　堵王黄文金败清军于湖州。7月29日，幼天王至湖州。干王洪仁玕等随后于8月13日亦至湖州。

8月13日　陈炳文在江西金溪降清。

8月28日　湖州被清军攻陷。幼天王、洪仁玕、黄文金走广德；杨辅清走上海，去澳门。

9月18日　启王梁成富占甘肃阶州（今武都）。

10月9日　洪仁玕等在江西石城杨家牌被执，11月23日在南昌被凌迟处死。

10月14日　李世贤部太平军克福建漳州。

10月25日　幼天王被执，11月18日在南昌被凌迟处死。

11月7日　陈得才部太平军在安徽霍山黑石渡与清军作战，不利，马融和等人率众七万降清，陈得才自尽，僧格林沁杀太平军降将马融和。

12月12日　赖文光、任化邦、张宗禹等败僧格林沁于河南邓州。

1865年1月至2月（同治三年十二月至四年正月）　赖文光部太平军与任化邦、张宗禹等所部捻军在豫南整编，共推赖文光为首领。

3月18日　黄呈忠部进占漳浦。

5月15日　漳州失守。

5月18日　曹州高楼寨之战，赖文光等大破僧格林沁，僧王本人战死，全军覆没。

5月26日　永定塔下之战，李世贤军败于清军。

6月6日　启王梁成富部太平军在甘肃阶州被清军镇压。

8月23日　侍王李世贤在广东镇平被汪海洋刺死。

12月8日　汪海洋部太平军占广东嘉应州。

1866年1月28日（同治四年十二月十二日）　汪海洋为清军所败受伤，2月1日因伤重而死。

2月7日　偕王谭体元弃嘉应州，9日在黄沙嶂迷路被执而死。南部太平军至此灭亡。

9月24日　赖文光等突破汴南卫河堤墙，曾国藩防河计划宣告破产。

10月20日　太平天国遵王赖文光将所部捻军在河南陈留杞县一带分为两支：一支由赖文光、任化邦率领的被称为东捻军，一支由张宗禹、张禹爵、丘远才等率领的则进军西北，被称为西捻军。

1867年1月11日（同治五年十二月六日）　东捻军在湖北安陆府罗家集歼灭郭松林部湘军四营。

1月23日　西捻军在陕西灞桥十里坡歼灭刘蓉部湘军。

1月26日　东捻军在湖北德安府新家闸歼灭张树珊淮军。

2月19日（同治六年正月十五日，丁荣十七年正月六日） 尹隆河之战，东捻军先胜后败。

6月13日 东捻军在山东梁山地区突破清军运河长墙，入山东。

12月17日 西捻军自陕西宜川渡黄河东去。

1868年1月5日（同治六年十二月十一日） 太平天国遵王赖文光在扬州瓦窑铺被俘，10日在扬州被凌迟，东捻军灭亡。

2月5日 西捻军逼近直隶易州，北京大震。

8月16日 西捻军被敌人包围在黄河、运河及徒骇河之间，全军覆没。太平天国梁王张宗禹不知所终。